广视角·全方位·多品种

权威·前沿·原创

深圳蓝皮书

**BLUE BOOK**
OF SHENZHEN

# 深圳经济发展报告
# （2011）

主 编／吴 忠
副主编／乌兰察夫

ANNUAL REPORT ON ECONOMY
OF SHENZHEN(2011)

社会科学文献出版社
SOCIAL SCIENCES ACADEMIC PRESS (CHINA)

# 法 律 声 明

　　"皮书系列"（含蓝皮书、绿皮书、黄皮书）为社会科学文献出版社按年份出版的品牌图书。社会科学文献出版社拥有该系列图书的专有出版权和网络传播权，其 LOGO（▇）与"经济蓝皮书"、"社会蓝皮书"等皮书名称已在中华人民共和国工商行政管理总局商标局登记注册，社会科学文献出版社合法拥有其商标专用权，任何复制、模仿或以其他方式侵害（▇）和"经济蓝皮书"、"社会蓝皮书"等皮书名称商标专有权及其外观设计的行为均属于侵权行为，社会科学文献出版社将采取法律手段追究其法律责任，维护合法权益。

　　欢迎社会各界人士对侵犯社会科学文献出版社上述权利的违法行为进行举报。电话：010 - 59367121。

社会科学文献出版社

法律顾问：北京市大成律师事务所

# 深圳蓝皮书编委会

# 摘　要

深圳经济发展报告是由深圳市社会科学院组织编纂的年度性报告，是深圳蓝皮书系列的重要组成部分。本年度报告主要分析了 2010 年深圳在金融危机后的经济复苏状况，展望了"十二五"起始之年——2011 年的经济发展形势，并针对面临的问题突出了相应的政策建议。

刚刚过去的 2010 年对于深圳来说是不平凡的一年，由于深圳的出口外向型经济模式，其在金融危机中遭受的冲击很大，2011 年是深圳面对复杂的国内外经济环境，坚持科学发展观，加快推进发展方式转变和结构调整，提高发展质量和效益，实现又好又快发展的一年。2010 年深圳经济的运行特点如下：总体经济呈低开、平稳、走高态势，多项指标迈上新台阶。GDP 增速高出全国 1.7 个百分点，投资平稳上升，进出口基本恢复到金融危机前水平，社会消费品零售总额突破 3000 亿元，居内地大中城市第四位；支柱产业和战略性新兴产业支撑作用凸显；结构调整方向总体向好。三大产业比重为 0.1∶47.5∶52.4。

深圳经济发展面临的主要困难和问题有：人民币升值对出口的负面影响；经济进一步增长面临土地、资源、人口、环境的硬约束；经济发展方式转变有待加快，深圳经济增长对国内外环境依赖较大，经济自主性、内生性不足。提出的主要应对措施有：①加快自主创新，②调整产业结构，③改善收入分配，努力扩大消费；④努力建设低碳城市。

全书总报告之外设立了行业篇、专题篇和城区篇等固定栏目，新增了经济分析篇和深圳质量篇两个新栏目。经济分析篇从定量的角度分析了人民币汇率变动对深圳经济影响，而质量篇则对深圳转变发展方式提出了较为具体的建议。

# Abstract

Annual Report on Economic Development of Shenzhen is compiled by Shenzhen Social Science Academy and it is also an important part of the Blue Book of Shenzhen series. This report mainly analyze Shenzhen's economic recovery after the financial crisis in 2010, and look forward to the situation of economic development in the first year of the Twelfth Five-Year Plan—2011, and highlight the policy recommendations for the corresponding problems.

2010 is unusual year for Shenzhen. As an export-oriented economy district, Shenzhen has suffered greatly impact in the financial crisis. 2011 is a year that Shenzhen faces the complex economic situation of domestic and international, adheres to the Scientific concept of development, accelerates the change of development mode and structural adjustment, improves the quality and efficiency of development, achieves sound and rapid development.

Operation features of Shenzhen's economy in 2010 are the followings: the overall economy was lower opened, stable operated, higher trend. A number of indicators got to a new level. GDP growth rate was higher 1.7 percentage points than the national's. Investment rose steadily. Import and export have basically recovered to the pre-crisis level. Total retail sales exceeded 300 billion Yuan, ranking the fourth in the mainland cities. Pillar, strategic and emerging industries highlighted the role. The overall restructuring adjusted to the good direction. Three industries accounted for 0.1 : 47.5 : 52.4.

The major difficulties and problems of economic development faced by Shenzhen are: RMB appreciation brings the negative impact of exports; Economic growth faces further hard constraints of land, resources, population and environment; The alteration of economic development pattern should be sped up, Shenzhen's economic growth depends more on the domestic and international environments, economy lacks autonomy and endogenous. The main response measures proposed are: 1. speeding up innovation, 2. adjusting the industrial structure, 3. improving the income distribution and striving to expand consumption; 4. building a low carbon city.

Outside the general report, this book sets up Industry Chapter, Special Topic

Chapter and Urban Area Chapter as fixed part, and adds two new sections: Economic Analysis Section and Shenzhen Quality Chapter. In Economic Analysis Chapter, it mainly analyze the impact on Shenzhen by RMB Exchange Rate Fluctuation from a quantitative point of view. In Alteration of Shenzhen Chapter, it mainly puts forward more Specific recommendations about the alteration of development pattern.

# 目录

## B I 总报告

## B II 行业篇

## B Ⅵ　城区篇

皮书数据库阅读 **使用指南**

# CONTENTS

## B I  General Report

## B II  Industry Chapter

## ⅢⅢ　Economic Analysis Chapter

## ⅣⅣ　Alteration of Shenzhen Chapter

## ⅤⅤ　Special Topic Chapter

## B Ⅵ   Urban Area Chapter

# 总 报 告

General Report

## B.1
## 2010 年深圳经济运行情况与
## 2011 年展望

董晓远 麦绮玲 高 翔*

**摘 要**：本文阐述了 2010 年深圳经济运行的基本情况与基本特点，并与广州、苏州、天津等城市进行了横向比较，指出了深圳经济运行中面临的困难和问题，展望了 2011 年深圳经济的发展环境与前景，并提出了相应的对策建议。

**关键词**：深圳 经济 增长

2010 年，面对十分复杂的国内外经济环境，深圳深入贯彻落实科学发展观，加快推进发展方式转变和结构调整，努力提高发展质量和效益，实现了经济又好又快发展。展望 2011 年，深圳经济仍将面临更加复杂严峻的形势与考验。

---

\* 董晓远，深圳市社会科学院经济所；麦绮玲，深圳市统计局综合处；高翔，哈尔滨工业大学深圳研究生院。

# 一 经济运行基本情况

初步核算，深圳全市生产总值 9510.91 亿元，比上年（下同）增长 12.0%（见图1）。其中，第一产业增加值 6.00 亿元，下降 14.3%；第二产业增加值 4523.36 亿元，增长 14.1%；第三产业增加值 4981.55 亿元，增长 9.9%。三次产业比重为 0.1∶47.5∶52.4。

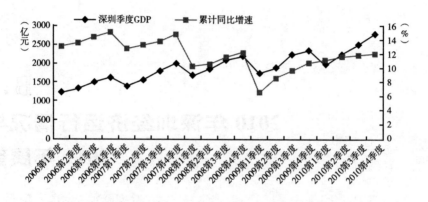

图1　2006～2010 年深圳季度 GDP 及其增速

## （一）工业规模再创新高，企业效益显著提高

全市规模以上（下同）工业增加值 4092.63 亿元，增长 13.8%，比上年提高 5.1 个百分点，工业增加值比金融危机前的 2008 年增加 564.86 亿元；工业总产值规模达到 18211.75 亿元，比危机前增加 2351.64 亿元。均创历史新高。见图2。

大中型企业和股份制经济增长较快，高于全市工业平均增长水平。大中型工业企业增加值 3374.92 亿元，增长 14.1%。在各种经济类型中，股份制企业增加值 1642.34 亿元，增长 14.1%；外商及港澳台投资企业增加值 2206.93 亿元，增长 13.4%。

在工业行业中，通信设备、计算机及其他电子设备制造业增加值达 2152.75 亿元，增长 20.4%，占工业增加值的 52.6%。

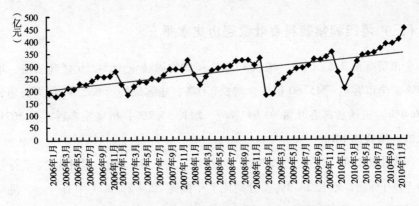

图 2　2006~2010 年深圳规模以上工业增加值

全年工业经济效益综合指数 188.7%，同比上升 7.6 个百分点。其中总资产贡献率 13.2%，提高 1.9 个百分点；资本保值增值率 122.5%，提高 8.5 个百分点；产品销售率 99.0%，提高 3.5 个百分点；资产负债率 60.2%，下降 0.1 个百分点。主营业务收入增长 28.5%，实现利税增长 33.2%，利润增长 40.1%，同比分别提高 34.1、23.8 和 29.3 个百分点。

## （二）全社会固定资产投资平稳增长

全社会固定资产投资 1944.70 亿元，增长 13.8%。其中，基本建设投资 1226.29 亿元，增长 17.5%；房地产开发投资 458.47 亿元，增长 4.8%；更新改造投资 187.23 亿元，增长 12.1%；其他投资 72.71 亿元，增长 19.0%。见图 3。

12 月末商品房屋施工面积同比下降 5.5%，其中住宅施工面积下降 3.0%。

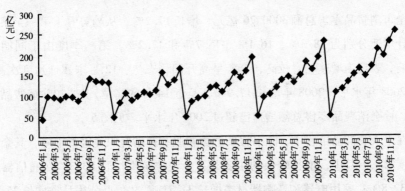

图 3　2006~2010 年深圳全社会固定资产投资

## （三）港口和集装箱吞吐量超历史水平

全市货运量 2.62 亿吨，增长 17.0% ；货物周转量 1654.16 亿吨公里，增长 45.5% 。全市客运量 15.60 亿人，增长 6.7% ；旅客周转量 632.46 亿人公里，增长 16.4% 。机场货邮吞吐量 80.91 万吨，增长 33.7% ；机场旅客吞吐量 2671.36 万人次，增长 9.1% 。

深圳港港口货物吞吐量 22097.69 万吨，增长 14.1% ，其中集装箱吞吐量 2250.97 万标箱，增长 23.3% ，分别比上年提高 22.4 和 38.1 个百分点，港口和集装箱吞吐量规模已经超过危机前水平。见图 4 。

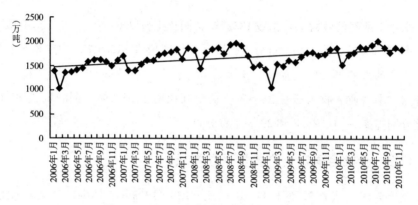

**图 4　2006～2010 年深圳港口货物吞吐量**

## （四）社会消费品零售总额快速增长

全市消费品零售总额 3000.76 亿元，增长 17.2% ，从趋势看，第一至第四季度累计增速分别为 18.3% 、16.1% 、15.7% 和 17.2% ，第一季度由于同期基数低影响，表现为增速相对较高，全年呈高开回稳态势，12 月末累计达到次高点，接近 2008 年水平（2008 年增长 17.9% ，是近 14 年的高位）。若扣除消费品价格因素，社会消费品零售总额增速已超过 2008 年水平。见图 5 。

在十大类商品销售中，除书报杂志类和服装鞋帽针织类轻微下降，其余均不同程度增长。其中，增长较快的主要是：金银珠宝类增长 83.3% ；通信器材类增长 32.8% ；家用电器和音响器材类增长 31.7% ；文化办公用品类增长 25.3% ；汽车类增长 24.0% ；体育娱乐用品类增长 23.2% 。

**图 5　2006～2010 年深圳社会消费品零售总额**

## （五）出口、进口规模再创历史单月新高

据海关统计，全市进出口总额 3467.49 亿美元，增长 28.4%。其中出口总额 2041.84 亿美元，增长 26.1%；进口总额 1425.66 亿美元，增长 31.8%。12 月份当月进口 147.41 亿美元，当月出口 237.34 亿美元，均创历史单月进口、出口新高。从环比看，12 月份全市进出口总额、出口总额、进口总额进一步提速，分别比 11 月份增长 4.3%、4.4% 和 4.2%。见图 6。

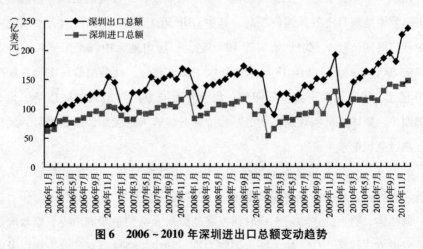

**图 6　2006～2010 年深圳进出口总额变动趋势**

## （六）财政收入、银行贷款增长平稳

全市地方财政一般预算收入 1106.82 亿元，增长 25.7%；地方财政一般预算

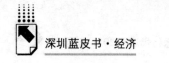

支出 1265.27 亿元，增长 26.4%。

12 月末国内金融机构人民币存款余额 20210.75 亿元，比年初增长 19.3%；国内金融机构人民币贷款余额 13708.16 亿元，比年初增长 17.7%。

### （七）市场消费价格涨幅有所扩大

12 月份，居民消费价格同比上升 4.8%；全年居民消费价格上升 3.5%。

## 二 经济运行主要特点

### （一）总体经济呈走高态势，多项指标迈上新台阶

从运行轨迹看，受金融危机影响，2009 年深圳 GDP 仅增长 10.7%，回落至最近一个经济增长周期的谷底。2010 年，总体经济呈低开、平稳、走高趋势，GDP 增速逐渐加快，各季度累计增速分别为 11.1%、11.6%、11.8% 和 12.0%，与全国及苏州、天津等主要城市的高开回稳态势呈相对反向，全年高出全国 GDP 增速 1.7 个百分点。工业增加值、基本建设投资、社会消费品零售总额、外贸出口等增速逐月上升，连创新高。其中 GDP 迈上 9000 亿元台阶，继续居内地大中城市第四位；工业增加值突破 4000 亿元，居内地大中城市第三位；外贸出口突破 2000 亿美元，连续 18 年居内地大中城市首位；社会消费品零售总额突破 3000 亿元，居内地大中城市第四位；集装箱吞吐量居内地大中城市第二位、全球第四位。整体经济实现从年初低基数上回升，转为持续加快增长趋势，经济增长已超过危机前水平。

2010 年，面对复杂多变的形势，深圳经济持续向好，一方面得益于国内外经济环境好转，另一方面更是深圳市坚定贯彻科学发展观，大力保增长、扩内需，调结构，努力促进经济平稳较快发展的结果。特别是深圳市委、市政府加快经济发展方式转变步伐，加大结构调整力度，加快战略性新兴产业发展以及新项目建设进度，在调研服务、政策帮扶、资金支持、促进消费、市场拓展、重大项目推进、创新升级等方面，采取了一系列有利于产业发展的措施，千方百计促进经济平稳快速增长，使全市总体经济走势不断趋好。

## （二）支柱产业和战略性新兴产业支撑作用凸显

四大支柱产业较快发展。全年高新技术产业增加值 3058.85 亿元，增长 17.1%，占 GDP 比重为 32.2%；金融业增加值 1279.27 亿元，增长 10.6%，占 GDP 比重为 13.5%；物流产业增加值 926.30 亿元，增长 15.0%，占 GDP 比重为 9.7%；文化产业增加值 602.04 亿元，增长 16.0%，占 GDP 比重为 6.3%。

战略性新兴产业增长势头良好。全年生物产业增加值 141.10 亿元，增长 23.9%；互联网产业增加值（全口径）1160.98 亿元，增长 16.7%。其中，按发改委口径，互联网产业增加值 162.23 亿元，增长 29.6%；新能源产业增加值 182.38 亿元，增长 29.1%。深圳市地税局资料显示，2010 年互联网、生物医药和新能源的重点企业合计实现税收 119.42 亿元，占总体税收收入的 4%。其中，互联网领域的重点企业实现税收 81.69 亿元，较 2009 年增长 65.5%，占总体税收比重为 2.7%；生物医药领域重点企业实现税收 23.31 亿元，增长 37.8%，占总体税收比重为 0.8%；新能源领域的重点企业实现税收 14.41 亿元，较 2009 年增长 21.5%，占总体税收比重为 0.5%。

## （三）结构调整方向总体较好

三次产业结构继续保持"三二一"产业格局。现代产业体系建设进一步加强。从第二产业情况看，2010 年规模以上工业中，先进制造业实现工业增加值 2896.70 亿元，占规模以上工业的 70.8%，增长 15.8%，增速高于全市平均水平。其中，装备制造业实现工业增加值 2580.92 亿元，占先进制造业的 89.1%，增长 22.0%；石油和化学制造业实现工业增加值 315.23 亿元，占先进制造业的 10.9%，但受石油和天然气开采业影响，其增速为 -22.7%。此外，汽车制造业实现工业增加值 50.53 亿元，占规模以上工业的 1.2%，增长 26.8%。特别值得注意的是，反映工业技术水平和企业竞争力提升的工业新产品产值 2010 年前三季度为 1772.66 亿元，现价增长 58.9%，占工业总产值比重为 13.8%，比全省平均水平高 7.1 个百分点。从行业看，通信设备、计算机及其他电子设备制造业占 79.0%；电气机械及器材制造业占 7.4%。这两个行业新产品产值占全部新产品产值的 86.4%。

从第三产业情况看，其对经济增长的贡献率为 39.2%，拉动 GDP 增长 4.7

个百分点。其中，交通运输仓储邮政业增加值 389.31 亿元，增长 24.0%；批发零售业增加值 1012.17 亿元，增长 15.4%；住宿餐饮业增加值 195.12 亿元，增长 9.3%；金融业增加值 1279.27 亿元，增长 10.6%；房地产增加值 618.57 亿元，下降 5.4%。上述五大行业合计占 GDP 比重为 36.8%，比上年回落 0.4 个百分点，主要原因是房地产业大幅回落，房地产业占 GDP 比重为 6.5%，同比回落 1.0 个百分点，也使第三产业占 GDP 比重有所回落。另一方面，按全省统计口径，全年现代服务业增加值达到 3215.38 亿元，占第三产业增加值的 64.5%。

从市场结构看，随着 2010 年以来国际市场整体回暖，外贸进出口逐步升温，全市内外销比重有所变化。据测算，全市工业产品出口外销比重 56.2%，同比提高 1.8 个百分点，内销比重相应有所下降。但是，外贸自身转型有了新变化，主要表现为"三提高"，即一般贸易出口比重提高，由上年的 29.3% 提高到 31.2%；民营集体企业出口比重由 26.2% 提高到 27.2%；高新技术产品出口比重为 53.2%，同比提高 0.7 个百分点。

## 三　2010 年深圳主要经济指标与广州、苏州、天津比较

在全国主要大中城市中，上海、北京、广州生产总值位居前三位，2010 年经济总量在 1 万亿元以上，分别是：上海 16872.42 亿元，北京 13777.94 亿元，广州 10604.48 亿元，属于中国城市序列中的第一层级。深圳、苏州、天津分列第四、五、六位，GDP 均在 9000 亿元以上，属于第二层级。为了便于比较以及资料取得的方便，以下仅就广州、深圳、苏州和天津主要指标进行比较。

### （一）深圳生产总值继续居全国城市第四位，苏州、天津与深圳差距缩小

2010 年广州生产总值 10604.48 亿元，增长 13.0%；深圳生产总值 9510.91 亿元，增长 12.0%；苏州生产总值 9168.91 亿元，增长 13.2%；天津生产总值 9108.83 亿元，增长 17.4%。

从 GDP 历史运行轨迹看，1996 年深圳 GDP 突破 1000 亿元，并开始超过苏州，至 2010 年连续 15 年在全国大中城市中居上海、北京、广州后的第四位。"十一五"期间，特别是经历 2009 年国际金融危机冲击，深圳 GDP 增速

明显低于天津、苏州、广州。2006～2010 年，天津、苏州、广州、深圳 GDP
年均增长分别为 16.1%、13.9%、13.5% 和 13.2%，深圳平均增速最低，使
深圳经济总量与广州差距进一步拉大，与排在后面的苏州、天津差距逐渐缩
小。至 2010 年苏州 GDP 比深圳少 342.00 亿元，天津 GDP 比深圳少 402.08 亿
元。见表 1。

表 1　2006～2010 年深圳 GDP 与广州、苏州、天津比较

单位：亿元

| 年份 | 广州 | | 苏州 | | 天津 | | 深圳 | | 深圳 GDP 与广州相差 | 深圳 GDP 与苏州相差 | 深圳 GDP 与天津相差 |
|---|---|---|---|---|---|---|---|---|---|---|---|
| | GDP 绝对量 | 增速 % | GDP 绝对量 | 增速 % | GDP 绝对量 | 增速 % | GDP 绝对量 | 增速 % | | | |
| 2006 | 6081.9 | 14.9 | 4900.6 | 15.8 | 4462.7 | 14.7 | 5813.6 | 16.6 | -268.3 | 913.0 | 1350.9 |
| 2007 | 7140.3 | 15.3 | 5850.1 | 16.1 | 5252.8 | 15.5 | 6801.6 | 14.8 | -338.7 | 951.5 | 1548.8 |
| 2008 | 8287.4 | 12.5 | 7078.1 | 13.2 | 6719.0 | 16.5 | 7786.8 | 12.1 | -500.6 | 708.7 | 1067.8 |
| 2009 | 9138.2 | 11.7 | 7740.2 | 11.5 | 7521.9 | 16.5 | 8201.3 | 10.7 | -936.9 | 461.1 | 679.4 |
| 2010 | 10604.48 | 13.0 | 9168.9 | 13.2 | 9108.83 | 17.4 | 9510.91 | 12.0 | -1093.6 | 342.0 | 402.1 |

## （二）深圳工业持续放缓，三次产业发展不平稳，使深圳经济增长动力减弱

从三次产业来看，广州和深圳都是"三二一"的产业格局，2010 年广州三
次产业结构为 1.8∶37.2∶61.0，其中第三产业占经济总量比重超过 60%，深圳三
次产业结构为 0.1∶47.5∶52.4，第三产业占经济总量超过 50%。苏州和天津为
"二三一"的产业格局，2010 年苏州三次产业占 GDP 比重分别为 1.7%、
57.7%、40.6%，天津分别为 1.6%、53.1%、45.3%。

从产业内部来看，"十一五"以来，深圳工业发展速度逐年走低，"十一
五"前三年，深圳工业年均增速为 14.7%，广州为 14.9%，苏州是 15.0%，
天津是 17.3%，深圳均低于广州、苏州和天津。2009 年，受外部环境影响，具
有高度外向型特征的深圳工业增速大幅回落，深圳工业增加值仅增长 8.5%，
比 2008 年回落 3.9 个百分点，回落幅度高于广州、苏州和天津。2010 年深圳
规模以上工业增加值 4092.63 亿元，增长 13.8%，规模在全国大中城市中居上
海、苏州之后排第三位，增速低于广州（16.4%）、苏州（16.8%）、天津

（23.7%）。深圳工业在总体经济中份额较高，工业增长放缓，直接对 GDP 增长产生影响。见表 2。

表 2　2006～2010 年广州、苏州、天津、深圳工业增加值增速

单位：%

| 年份 | 广州 | 苏州 | 天津 | 深圳 |
|------|------|------|------|------|
| 2006 | 17.8 | 16.3 | 16.2 | 16.9 |
| 2007 | 15.1 | 16.1 | 17.1 | 14.8 |
| 2008 | 11.8 | 12.7 | 18.7 | 12.4 |
| 2009 | 9.2 | 9.5 | 18.3 | 8.5 |
| 2010 | 16.4 | 16.8 | 23.7 | 13.8 |

注：2010 年工业增加值增速为规模以上工业增加值数据。

与此同时，深圳第三产业发展速度亦落后于广州、苏州和天津，"十一五"期间，广州、苏州、天津、深圳第三产业增加值年均增长分别为 14.4%、15.6%、15.3%、13.5%，深圳也是最低的。特别是最近三年，增速均低于广州、苏州、天津。见表 3。

表 3　2006～2010 年广州、苏州、天津、深圳第三产业增加值增速

单位：%

| 年份 | 广州 | 苏州 | 天津 | 深圳 |
|------|------|------|------|------|
| 2006 | 14.7 | 16.8 | 17.0 | 17.0 |
| 2007 | 16.7 | 17.8 | 15.0 | 15.6 |
| 2008 | 13.8 | 15.8 | 15.2 | 12.5 |
| 2009 | 13.4 | 14.5 | 15.2 | 12.5 |
| 2010 | 13.2 | 13.4 | 14.2 | 9.9 |

从第三产业内部行业看，2009 年深圳第三产业增加值占 GDP 比重为 53.2%，其中，占 GDP 比重超过 5% 的行业有批发和零售业、金融业及房地产业，这三个行业合计占第三产业比重达 58.9%，占 GDP 比重为 31.4%。广州 2009 年第三产业增加值占 GDP 比重 60.9%，占 GDP 比重 5% 以上行业有五个，即：交通运输仓储和邮政业、批发和零售业、金融业、房地产业、租赁和商务服务业，这五大行业合计占第三产业比重达 66.8%，占 GDP 比重为 40.7%。此

外，信息传输、计算机服务和软件业占 GDP 比重，广州是 4.3%，深圳也是 4.3%；科学研究技术服务业占 GDP 比重广州是 1.8%，深圳是 1.4%；教育占 GDP 比重广州是 2.9%，深圳是 1.2%。见表 4。

表4　2009 年广州、苏州、天津、深圳第三产业增加值占 GDP 比重

单位：%

| 指　　标 | 广州 | 深圳 | 苏州 | 天津 |
|---|---|---|---|---|
| 第三产业 | 60.9 | 53.2 | 39.4 | 45.3 |
| 交通运输、仓储和邮政业 | 7.1 | 3.8 | 2.9 | 6.3 |
| 批发和零售业 | 12.3 | 10.4 | 12.2 | 11.1 |
| 住宿和餐饮业 | 2.9 | 2.1 | 2.2 | 1.8 |
| 金融业 | 6.0 | 13.5 | 5.1 | 6.1 |
| 房地产业 | 7.7 | 7.5 | 5.8 | 4.1 |
| 其他服务业 | 24.9 | 15.9 | 11.2 | 15.9 |
| 全市生产总值 | 100.0 | 100.0 | 100.0 | 100.0 |

由此可见，广州第三产业发展较深圳成熟，行业分布更合理，广州经济增长更多依赖内在动力，如消费、货运仓储以及发达的租赁和商务服务业、教育、卫生等行业。深圳第三产业行业相对集中，尤以金融业占绝对优势，在其他服务行业中，几乎都落后于广州。（由于苏州和天津第三产业比重低于深圳，暂不比较。）

## （三）社会消费品零售总额深圳很难超越广州，同时可能被天津赶超

"十一五"时期，深圳社会消费品零售总额在全国主要大中城市中居北京、上海、广州之后排第四位，比广州少，比天津和苏州多，但增速均低于广州、天津、苏州。"十五"末期，深圳社会消费品零售总额比广州少 464.23 亿元，比天津多 251.55 亿元，比苏州多 507.31 亿元，到 2009 年，深圳社会消费品零售总额比广州少 1047.83 亿元，比天津多 137.11 亿元，比苏州多 541.10 亿元。2010 年，广州、天津和苏州社会消费品零售总额保持快速增长，深圳社会消费品零售总额增长 17.2%，分别比广州、天津和苏州低 7.0、2.2 和 1.6 个百分点。深圳与广州的差距进一步扩大，天津与深圳的差距进一步缩小，天津仅比深圳少 98.21 亿元。见表 5。

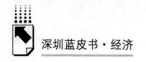

表5 2006~2010年广州、深圳、天津、苏州社会消费品零售总额

单位: 亿元

| 年份 | 广州 | 深圳 | 天津 | 苏州 |
|------|------|------|------|------|
| 2006 | 2199.14 | 1680.46 | 1356.79 | 1123.60 |
| 2007 | 2624.24 | 1930.81 | 1603.74 | 1370.60 |
| 2008 | 3187.39 | 2276.59 | 2078.70 | 1748.80 |
| 2009 | 3615.77 | 2567.94 | 2430.83 | 2026.84 |
| 2010 | 4476.38 | 3000.76 | 2902.55 | 2407.89 |

### (四) 深圳固定资产投资规模和增速远小于广州、苏州、天津

深圳近几年固定资产投资持续低位徘徊,"十一五"期间,全社会固定资产投资年增速为7.8%、5.6%、9.1%、16.5%和13.8%。2010年在经济总量前十位的全国主要城市中,深圳固定资产投资规模最小,增速仅高于上海、北京,居倒数第三位。2010年深圳全社会固定资产投资额1944.70亿元,增长13.8%;天津为6511.42亿元,增长30.1%;苏州为3617.82亿元,增长21.9%;广州为3153.85亿元,增长22.5%。从吸收外资情况看,2010年深圳吸收外资总量在全国主要大中城市中居第十位,增速在这十城市中居倒数第二位。天津外商直接投资108.49亿美元,增长20.3%,外资规模居全国主要大中城市第二位;苏州外商直接投资85.35亿美元,增长3.8%,居第四位;广州外商直接投资39.79亿美元,增长5.4%,居深圳之后排第十一位。

### (五) 地方财政一般预算收入深圳居第三位,国内金融机构人民币存、贷款余额分别居第四和第五位

2010年,深圳地方财政一般预算收入1106.82亿元,增长25.7%。总量在全国主要大中城市中居北京、上海后第三位,比天津仅多38.01亿元,比苏州多206.27亿元,比广州多234.17亿元。2010年深圳国内金融机构人民币存款余额20210.75亿元,在全国大中城市中居北京、上海、广州后第四位。广州为23384.50亿元,天津和苏州分别为15912.21亿元和13570.35亿元。深圳人民币贷款余额13708.16亿元,在全国大中城市中居上海、北京、广州、杭州之后排

第五位，广州、天津和苏州人民币贷款余额分别为 14987.73 亿元、12864.75 亿元和 10133.15 亿元，分别居第三、第六和第十位。

## 四　经济运行中面临的困难和问题

当前，全市经济发展还面临许多困难和挑战，主要表现在以下方面。

### （一）人民币升值负面影响

2010 年 6 月 19 日，中国人民银行宣布进一步推进人民币汇率形成机制改革，增强人民币汇率弹性。汇改新政后人民币兑美元连续升值，累计超过 2.5%。人民币快速升值进一步削弱深圳出口企业竞争力。尤对国内料件配套程度较高行业影响较大，如服装、制鞋、玩具、工艺品、陶瓷等行业，若年内人民币升值 3%，这些行业的企业如果缺乏核心竞争力，难以有效提高产品出口价格，将普遍陷入亏损边缘。此外，电子信息产业受影响也较大。初步测算，人民币每升值 0.1 元，影响工业总产值 150 亿元左右，影响增速 1 个百分点左右。因此，尽管深圳外贸出口连续创新高，但对外向依存度较高的深圳经济而言，外围市场变化对外贸及经济增长影响较大，特别是对企业接单，生产和经营产生较大影响。

### （二）经济进一步发展面临较大压力

在 30 年的发展中，深圳凭借改革开放的先行优势和创新优势，经济获得持续快速增长，1980～2010 年，GDP 年平均增长 24.9%。但是，受经济发展阶段和经济增长方式影响，经济高速增长的代价是日益面临土地、资源、人口和环境的"难以为继"。按照深圳市城市总体规划，2020 年城市规划区内城市建设用地规模控制为 890 平方公里，但目前可供用地不足 200 平方公里。由于土地资源匮乏，整体上较难满足制造业、零售业项目特别是大项目落户的土地需求。"十一五"期间深圳固定资产投资年均增长 10.5%，苏州平均增长 14.1%、天津和广州分别是 33.8% 和 15.7%，深圳远低于上述三城市。深圳实际吸收外资"十一五"期间规模有所放缓，与苏州、天津距离进一步拉大，与广州的距离在缩小，"十一五"期间，深圳吸收外资年均增长 7.7%，苏州年均增长 10.8%，天津年均增长 26.7%，广州年均增长 8.5%，深圳的增速是最低的（见表6、表7）。这一方面说明深圳日益面临激烈的竞争，但同时也说明土地瓶颈问题已在很大程度上影响深圳经济特别是工业发展后劲。深圳如何保持率先发展势头，争当科学发展排头兵，将面临严峻挑战。

**表6　2006～2010年苏州、天津、深圳、广州全社会固定资产投资**

单位：亿元，%

| 年份 | 苏州 | | 天津 | | 深圳 | | 广州 | |
|---|---|---|---|---|---|---|---|---|
| | 绝对量 | 增速 | 绝对量 | 增速 | 绝对量 | 增速 | 绝对量 | 增速 |
| 2006 | 2106.99 | 12.7 | 1849.8 | 22.0 | 1273.67 | 7.8 | 1696.38 | 11.7 |
| 2007 | 2366.36 | 12.3 | 2388.63 | 29.1 | 1345.00 | 5.6 | 1863.34 | 9.8 |
| 2008 | 2611.16 | 10.3 | 3404.1 | 42.5 | 1467.60 | 9.1 | 2105.54 | 13.0 |
| 2009 | 2967.35 | 13.6 | 5006.32 | 47.1 | 1709.15 | 16.5 | 2659.85 | 22.3 |
| 2010 | 3617.82 | 21.9 | 6511.42 | 30.1 | 1944.70 | 13.8 | 3153.85 | 22.5 |
| "十一五"合计 | 13669.68 | 14.1 | 19160.27 | 33.8 | 7739.52 | 10.5 | 11478.96 | 15.7 |

**表7　2006～2010年苏州、天津、深圳、广州外商直接投资**

单位：亿美元，%

| 年份 | 苏州 | | 天津 | | 深圳 | | 广州 | |
|---|---|---|---|---|---|---|---|---|
| | 绝对量 | 增速 | 绝对量 | 增速 | 绝对量 | 增速 | 绝对量 | 增速 |
| 2006 | 61.05 | 19.3 | 41.31 | 24.1 | 32.7 | 10.1 | 29.23 | 10.3 |
| 2007 | 71.65 | 17.4 | 52.78 | 27.8 | 36.6 | 11.9 | 32.86 | 12.4 |
| 2008 | 81.33 | 13.5 | 74.2 | 40.6 | 40.3 | 10.1 | 36.23 | 10.3 |
| 2009 | 82.27 | 1.2 | 90.2 | 21.6 | 41.6 | 3.2 | 37.73 | 4.1 |
| 2010 | 85.35 | 3.8 | 108.49 | 20.3 | 42.97 | 3.3 | 39.79 | 5.4 |
| "十一五"合计 | 381.65 | 10.8 | 366.98 | 26.7 | 194.17 | 7.7 | 175.84 | 8.5 |

## （三）经济发展方式转变有待加快

深圳经济增长模式，仍主要是要素驱动型，对国内外环境依赖较大，经济自主性、内生动力不足。首先，总体经济对外依存度高，2010年深圳对外依存度为 242.9%，出口依存度为 143.1%。在工业中，工业增加值的 53.9% 是外商及港澳台企业创造的，56.2% 的工业产品出口国外市场。其次，产业发展不平衡。在工业中，电子信息产业超过半壁江山。在第三产业中，金融业和房地产业合计

占 GDP 比重 20%。这种状况隐含着产业风险，因为电子信息业受国际市场影响
较大，而金融和房地产业受国家宏观政策影响较大，均存在很大不确定性因素，
2010 年第三产业占 GDP 比重下降 0.8 个百分点，很大原因是房地产业下降造成。
再次，从经济增长动力看，消费需求对经济的拉动作用较弱。"十一五"末期深
圳资本形成率 41.8%，最终消费率 36.3%，到 2009 年，资本形成率为 31.0%，
最终消费为 38.7%，4 年间最终消费率没有较大提高。其中最终消费率分别低
于全国（48.0%）、全省（47.1%）9.3 和 8.4 个百分点，资本形成率分别低于
全国（47.7%）和全省（37.9%）16.7 和 6.9 个百分点。消费需求没有快速扩
张，使服务业很难迅速崛起。

### （四）工业生产经营困难局面仍未根本改观

一是工业企业生产经营成本上升，主要是人工成本提高。2010 年以来，受
经济复苏带动，国内劳动用工需求增加，区域性竞争加剧了劳工分流，深圳一方
面面临劳动密集型企业用工紧张，另一方面企业相应提薪，加大企业成本。二是
受原材料等价格上涨影响，2010 年深圳原材料、燃料、动力购进价格比上年上
涨 4.7%，与此同时，人民币对美元汇价升值，进一步使企业利润空间被挤压。
三是受深圳土地资源限制，不但难以满足大型工业项目落户深圳对土地的需求，
而且企业扩大再生产也面临厂房用地限制，进一步影响工业发展后劲。

## 五　2011 年深圳经济展望

2011 年，深圳经济仍将面临复杂的国内外环境，经济走势的不确定因素依
然存在。

从国际看，尽管 2010 年世界经济逐步复苏，但仍然十分脆弱。欧洲复苏的
道路不平坦，主权债务危机有继续恶化倾向；美国经济复苏缓慢，普遍预测是
2011 年美国经济增速将低于 2010 年，仍难以摆脱高失业率的困境；日本经济已
经放缓，日元走势是其经济增长的关键因素；新兴经济体经济增长相对强劲，但
其通胀压力及热钱可能流出成为新的隐忧。此外美元走势不确定，使 2011 年国际
大宗商品价格、人民币汇率走势以及跨境资本流动形势存在变数。而世界需求不
振、贸易保护主义抬头等，不可能在短期内改变。特别是近期中东及北非政治局势

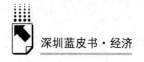

动荡，成为影响世界经济一个新的不确定因素。这都将对深圳经济产生重要影响。

从国内看，在世界经济面临不确定性，国内物价上涨压力加大等背景下，2011 年国家将实施积极财政政策和稳健的货币政策，这标志着三年来货币政策的转折性变化。由此，货币政策条件逐步回归常态水平。这表明宏观经济运行环境将趋紧。从国内三大需求来看，消费有望继续稳定增长，由于价格上涨因素，消费品零售总额实际增速可能比 2010 年有所回落。固定资产投资方面，尽管上一轮投资高峰正在过去，也受国家货币政策正常化影响，但作为"十二五"开局之年，地方投资热情仍将使全国固定资产投资继续保持 2010 年的增长水平。外需方面，2010 年全国进出口增长势头超出预期，全年进出口增长 34.7%，其中出口增长 31.3%，进口增长 38.7%。2011 年出口增速可能略有回落。综合来看，2011 年国内经济增长有望达到 9% 左右。

从深圳自身看，深圳经过 30 年的发展，人均 GDP 已经超过 1 万美元，进入了一个新的发展阶段。2011 年既是"十二五"的开局之年，也是深圳新 30 年的起步之年，更是深圳从以往创造"深圳速度"以量取胜向打造"深圳质量"以质取胜的转折之年。因此，加快转变经济发展方式，提高发展质量，是深圳 2011 年经济发展的主线。深圳将大力推进产业结构优化升级，重点发展战略性新兴产业，提升高技术制造业竞争力，加快发展现代服务业，促进传统优势产业转型升级。努力推动投融资体制改革实现突破，加快重大项目建设，积极开拓内外市场。随着深圳市委、市政府部署的各项工作任务被落实，2011 年深圳经济仍将保持平稳增长。

# 六　对策建议

"十二五"是深圳下一个 30 年发展的开局 5 年。站在承前启后转折点上的深圳，正处于既面临挑战又迎来机遇的发展关键期。能否率先转变经济发展方式，实现从"深圳速度"到"深圳质量"的跨越，是关系到深圳能否当好科学发展排头兵的重大问题。

## （一）加快自主创新，率先实现科技引领、创新驱动

自主创新是经济结构调整和经济发展方式转变的中心环节，是深圳 30 年经

济发展的重要动力，是深圳综合竞争力立足于国内大中城市前列的根本原因，是深圳城市发展的主导战略。

要加大技术攻关力度。要加大对基础研究和应用研究的支持力度，集中优势资源对事关产业发展全局的核心技术、关键技术开展攻关，实现源头创新和核心技术创新两大突破，造就一批自主创新能力强、具有国际竞争优势的创新型企业，力争在通信、新能源、基因技术等重点领域达到世界先进水平。

要完善技术创新体系。广聚优质创新资源，大力引进和培养高端创新人才，推进科技创新与价值创造相结合。在引进"国家超级计算深圳中心"、国家核电工程建设技术研发中心的基础上，加快组建深圳国家高技术产业创新中心，争取更多国家级科研机构、科技基础设施和科技服务平台落户深圳，增强深圳自主创新的实力。深入推进"深港创新圈"布局发展，进一步突出深圳产学研紧密结合的区域创新体系特色，充分发挥企业的创新主体作用。鼓励发展创业投资、风险投资，进一步完善技术产权交易市场。大力实施知识产权战略和标准化战略，在一些重点行业和优势产业主导制定一批国际标准，抢占国际经济和科技竞争的制高点。努力建设好国家创新型城市，大幅提升技术进步对经济发展的贡献，力争成为亚太地区重要的创新中心和成果转化基地，为全国建设创新型国家作出贡献。

## （二）调整产业结构，加快产业高端化发展

经过改革开放以来 30 多年的高速发展，深圳的经济发展遇到了瓶颈：土地与水资源紧缺、人口压力与生态环境压力越来越大。同时，原材料价格不断上升、用工成本不断增加，国外针对中国的各种贸易壁垒层出不穷，使得出口加工型产业越来越不适应深圳的发展，产业结构转型升级已经迫在眉睫。

在这种形势下，深圳必须加快推动产业结构优化升级，坚持走高端化发展之路。只有走更集约化、更创新性的高端化发展道路，才能支撑在资源禀赋约束情况下的可持续发展。

具体说来，要力推深圳产业的高端化，就要积极抢占战略性新兴产业高端、高新技术产业链高端、创新型服务业高端和生产性服务业高端，进一步推动产业结构优化升级，形成以高新技术产业为先导，基础产业和制造业为支撑、服务业全面发展的产业格局，建立起适应全球经济一体化大背景下的高标准、高附加值

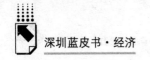

的现代产业新体系，提升深圳的国际竞争力。

**1. 积极扶植战略性新兴产业发展，培育新的产业增长极**

加快生物、新能源、互联网等三大战略性新兴产业的发展。培育更多的新兴产业龙头企业。由于在生物、新能源和互联网这三大战略性新兴产业领域中，深圳都拥有一些行业内领先、处于龙头地位的企业，同时，一大批中小企业也正在迅速成长。因此，我们可以利用这些先进龙头企业较强的生产研发能力，以及在经济和社会效益方面的示范带头作用，为中小企业提供成功的商业模式和企业发展的典范，通过重点扶持一批优秀企业做大做强，逐步走出一条以大企业领跑中小企业，以企业的发展壮大主导产业发展壮大的产业发展路径。

大力发展总部经济。通过吸引国内外高端企业落户深圳，提高三大战略性新兴产业的整体发展水平。在发展总部经济方面，深圳具有很好的创新、创业环境，这在全国是非常突出的；深圳毗邻香港和澳门的地理优势，也使其拥有很好的国际化条件，可以更多地利用国内和国外两种资源、两个市场的优势；此外，深圳还具有相对比较发达的市场经济体系；政府服务意识强，在打造服务型政府方面走在了全国前列等。因此，要发展深圳的总部经济，就要进一步放大深圳在政府服务、研发创新、对外开放，以及城市基础条件和商务设施完善等方面的优势，吸引更多跨国公司的总部到深圳来，让更多跨国公司的研发中心、财务中心、营销中心落户深圳，提高深圳的总部经济发展能力。并通过深圳总部经济发展能力的提升，以及其所带来的先进的技术和管理理念，着力提升生物、新能源和互联网这三大战略性新兴产业的整体发展水平。

大力引进专业人才和先进技术。不断增强这三大新兴产业在核心技术研发、关键技术攻关和技术创新、应用方面的能力。

引进大项目，助推新兴产业发展。应当调动更多资源培育和引进生物、新能源和互联网这三大新兴产业的重大项目，通过大项目助推，逐渐形成对整个产业和企业发展的辐射带动力。

大力发展服务外包、海洋经济、航空航天等新兴产业。借鉴印度政府发展服务外包的成功经验，积极实施服务外包的人力资源开发，给予从事 IT 外包企业特殊的税收优惠政策，鼓励服务外包企业入驻科技园区。大力发展海洋经济，加强海洋资源的调查研究，积极争取国家中长期科技发展规划有关海洋科技项目落户深圳。以航天航空为代表的军工产业是先进制造业的重要组成部分，深圳应发挥在电子信息产业的优势，主动切入航空航天产业，分享国家军事工业发展的成果。

积极培育环保节能产业。加强规划研究，出台具有前瞻性、综合性和战略性的节能产业政策；大力发展环保产业，加大对环保产业的投入和政策扶持力度，加大对环保节能产业中中小企业的服务和扶持力度。建立起循环经济的生态产业体系、新能源开发使用体系、土地集约利用体系、水资源保护和循环利用系统以及废弃物等可再生资源的综合利用系统，实现循环经济的全面发展。

深化"绿色政府"理念，积极在绿色采购等方面发挥政府部门的表率作用，以政府机关办公建筑和大型公共建筑节能试点为抓手，全面推广新建建筑的节能计划，同时加快推进既有建筑的节能改造；引导企业积极回收和利用再生资源，节约能源和减少废弃物排放。

从重点用能单位、大工业区和产业聚焦基地入手，继续推进节能降耗和清洁生产；按生态化改造、建设和培育循环经济产业，淘汰工艺落后、污染严重的企业，进一步推进循环经济的发展。

充分发挥政府的引导和促进作用，抓紧建设一批具有龙头带动作用、示范推广作用的清洁生产企业、生态产业园区、绿色生态社区，以及资源综合利用示范单位。

高度重视中小企业成长。在扶植新兴产业发展的过程中，要特别注意的是，与在计算机及通信技术领域拥有龙头企业不同，深圳在生物、新能源、生命科学技术、航空航天等新兴领域仍以中小企业居多。因此，中小企业的自主创新和发展壮大，成为培育新经济增长点的关键。

### 2. 继续发挥四大支柱产业的龙头带动优势

高新技术产业、金融业、物流业以及文化产业是深圳的四大支柱产业。它们的兴起和发展对深圳的经济起到了极大的辐射带动作用，成为支撑整个深圳经济的栋梁，是深圳参与国际竞争的有力保证。可以预见，深圳目前所具备的四大支柱产业及其合理布局，将成为下一阶段产业结构优化调整的坚实基础。

在新的时期、新的环境下，深圳经济要想继续获得持续、稳定的发展，就必须进一步深入扩大主导支柱产业的优势，充分发挥支柱产业的龙头带动作用，就必须将深圳的优势支柱产业与国外的前沿产业相接轨，进而带动其他产业的发展，使深圳的产业发展跟上当代世界产业革命的节拍，借助发达国家和地区的创

新成果，实现产业结构调整的历史性跨越，进而走出一条以四大支柱产业为龙头的优势产业带动经济发展之路。

**3. 加大优势传统产业的升级改造力度**

力推优势传统产业的高端化。在"十二五"期间，深圳一方面要继续加大推动电子信息产业向高端化转型的力度，重点扶持生物、新能源、互联网等战略性新兴产业的发展；另一方面，要让传统产业跟上产业转型升级的步伐，要在继续保持和扩大电子信息产业优势带动作用的同时，充分利用已有传统产业的优势，通过加大对传统产业升级改造的力度，建立起多个战略性的优势产业，适当提高非电子信息制造业的比重，适度分散产业结构，通过积极促进传统优势产业的转型升级，强化深圳传统优势产业的地位。要以高新技术改造和提升传统产业，建立起高新技术产业和传统优势产业双翼齐飞的产业格局，从而实现深圳产业结构的高端化升级。

打造深圳品牌。目前，深圳的很多传统产业都存在着产值虽大但缺少国际性品牌的问题。面对这一现状，深圳的产业发展必须树立起品牌意识，努力打造在全国和全世界都具有竞争力的区域品牌。要用品牌和质量，让"深圳制造"的概念深入人心，塑造深圳产品独特的吸引力，让深圳的产品成为优质、环保、创新、安全、高科技的代名词，从而提高深圳产业和产品的竞争力，促进经济的可持续发展。

**4. 大力发展现代服务业**

近几年来，深圳的第三产业取得了快速的发展，但其所占 GDP 的比重相比发达国家 70% 的水平仍相距甚远。

对于面临各项资源约束的深圳来说，在保证第二产业基础支撑作用的前提下，大力发展第三产业，尤其是现代服务业，对保持深圳经济的快速健康发展、缓解资源瓶颈问题、优化产业结构、促进产业结构高端化、顺应世界产业发展趋势等都具有非常重要的意义。从这一角度讲，深圳的第三产业对整个经济的支撑服务作用仍然不足。

因此，我们认为，在"十二五"期间，深圳应继续加大调整产业结构的力度，适当扩大第三产业比重，逐步向后工业化社会转型，利用各种有力措施加快第三产业的发展。

加强对第三产业的政策支持力度。为保证和促进深圳第三产业的发展，必须在政策上进一步加强对第三产业的扶持，要通过制订发展规划，加强对第三产业的监督、管理和指导，制定包括人才政策、税收政策、市场准入政策等在内的特殊优惠政策等方式，使第三产业在未来有一个更大、更快的发展。

降低服务业的进入门槛。根据国际经验，降低外资和民间资本进入服务业的门槛，在服务业引入市场竞争机制，是提高服务业的生产率、促进服务业发展的重要途径。

在依靠服务业发展的新阶段，如果深圳能率先降低服务业的准入门槛，深圳就能充分发挥其区位优势和人才优势，早日全面参与国际化竞争，积极探索，积累经验，在服务业的发展方面再度领先。

积极培养和引进人才。深圳要大胆学习和吸收国外及香港先进的服务业管理经验和管理方式，尤其是要充分利用地缘优势，借鉴香港的成功经验，加强与香港服务业在城市管理经验、市场运作方式、对市场和中介组织的监管方式、商业服务和营销方式、提高整体技术和管理水平等方面的合作与交流，结合自身实际情况，有计划、有步骤地提升国际竞争能力，提升第三产业的发展水平。另外，还应当为第三产业积极培养和引进高端人才，提高服务业从业人员的整体素质，提高第三产业的服务管理水平。

促进服务业的全面发展。要做大做强第三产业，就必须实现服务业的全面、健康发展。具体来讲：应通过餐饮、住宿等低端服务业，为市民生活提供优质的服务和保证，提高深圳的城市生活水平。通过商业等中端服务业为本土内需服务，进一步提高服务业对深圳经济的贡献度。通过高科技含量、高知识密集、高附加价值、高产业带动力、低资源消耗、低环境污染的创新金融、现代物流、网络信息、服务外包、高端旅游、创意设计、品牌会展等高端服务业，把深圳的脚步迈大，与世界捆绑，全方位完善城市功能，提升深圳第三产业的整体发展水平，使深圳更好地立足本土、服务全国、融入世界。

总之，在"十二五"期间，深圳要继续优化产业结构，提高第三产业对深圳经济的贡献率，逐步向后工业社会转型，从根本上解决制约深圳经济进一步发展的资源瓶颈问题，实现深圳经济的持续发展。

## （三）改善收入分配，努力扩大消费

金融危机以来，主要发达国家投资和消费疲弱，失业率长期居高不下，产能过剩依然没有缓解，经济增长乏力；新兴经济体虽然在出口扩大和内需增长的带动下实现了经济强劲复苏，但由于出口长期以来高度依赖外部市场，近期受发达经济体增长乏力影响，增速明显放缓。在此情况下，深圳应进一步调整需求结构，将过去主要依靠出口拉动转到依靠投资、消费和出口协调拉动上来。

深圳扩大内需、拓展消费，主要包括两个方面的内容：一是繁荣深圳本地的消费市场，二是积极拓展内地消费市场。其具体措施如下。

**1. 以改善民生为基础，繁荣深圳本地的消费市场**

改革收入分配结构，积极扩大居民消费。提高居民收入在国民收入中的分配比例，提高低收入人群的可支配收入，利用低收入人群较高的边际消费倾向，挖掘居民消费潜力，增强深圳本地居民的消费能力。

提高民生福利水平。通过公共服务均等化、健全社会保障机制等措施，致力于解决医疗、住房、教育等民生问题，不断消除居民消费的后顾之忧，增强消费信心。

完善商业网点布局，创新商业业态，加快推进商业区改造升级和配套基础设施的建设，同时强化市场监管，努力营造安全放心的消费环境和良好的商业氛围。

培育旅游、文化、体育、休闲等新的消费热点，用新技术、新观念、新方式、新领域、新产品吸引广大消费者，刺激民间消费需求。

总之，要以改善民生为基础，以提高居民可支配收入为重点，不断繁荣深圳本地的消费市场，进一步提高消费对深圳 GDP 的贡献率。

**2. 大力拓展国内消费市场**

经过 30 年的改革开放，深圳不仅在服装、珠宝等传统产业上具有优势，更在自主创新的高新技术产品方面国内领先甚至跻身国际一流，很多产品的设计、功能、品质都非常优秀，产品质量过硬，在海外具有一定的竞争力。但是，与外贸出口市场相比，深圳企业却对内销市场的开拓不足。

针对这种情况，深圳应当抓住国家实施扩大内需的战略机遇，充分利用深圳企业和产品的竞争优势，以服务内地创造新的发展空间。因此，深圳企业应当大力开拓国际和国内两个市场，充分利用深圳产品的品牌、创新和服务优势，扩大产品的内销比例。同时，政府要鼓励支持深圳企业大力开拓日益扩大的内需市场，提高深圳企业的异地拓展能力。如由政府机构牵头，与深圳企业共赴内地重点城市开展系列产品展销会、经贸洽谈会等方式逐步扩大营销网络，加强内销渠道建设和市场推广力度。

### （四）努力建设低碳深圳

面对土地、资源、环境、人口等四个"难以为继"的困境，"十二五"期间，深圳应当加快低碳新兴产业的布局，不断提高深圳的产业发展质量，通过努力建设低碳深圳，促进经济和社会的可持续发展。

深圳要以建设全国第一个"国家低碳生态示范市"为契机，明确未来城市开发建设的"低碳"开发模式，做到城市建设不影响基本的地形构造，不影响碳汇、森林容积量，不影响城市及其周边的环境等，最大限度地减少能源消耗和碳排放。要抓住低碳发展的世界新潮流，特别注重低碳经济对深圳经济的拉动作用，有步骤、有计划地规划发展低碳产业，以期占领新一轮全球经济和产业增长的制高点，并在保证城市发展与生态环境协调发展的基础上，实现深圳经济的进一步发展。

要加强能源、交通、建筑等诸多领域的低碳技术应用，包括清洁技术、可再生能源和新能源开发、传统技术的节能改造等。

### （五）继续推动制度创新，促进深圳经济可持续发展

深圳 30 年经济社会发展的最根本的保证，同时也是深圳领先全国的最重要的因素，就是制度创新。改革是深圳的灵魂和生命线，是深圳创造新优势的根本手段。在未来的发展过程中，深圳要率先转变经济发展方式，当好科学发展排头兵，就要进一步强化制度创新，提高深圳在体制机制方面的竞争力。要继续解放思想，按照四个"先行先试"的要求，深入落实综合配套改革总体方案，全面推进体制改革，努力在重要领域和关键环节改革上取得突破。同时，要提高改革决策的科学性，增强改革措施的协调性，使各项改革相互衔接、相互促进，率先形成充满创新活力、富有效率、更加开放、有利于科学发展的体制机制。

全面深化经济体制改革，完善社会主义市场经济体制。经济体制改革所形成的"制度优势"，是推动经济可持续发展、实现长期繁荣稳定的重要因素。要坚持社会主义市场经济的改革方向，进一步发挥市场在资源配置中的基础性作用，尽力减少行政干预，主要依靠经济与法律手段，增强市场主体的动力和活力。

继续推进国资监管体制改革和国有企业改革，充分发挥国有经济的基础性、先导性和公共性的独特作用。大力扶持民营经济，合理引导民营企业进入金融服务、公用事业、基础设施建设等领域，形成各种所有制经济公平竞争、共同发展的新格局。

"雄关漫道真如铁，而今迈步从头越"。站在新的历史起点上，深圳必须不断开拓创新，锐意进取，尽快转变经济发展方式，不断改善社会民生，从而让深圳这只搏击风云，遨游长空的"大鹏"飞得更高，再创深圳下一个30年的辉煌。

# 行业篇

Industry Chapter

## B.2

# 深圳市 2010 年工业（高新技术产业）
# 贸易经济运行情况

胡小剑*

**摘　要：** 对 2010 年深圳市工业、高新技术产业、外贸、内贸、利用外资、电力、成品油供应以及高新园区和保税区的经济运行情况进行了分析，指出了当前深圳工业、外贸、商业等方面应关注的问题，并对 2011 年深圳工业贸易的走势进行了预测。

**关键词：** 工业　高新技术产业　出口　社会消费品零售总额

2010 年，虽然国际金融危机的影响依然存在，但对深圳工业商贸经济的影响有所减弱，深圳市工业商贸经济增长明显回升：工业增加值和外贸出口额连续创历史新高，高新技术产品产值保持较快增长，合同外资高速增长，实际利用外资实现

---

* 胡小剑，深圳市科技工贸和信息化委员会。

正增长，企业对外投资与合作发展良好，商贸流通业保持较快增速，能源供应较为充足。1~12月，全口径工业实现增加值4233.22亿元，同比增长13.9%；批发零售行业实现增加值1012.17亿元，同比增长15.4%；住宿餐饮行业实现增加值195.12亿元，同比增长9.3%。工业商贸行业合计实现增加值5440.51亿元，占全市GDP比重为57.2%，较上年同期提高0.4个百分点，对全市GDP增长的贡献率为65.6%。

表1 工业（高新技术产业）贸易主要经济指标 2010年1~12月

| 指标名称 | 单位 | 12月 | 1~12月累计 | 累计增长（%） |
|---|---|---|---|---|
| 一、本地生产总值 | 亿元 | | 9510.91 | 12.0 |
| 二、规模以上工业增加值 | 亿元 | 449.7 | 4092.63 | 13.8 |
| 三、高新技术产品产值 | 亿元 | | 10176.2 | 19.6 |
| 其中软件业务收入 | 亿元 | | 1826.7 | 21.1 |
| 四、外贸进出口总额 | 亿美元 | 384.7 | 3467.5 | 28.4 |
| 外贸出口总额 | 亿美元 | 237.3 | 2041.8 | 26.1 |
| 外贸进口总额 | 亿美元 | 147.4 | 1425.7 | 31.8 |
| 五、外商直接投资项目 | 个 | 221 | 1929 | 28.8 |
| 合同外资 | 亿美元 | 2.82 | 56.52 | 58.9 |
| 实际利用外资 | 亿美元 | 1.56 | 42.97 | 3.3 |
| 六、新设境外企业和机构 | 个 | 26 | 257 | 73.7 |
| 中方协议投资额 | 亿美元 | 1.09 | 7.15 | 99.6 |
| 对外承包工程和劳务合作合同额 | 亿美元 | 7.38 | 93.58 | 26.7 |
| 对外承包工程和劳务合作营业额 | 亿美元 | 4.5 | 77.53 | 8.5 |
| 七、社会消费品零售总额 | 亿元 | 283.5 | 3000.76 | 17.2 |
| 八、供电量 | 亿千瓦时 | 52.39 | 653.82 | 13.5 |
| 最高负荷 | 万千瓦 | 926.12 | 1235.3 | 7.8 |
| 九、成品油（汽油、柴油） | 万吨 | 27.68 | 309.2 | 6.7 |

# 一 经济运行主要特点

## （一）规模以上工业增加值超4000亿元，增速较上年明显回升

**1. 工业增加值增速进一步提高，单月增加值创历史新高**

2010年11月和12月，深圳连续两个月工业增加值创历史新高，其中，11月为403.99亿元，12月为449.7亿元。2010年全年，全市实现规模以上工业增

加值 4092.6 亿元，同比增长 13.8%，较 2009 年增速回升 5.1 个百分点，较上半年增速（12.8%）提高 1 个百分点，较第一季度增速（11.5%）提高 2.3 个百分点，分别低于全国（15.7%）和全省（17.6%）增速 1.9 个和 3.8 个百分点。2010 年，全市实现规模以上工业总产值 18211.75 亿元，同比增长 12.9%。"十一五"期间，全市规模以上工业增加值从 2005 年的 2272.9 亿元，增加到 2010 年的 4092.63 亿元，年均增长 13.4%。

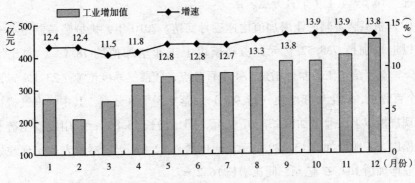

**图 1　2010 年深圳市规模以上工业增加值和增速**

### 2. 电子信息产业拉动整体工业经济增长

2010 年，深圳前十大工业行业实现规模以上工业增加值 3737.76 亿元，占全市规模以上工业增加值比重为 91.33%，同比增长 14.7%，较 2009 年增速提高 5.8 个百分点。

**表 2　工业前十大行业增加值及增速变化**

| 排名 | 行　业 | 增加值(亿元) | 比重(%) | 2010 年增速(%) | 2009 年增速(%) | 增速变化百分点 |
|---|---|---|---|---|---|---|
| 1 | 电子信息业 | 2152.75 | 52.60 | 20.3 | 12.6 | 7.7 |
| 2 | 机械制造业 | 738.52 | 18.05 | 15.2 | 3.6 | 11.6 |
| 3 | 石油开采业 | 248.86 | 6.08 | −18.5 | −5.4 | −13.1 |
| 4 | 电力供应业 | 191.96 | 4.69 | 3.2 | −2.8 | 6.0 |
| 5 | 塑料制品业 | 111.63 | 2.73 | 9.2 | 10.8 | −1.6 |
| 6 | 纺织服装业 | 85.09 | 2.08 | 10.3 | 3.7 | 6.6 |
| 7 | 医药制造业 | 57.31 | 1.40 | 40.5 | 46.5 | −6.0 |
| 8 | 黄金珠宝业 | 57.14 | 1.40 | 23.2 | −5.3 | 28.5 |
| 9 | 非金属矿物制品业 | 49.02 | 1.20 | 24.9 | 6.9 | 18.0 |
| 10 | 化学化工业 | 45.48 | 1.11 | 8.6 | −10.2 | 18.8 |
| | 合　计 | 3737.76 | 91.34 | 14.7 | 8.9 | 5.8 |

（1）电子信息产业增加值增速进一步提高。2010年，电子信息产业实现规模以上工业增加值2152.8亿元，占规模以上工业增加值的52.6%，较上年底比重（50.2%）提高2.4个百分点，同比增长20.3%，较上半年增速（16.1%）提高4.2个百分点。电子信息产业增加值高于同期全市工业整体增速6.5个百分点，对全年工业经济增长的贡献为73.2%。与全国和全省同行业相比，深圳电子信息产业增加值增速高于全国平均增速（16.9%）3.4个百分点，高于全省平均增速（18.6%）1.7个百分点。

（2）机械装备制造业增加值增速逐月回落。2010年，机械装备制造业实现规模以上增加值738.52亿元，占规模以上工业增加值的18.1%，同比增长15.2%，高于全市工业整体增速1.4个百分点，较前三季度增速（23.1%）回落7.9个百分点，较上半年增速（25.0%）回落9.8个百分点。其中，电气机械行业实现规模以上工业增加值278.07亿元，同比增长13.8%；专用设备制造业实现规模以上工业增加值131.29亿元，同比增长12.8%；仪器仪表业实现规模以上工业增加值104.97亿元，同比增长16.2%。

（3）石油开采业增加值较大幅度负增长。受前期输油管路故障影响，深圳石油开采业完成油气开采984.8万当量吨，同比下降2.7%。其中，石油开采量818万吨，同比下降12.2%；天然气开采量16.66亿立方米，同比增长106%。但是，受到石油价格波动造成价格指数过高的影响，2010年深圳石油开采业实现增加值248.86亿元，占规模以上工业增加值的6.1%，同比下降18.5%。

（4）电力行业增速继续回落。受广东省网电力供应较为充沛造成地方电厂供电比重降低的影响，2010年深圳全市电力行业实现增加值191.96亿元，占规模以上工业增加值的4.7%，同比增长3.2%，较前三季度增速（5.1%）下降1.9个百分点，较上半年增速（9.0%）回落5.8个百分点，较一季度增速（11.2%）回落8个百分点。

**3. 工业百强企业增长较好**

2010年，深圳工业百强企业实现规模以上工业增加值2395亿元，占规模以上工业增加值的58.5%，同比增长14.3%，高于全市工业整体增速0.5个百分点。14家企业产值增速超过30%；26家企业产值增速15%~30%；37家企业产值增速15%以内；23家企业产值负增长。初步统计，2010年深圳华为和富泰华两家公司产值超1000亿元，鸿富锦和中兴两家公司产值在500亿~1000亿元，群康和中海油等 10 家公司产值在 100 亿～500 亿元。

**4. 工业投资创近几年新高，工商业技改投资平稳增长**

2010 年，全市完成工业投资 480.86 亿元，同比增长 24.7%，扭转了上半年工业投资负增长的局面，较上半年增速（－8%）和一季度增速（－34%）分别提高 32.7 个和 58.7 个百分点。在技术改造方面，2010 年，全市共完成技术改造项目核准备案 443 项，项目总投资 116.5 亿元，预计建成达产后可新增销售收入 639.93 亿元，新增利税 107.2 亿元。2010 年项目备案及总投资情况与上年基本持平，全市共完成更新改造投资 187.23 亿元，同比增长 12.1%，其中工商业技术改造投资 141.87 亿元，同比增长 6.6%。

**5. 工业经济效益综合指数进一步提高**

2010 年，全市规模以上工业企业实现主营业务收入 18336.94 亿元，同比增长 28.5%；实现利税总额 1604.11 亿元，同比增长 33.2%，较上月累计增速提高 6.6 个百分点；利润总额 1216.01 亿元，同比增长 40.1%，较上月累计增速提高 16.9 个百分点；企业财务费用 82.05 亿元，同比增长 21.4%；亏损企业亏损额 58.81 亿元，同比下降 24.0%；产成品存货 944.42 亿元，同比增长 34.2%；工业产品销售率 99.0%，较上年同期提高 3.5 个百分点；工业经济效益综合指数 188.7%，较上年同期提高 7.6 个百分点。

## （二）高新技术产品产值保持较快增长，高新企业队伍规模优势明显

2010 年，全市实现高新技术产品产值 10176.2 亿元，同比增长 19.6%，高于全市工业产值增速（12.9%）6.7 个百分点。

**1. 电子信息产业的支柱地位不断增强，生物技术和新能源及新材料等新兴产业快速发展**

2010 年，全年电子信息高新技术产品产值达到 8963.26 亿元，同比增长 18.9%，占全市高新技术产品产值的 88.1%；生物技术高新技术产品产值 101.16 亿元，同比增长 26.4%；新材料及新能源高新技术产品产值 553.88 亿元，同比增长 24.1%；光机电一体化高新技术产品产值 490.78 亿元，同比增长 27%。

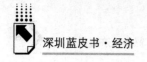

**2. 软件业务收入增长较快**

根据上报工信部数据，2010 年，全市实现软件业务收入 1826.7 亿元，同比增长 21.1%，高于高新技术产品产值增速 1.5 个百分点。其中，软件产品收入 307.2 亿元，同比增长 12.1%，嵌入式系统软件收入 1015.06 亿元，同比增长 17.5%，软件外包服务收入 24 亿元，同比增长 20.1%；实现软件外包服务出口 2.58 亿美元，同比增长 12%；软件行业实现利润 515.98 亿元，同比增长 28.7%。

**3. 高新技术企业队伍不断壮大，企业规模优势明显**

预计，2010 年度高新技术企业认定工作结束后，深圳国家级高新技术企业数量将达到 1750 家左右，占全国高新技术企业总数的比例将从 2009 年度的 4% 提升到 6%，占广东省高企总数的比例将从 2009 年度的 31% 提升到 47%，居全省第一，在全国直辖市和计划单列市认定机构中位居前列。

深圳的高新技术企业涉及领域较宽，规模优势明显，自主创新能力较强。2010 年通过高企专家评审的 730 家企业中，年销售额过亿的企业有 129 家，近三年研发投入比例超过 10% 的企业有 245 家，超过 5% 的有 581 家；近三年获得的发明专利 479 项，实用新型专利 2315 项，软件著作权 2610 件，外观设计专利 815 项。

**4. 高新技术产品出口增长快于全市出口增速**

2010 年全市高新技术产品出口 1087.3 亿美元，同比增长 27.9%，高于全市外贸出口增幅 1.8 个百分点，占全市出口总值的 53.3%，大大高于全国平均水平（30.9%）。其中，电子信息产业高新技术产品 998.19 亿美元，同比增长 28.6%，占高新技术产品出口总额的 91.8%；光机电一体化（光电技术）高新技术产品出口 35.1 亿美元，同比增长 38.1%；新材料技术高新技术产品出口 1.69 亿美元，同比增长 42.4%。

## （三）外贸出口实现"十八连冠"，进出口总量大幅超越 2008 年

据深圳海关统计，2010 年深圳进出口总值 3467.5 亿美元，同比增长 28.4%，超过金融危机前（2008 年）467.8 亿美元。其中：出口 2041.8 亿美元，同比增长 26.1%，超过 2008 年 244.4 亿美元，超过上海 234.6 亿美元，占同期全国出口总值的 12.94%，实现外贸出口"十八连冠"；进口 1425.7 亿美元，同比增长 31.8%，超过 2008 年 223.4 亿美元。

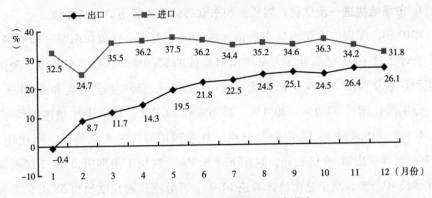

图 2　2010 年深圳市进出口累计增速

**1. 单月出口和进口多次刷新历史最高纪录**

2010 年 11 月和 12 月，深圳单月出口额分别为 227.2 亿美元和 237.3 亿美元，连续两次刷新历史最高纪录；8 月、9 月、11 月和 12 月的单月进口额分别为 130.4 亿美元、141.2 亿美元、141.5 亿美元和 147.4 亿美元，四次刷新历史最高纪录。

**2. 贸易结构继续优化，一般贸易比重提高**

2010 年，深圳一般贸易出口 636.7 亿美元，占全市出口总值比重为 31.2%，较 2009 年提高 1.9 个百分点，同比增长 34.1%，高于同期全市出口整体增速 8 个百分点。加工贸易出口 1174.4 亿美元，同比增长 26%，占全市出口总值的 57.5%，其中：来料加工出口 159.1 亿美元，同比增长 15.1%，占全市出口总值的 7.8%；进料加工出口 1015.3 亿美元，同比增长 27.9%，高于全市出口平均水平 1.8 个百分点，占全市出口总值的 49.7%。

**3. 市场主体结构不断优化，内资私营企业出口比重提高**

2010 年，深圳内资企业出口 834 亿美元，同比增长 24.9%，占全市出口总值的 41%；外商投资企业出口 1207.8 亿美元，同比增长 26.9%，占全市出口总值的 59%。在内资企业中，国有企业出口 278.7 亿美元，同比增长 14.2%，占全市出口总值的 13.7%；集体企业出口 90.47 亿美元，同比增长 12.4%，占全市出口总值的 4.4%；私营企业出口 463.55 亿美元，同比增长 37.5%，占全市出口总值的 22.7%，较 2009 年比重（20.8%）提高 1.9 个百分点，内资私营企业仍是深圳外贸出口发展最快的经营主体。

**4. 市场结构进一步优化，对拉美和东欧等新兴市场出口增长较快**

2010年，深圳的主要出口市场依次为香港、美国、欧盟、东盟、日本和印度，合计出口1693亿美元，占全市出口总值的82.9%。其中：对香港、美国、欧盟和日本分别出口844.6亿美元、315.9亿美元、268.1亿美元和66.6亿美元，分别同比增长37.9%、20.1%、24.6%和21.3%，较上半年增速加快了0个、4.4个、10.4个和17.8个百分点；对东盟出口158.8亿美元，同比增长4.5%；对印度出口39亿美元，同比下降5.9%。对拉丁美洲出口78.2亿美元，同比增长40.5%，高于全市整体增速14.4个百分点；对东欧出口58.1亿美元，同比增长38.7%，高于全市整体增速12.6个百分点。

**5. 商品结构不断优化，机电产品和高新技术产品出口占比重较高**

2010年，深圳机电产品出口1571.6亿美元，占全市出口总值的77%，高于全国机电产品出口比重（30.9%）36.1个百分点，同比增长26.4%，高于全市出口整体增速0.3个百分点；高新技术产品（与机电产品有交叉）出口1087.3亿美元，占全市出口总值的53.3%，高于全国高新技术产品出口比重（30.9%）22.4个百分点，同比增长27.8%，高于全市出口整体增速1.7个百分点。

## （四）合同外资高速增长，扭转了合同外资和实际利用外资倒挂的状况

根据上报商务部数据，2010年深圳吸收外商直接投资三项指标（新批项目个数、合同外资金额和实际使用外资金额）分别为1929个、56.52亿美元和42.97亿美元，分别同比增长28.8%、58.9%和3.3%，合同外资额超出实际利用外资额13.55亿美元。截至2010年12月底，深圳历年累计批准外商直接投资项目43456个，累计合同外资金额789.83亿美元，累计实际使用外资金额499.18亿美元。

**1. 第三产业是外资投资的主要产业，工业实际利用外资实现正增长**

2010年，深圳第三产业合同利用外资45.86亿美元，占全市合同外资比重81.1%，同比增长73.4%；第三产业实际利用外资26.51亿美元，同比增长61.7%。制造业实际利用外资16.46亿美元，同比增长3.3%。但是，制造业合同利用外资仅10.63亿美元，少于实际利用外资5.83亿美元。

**2. 现有企业增资和大项目投资是合同外资的主体**

2010 年，深圳办理增资项目 819 个，较上年同期增加 91 个，新增合同外资 44.04 亿美元，占全市合同外资比重 77.9%，同比增长 27.1%；减资项目减少合同外资 7.6 亿美元，同比减少 22.8%。在项目规模方面，2010 年新批（含增资项目）投资总额千万美元以上大项目 140 个（含增资项目 90 个），较上年同期增加 31 个，新增合同外资 45.51 亿美元（含增资项目 33.54 亿美元），同比增长 41.87%，占全市合同外资比重 80.5%。

**3. 世界 500 强企业在深投资势头不减，外商投资总部企业趋于活跃**

2010 年，世界 500 强企业在深新设立企业 8 家，15 家企业增资，合同外资增加 7.32 亿美元。截至 2010 年 12 月，世界 500 强的企业累计有 180 家在深圳投资，累计实际使用外资 78.61 亿美元。在总部企业方面，2010 年新设外商投资性公司 3 家，3 家投资性公司增资，1 家企业变更为投资性公司并增资，总计增加合同外资 4.78 亿美元，同比增长 13.37%。截至 12 月底，深圳现存地区总部（投资性公司）已达 28 家。

## （五）汽车和成品油销售额快速增长，社消零增速提高

2010 年，深圳社会消费品零售总额达 3000.76 亿元，同比增长 17.2%，较上半年增速（16.1%）提高 1.1 个百分点，较 2009 年同期增速（15.4%）提高 1.8 个百分点。

从重点企业看，2010 年深圳监测的十大商业企业（主要是百货和超市）销售总额达到 408 亿元，比上年同期增长 28.4%。从商品类别看，汽车和石油依然是拉动深圳社会消费品零售总额增长最主要的因素。2010 年汽车零售额同比增长 46.3%，受汽车保有量增长及价格上调等因素影响，石油销售额同比增长 28%，两者分别对社会消费品零售总额增长贡献了 5.5 和 1.7 个百分点。成为拉动深圳社会消费品零售总额增长最主要的因素。

## （六）对外投资高速增长，对外承包工程保持较快增速

2010 年，深圳经核准境外投资协议投资额 8.87 亿美元，同比增长 135.6%，中方协议投资额 7.15 亿美元，同比增长 99.6%；对外承包工程累计新签合同额 93.58 亿美元，同比增长 26.7%，完成营业额 77.53 亿美元，同比增长 8.5%，

对外承包工程业务继续在全国地方省市处于领先地位。

2010 年深圳对外投资合作向高技术、高层次、高投资转变趋势明显。主要表现为：一是大项目数量增多。2010 年投资额 100 万美元以上的项目 127 个，占全部项目的 42.3%，同比增长 144.2%；500 万美元以上的项目 47 个，占项目总数的 15.7%，同比增长 80.8%；1000 万美元以上项目 8 个，同比增长 166.7%。二是对台直接投资实现零的突破。自 2009 年国家放开对台湾投资的政策后，深圳已批准设立的对台投资项目 2 个，投资额 25 万美元。三是企业赴境外设立研发机构数量增加。2010 年核准设立境外研发项目（含再投资）29 个，比 2009 年数量增长 222.2%，总投资额超过 2 亿美元。四是跨国并购发展迅速，研发领域并购成为亮点。2010 年海外并购项目 30 个（含再投资项目 11 个），比上年全年增加 76.5%，并购项目逐渐深入世界领先的技术和研发领域。

## （七）供电量增速回落，成品油供应稳定

2010 年，全市电力最高负荷 1235.35 万千瓦，超历史最高纪录（1145.52 万千瓦）89.83 万千瓦，同比增长 7.8%；全市供电量 653.82 亿千瓦时，同比增长 13.5%，较上半年增速（17.4%）回落 3.9 个百分点。其中省网供电 594.95 亿千瓦时，同比增长 17%，妈湾西部电厂上网电量 106.01 亿千瓦时，同比增长 4.2%；地方燃机电厂上网电量 46.14 亿千瓦时，同比下降 16.2%。蛇口地区向香港购电，供电量 8.08 亿千瓦时，同比增长 3.5%。

2010 年，全社会用电量 663.54 亿千瓦时，同比增长 13.3%。其中，第一产业用电 2.9 亿千瓦时，同比下降 59.4%；第二产业用电 403.29 亿千瓦时，同比增长 16.9%（其中工业用电 397.41 亿千瓦时，同比增长 17.5%，较上半年工业用电增速 25.1% 回落 7.6 个百分点）；第三产业用电 174.53 亿千瓦时，同比增长 13.4%；城乡居民生活用电 82.69 亿千瓦时，同比增长 4.1%。

据深圳三大石油公司上报数据，2010 年深圳销售成品油 309.2 万吨，同比增长 6.7%。其中，汽油销售量 138.95 万吨，同比下降 0.04%；柴油销售量 170.25 万吨，同比增长 12.9%。

## （八）高新区民营经济成为经济主体，园区经济质量较好，工业经济保持较快增长

2010 年，深圳高新区实现工业增加值 764.50 亿元，同比增长 27.6%，高于

全市整体增速 13.8 个百分点；实现工业总产值 3014.21 亿元，同比增长 18.2%，高于全市工业整体增速 5.3 个百分点；实现销售收入 3098.53 亿元，同比增长 16.1%；实现外贸出口 154.68 亿美元，同比增长 25.2%；税收总额 176.61 亿元，同比增长 27.6%；净利润 200.02 亿元，同比增长 35.5%。

2010 年，按照高新区规划面积（11.5 平方公里）计算，每平方公里创造工业产值 262.11 亿元，创造增加值 69.82 亿元，税收 15.36 亿元；按照高新区工业用地（3.28 平方公里）计算，每平方公里创造工业产值 918.97 亿元，创造增加值 244.79 亿元，税收 53.84 亿元。

2010 年，高新区民营企业实现总产值 2125.58 亿元，同比增长 25.2%；销售收入 2146.60 亿元，同比增长 27.5%；工业增加值 575.15 亿元，同比增长 37.7%；净利润 138.25 亿元，同比增长 41.7%；税收 130.26 亿元，同比增长 34%。民营企业各项指标均已占到整个高新区的 70% 左右。

### （九）保税区进口实现较快增长

2010 年，深圳保税（物流园）区实现工业增加值 102.3 亿元，同比增长 1.6%；实现工业总产值 612.9 亿元，同比增长 2%；实现进出口总额达到 474.9 亿美元，同比增长 27.9%，约占全市总量的 13.6%，其中进口额 258.4 亿美元，同比增长 40%，高于全市进口整体增速 8.2 个百分点；预计实现税收收入 88.5 亿元，同比增长 34.1%。

## 二 当前工业贸易经济运行需关注的问题

2010 年，深圳工业贸易经济增速较上年度明显回升。但是，在工业、外贸出口和商业等方面，深圳经济依然存在一些需要密切关注的问题。

### （一）工业方面

#### 1. 重点企业增长乏力

根据相关公开数据，受到国内及全球通信设备更新速度放缓，美国和日本市场尚未对我国开放以及现有市场的占有率难以进一步大幅提升等原因的影响，华为和中兴通讯难以维持前几年的高速增长态势。受合资品牌厂商不断开发入门级轿车、电动汽车市场需求较弱等因素影响，比亚迪将汽车销售目标从 80 万辆降到 60 万辆，仍然无法完成年度目标，2011 年国家汽车购置税优惠政策的退出将严重影响比亚迪的销售。富士康集团加快全国经营布局，2011 年在深圳的产值增速将从 2010 年的增长 30% 回落到 10% 左右。深圳重点骨干企业 2011 年的增长将明显乏力，对全市工业的拉动作用将大幅减弱。

**2. 工业用地不足，新项目难以落地**

近几年，深圳平均年供应工业用地不足 2 平方公里，然而实际工业项目需求用地为每年供应量的 10 倍以上；每年企业用地需求项目在 200 个左右，然而只有 30 个左右项目能够得到土地供应，其余绝大部分项目无法落地。工业用地不足是深圳工业增速难以进一步提高的极其重要的原因。

**3. 工业利用外资比重过低，工业合同外资额与实际利用外资额出现倒挂现象**

2010 年，深圳工业实际使用外资 16.46 亿美元，占全市实际利用外资比重 38.3%，低于第三产业比重 23.4 个百分点；工业合同外资 10.63 亿美元，仅占全市合同外资比重 18.8%，低于第三产业比重 62.4 个百分点；工业合同外资额少于实际利用外资额 5.83 亿美元。工业利用外资比重低，工业合同外资额少于实际利用外资额预示着后期深圳工业实际利用外资额将进一步下降。

## （二）外贸出口方面

**1. 人民币升值和物价上涨形成叠加效应**

受到我国外贸顺差较大，经济增速显著高于欧美等发达国家，美国不断加大要求人民币升值的压力，2011 年人民币升值的预期进一步加强，预计上涨幅度将达到 3% ~5%。在物价方面，受到人民币市场投放量加大，原材料价格上涨，人力成本上升，住房价格大幅提高等因素的作用，2011 年物价上涨幅度可能超过 2010 年，其中 CPI 上涨幅度可能超过 4%，实际物价上涨幅度更大。人民币升值预期和物价上涨的叠加效应将严重削弱深圳出口产品的竞争力。

**2. 国际贸易摩擦形势依然严峻**

一是贸易摩擦向高技术产品延伸。美、欧、日和印度等国对中国的贸易摩擦从低附加值传统产业向电子信息、机械、新能源等高技术含量、高附加值产业蔓延。欧盟对中国通信类产品发起的"双反"和特保调查、印度对中国产通信设备频繁设置障碍、美日禁止中国通信设备进入等贸易保护主义行为都对深圳电子信息和新能源产业造成明显冲击。二是国外贸易保护主义从具体产品层面向产业政策、汇率制度等宏观层面延伸。自 2010 年上半年以来，美欧日等国不断强化要求人民币升值的声音，同时对我国的产业优惠政策和重点企业扶持政策进行调查。其中，国家开发银行对深圳华为和中兴两家企业的授信额度更成为其中的焦点。三是非关税壁垒不断出现。深圳锂电池产量占全国比重超过五成，占全球产量超过二成。但是美国正在考虑将锂电池列入"危险物资"名录，仅在包装和检测环节这就将平均增加 1.3 元（人民币）成本。家具行业是深圳的传统优势产业，但是美国将在 2011 年 7 月 1 日起实施《复合木质品甲醛标准法案》，甲醛释放限量标准大幅提高，国内板材无法满足需求，将更多依赖进口，相关企业相应增加 20%～30% 的生产成本。

**3. 2010 年度出口基数较高和重点企业出口增长乏力将影响深圳出口增速**

2010 年，深圳实现外贸出口 2042 亿美元，同比增长 26.1%，形成较高的出口基数。在重点出口企业方面，富士康是深圳出口的第一大集团企业，2010 年富士康集团在深圳出口 403.1 亿美元，同比增长 35.4%，拉动全市出口增速提高 6.5 个百分点。由于富士康集团内地生产线陆续投产，预计 2011 年在深出口增速将大幅回落，进而影响全市出口增速。

## （三）商业方面

**1. 高端消费流失较为严重**

由于深圳往来香港十分便利，因而高端消费外流香港现象较为严重。港澳自由行的政策（特别是一次签注多次往返政策）实施进一步加剧了深圳高端消费的外流。据保守估计，港澳每年分流深圳的消费在 50 亿元以上，如能有效地缓解高端消费的外流，将对深圳社会消费品零售总额增速额外贡献 2 个百分点以上。

**2. 商业网点布局有待进一步完善**

深圳商业布局总体上存在关内网点过密，关外商业网点不足的现象。在原特区内区域，由于地产价格的升值造成了众多工业和居住用地改为了商业场所，关内区域出现了商业过度布局的现象。在原特区外区域，由于近年来深圳主要的成片新住宅区主要位于宝安中心区、龙岗中心区、龙华、大浪、坂田和布吉等区域。随着大量人口在新楼盘的入住，这些靠近关口的关外区域的居住人口急剧增

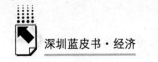

加。关外区域原有的商业布局不足，已无法满足新增人口的消费需求。

**3. 国家刺激消费政策的拉动作用减小**

国家应对国际金融危机的刺激政策正在逐步退出，对中小排量汽车实行的购置税减免在 2011 年 1 月 1 日正式停止实施。汽车和成品油零售额增长分别对2010 年的社会消费品零售总额增长贡献了 5.5 和 1.7 个百分点。相关政策的退出及提前透支效应将对深圳社会消费品零售总额增长造成较大的负面影响。

**4. 高房价对消费的挤出效应进一步加大**

2010 年，深圳住房价格出现了较大的涨幅。对整体市民而言，在住房方面是净买入和净消费，房价的上涨造成了市民住房支出的大幅上涨，较大幅度地削弱了市民的消费性支出。

## （四）其他方面

房价快速上涨、生活成本较高，降低了深圳对人才的吸引力。2009 年和2010 年，深圳市住房价格快速上涨，两年房价普遍上涨幅度超过四成。在水、电、煤气、饮食、交通、医疗、教育等方面，深圳物价显著高于国内其他城市。受到高房价和高物价的影响，深圳对中层和基础人才的吸引力明显下降。

# 三　2011 年深圳工业贸易经济面临的形势

2011 年，世界经济复苏步伐较慢，国际环境不确定性较强。国际金融危机的深层次影响还没有完全消除，世界经济还没有进入稳定增长的良性循环，系统性和结构性风险仍然比较突出。首先，全球经济正处于"短、中、长"几种经济周期下行的叠加期，经济增长的内生动力不足。回补存货周期带动下的全球经济快速回升已于 2010 年第一、二季度见顶；企业大规模设备更新尚未到来；技术创新尚未出现重大突破。当前世界经济仍面临着较大的周期性调整压力，短期内无法进入下一轮经济上升期。其次，发达国家的"滞"和新兴市场国家的"胀"的矛盾同时出现。从 2010 年第二季度开始，美国经济再度步入复苏乏力的境地，失业率维持在 9%～10%。欧盟深陷主权债务危机，全面推行财政紧缩政策。希腊、爱尔兰、意大利、葡萄牙、西班牙等国政府债务大规模增长，政府债券利率持续走高，债券风险持续加大。欧盟政府将削减本国财政赤字作为未来几年财政政策的核心目标，2011 年将是欧盟财政政策全面转向紧缩的开始。日本可能已经落入"流动性陷阱"，市场主体对利率变动已极不敏感（长期"零利率"），无论是货币政策还是财政政策，日本的政策手段和实施力度都难以从本质上改善老龄化给日本国内经济带来的负面影响。新兴市场国家受到国际"热钱"的追捧，物价和资产价格上行压力较大，全球性货币超发正给发展中国家带来输入性通胀压力。为应对通货膨胀的压力，新兴市场国家宏观政策正在退出刺激经济增长政策，有的甚至转向中性或紧缩取向，各国经济增速将不同程度的有所减缓。

对中国而言，受多重因素影响，GDP 增速将有所降低。一是全球经济复苏步伐放缓。全球经济是拉动我国经济增长的一个重要推动力，发达国家的通货紧缩和新兴国家的通货膨胀影响了全球经济的增速，也降低了对我国经济增长的拉动力。二是刺激性经济政策逐步退出。在过去短短三个月时间里，央行先后四次上调存款准备金率、两次上调存贷款基准利率，当前无论是存款准备金率还是利率都已进入到了一个上调周期，管控流动性则被央行作为落实稳健货币政策的重要措施。此外，汽车购置税优惠政策的取消和贷款利率优惠政策逐步退出也将在一定程度上拉低经济增速。三是物价上涨压力大于 2010 年。在全球流动性泛滥的背景下，人民币升值预期可能继续吸引"热钱"快速流入，国内资金投放出现被动性增加；受国际农产品价格上涨、提高农民收入和农资价格上涨等因素的推动，农产品价格上涨压力难以消除；服务业价格受劳动力成本上升等因素推动有一定上涨压力，资源能源类产品价格和环保类收费改革也将推动整体物价水平上扬。四是外贸出口增长面临诸多不确定性。全球经济增速放缓，发达国家高失业率使居民消费增长疲弱，将在一定程度上影响对中国商品的需求；贸易保护主义进一步加剧，贸易摩擦增多将进一步增加我国外贸出口的不确定性。2011 年我国外贸进出口增速将比 2010 年明显回落。

对深圳而言，深圳的高速增长已经持续 30 年，在创造举世瞩目的发展成就的同时，也率先遇到发展条件的紧约束，产业结构需要进一步调整升级，社会建设需要进一步加快，发展的协调性、可持续性和核心竞争力需要进一步增强。而且，我们在转变经济发展方式这一过程中，既要积极消化过去积累的老问题，又要面对 2011 年全球经济复苏步伐减慢、国内经济增速放缓、深圳土地容量不足、重点企业增长乏力等新问题。因而，现阶段深圳在实现"深圳速度"向"深圳质量"的跨越的过程中，经济发展速度较"十一五"期间将有所下降。

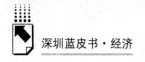

## 四 主要工业贸易经济指标预测

在工业增加值方面，受到通信设备行业在国际市场的占有率难以进一步提升和富士康集团在深圳的生产规模难以进一步提升等因素的影响，预计 2011 年电子信息产业工业增加值增速将回落至 15% 左右，对全市工业增加值增长贡献 7.5 个百分点；机械装备制造业受到国内经济增速回落及市场需求的影响，2011 年将延续 2010 年的态势并回落至 12% 左右，对全市工业增加值增长贡献 2 个百分点左右；石油开采业受中海油的停产检修计划的影响，预计 2011 年油气产量将负增长；电力行业将继续维持在 5% 左右的低速增长。综合以上因素，预计 2011 年全市工业增加值增速可能回落至 10% 左右。

在高新技术产业方面，随着深圳对三大新兴产业扶持政策的落实和国内经济的发展转型，预计 2011 年深圳高新技术产业有望继续延续 2010 年快速增长的态势，高新技术产品产值增速有望保持在 17% 左右。

在消费方面，一是随着 CPI 的进一步上涨，货币政策有可能适度紧缩，且深圳出口增速也有减缓迹象，宏观经济走势有下滑的风险；二是家电、汽车以旧换新等消费刺激政策的对深圳的效应可能趋于减弱；三是受保有量已较大影响，汽车销售有可能出现放缓。四是缺乏进一步刺激消费的政策。五是深圳房价仍维持在高位，高房价对消费的"挤出效应"有可能进一步增强。六是人民币升值的幅度将进一步拉大深港两地的价差，深圳高端消费的外流现象可能会加大。综上情况，预计 2011 年深圳社会消费品零售总额为 3400 亿元，增长 13% 左右。

在外贸方面，受富士康等重点企业本地生产增长乏力，人民币升值压力不断增大，库存回补效应消失和国际经济增速可能放缓等因素的影响，预计 2011 年深圳外贸出口将达到 2200 亿美元，同比增长 7.5% 左右。

在外资方面，虽然 2010 年实际外资的来源——合同外资增幅已明显增长（增长 58.85%，达到 56.52 亿美元），但由于 2009 年合同外资仅为 35.58 亿美元，同比下降 35.58%，根据公司法规定企业注册资本在两年内缴足，2010 年设立企业的资金全部到位时间将到 2012 年，因此预计 2011 年实际使用外资约 43 亿美元，与 2010 年基本持平。

# B.3

# 2010 年度深圳经济金融形势回顾及未来深圳金融创新定位研究

袁 宁*

**摘 要**：在 2010 年深圳经济和金融发展状况进行分析的基础上，提出深圳金融创新定位是在国家政策的支持下，深圳借助前海粤港现代服务业创新合作示范区的战略定位和人民币跨境贸易结算的深入开展，在前海地区试点金融衍生产品 OTC（场外交易），对 OTC 市场做了分析，并对金融创新定位的定义进行了阐述。

**关键词**：深圳 经济 金融形势 金融创新定位 回顾 研究

## 一 深圳经济金融发展状况分析

2010 年，深圳的经济和金融情况延续了持续向好的发展态势，增速稳步回升，总量增长持续加快。但是，从特区成立 30 年来地区生产总值增长的整体趋势看，当前仍处于增速回落的周期中。截至年末，全市 GDP 9510.91 亿元，继续位列全国大中城市第四，比上年增长 12.0%。其中，第一产业增加值 6.00 亿元，下降 14.3%；第二产业增加值 4523.36 亿元，增长 14.1%；第三产业增加值 4981.55 亿元，增长 9.9%。三次产业比重为 0.1∶47.5∶52.4。

### （一）工业规模再创新高，质量进一步提升

截至 2010 年末，全市规模以上工业增加值 4092.63 亿元，增长 13.8%，比

---

\* 袁宁，深圳银监局。

上年提高 5.1 个百分点，工业增加值规模比 2008 年金融危机前增加 564.86 亿元；工业总产值规模达到 18211.75 亿元，比危机前增加 2351.64 亿元。两者均创历史新高。

大中型企业和股份制经济增长较快，高于全市工业平均增长水平。截至 2010 年末，全市大中型工业企业增加值 3374.92 亿元，增长 14.1%。在各种经济类型中，股份制企业增加值 1642.34 亿元，增长 14.1%；外商及港澳台投资企业增加值 2206.93 亿元，增长 13.4%。

截至 2010 年末，全年工业经济效益综合指数 188.7%，同比上升 7.6 个百分点。其中，总资产贡献率 13.2%，提高 1.9 个百分点；资本保值增值率 122.5%，提高 8.5 个百分点；产品销售率 99.0%，提高 3.5 个百分点；资产负债率 60.2%，下降 0.1 个百分点。主营业务收入增长 28.5%，实现利税增长 33.2%，利润增长 40.1%，同比分别提高 34.1 个、23.8 个和 29.3 个百分点。在工业行业中，通信设备、计算机及其他电子设备制造业增加值达 2152.75 亿元，增长 20.4%，占工业增加值的 52.6%。

### （二）全市固定资产投资增长平稳

截至 2010 年末，全市固定资产投资规模 1944.70 亿元，增幅达 13.8%。其中，基本建设投资 1226.29 亿元，增长 17.5%；房地产开发投资 458.47 亿元，增长 4.8%；更新改造投资 187.23 亿元，增长 12.1%；其他投资 72.71 亿元，增长 19%。

### （三）港口和集装箱吞吐量超历史水平

截至 2010 年末，全市货运量 2.62 亿吨，增长 17.0%；货物周转量 1654.16 亿吨公里，增长 45.5%。全市客运量 15.6 亿人，增长 6.7%；旅客周转量 632.46 亿人公里，增长 16.4%。机场货邮吞吐量 80.91 万吨，增长 33.7%；机场旅客吞吐量 2671.36 万人次，增长 9.1%。

在货运方面，深圳港的货物吞吐量增长迅速。2010 年，深圳港港口货物吞吐量达 22097.69 万吨，增长 14.1%，其中集装箱吞吐量 2250.97 万标箱，增长 23.3%，分别比上年提高 22.4 和 38.1 个百分点，港口和集装箱吞吐量规模已经超过危机前的水平。

### （四）社会消费品零售总额增速继续高于 GDP 增速

截至 2010 年末，全市消费品零售总额 3000.76 亿元，增长 17.2%，从趋势看，第一至第四季度累计增速分别为 18.3%、16.1%、15.7% 和 17.2%，第一季度由于同期低基数影响，表现为增速相对较高，全年呈高开，回稳态势，12 月末累计达到次高点，接近 2008 年水平（2008 年增长 17.9%，是近 14 年的高位）。若扣除消费品价格因素，社会消费品零售总额增速已超过 2008 年水平。全市社会消费品零售总额增速高出同期 GDP 增速 5.2 个百分点。

在十大类商品销售中，除书报杂志类和服装鞋帽针织类轻微下降，其余均不同程度增长。其中，增长较快的主要是：金银珠宝类增长 83.3%；通信器材类增长 32.8%；家用电器和音响器材类增长 31.7%；文化办公用品类增长 25.3%；汽车类增长 24%；体育娱乐用品类增长 23.2%。

### （五）全市进出口规模再创历史新高

海关统计数据显示，截至 2010 年末全市进出口总额 3467.49 亿美元，增长 28.4%。其中，出口总额 2041.84 亿美元，增长 26.1%；进口总额 1425.66 亿美元，增长 31.8%。12 月份当月进口 147.41 亿美元，当月出口 237.34 亿美元，均创历史单月进口、出口新高。从环比看，12 月份全市进出口、出口总额、进口总额进一步提速，分别比 11 月份增长 4.3%、4.4% 和 4.2%。

### （六）财政收入、银行贷款增长平稳

截至 2010 年末，全市地方财政一般预算收入 1106.82 亿元，增长 25.7%；地方财政一般预算支出 1265.27 亿元，增长 26.4%。尤其是 12 月末全市国内金融机构人民币存款余额达 20210.75 亿元，比年初增长 19.3%；国内金融机构人民币贷款余额达 13708.16 亿元，比年初增长 17.7%。

## 二　深圳前海地区的金融创新定位

近年来，上海、天津和重庆等城市借助国家级"开发新区"的战略定位，先后出台金融业创新发展规划以起到助推实体经济发展的作用，目前已初见成

效。如何定位深圳金融业未来发展，继续保持金融创新城市地位并形成与其他城市的错位竞争优势，成为深圳金融业持续发展的关键所在。国家支持深圳借助前海粤港现代服务业创新合作示范区的战略定位和人民币跨境贸易结算的深入开展，从培育和促进人民币汇率衍生品创新着手，在前海地区试点金融衍生品OTC（场外交易）市场为代表的国内高端金融服务，对于面临"二次转型"的深圳具有重大的战略和现实意义。

## （一）深圳金融业发展面临的现状和转型需求

深圳四大支柱产业之一的金融业，历经30年改革开放和政策扶持，已具有"产值占比高、机构类型全、外向辐射广"的存量特征，但同时也面临着金融业发展创新增量不足，地区内及地区间同质化竞争严重和金融资源外溢等现实困境，深圳金融业发展和创新已经走到一个十字路口。主要表现在：一是虽然金融机构种类已较为齐全，次贷危机对深圳整体经济影响逐步降低，但金融业对全市经济增长的相对承载力和贡献增长速度正呈现下降趋势。2007～2009年（剔除美国次贷危机影响因素），深圳GDP继续保持增加但增速放缓，而同期金融业增加值的增长率却大幅下降，且金融业增加值占GDP比重的增长也随之放缓（详见表1）；二是近年来，虽然深圳市相继出台了《加快深圳金融业改革创新发展的若干意见》和《深圳经济特区金融发展促进条例》等支持深圳金融业发展创新的制度文件，也持续加大了金融机构的引进和产品创新力度，但体现深圳金融业贡献度重要指标之一的所得税纳税收入占比却呈逐渐下降趋势（剔除2008年全国企业所得税率合一的影响）；三是随着近年来深圳金融市场机构、人员和业务产品绝对量的不断增加，一定程度上出现了金融资源快速集聚与实体经济发展需求之间的正缺口，导致深圳在整合金融资源使用方面出现了"个体性超配、阶段性错配和结构性缺位"的尴尬，平均收益水平下降，增量金融资源向地区外溢出情况较为严峻。

究其深层次原因，主要是近年来深圳金融业创新的方向主要还是以机构和客户需求为主的产品创新、流程创新，创新层面还局限在具体某类产品开发和流程优化等金融存量资源方面，某些创新业务仍以规避监管和满足短期宏观调控要求为目的，对金融创新的长期战略定位不清，对培育和建立一个持续的新兴金融市场关注度不够；另外，在目前分业监管的格局下，深圳金融市场的发展结构不均衡，虽然多层次资本市场发展随着中小板、创业板的设立已见雏形，但培育和创建一个融合银行、证券、保险等金融资源并有效运作的新兴市场仍任重道远；再有，随着目前金融业发展所具有的电子化、网络化和混业性特征的日益显现，传统物理网点扩张为主的粗放式金融同业竞争，在寸土寸金的深圳地区将面临成本高企、边际收益和对城市贡献度递减的局面。深圳金融业寻求具备大格局、集约化和尖端性的新兴增长点和创新模式已箭在弦上。

**表1　深圳 GDP、金融业增加值及金融业所得税收入情况**

单位：亿元，%

| 年份 | GDP | GDP 增速 | 金融业增加值 | 金融业增加值增长率 | 金融业增加值占 GDP 比重 | 金融业所得税纳税收入占比 |
|------|------|------|------|------|------|------|
| 2007 | 6765 | 14.7 | 720 | 53.2 | 10.6 | 40.1 |
| 2008 | 7806 | 12.1 | 1007 | 39.9 | 12.9 | 32.8 |
| 2009 | 8201 | 10.7 | 1148 | 14 | 13.9 | 35.2 |

## （二）金融衍生品 OTC 市场简介和定位

从世界主要发达经济体的金融演进史看，为满足实体经济外向型发展过程中对基础金融资源优化配置和风险管理的需求，金融衍生品市场的创设应运而生，并位列一国金融产业发展深化链条中的高端环节。

从交易方法及场所差异看，金融衍生品市场可分为交易所市场（场内交易）和 OTC 市场（柜台或场外交易）。由于 OTC 市场相对前者具有无物理场所限制、交易方式多样、产品个性化需求明显，交易信用程度高、监管环境适度宽松等特点，截至 2006 年次贷危机爆发前，全球金融衍生品交易所市场合约名义价值由2001 年末的 23.54 万亿美元增加至约 400 万亿美元，而同期 OTC 市场交易量则由 110.52 万亿美元上升到约 2300 万亿美元。可见，金融衍生品 OTC 市场交易量的快速增长，不仅对交易所市场提供了有益的补充，更大大地满足了机构投资者对风险转移型金融创新的现实需求。

随着混业经营趋势的日趋明显，从金融资产总量、交易主体和业务种类看，银行业金融机构将成为未来金融衍生品 OTC 市场的交易主角。以美国为例，2001～2006 年，银行业持有与衍生品相关的资产增长了 200% 以上，持有的衍生品合约名义价值增长了约 10 倍，在未清偿的互换合约方面，持有头寸最大的 20 家金融机构中，银行业机构占到了 15 家。

## （三） 深圳前海地区试点创设金融衍生品 OTC 市场的背景

近期，就深圳前海地区如何利用政策和毗邻香港的区位优势打造离岸金融中心的论题，众多机构和学者进行了广泛讨论。我们认为，深圳前海离岸金融中心的建立除了需要广泛的金融资源基础外，更是涉及产融结合、金融资源内部整合及政策制度配套的一项渐进式综合性金融工程，需要创建一个高端定位、基础扎实和可操作性强的金融市场作为承接和起点。结合国际金融衍生品 OTC 市场发展和深圳金融业现状来看，在深圳前海地区试点以人民币汇率衍生品为代表的金融衍生品 OTC 市场将是一项重大的战略性选择。

### 1. 人民币货币主权面临挑战

加入 WTO 后，随着外向型经济的纵深发展，利率市场化的推进和资本项目项下兑换管制的逐步放开，作为我国货币主权象征的人民币汇率正面临着前所未有的挑战。主要表现在：一是资本项目下的管制阻断了人民币利率 – 汇率正常的传导途径。长期以来，我国汇率的升降在很大程度上受制于经常项目收支变动，并容易在国际贸易中留下倾销和非贸易型管制的不良印象；二是我国还未真正实现主导并影响人民币汇率的走势和预期。目前，在市场交易层面，境内外市场对人民币汇率变化预期的风向标是香港等海外离岸市场的人民币 NDF 值（无本金交割远期），并非央行在外汇交易市场上公布的挂牌中间价，人民币汇率实际定价权仍滞留境外；三是国内管制和境外开放条件下的实际汇率价差促成了境内外利益主体和热钱的无风险套利，以美元储备为主的国家整体金融财富面临缩水和稀释的风险。深圳作为以外向型经济为主的城市，应结合实体经济和金融环境，在前海地区试点培育和建立金融衍生品 OTC 市场，尽快与香港等境外金融市场进行对接，发挥捍卫国家货币主权"桥头堡"的战略功能。

### 2. 相关金融政策支持力度较大

从目前来看，一是以人民币跨境贸易结算为代表的货币制度安排作为人民币国际化战略的一部分，于 2009 年在深圳等 5 个城市开展试点，经过近两年业务经验和相关企业情况及交易数据的积累，深圳各家商业银行对参与企业的交易和信用情况已实现逐月汇总、分析和上报，客观上为政府和相关金融机构试点金融衍生品 OTC 市场并制定准入、交易规则奠定了良好的数据基础。

二是银监会早在 2009 年就通过《关于进一步加强银行业金融机构与机构客户交易衍生品风险管理的通知》（银监发〔2009〕74 号），对银行业代理机构客户交割金融衍生品的相关操作细节进行了规定。近期，银监会在广泛征求意见的基础上出台了《银行业金融机构衍生产品交易业务管理暂行办法》，进一步细化和明确了金融机构参与衍生品交易的资格、流程和风险管理等衍生品 OTC 市场的各构成要素。

三是深圳市政府已出台了《关于加快推进前海深港现代服务业合作区开发开放的工作意见》，有针对性地提出了"大力推进各类金融创新在前海的先行先试，继续扩大跨境人民币业务试点，开展深港银行跨境贷款业务试点、外商投资企业的外方股东以人民币跨境直接投资试点"等举措，不仅完全与创设人民币汇率衍生品为代表的金融衍生品 OTC 市场避险功能和支持人民币国际化战略的初衷相吻合，更进一步明确了前海地区金融创新的服务对象。因此，深圳应积极利用国家支持金融衍生品发展的政策优势，先行先试，从打造前海地区金融衍生品 OTC 市场的创新出发，与其他相关金融创新政策同步呼应，带动整个深圳和珠三角地区的新一轮金融创新热潮。

**3. 深港金融业区位互补优势仍需强化**

香港是世界上举足轻重的国际金融中心，具有先进的金融基础设施、世界一流的金融专才及与国际标准看齐的完善监管制度，已形成了包括货币市场、外汇市场、证券市场和金融衍生品市场等在内的现代金融市场体系。截至 2010 年末，香港股票市场市值在亚洲排名第三，国际排名第七。随着深港 CEPA 协议进程的推进和人民币跨境贸易结算量的日渐增大，作为境内外重要贸易中转枢纽和海外金融资本登陆内地的"桥头堡"，香港与内地贸易和金融活动往来的区域功能定位和桥梁作用愈发清晰和重要。虽然香港经济、金融发展得益于其特殊的地理和制度优势，但目前本地市场规模狭小、行业结构不完善、金融机构业务积聚性不强和金融创新动能较弱等成为其未来发展的瓶颈，体现在深港两地双边贸易和汇率结算风险管控方面尤为明显。主要表现在，一方面当前香港实行港币与美元挂钩的联系汇率制，同时离岸市场上人民币 NDF 指标对境内市场的进出口贸易仅起到导向作用，市场上相关汇率风险对冲工具的应用对深圳等境内市场规避贸易项下人民币汇兑风险的作用并不明显；另一方面，虽然近两年央行大力推进人民币跨境贸易结算，但从中长期来看，境内外绝大部分贸易结算货币仍为美元，人民币汇率风险的分散、转移和对冲仍缺乏与境外市场的有效对接渠道。因此，在获得特殊政策支持的深圳前海地区试点以人民币汇率衍生品为代表的金融衍生品OTC市场，不仅有助于增强香港金融业向内陆腹地的辐射影响力，弥补其在金融市场规模、持续创新和业务结构不均衡等方面的不足，巩固国际金融中心的地位，更能推动并强化内地以人民币汇率为代表的金融产品市场发现、结构调整和定价机制的形成，并与人民币跨境贸易结算同步促进人民币国际化进程。

**4. 深圳银行业金融衍生品业务开展已粗具规模**

2010年，深圳银行业金融机构在金融衍生品OTC市场的交易量已突破7000亿元，达到了7056亿元，较2009年增长23.5%。从深圳地区招商银行和深发展两家法人银行及中行深圳分行的数据看，2010年全年场外交易量分别为3859亿元、449.66亿元和384.98亿元，分别较2009年增长1.12%、114.29%和57.16%。其中，与人民币汇率挂钩的衍生品场外交易中，招商银行的交易量达到了499亿元，较2009年增长34.5%；深发展的交易量达到了397.53亿元，较2009年增长125.06%；中行深圳分行的交易量达到了384.98亿元，较2009年增长57.16%。由此可见，深圳银行业金融机构在金融衍生品OTC市场的业务量已粗具规模，人民币汇率衍生品OTC市场交易量增长更是突飞猛进，在深圳试点建立规范、有序的金融衍生品OTC市场的创新需求已迫在眉睫。

## （四）深圳前海地区试点创设金融衍生品OTC市场的优势

自2010年8月26日国务院正式批复《前海深港现代服务业合作区总体发展规划》（以下简称《发展规划》），提出将深圳前海地区打造成粤港现代服务业创新合作示范区以来，深圳市政府制定了《关于加快推进前海深港现代服务业合作区开发开放的工作意见》（以下简称《工作意见》），并明确提出了未来10年深圳金融业创新和发展的方向，深圳金融业即将迎来第二个春天。由于金融衍生品OTC市场具有行业覆盖面广、信息技术性强、产业融合度高的特点，结合《发展规划》和《工作意见》的相关目标和要求，前海地区试点创设金融衍生品OTC市场将具有金融机构集聚、监管服务前移和财税减免优惠等优势。

**1. 金融机构集聚将丰富金融衍生品OTC市场的交易主体**

目前，深圳地区金融机构门类已较为健全，数量上也已形成了较大规模，但仍存在金融机构区域结构分布不尽合理，法人类机构相比京沪地区数量较少，特别是最具创新意识和发展空间的非银行类金融机构数量明显不足等客观现实。2010 年，深圳市政府在《工作意见》中指出优化前海地区金融生态环境，积极开展金融创新试点，吸引各类金融机构在前海地区集聚发展，增强前海金融辐射服务能力，将成为前海地区金融业发展和创新的首要任务，其中《工作意见》提出了"积极开展招商引资，吸引香港及国内外各类金融机构在前海地区设立国内总部或分支机构形成金融业集聚发展效应；争取发起设立融资租赁公司、汽车金融公司、消费金融公司等有利于增强市场功能的机构"。在金融混业经营发展模式领先全国并逐步成熟的深圳特区，《工作意见》对前海地区金融机构集聚发展的推动，特别是对法人类金融机构创设的强力支持，不仅将丰富和均衡金融机构种类，更为金融衍生品 OTC 市场交易主体的多元化、交易属性的差异化提供了客观的机构门类基础。

**2. 监管服务前移将防范金融衍生品 OTC 市场的交易风险**

深圳市政府的《工作意见》还提出"积极争取一行三会在前海设立南方总部或直属机构，实现靠前监管和服务"的规划，计划引入特殊金融监管机构不仅能彰显政府对高层次金融创新的决心和期望，更有利于加强金融创新过程中的风险防控和金融业的深化发展。虽然金融衍生品交易和 OTC 市场自身蕴含着投机套利的风险，但为了满足日益复杂的实体经济对避险功能和金融高端市场服务的现实需求，我们不能因噎废食。因此对于在前海地区试点创设金融衍生品 OTC 市场而言，监管服务职能的前移和区域性集中，不仅能为地方金融持续稳健发展保驾护航，进一步降低相关政策风险和交易风险，更能促进在未来金融创新主体多元化、结构品种复杂化等条件下的金融监管资源整合及效能发挥。

**3. 财税减免优惠将降低金融衍生品 OTC 市场的交易成本**

一国或地区的金融创新和新型市场的培育都离不开所在地政府的财税支持，因为其关系到金融创新和市场培育初期各类参与主体的高成本投入。当前世界上最大的金融衍生品 OTC 市场应属伦敦金融城，在发展初期不仅按参与机构规模大小给予一定的补贴，在税收方面，仅按交易规模和交易频率阶次两维征收营业税，最低税率曾达到 0.05%，极大地吸引了国际范围内众多机构进入和交易量的持续巨幅攀升。目前，深圳市政府在《工作意见》中提出了"在国家税制框架下，充分发挥前海在探索现代服务业税收体制改革中的先行先试作用"，也就意味着在支持金融业创新和发展方面，前海地区的税收政策能够做到比其他省市甚至深圳其他地区更有优势，并为金融衍生品 OTC 市场发展初期降低机构参与的财务门槛和交易成本提供了政策依据。

## （五）深圳前海地区试点创设金融衍生品 OTC 市场的重大意义

**1. 促进深圳金融业创新和发展模式朝着大格局、集约化和尖端性的趋势发展**

改革开放至今，国家出于尽快学习和借鉴境外成熟市场经验，降低改革风险和成本的考虑，赋予深圳先行先试的金融改革特许权，30 年来深圳不断引进大量境内外金融机构，通过不断"拿来"或复制成熟金融市场的业务和产品，金融机构数量和业务种类趋于丰富，区域金融市场体系逐步形成并繁荣。但目前，随着我国金融业的深化发展，重大金融改革已逐步收官，出于国内金融业创新和发展的整体布局考虑，国家对深圳具体金融业务和机构引进方面的创新支持力度已日渐式微。而在各类金融资源丰富的基础上培育打造一个新兴的金融细分市场，不仅升级了以大格局、集约化和尖端性为特征的深圳金融业创新和发展模式，更是助推深圳金融业再次抢占国内金融创新的制高点。

**2. 将不断汇聚并整合深圳各类优质经济资源**

根据麦金龙的金融深化理论，一个国家或地区的经济资源包括产业流、资金流、信息流和人才流（以下简称"四流"），通常与同期的金融市场发展格局保持一个相对的均衡状态，金融业市场化和细分化程度越高越将促进存量资源的重新布局和增量资源的快速集聚。当前，深圳整体经济发展的对外依存度较高，作为支柱行业的物流业和高科技行业在中长期还存在外向型发展中对"四流"的路径依赖，通过现有金融业发展模式整合地区经济资源已出现瓶颈，而试点金融衍生品 OTC 市场将极大地提高深圳金融业市场化和细分化程度，再次通过市场结构优化，在更高端领域整合地区的优质经济资源，发挥好对深圳其他支柱产业的支撑作用。

**3. 将促进深圳金融业为本地大量外向型企业提供便利和高端的避险工具及服务**

目前，深圳地区以进出口贸易为主营业务的企业居多，外向型经营特征明显，人民币汇率风险是其生产经营面临的主要风险。虽然国家近年来大力推动人民币国际化进程，但要在短期内改变国际金融市场以美元为主导的市场格局是不现实的。因此，在人民币跨境贸易结算的基础上尽早试点金融衍生品 OTC 市场，着力打造人民币汇率衍生品，为大量外向型企业提供新型汇率避险工具和服务，将是未来深圳金融业发展的广阔蓝海。

**4. 在相应管理机构和制度设施配套的基础上，前海地区将实现资金的"集聚效应"和税收的"抽脂效应"**

由于金融衍生品 OTC 市场交易不受交易场所、网点规模、人员数量等物理因素限制，在交易载体证券化、地区税务优惠、准入管理和交易制度规则等配套措施符合标准的前提下，前海地区可以根据市场发展进度逐步降低交易注册机构的组织层级限制，如允许境内外各大金融机构下属的资金交易部以事业部法人名义申请市场交易资格，同时纳入前海地区的营业税等财税管理范畴，通过这一举措不仅将大大吸引境内外资金集聚并参与交易，并能够通过资金交易量的提升实现前海地区财税优惠条件下的利税增收。

# B.4
# 2010～2011 年深圳市税收运行分析及展望

胡优良　杨晓峰*

**摘　要:** 全面分析了 2010 年深圳市税收增长的特点与影响因素, 在分析 2011 年经济走势与政策因素的基础上, 得出了 2011 年税收将平稳增长的结论, 并提出了促进税收持续平稳增长的建议。

**关键词:** 税收　经济　政策

2010 年, 是深圳经济特区建立 30 周年的重要历史节点, 也是"十一五"规划实施的最后一年。深圳各级税务机关紧紧围绕市委、市政府"坚持科学发展, 加快经济发展方式转变"的总体目标, 勇于探索, 积极实践, 努力破解制约税收事业发展的难题, 全力落实结构性减税及各项税收优惠政策, 大力培育新兴税源, 着力打造适应经济社会发展要求的税收管理体制和干部队伍, 服务深圳市经济发展方式转变。2010 年, 深圳市税收规模创出历史新高, 总体税收收入达到 2989.8 亿元①, 同比增长 24.3%, 增收 584.9 亿元。其中国税总体税收收入 1954.6 亿元, 同比增长 24%; 地税总体税收收入 1035.2 亿元, 同比增长 25%。同时出口退 (免) 税规模继创新高, 达到 733.5 亿元, 同比增长 39.7%。

## 一　2010 年深圳税收收入运行及分析

### (一) 从预算级次看, 中央、地方两级收入快速增长, 税收对财政收入贡献进一步增强

2010 年, 中央级税收收入 2033.9 亿元, 同比增长 25.9%。地方级税收收入

---

* 胡优良、杨晓峰, 深圳市国家税务局。
① 文章税收数据以 2010 年 12 月 31 日结账数据为准。

955.9 亿元，同比增长 21.2%，中央地方两级收入的持续增长为中央财政和地方财政提供了可靠的财力支持。

## （二）从各税种收入情况来看，各税收入保持较快增长，税收"双主体"格局日益明显

2010 年，包括国内增值税、国内消费税、营业税、海关代征税收和车辆购置税在内的流转税收入合计 1747.4 亿元，同比增长 19.3%，占深圳市总体税收收入比重近六成，达到 58.4%，是全市税收收入的重要支柱。2010 年，包括企业所得税和个人所得税在内的所得税收入合计 886.1 亿元，同比增长 30.9%，占全市总体税收收入比重达到 29.6%，比 2009 年提高 1.5 个百分点，所得税收入比重稳步提高，税种结构不断优化，税收收入"双主体"格局日益明显。2010年，印花税收入 254 亿元，同比增长 31.3%。各主要税种收入及比重见图 1。

**1. 国内增值税保持平稳较快增长，税收规模为税务机关直接组织收入之首①**

2009 年国内增值税入库 653 亿元，增长 12%，占深圳市总体税收收入比重

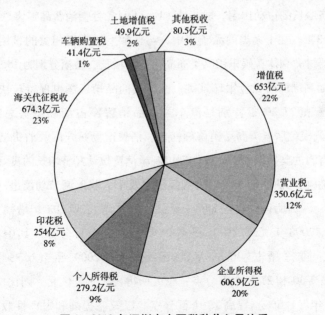

**图 1　2010 年深圳市主要税种收入及比重**

---

① 税务机关直接组织收入中不包括海关代征税收。

达到 21.8%。其中：国内增值税直接收入 379.5 亿元，增长 13.7%；免抵调库收入 273.5 亿元，增长 9.6%。从行业来看，制造业仍是国内增值税收入的主体行业。2010 年制造业入库国内增值税 470.3 亿元，增长 8.7%，占增值税总体比重达到 72%。其次批发零售业入库增值税 126.6 亿元，同比增长 25.2%，占增值税总体比重到 19.4%。从收入增长的企业类型来看，中小企业成为增值税直接收入的主力军。2010 年，国税管辖 1548 户重点税源企业实现增值税直接收入 192.3 亿元，小幅下降 1.7%。中小企业实现增值税直接收入 187.2 亿元，同比增长 35.6%，拉动增值税直接收入增长 14.7 个百分点。深圳中小企业对保持深圳经济的高速发展贡献巨大。据统计，深圳中小企业占全市企业总数的 90% 以上，创造的增加值占全市 GDP 的 65.2%，工业总产值占全市的 68%，近三年来中小企业数量平均保持着 16.2% 的增长率。从收入增长的行业来看，商业税收快速增长成为一个亮点。2010 年，商业增值税 126.6 亿元，同比增长 25.2%，增收 25.5 亿元，对增值税直接收入增长贡献度达到 55.8%。面对"后金融危机时期"复杂多变的国际以及国内经济形势，深圳以加快消费升级为重点，着力培育引领市场消费新热点，提高消费需求对经济增长的拉动作用。据统计，1～11 月，社会消费品零售总额 1899.2 亿元，增长 15.3%。在十大类商品销售中，与日常生活密切相关的日用品类、家用电器和音响器材类和体育娱乐用品类商品呈较快增长，增幅分别为 15.2%、31.9% 和 24.5%，而高端商品如金银珠宝类、汽车类商品销售额也保持较快增长，增幅分别为 85.7% 和 27.2%，特别是汽车类商品销售额占商品销售总额比重达到 9.2%，总量规模位居各类商品销售额榜首。消费市场畅旺以及消费结构的升级成为税收增长有力的支撑因素，充分体现以刺激消费拉动经济增长的良好效果。

**2. 所得税收入快速增长，对宏观经济以及个人收入调节功能进一步增强**

2010 年，深圳所得税收入 886.1 亿元，同比增长 30.9%，增幅分别比 2009 年（4.7%）、2008 年（21.2%）提高 26.2 和 9.7 个百分点。其中企业所得税 606.9 亿元，同比增长 36.3%，增幅分别比 2009 年（6.3%）、2008 年（14.5%）提高 30 和 21.8 个百分点；个人所得税 279.2 亿元，同比增长 20.6%，增幅比 2009 年（1.6%）提高 19 个百分点。以效益提高和财产性收益增加为主要特征的所得税快速增长，反映出全市经济增长速度和质量效益协调发展，创造税收的能力不断增强。特别是多层次资本市场的税收效应表现突出，虚拟经济成为重要的税收增长点。数据显示，2010 年来地税收入中来自股权转让和投资收益的税收合计 50.8 亿元，增长 42%，其中企业所得税 27.3 亿元，增长 49.5%，个人所得税 21 亿元，增长 41.5%。

## （三）税收产业结构进一步优化，税收增长质量明显提高

2010 年，深圳在转变经济发展方式上提前发力，加快推进自主创新和科技进步，进一步优化产业结构，带动税收增长的质量不断提高。从产业结构上看，扣除海关代征、证券交易印花税和车辆购置税后，全年第二产业实现税收 896.7 亿元，同比增长 17.4%；第三产业实现税收 1136.4 亿元，同比增长 24.8%。同时深圳税收增长的质量和效益也不断提高，全市单位税收产出进一步提高，2010 年深圳每平方公里（以 1991 平方公里计算）贡献税收 1.5 亿元，比 2009 年提高 0.29 亿元。从各行业税收情况看，自主创新型企业贡献突出，战略型新兴产业增长迅猛。地税方面数据显示，自主创新 100 强企业税收共完成 103.2 亿元，同比增长 39.8%。总部企业税收共完成 287.2 亿元，同比增长 30.9%；互联网领域 276 家重点企业税收合计 81.1 亿元，同比增长 65.7%；生物医药领域 745 家重点企业税收合计 13.3 亿元，同比增长 31.7%；新能源领域 50 家重点企业税收合计 7.5 亿元，同比增长 53.6%。

## （四）出口退（免）税规模继创新高

2010 年，深圳市国税局认真贯彻国家外贸出口政策，根据省、市有关外贸工作精神，努力巩固和扩大应对金融危机的工作成果，全年共办理出口退（免）税 733.5 亿元，比上年增长 39.7%，在年度内一举突破 600 亿元、700 亿元大关。其中：办理退税额 460 亿元，同比增长 66.9%；办理免抵调库额 273.5 亿元，同比增长 9.6%；办理特殊项目退（免）税共计 84.5 万元；办理出口免税卷烟 52440 箱，共计免税 50140 万元。退（免）税总额在全国大中城市首次排名第一，按省级排名则在江苏、广东、浙江之后排第四位。出口退（免）税快速增长原因主要是：一是受外贸恢复性增长影响，回升幅度超过预期。据海关统计数据显示，截至 2010 年 11 月底，深圳出口总额已经达到 1804.5 亿美元，同比增长 26.4%，全年可望突破 2000 亿美元。二是一般贸易出口增势强劲，加工贸易出口摆脱低迷。前 11 个月，深圳一般贸易出口达到 565.6 亿美元，同比增长 33.4%；出口总值中超过半数仍然来自加工贸易，其中来料加工出口 140.9 亿美

元，同比增长18%，进料加工出口889.9亿美元，同比增长29.1%。三是结合内控机制建设，不断优化业务流程，促进优化退税服务，积极支持出口企业恢复增长。

## 二 影响税收的主要因素分析

综合分析2010年的收入情况，影响收入变化的主要因素包括以下三个方面。

### （一）税收因素：整体经济企稳回暖为税收收入增长提供支撑

2010年，深圳市经济保持平稳较快增长，总体运行呈逐渐加快态势。1~11月，全市主要经济指标增速创2011年以来新高。全市规模以上工业增加值3659.8亿元，比上年同期（下同）增长13.9%。全社会固定资产完成投资1687.3亿元，增长14.2%，全市消费品零售总额2717.3亿元，增长16.7%，全市进出口总额3082.8亿美元，增长29.5%。

**1. 从总体税负指标看，税负水平稳步提升**

2010年，深圳总体税收收入的宏观税负水平约为31.5%，比2009年提高2.1个百分点，扣除证券交易印花税和海关代征税收后的宏观税负水平为21.8%，比2009年提高1.1个百分点。

**2. 从工业看，全年工业增值税直接收入236.4亿元，同比增长6.2%**

1~11月全市规模以上工业企业增加值同比增长13.9%，考虑固定资产进项抵扣税额的影响，按可比口径比较，工业增值税直接收入弹性达到1.3；从商业看，全年商业增值税126.6亿元，同比增长25.2%。1~11月，全市消费品零售总额2717.30亿元，增长16.7%，商业增值税收入弹性达到1.5，税收和经济均实现较快增长。

### （二）政策因素：全力贯彻和落实结构性减税以及各项税收优惠政策，大力减轻纳税人负担，为扩大内需、稳定外需、改善民生发挥积极作用

2009年，深圳税务机关积极贯彻落实国家实施的结构性减税政策，加大税收优惠及减免力度，有效减轻纳税人负担。

其中国税部门各项税收政策的执行效应有：增值税转型政策中形成的增值税

固定资产进项抵扣税额减轻税收负担 71.6 亿元，比上年同期扩大 41.2 亿元；个人储蓄利息所得税暂停征收减轻税收负担 0.5 亿元；车辆购置税 1.6 升及以下排量乘用车减按 7.5% 征收，减轻购车者负担 2.05 亿元；落实软件企业即征即退等税收优惠政策，积极扶持高新技术企业发展，全年实现高新技术企业减免税40.6 亿元，其中增值税 30.3 亿元，企业所得税 10.3 亿元。

地税部门各项税收政策执行效应有：落实企业所得税过渡期优惠政策减轻税收负担 45 亿元；为高新技术企业和技术先进型服务企业减免税收 44.6 亿元；为国家重点软件企业减免税收 3.76 亿元；为小型微利企业减免税收 0.4 亿元；为符合条件的医疗卫生企业、民政福利企业、教育培训机构和下岗再就业人员等办理减免税 11.5 亿元。

### （三）税收工作因素：强化税收征管和稽查，有效防止了税收流失，促进了收入形势的好转

2010 年，深圳税务机关加大征管力度，积极落实总局实施"信息管税"工作思路，大力开展"信息管税"系列活动，从夯实征管基础、加强税种管理、强化征管状况分析监控、推进基础平台建设四方面着手，做好各项工作。推行国地税联合办证工作。作为国、地税联合办税的创新尝试，联合办证工作覆盖国、地税 55 个办税服务厅，实现了税务登记业务国、地税"同城通办"、"一次办结"、"一次处理"，其业务广度和联合深度居全国前列。在稽查方面，各级稽查部门积极参加大型汇缴企业全国联查，稳步开展税收专项检查，切实抓好企业税收自查工作，深入开展打击发票违法犯罪活动。国税数据显示，2010 年，深圳国税查补税金入库合计 15.3 亿元，其中国税稽查部门查补收入入库 6.2 亿元，稽查选案准确率达 96.3%，入库率达 94.1%；组织企业自查入库 9.1 亿元。

## 三　2011 税收收入形势展望及发展建议

### （一）2011 年税收收入形势展望

税收收入与经济、政策等因素密切相关，展望 2011 年深圳税收收入形势主要考虑以下影响。

**1. 经济因素分析**

展望 2011 年，全球经济继续温和复苏，但世界经济前景依然具有不确定性，各主要经济体的合作在弱化，影响了应对经济危机的有效性，特别是货币政策的不协调成为金融市场动荡和不确定的根源。从国内来看，2011 年是"十二五"开局之年，中国经济将以加快转变经济发展方式为主线，调整结构、稳定物价、保障民生、促进改革，预计 2011 年全国 GDP 增速有所回落，达到 9% 的增长水平。从整体环境来看，面临的不确定因素主要有：首先，企业产能上升导致库存开始增加，意味着下一个阶段工业品增加值增速将会下降。其次，固定资产投资增速也会回落。四万亿投资在 2009 年和 2010 年已经基本完成。2011 年重大的国有建设项目只有保障性住房建设，预计 2011 固定资产投资增速将比 2010 年回落 1~2 个百分点。再次，2010 年出口增速高达 30% 以上，受到国际市场疲软的影响，2011 年这一数字将回落至 10%~15%。从深圳本地来看，2010 年，是深圳经济特区的而立之年。回顾这一年，深圳在推进低碳经济、发展新兴战略产业等方面迈出了重要的步伐。2011 年，深圳将继续大力发展生物、互联网、新能源三大战略性新兴产业，三大产业将会成为经济新的增长点。全市三大新兴产业的发展目标为：到 2015 年生物产业年销售收入达到 2000 亿元，成为世界知名、国内领先的国家生物产业基地；互联网产业年销售收入达到 2000 亿元，成为我国乃至东南亚地区互联网产业发展的领先城市，新能源产业年总产值达到 2500 亿元，成为国家新能源产业重要基地和低碳经济先锋城市。另外大运会的举办、前海经济圈的建立也将成为深圳经济中新的增长点。

**2. 税收政策因素分析**

2011 年税收政策再调整的空间相对较小。在经济前景谨慎乐观的前提下，考虑 2011 年企业所得税税率提高以及政策优惠到期税源增加等因素，企业所得税将会保持较快增长。同时随着全市经济规模的发展，预计 2011 年全市 GDP 增长将会达到 10%，与之直接相关的增值税直接收入以及营业税将会保持一定增长水平。但是从收入结构来看，增值税免抵调库资源的减少将会对未来收入增长形成一定压力。另外 2010 年收入中清理以往年度土地增值税等一次性增收因素较大，垫高了基数，对收入增长也提出了挑战。证券市场仍处于较多不明朗因素的影响中，如加息政策的出台等，但是经过 2010 年的震荡反复阶段，预计 2011 年有望回升，证券交易印花税预计实现小幅增长。

综合考虑经济和政策的影响，预计 2011 年总体税收收入规模将有望保持平稳增长。

## （二）促进税收持续平稳发展的建议

税务机关作为税收政策的执行者，应依法组织税收收入，规范和整顿税收秩序，确保税收收入的持续平稳发展，同时税务机关应充分认识及发挥税收服务经济发展的职能，积极推进税收政策的建立和完善，为经济的可持续增长作出贡献，从当前深圳经济与税收发展的趋势来看，可以从以下几个方面着手进行。

### 1. 建议完善相关政策，大力促进高新技术企业发展

在新的形势下，深圳大力推进产业结构调整，加强高新技术产业的发展优势，成为一个新的课题。目前，高新技术产业成为深圳的第一支柱产业，并引导全市经济结构不断升级换代和产品推陈出新，但是当前高新技术产业研究与开发投入资金不足，企业规模有限成为发展中的瓶颈问题，因此更为有效的利用财税政策，对促进高新技术产业发展和整个产业结构调整具有重要的作用。

（1）完善和健全与高新技术产业有关的税收法律体系。

一是加快有关科技税收方面的立法步伐，提高科技税收法律的权威性，并创造条件尽快对科技税收优惠实施单独立法。对一些已经相对成熟的条例、法规通过必要的程序使之上升到法律层次，既有利于克服由于经常修改而造成税法不够稳定的缺陷，也在一定程度上提升了有关科技税收的法律效力。

二是从长期的角度考虑，国家应制定完善促进高科技产业发展的全面性的法律《促进高新科技产业发展基本法》，并根据这一法律的规定，明确发展高新科技产业的政策目标、产业导向、指导思想、基本原则以及其具体措施、范围、审批程序等内容，消除现行法规之间的矛盾、重复、庞杂与混乱的弊端，加强科技税收优惠的规范性、透明性和整体性。

（2）调整完善现行的科技税收制度，适应高新技术产业发展的客观需要。

一是增值税方面。①扩大增值税的征收范围，将与高新技术产业密切相关的交通运输、服务业等行业纳入增值税征收范围，从而使增值税的抵扣"链条"不脱链。②适当降低高新技术企业的一般纳税人认定标准。对一些规模小，达不到一般纳税人标准的高新技术企业，只要会计核算健全，可视同一般纳税人，征收一定比例的简易税率。③可以考虑"税改投"政策，即将应征而未征的增值

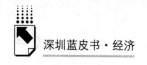

税作为国家的资本金投入。

二是企业所得税方面。①允许高新技术企业在计提折旧时采取加速折旧的方法，缩短固定资产的折旧年限。同时，按照投资额或销售额一定比例计提科技开发基金，允许这些基金在所得税前扣除，让政府与企业共担投资风险，这样就降低了企业在高新技术研究与开发方面的投资和经营风险，促进企业加强科技投资与开发，为促进高新科技产业蓬勃发展助一臂之力。②允许把投资于高新技术产业的风险投资的损失直接用于抵减其他投资的资本利得。具体做法是对得到政府批准设立的风险投资基金所做的风险投资项目，如果投资项目发生亏损，则可以用这个亏损（或按照该亏损的一定比例，例如50%）直接冲抵本企业其他来源收入应纳的所得税额。风险投资发生亏损的情况是很常见的，而且我国的风险投资事业目前还是处于起步阶段，因而这项措施有利于提高风险投资与传统投资的竞争力，从而增强风险投资者进行投资的愿望和信心，有利于拓展高新技术产业投资的资金来源。

**2. 深入推进现代税务管理的纳税服务体系建设，促进税收和谐发展**

（1）立足提高办税服务整体效能，进一步强化分类和专业管理。

纳税人对于税务机关来说，是服务的受众，其性质相当于企业的客户。因此，我们应借鉴企业客户关系管理（CRM）理念，主动分析纳税人，努力做到基于纳税人信息驱动进行服务产品设计，推进差异化服务。一是强化纳税人信息的收集，为差异化服务提供重要依据。加强税务机关与纳税人沟通信息记录的管理，加快统一的资讯数据库建设，强化纳税人行为特征分析，科学确定不同服务群体需求，有针对性地提高服务产品。二是区分努力遵从和不努力遵从的纳税人，采取有差别的服务策略。为努力遵从的纳税人提供及时、有效的服务和更多的便利；对不努力遵从的纳税人加大执法的力度，以维护公平、公正的税收环境。三是区分不同区域、不同行业、不同规模税源的特点，提供针对性更强的服务。比如，针对金融保险企业、高新技术企业、"走出去"企业等不同特点，着力提供与纳税人需求匹配度更高的服务产品，视条件许可推出个性化的服务。四是应确保服务渠道的多元选择特征，在开发新的纳税服务渠道的同时，必须保证必要的资源维护传统的服务渠道，以适应不同素质纳税人、纳税习惯尚未转变的纳税人的需要。

（2）更加注重整合内外部资源，提高为纳税人服务的效率。

当前，税务机关的纳税服务资源相对有限，筹划和使用好内部资源，整合利用好外部资源，对于提升税务机关的服务能力和水平有着至关重要的作用。为此，一方面，应着眼于内部挖潜，合理优化人力资源配置。将服务意识强、业务熟练、具有良好工作事业心和责任感的人员配置到纳税服务岗位；选配或引入高素质、复合型人才，充实到纳税咨询和纳税人权益保护的工作岗位。同时，将纳税服务纳入税务教育培训计划，分层次、分类型逐年开展，提高教育培训的针对性和实效性，可以优先开展纳税服务人员全员基本培训和纳税咨询、权益保护岗位高素质、复合型人才培训，鼓励纳税服务人员自学。另一方面，应积极推动网上整体政府建设进程，与相关部门共同打造政府服务平台推动税务与工商、海关、公安、边检等部门之间的网上信息交互、业务办理协作，提高服务和管理的效率，降低纳税人办税成本的同时降低征税成本。此外，应进一步与国外税务机构加强信息交换、业务协作和经验分享，重点提高国际税务监管和服务方面的效能。

（3）更加注重发挥税务代理中介在为纳税人服务中的作用。

税务代理中介是税务部门纳税服务力量的重要补充，通过建立高质量规范的税务中介来分担大量纳税服务和咨询等工作，能够帮助税务部门更有效地利用有限的征管资源，提高税收遵从水平，减轻纳税人负担。首先，应强化与税务中介的沟通，确保将税务部门的期望清晰、深入地传达给执业人员的同时，也能及时了解他们在从业过程中得到的信息和掌握的情况。应以网站为依托，增加税务中介的服务渠道和服务内容，积极提供有针对性的培训和辅导，帮助他们提高服务纳税人的能力。其次，应强化对税务中介的管理。通过建立一个有活力、目标清晰、有效的职业者监管体系，识别那些对税收征管有重大影响的不规范执业行为，并通过职业技能培训、网站、个案沟通和公告等方式，将税务部门检查的结果传递给一线执业人员。再者，对不遵守执业规范的执业者应建立一个公平有效的处罚体系，对不合格代理机构进行严格治理直至取消代理资格。此外，可以通过定期调查问卷、跟踪记录等方式，对税务中介的推广进行效益评估，及时了解税务中介的服务质量。

**参考文献**

刘军：《深入推进现代税务管理的纳税服务体系建设的思考》，《税收问题与对策》2009 年第 27 期（国税内刊）。

《深圳统计年鉴 2010》，中国统计出版社，2010。

# B.5
# 谋破局促转型　发挥税收职能
# 服务地方经济发展

珊　丹*

**摘　要**：分析了 2010 年深圳地方税收的增长情况及其特点，介绍了深圳地税局加强征管，优化服务的各种方法，指出了税收进一步增长的制约因素，并指出了相应的对策建议。

**关键词**：税收　征管　经济

2010 年对于深圳来说是不平凡的一年，市委、市政府抓住加快转变发展模式主线，围绕"稳增长、促转型、惠民生、抓创新、推改革、优环境"，深圳逐渐走出了国际金融危机的阴影，迎来了改革开放的 30 周年。这一年深圳经济特区扩大范围，特区内外实现一体化，开始了改革开放的新 30 年。2010 年也是深圳地税"谋破局、上台阶、创一流"三年规划的破局之年，一方面对制约地税科学发展的诸多难题进行破解，对各项工作进行改革，构建集约化征管体系，取得了突破性进展。另一方面充分发挥税收职能，促进地方经济的发展，促进深圳市经济发展方式的转变。2010 年市委、市政府四次调增了税收任务，面对考验和压力，深圳地税迎难而上，改革创新，锐意进取，经过全局上下不懈的努力，2010 年组织地方税收收入突破 1000 亿元，实现跨越式发展。2010 年深圳地税交上了满意的答卷。

## 一　2010 年深圳地方税收收入情况分析

2010 年深圳地方税收之所以实现了历史性的跨越，与地税局的改革创新、

---

* 珊丹，深圳市地方税务局。

不懈努力是分不开的。2010年深圳国民经济实现了平稳较快的发展，税收收入也随着经济发展呈现良好的增长趋势，2010年深圳国地税共组织税收收入2273亿元，税收收入占一般预算收入的比重约为90%，税收收入仍处于地方财政收入的绝对主导地位，税收对财政收入增长的贡献率达73%。2010年深圳地税共组织各项收入1106.3亿元，比上年增长24%，增收214亿元。其中，税收收入1064.7亿元（含契税），比上年增长24.2%，增收207.7亿元，占全省地税部门组织税收收入地32.7%，比率增长10.37%。深圳也成为继北京、上海之后第三个地方税收上千亿元的城市，实现了历史性跨越。

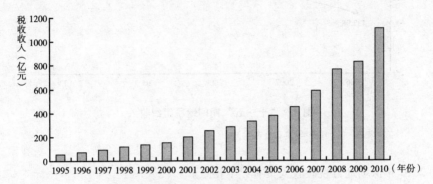

**图1　1995～2010年深圳地税税收收入**

资料来源：深圳地税年鉴和公布数据。

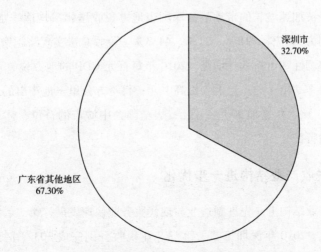

**图2　2010年深圳地税税收收入占全省地税部门税收收入比重**

资料来源：2011年公布数据。

深圳地税"十一五"期间,取得跨越式发展,五年内组织收入连续突破500亿元和1000亿元大关,从2006年的487.98亿元,增加到2010年的1106.3亿元。"十一五"期间累计组织税收3665亿元,是"十五"期间的2.53倍,年均增幅达到了22.2%。

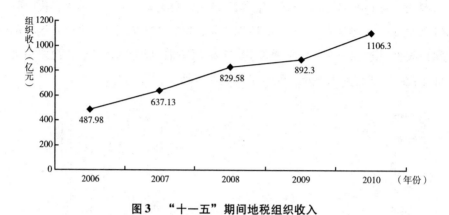

**图3 "十一五"期间地税组织收入**

资料来源:深圳地税年鉴和公布数据。

2010年深圳地方税收收入具有以下特点。

## (一) 经济与税收增长的协调性和可持续性增强

在全市经济加速增长的带动下,深圳市地方税收增幅呈现逐季加快的特征,各季增幅分别为18.7%、18%、21%、44.3%。税收总量实现跨越增长,经济与税收增长的协调性和可持续性增强。2010年每百元GDP的地方税收贡献约为11元,比全国水平高出4元,比上年提高1元;每平方公里土地产出的地方税收达到0.52亿元,比上年增加900多万元,居全国大中城市的首位,体现了深圳经济良好的效益特征。

## (二) 税收产业结构进一步优化

税收的产业结构上,先进制造业与现代服务业快速发展,第二、第三产业结构进一步优化。2010年深圳第二、第三产业税收分别完成303.7亿元和731亿元,同比分别增长25.3%和24.9%。以"深圳创造"为代表的先进制造业保持了较快的增长势头,全年实现税收收入139.4亿元,增长46.3%;先进制造业税

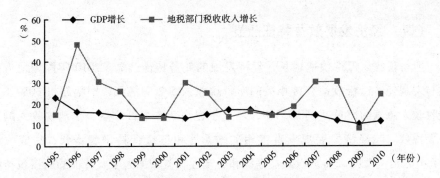

**图4　1995～2010年深圳市GDP与地税部门税收收入增长曲线**

资料来源：各年公布数据。

收所占比重为13.5%，比上年提高2个百分点；其中1044户国家级高新技术企业缴纳税收141.8亿元，增长37%；高新技术企业税收在制造业中的比重比上年提高4.3个百分点，产业高端化步伐进一步加快。现代服务业实现税收531.8亿元，增长22.1%；其中，金融业税收收入达到149.3亿元，增长9.5%。物流业实现税收59.7亿元，增长22.9%；文化产业完成税收112.8亿元，增长23%。

虽然房地产市场出台了限购令等严厉的紧缩政策，但在加强土地增值税清算力度的带动下，房地产业仍然实现税收收入179.5亿元，增幅达到43.9%。

## （三）税源结构更趋合理

自主创新型企业贡献突出，战略性新兴产业税收增长迅猛，成为税收增长的重要来源，税源结构更趋合理，说明深圳加快经济发展方式转变和产业结构调整，大力推进自主创新，优先发展战略性新兴产业，率先抢占新一轮经济发展的制高点取得了成效。2010年自主创新型企业和总部经济企业逐步成为深圳税收的新兴增长点。其中，自主创新100强企业实现税收103.2亿元，同比增长39.8%；总部经济企业实现税收287.2亿元，增长30.9%；互联网领域276家重点企业实现税收81.1亿元，同比增长65.7%；生物医药领域745家重点企业实现税收13.3亿元，同比增长31.7%；新能源领域50家重点企业实现税收7.5亿元，同比增长53.6%。

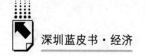

## （四）经济发展效益特征凸显

所得税收入保持快速增长，经济发展的效益特征凸显。2010 年深圳地方税收与宏观经济运行效益直接相关的所得税收入 572.2 亿元，增幅超过 30%，占税收收入总额的比重达到 55.3%，比上年提高 2.6 个百分点，是地税收入的第一大税种。与经济发展规模直接相关的营业税继续保持平稳增长，完成收入 347.4 亿元，增长 12%。以效益提高和财产性收益增加为主要特征的所得税持续快速增长，反映出深圳经济增长速度和质量效益协调发展，创造税收的能力不断增强。特别是来自股权转让和投资收益的税收合计 50.8 亿元，增长 42%，其中企业所得税 27.3 亿元，增长 49.5%，个人所得税 21 亿元，增长 41.5%。

## （五）各区税收增长各具特色

深圳各区经济优势互补，税收增长各具特色。随着深圳着力打造新的产业区域和新的产业增长极，2010 年各区经济已经呈现优势互补、税收增长各具特色的特点。其中，福田区税收达到 319.2 亿元，居各区之首，在"十一五"期间实现年均增幅 20.6%，每平方公里产出地税收入 4 亿元；南山区依托高新技术企业，税收保持快速增长，税收收入达到 200.9 亿元，在"十一五"期间实现年均增幅 27.2%；龙岗区在华为、广东核电集团等大型企业的带动下，税收达到 150 亿元，在"十一五"期间实现年均增幅 25.6%；2010 年光明、坪山以建设现代产业体系为重点功能新区，经济发展起步良好，税收增幅分别达到 29.2% 和 35%。

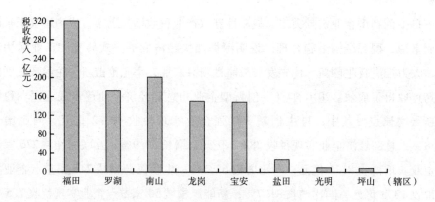

图 5　2010 年各地区地税税收收入

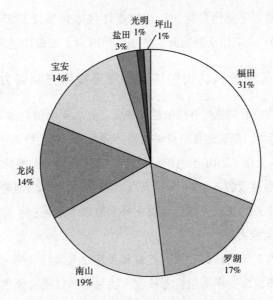

**图6 2010年深圳地税各区税收收入比重**

资料来源：2011年公布数据。

## 二 深圳地税谋破局促转型，服务地方经济发展

2010年深圳地方税收之所以实现了历史性的跨越，与地税面向改革创新、不懈努力是分不开的。2010年面对众多的机遇和挑战，深圳地税全面把握宏观经济形势，从税务部门肩负的新任务、新使命出发，深入分析长期困扰地税事业发展的瓶颈，提出了"服务于深圳经济社会发展大局，坚持'为国家执法、为政府聚财、为经济出力、为社会尽责、为民生服务'五个职能定位，以构建'大征管'体制为抓手，以'信息管税、人本带队'为两大重点，全面推进税收管理模式、体制机制、方式手段的改革创新，努力开创深圳地税事业发展的新局面，为深圳改革开放和结构调整作出新的贡献"为今后三年地税税收工作的指导思想。提出了"一年谋破局、两年上台阶、三年创一流"的未来三年工作总体目标。

2010年是"十一五"规划的最后一年，也是为"十二五"规划启动实施奠定良好基础的重要一年，更是实现深圳地税总体目标的开局之年。为此，深圳地

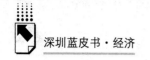

税根据已经明确的三年总体目标，年初以责任状形式签订了 25 项谋破局工作，23 项重点工作，48 项工作全面展开，各项工作取得了突破性进展。

## （一）抓好组织收入，为经济社会发展提供充裕财力

2010 年，市政府根据争先进位的总体要求，先后 4 次调高深圳地税收入任务。面对巨大的收入压力，深圳地税坚持讲政治、讲大局，勇于担当，迎难而上，全力以赴抓好组织收入工作。2010 年组织税收收入突破千亿元大关，共组织各项收入 1106.3 亿元，其中税收收入 1064.7 亿元（含契税），收入规模创下历史新高。

为确保收入任务的完成，深圳地税主要采取以下措施：

**1. 强化收入监控力度**

落实组织收入工作责任制，及时监督和跟踪收入执行情况。建立科学的收入考核体系，引入预测准确率等指标考核收入质量。做好税收预测和预警工作，把握组织收入的主动权。

**2. 深入开展税收分析**

开展税收与经济指标对比分析，综合查找税收流失风险。继续开展税收征收率分析，测算税收收入能力。对支柱产业、新兴行业、大型建设项目、重点产业园区进行收入监控和产业调研，及时研判税收增长趋势。

**3. 强化各税种管理**

加强建安、房地产营业税征管；做好企业所得税汇算清缴工作，完成 4.3 万纳税户企业所得税汇算清缴，汇算清缴税款 89 亿元；推进个人所得税全员全额扣缴申报管理，将 600 万纳税人的明细信息纳入系统管理。做好年所得 12 万元以上个人自行申报纳税工作，连续四年超额完成总局任务；推进土地增值税清算；加强了非居民企业股权转让管理，强化了反避税调查工作；加强对大企业和重点税源企业的税收管理，开展对新兴税源、疑难税源的调研。

**4. 加大税务稽查力度**

着力提升稽查工作效能，建立国地税联合办案机制和内部横向联动机制，成效突出；突出抓好重点税源企业检查和税收违法案件查处，认真开展税收专项检查和打击发票违法犯罪活动。联合公安、国税开展 15 次打击假发票整治行动，捣毁犯罪窝点 36 个，抓获犯罪嫌疑人 90 多名，缴获假发票 800 多万份，被税务总局评为全国打击发票违法犯罪活动先进单位。

## （二）优化税收服务环境，发挥税收职能促进经济发展方式转变

### 1. 认真落实税收优惠政策

严格落实国家出台的结构性减税政策，加大对自主创新及高新技术企业、中小企业、服务外包、节能环保、动漫产业等税收优惠政策的贯彻落实力度，为符合条件的医疗卫生企业、民政福利企业、教育培训机构和下岗再就业人员及时办理减免税，全年共减免税款 111 亿元。

### 2. 争取有利于促进经济发展的税收条件

深入研究前海税制问题，已争取国家同意在前海地区对现代物流、电子商务、国际航运保险等行业，实施比较优惠的税收政策。对支柱产业和战略性新兴产业开展税收研究，用足用活税收政策，解决税政管理难题，服务企业，创造有利于企业发展的税收环境。

### 3. 全面优化纳税服务工作

税源管理局牵头会同市国税局在全省率先推出国地税联合办证。宝安区局推行全职能窗口服务。福田区局率先推出个人办理土地使用税、车船税免填单申报服务。南山区局出台高新技术企业专享服务制度。蛇口局试行一窗式办理纳税事项。纳税服务局推进办税服务厅规范化建设，完成全系统 14 个办税服务厅改造；统一国地税 12366 纳税服务热线，12366 地税热线话务量超过 95 万人次；建立纳税人学校，举办 8 期培训班，对 2300 多户纳税人进行纳税辅导培训。

## （三）探索构建集约型征管体制，税收征管工作取得重要突破

### 1. 明确税收征管改革方向和任务，出台税收征管"1＋3"规划方案

成立大征管领导机构，统筹指导全系统大征管工作和信息化建设，强化征管在税收工作中的核心统领作用。针对长期制约税收征管的突出问题和矛盾，在大规模调研、系统梳理研究问题、学习借鉴兄弟单位先进经验的基础上，出台了包括大征管"1＋3"规划方案在内的一系列文件，为当前以及今后征管工作指明了总体方向和阶段性任务。

### 2. 上下联动，提升征管质效

各基层局结合实际，在科室职能调整、征管流程再造、征管手段创新等方面再造征管业务流程，精简优化表证单书和报送资料，减轻基层税务人员和纳税人

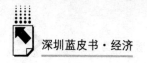

负担等方面做了积极探索，为构建集约化征管体制积累了经验。

**3. 争取综合治税体系建设的突破**

针对涉税信息共享缺乏制度规范的难题，代拟了深圳市地方税收征管保障办法，多渠道征集相关政府部门意见，为建立第三方信息采集长效机制奠定基础。健全税收执法过错责任追究体系，积极推动执法过错追究常态化。规范行政处罚自由裁量权，较为系统和全面地细化具体执行标准，减少执法随意性。

## （四）全面夯实信息管税基础，信息化建设和应用水平得到明显提升

深圳地税把信息管税作为提升税源管理水平的重要手段，加强信息化建设和信息采集，信息管税基础薄弱的局面有较大改观。①科学规划信息化建设。出台未来 3~5 年信息化建设总体规划，对近两年信息化建设提出了具体意见。②夯实信息化工作基础。着力优化信息系统性能，解决了近年来基层反映较多、影响较大的 238 项突出问题。强化数据质量管理，新录入数据差错率降至 0.012%。③推进项目开发建设。多个管理系统上线运行，部分系统功能达到全国先进水平。④加强涉税信息采集和应用。外部信息交换平台建设取得新进展，与国税局、科工贸信委、市场监督管理局、保险同业公会、民间组织管理局、供电等部门建立信息交换合作机制。

## （五）建立健全干部管理机制，干部激情与活力得到全面激发

深圳地税坚持人本带队，着力建立富有生机和活力的干部管理机制，最大限度地调动和发挥干部队伍的积极性。出台了《进一步加强干部管理工作的若干意见》，明确干部人事管理工作的方向、思路，在干部管理方面实现了新的突破。开展信息化全员培训与考试，加大专业人才培养力度，有效提升了干部队伍素质。同时，建立健全党风廉政制度，出台了《关于进一步加强深圳地方税务系统党风廉政建设和政风行风建设的意见》，制定了《关于规范地税机关与税务代理等社会中介机构关系的规定》，以开展"廉政教育年"活动为契机，针对身边的违法违纪案件开展全方位、多层次、大规模的廉政警示教育，深入 18 个基层单位巡查监督廉政工作，与检察院联合开展职务犯罪个案预防活动，使干部廉洁自律意识得到进一步增强。

## 三　2011 年税收形势展望

深圳经济社会的全面发展，将为税收工作奠定良好基础。深圳地税经过一年的努力，逐步破解了税收征管、信息化建设、队伍建设等关键方面的瓶颈问题，"谋破局"工作的成效为今后地税事业科学发展奠定了基础。2010 年深圳地税税收收入总量突破千亿元大关，税收工作进入新的发展阶段。在此高基数上，今后税收收入要继续保持较大幅度增长，面临许多制约因素：一是城市土地、劳动力成本不断上升，已出现个别优势企业外迁的现象，对地方传统产业税源产生一定影响。二是战略性新兴产业还处在培育发展和税收优惠期，发展本身也存在不确定性，转化为现实税源还需要过程，产业转型期内税收保持稳定增长的压力比较大。三是"十一五"期间企业所得税、土地增值税、城镇土地使用税等税制改革带来的政策性增收因素，已逐步消失。这些都给地方税收实现"高基数、快增长"的目标带来了严峻挑战。

面对机遇与挑战，深圳地税必须更加突出组织收入这一中心工作，更加强调对税收规模、增速、质量、潜力的综合考量，实现地方税收收入从"快"向"好"转变，推动深圳从"地税大市"向"地税强市"转变，使税收收入在高基数上实现高质量的可持续增长。具体而言，就是要围绕"重征管、优服务、强队伍"三项任务，坚持统筹兼顾，系统性、整体性地推进税收工作的深入开展。

2011 年深圳地税将以集约化管理为核心，积极实施税源专业化管理，全面夯实税收管理基础，构建收入增长长效机制，全面推动税收征管工作上台阶；以优化税收发展环境为重点，用足用好优惠政策，加强产业税收前瞻性研究，寻找税收政策扶持的新着力点，促进深圳经济发展方式转变，全面推动服务经济社会发展能力上台阶；以提高干部素质为保障，全面加强干部队伍建设和党风廉政建设，提升抓收入的能力和水平，全面推动地税事业迈上新台阶。

# B.6
# 浅议深圳物流业的比较竞争
# 优势与软实力的提升

尹庆恂*

**摘　要：** 简要介绍了深圳物流业发展的现状，指出了深圳物流业在国内中心城市中的比较优势及其与国际先进物流枢纽城市的差距，并提出了提高深圳物流业比较优势与软实力的对策建议。

**关键词：** 物流　比较优势　软实力

发达国家的成功经验表明，一个地区物流业的竞争力是否持久归根结底还是要通过软实力来实现，而不是单纯地拼硬件投入和对土地等资源的占用。

进入"十二五"期间，随着各地有形基础设施差距的缩小，硬件专业设施设备的完善，提升深圳物流业区域比较竞争优势的主要途径是打造行业的软实力。

我们借鉴国外的成熟分析方法，结合国内的实际情况，基本判断出深圳市物流业目前所处的竞争环境，通过对产业链的构成进行比较分析，初步提出巩固和提高深圳物流业软实力的建议，以进一步培育新的增长点。

## 一　2010 年前三季度深圳物流业发展
## 情况及与其他中心城市比较

经过多年的发展，以深圳、广州、上海、天津为核心的区域中心城市，已成

---

\* 尹庆恂，深圳市现代供应链管理研究所。

为所在地区的物流中心城市，这四个城市物流业的发展既是产业链上下游企业之间的合作，同时也反映了各地的经济发展水平。见表1。

表1　2010年度物流主要服务运行基本情况

| 地区 | 指标名称 | 单位 | 2010年累计 | 2010年同比增长（%） | 2009年同比增长（%） | 备注 |
|---|---|---|---|---|---|---|
| 深圳 | 港口货物吞吐量 | 万吨 | 22097.69 | 14.1 | -8.3 | |
| | 集装箱吞吐量 | 万TEU | 2250.97 | 23.3 | -14.8 | |
| | 水路货运量 | 万吨 | 5859.04 | 39.1 | 1.6 | |
| | 机场货邮吞吐量 | 万吨 | 80.91 | 33.7 | 1.3 | |
| | 公路货运量 | 万吨 | 19847.00 | 12.6 | 17.6 | |
| | 铁路货运量 | 万吨 | 390.20 | -18.7 | 19.8 | |
| | 邮政业务收入 | 亿元 | 816.25 | 20.7 | 10.6 | 快递业归入此类，下同。 |
| 广州 | 港口货物吞吐量 | 万吨 | 40959.25 | 12.76 | 1.64 | |
| | 集装箱吞吐量 | 万TEU | 12674.33 | 12.02 | -3.6 | |
| | 水路货运量 | 万吨 | 10167.50 | 21.21 | -2.41 | |
| | 机场货邮吞吐量 | 万吨 | 145.04 | 18.6 | 31.3 | |
| | 公路货运量 | 万吨 | 41396 | 7.34 | 11.68 | |
| | 铁路货运量 | 万吨 | 6812.2 | 6.76 | -9.15 | |
| | 邮政业务收入 | 亿元 | 282.59 | 5.59 | 2.08 | 统计数据含电信 |
| 上海 | 港口货物吞吐量 | 万吨 | 65339.40 | 10.36 | 1.8 | |
| | 集装箱吞吐量 | 万TEU | 2907.00 | 16.27 | -10.7 | |
| | 水路货运量 | 万吨 | 40890.00 | 2.16 | -11.1 | |
| | 机场货邮吞吐量 | 万吨 | 370.85 | 33.6 | -1.2 | 国家民航总局统计 |
| | 公路货运量 | 万吨 | 38803.00 | 8.33 | -6.4 | |
| | 铁路货运量 | 万吨 | 958.54 | 1.80 | -7 | |
| | 邮政业务收入 | 万元 | 746.41 | 11.1 | 18.89 | 上海统计仓储和邮政、快递在一起 |
| 天津 | 港口货物吞吐量 | 万吨 | 41325.40 | 8.4 | 7.1 | 2009年同比增长未查到 |
| | 集装箱吞吐量 | 万TEU | 1008.60 | 15.9 | 2.4 | |
| | 水路货运量 | 万吨 | 11911.8 | 2.51 | -29.67 | |
| | 机场货邮吞吐量 | 万吨 | 20.25 | 20.5 | 0.9 | |
| | 公路货运量 | 万吨 | 20855 | 5.3 | 9.4 | |
| | 铁路货运量 | 万吨 | 7596.99 | 6.7 | -7.2 | |
| | 邮政业务收入 | 亿元 | 435.16 | 13.50 | 9.3 | 天津的统计口径指的是邮政业务量的值 |

注：由于缺乏上海、广州和天津等地物流业增加值和社会物流总费用等方面的资料，对行业数据比较采用的是传统的交通邮电行业统计数据，虽未能精确反映情况，但是基本能体现物流业的基本情况。

资料来源：2010年深圳市、广州市、上海市、天津市统计局、交通运输委。

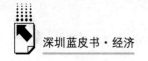

**（一）北部内陆、长三角地区的经济总量、规模和增长速度已经超过或者逼近珠三角地区，物流需求总量增加，区域市场格局已初步形成**

统计数据表明，以上海为中心城市的长三角及其腹地的物流业发展规模和发展速度已经超过以深圳和广州为核心的珠三角地区。其中，上海港的吞吐量与广州和深圳两个港口的吞吐量相当，机场货邮吞吐量超过深圳和广州的总和。加上宁波等港口，长三角港口群的实际吞吐量已远在珠三角之上。

以天津港为中心城市的北方港口群的发展已比较迅速，单港货物吞吐量已与广州港相当、超过深圳港，集装箱吞吐量和机场货邮吞吐量也快速直追深圳和广州港。

这一变化表明，长三角和北方的经济发展总量已超过或接近于珠三角，其为物流业的发展提供了充足的市场基础，初步形成了区域性物流市场，珠三角港口和物流在国内一枝独秀的局面已经改变。

**（二）能否持续、稳定发挥和扩大集聚效应，加强和延伸对腹地经济区域的辐射作用，是物流中心城市比较竞争优势的集中体现**

与广州、上海、天津等地近年来的快速发展相比，深圳物流业对内陆腹地经济区域的集聚效应呈现相对弱化的苗头。

造成这种变化的原因固然很多，其中重要的一点是，深圳和周边沿海、内河码头等中小补给港等的合作不如广州港、上海港那样紧密。在以前集装箱码头等有形基础设施发展相对不充分时，深圳港的辐射和集聚效应优势还比较明显，当广州、上海等地的港口和物流配套设施随着经济的发展达到或超过盐田港的水平时，它们所发挥的集聚效应和对内陆腹地的辐射作用就高于深圳，加之上海、广州和天津是内地货物出口、转运的中心和集散地，一旦经济发展到较高的水平、港口物流建设和发展与深圳相当时，其比较竞争优势反而大大增强，势必超过深圳。

## 二 区域物流业比较竞争优势分析
### ——侧重软实力的提升

**（一）软实力是比较竞争优势指标体系的核心**

近年来，国内对物流业竞争力的分析主要从港口的各种技术性指标考虑港口作为一个航运中心所需要具备的各种软硬件条件和要素，未考虑物流业整体比较竞争优势。

发达国家的经验表明，决定某个城市成为航运中心和物流中心（枢纽）、以及航运中心和物流中心（枢纽）地位能持续多久，根本性推动力量是"便利、快捷的相对低成本企业和经济低成本区"——即软实力。我们在英国、荷兰等西欧国家20世纪90年代初对其本国港口物流城市面临产业转移和产业空心化时所作评估的方法基础上，结合国内的实际情况，提出用7个因素来综合评估深圳和国内物流中心城市的比较竞争优势。这个指标体系对物流业竞争优势的提升更多的是以软实力为侧重点的。

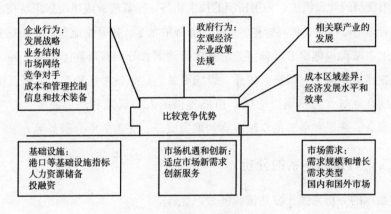

**图1 比较竞争优势指标体系**

第一，企业行为。物流业是一个充分市场化的行业，企业的发展水平、综合实力和管理能力决定着行业的水平和竞争力。企业的指标评估主要是从企业的综合实力、发展战略、管理人员素质和能力、服务的专业化、技术装备水平、信息化建设和使用、作业效率和成本控制、市场服务网络的分布和管理、竞争对手等方面进行的。

第二，政府行为。政府在物流业中所扮演的角色更多的是产业发展引导和市场规范，即制定和执行扶持政策，为企业的发展提供宽松和良好的发展空间，通过订立行业规范和标准，建立有序的竞争环境。

第三，关联产业的支持和发展。现代物流业是资金密集和技术密集的行业，其发展与机械装备制造、信息技术、基础设施建设、金融服务、人力资源等相关

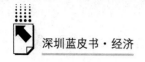

行业联系密切，没有这些行业的发展和支持，物流业将停留在传统阶段。

第四，成本区域差异。成本的区域差异性实际折射出区域经济的发展质量。受制于不同区域的经济发展水平和经营环境，同一物流服务的成本呈现区域性差异。通常，经济发展水平越高、经营和竞争环境越规范的区域，其物流的效率和效益就相对高。

第五，市场需求。需求是物流发展的原动力，需求的规模、水平体现了一个地区经济的总量、发展水平和效益，决定了该区域物流的发展速度、服务类型、方式和水平。针对国内市场和国外市场，有不同的物流服务流程和内容。

第六，市场机遇与创新。物流企业、行业组织机构以及政府适应市场需求和要求，应用新型的管理模式、采用新型的技术装备，投资改善或建设采用新技术、新材料的有形基础设施，提高管理的效益和服务的水平，提升企业和行业的竞争力。

第七，基础设施服务。物流业的基础设施服务分为有形和无形两大种。有形基础设施指的是码头、机场、道路、设施设备、信息技术系统等，无形基础设施指的是所在区域（包括周边地区）所能提供的人力资源和培训服务、管理和技术咨询服务、先进和新型的金融决算和融资服务、完善的中介服务等。

## （二）对指标体系的分析

对指标的分析参照了发达国家的成熟经验。

由于条件限制，无法获得足够的样本。为此，我们选择了可以掌握的行业代表性的企业数据，以深圳 50 个重点物流企业为对象，选择各个地区最有代表性、综合实力较强的前 50 家企业进行了对比分析。这 50 家企业虽然只占规模以上物流企业总数的不到 5%，但产值基本占了当地规模以上物流企业总产值的近 50% 左右，基本代表了当地物流业发展的水平和效益。

为便于对比分析，假设深圳的各项指标为评估基准，设定为 1。在此评估基准数值上，分设五个评估级，即：+0.2、+0.4、+0.6、+0.8、+1 和 -0.2、-0.4、-0.6、-0.8、-1，分别表示高于或低于深圳的指标，数值越大，表示差距越大。此处的分值为行业经验数据。

为更加客观地衡量各地区的差异，采用了第三方所作的对长三角、珠三角、京津冀地区的区域物流成本数据（参考采用张军等人的数据，《企业经济》2008年第 1 期）。

表2　比较竞争优势指数比较

| 比较项目 | | 深圳 | 上海 | 广州 | 天津 | 备注 |
|---|---|---|---|---|---|---|
| 企业行为 | 综合实力（平均年营业收入2亿元以上，营业税纳税80万元以上） | 1 | 1 | 0.8 | 0.6 | |
| | 科学和可持续发展战略 | 1 | 1 | 1 | 1 | |
| | 管理人员素质和能力（管理和技术人员中本科学历以上人员占85%） | 1 | 1 | 0.8 | 0.8 | |
| | 市场服务网络的分布（所在城市以外有十个以上分支机构或子公司） | 1 | 0.8 | 0.6 | 0.4 | |
| | 技术装备水平（完善和先进实用的作业设备） | 1 | 1.2 | 0.8 | 0.6 | |
| | 信息化建设和使用（先进的信息管理系统支持） | 1 | 0.8 | 0.8 | 0.6 | |
| | 作业效率和成本控制 | 1 | 0.8 | 0.8 | 0.4 | |
| | 服务的专业化水平和质量 | 1 | 0.8 | 1 | 0.4 | |
| | 竞争对手水平 | 1 | 1.2 | 0.8 | 0.6 | |
| 政府行为 | 产业扶持和优惠政策 | 1 | 1.2 | 1 | 1 | |
| | 政策落实和执行力度，补贴措施 | 1 | 0.8 | 0.8 | 1.2 | |
| | 市场竞争秩序的规范 | 1 | 1.2 | 0.8 | 0.6 | |
| | 对行业发展的引导 | 1 | 1.2 | 1 | 0.8 | |
| | 信息技术 | 1 | 1.2 | 1 | 0.8 | |
| 关联产业支持与发展 | 基础设施的建设和投资 | 1 | 1.4 | 1.2 | 1.6 | |
| | 机械装备制造 | 1 | 1.4 | 1.2 | 0.8 | |
| | 金融服务和融资 | 1 | 1 | 0.8 | 0.6 | |
| | 人力资源和培训 | 1 | 1.2 | 0.8 | 0.8 | |

续表 2

| 比较项目 | | 深圳 | 上海 | 广州 | 天津 | 备注 |
|---|---|---|---|---|---|---|
| 成本区域差异 | GDP/各种货运量总额 | 1 | 0.8 | 0.8 | 0.6 | 数值越大效率越高，成本越低 |
| | 各种货运周转量总额/GDP | 1 | 1.2 | 1.2 | 1.6 | 经济发展水平高，总量高，数值越小越好。发展水平低，总量小则反之 |
| | 第二产业 GDP/货运量 | 1 | 0.8 | 0.6 | 0.4 | 数值越大表面效率越高，成本越低 |
| | 经济发展规模 GDP 和水平 | 1 | 1.4 | 1.2 | 0.6 | |
| 市场需求 | 经济增长速度 | 1 | 1.2 | 1.2 | 1.4 | |
| | 对传统物流的转型需求 | 1 | 1.6 | 1.2 | 1.8 | |
| | 企业采用新型的管理模式 | 1 | 1.0 | 1.0 | 0.8 | |
| | 企业更新换代技术装备 | 1 | 1 | 0.8 | 0.8 | |
| 市场机遇创新 | 新型技术的研发和应用推广 | 1 | 1.2 | 1 | 0.8 | |
| | 适应市场要求开发新的服务模式 | 1 | 1.0 | 0.8 | 0.6 | |
| | 有形基础设施的使用效率 | 1 | 1 | 0.6 | 0.4 | |
| | 公共信息平台的建设和技术水准 | 1 | 1.2 | 0.8 | 0.6 | |
| | 公共信息平台服务对象和开放程度 | 1 | 0.8 | 0.8 | 0.6 | |
| 基础设施服务 | 高素质的人力资源和培训服务 | 1 | 1.2 | 1 | 0.8 | 无形基础服务主要为社会提供，但是政府和行业的引导影响着服务的质量 |
| | 系统完善的管理和技术咨询服务 | 1 | 1.2 | 0.8 | 0.6 | |
| | 先进和新型的金融结算和融资模式 | 1 | 1 | 0.8 | 0.6 | |
| | 完善的中小服务 | 1 | 1 | 1 | 0.8 | |

**1. 深圳物流企业的比较竞争优势较为突出，但面临外地企业的快速成长，比较竞争优势地位在逐渐减弱，网络化布局为企业未来的发展提供了新的市场空间**

总的说来，深圳重点物流企业的综合实力、竞争能力、效率和管理素质均在国内业界获得公认。这既是多年经验的积累，也是深圳企业率先接触和接受国外先进的管理理念和方式、服务模式的结果。

现在，深圳的物流企业纷纷在长三角和京津唐三角地带开展业务，基本形成了网络化布局，初步形成和完善了物流网络化经营，很多企业在长三角、京津唐两地的营业收入已经接近或者超过在深圳本地的营业收入，成为各个企业增长的新的基础。

综合分析看，深圳地区重点物流企业的各项指标均超过天津地区的企业，略好于广州的企业，只有上海地区的物流企业的指标与深圳地区的物流企业的指标接近和相当。

目前，深圳企业的比较竞争优势面临来自长三角企业的挑战，广州企业的追赶速度也非常快。通过我们对行业的观察和体验，外地企业都在学习和模仿深圳企业的营运模式，相信，这种比较竞争优势的差距在未来的若干年将会消失或减弱。

所以，如果深圳的物流企业在技术、管理、人力资源、营运模式、商业模式、作业效率和成本控制等方面没有大幅度提高和改善的话，将来和长三角、京津唐地区的物流企业竞争时，将逐步失去现在所享有的竞争优势地位。

**2. 外地政府对发展现代物流业重视程度明显高于深圳，但深圳市政府在落实对企业的优惠扶持政策的力度上有明显优势**

最近几年，外地政府对物流业的重视程度之高、扶持力度之大，远远高于深圳市政府在过去所采取的措施。

目前，在政府行为方面，深圳市政府的明显优势在于对优惠产业政策的贯彻、落实和执行的力度上。例如，深圳市政府设立的产业基金高达3亿元，为企业的流动资金、先进设施设备的采购、信息系统的建设、公共平台的建设和服务、人力资源的培训等方面提供贴息、先进补贴、奖励等资助和扶持。这方面，除了上海市政府外，很少有其他地方政府能够做到。

随着其他地方政府财政收入的增加，相信，各地政府的资助力度将会达到或

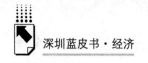

超过深圳的水平，届时在这方面的差距也将缩小。

**3. 在关联产业的支持和发展方面，各地的差距已很小**

广州、上海、天津的工业基础比较雄厚，经过最近若干年经济快速发展，物流相关联的各个产业都获得了长足发展。

以上海为代表的长三角的物流业与关联行业的协作关系已高于深圳地区，广州的已经接近深圳的水平，以天津为代表的京津唐地区的物流业与关联行业的协作关系也快速成长。在基础设施和技术装备方面，上海和天津已经逐步领先于深圳。

预计，未来5年内，深圳地区物流业的比较竞争优势地位将与其他地区持平、甚至弱于上海和长三角地区。

**4. 成本区域差异性在逐渐缩小**

从市场的发展规律看，每个地区经济的发展都经历了经济规模从偏小到大、发展从层次较低到较高的过程，物流服务也必须适应不同经济发展阶段的环境要求，相应的从效率较低发展到效率较高，从服务内容单一、专业化服务水准较低到服务模式综合化、专业化水准较高。不论企业规模大小、管理能力高低，其每进入一个新兴市场，都将经历这一过程。

目前，长三角和京津唐地区只是由于经济发展的效率和产出效益相对深圳和珠三角比较低，所以深圳和珠三角的物流成本还有一定的区域优势。但随着长三角和京津唐地区经济运行质量的提高，可以预见，再过5~10年，深圳、广州和以上海为中心的长三角、以天津为中心之一的京津唐经济区域的成本差异将逐渐缩小。

**5. 珠三角的物流需求将逐渐稳定在一个相对稳健的水平，长三角和京津唐等地区的物流续期将持续、快速增长，这些地区将为深圳物流企业的发展提供新的市场增长空间**

传统上广州是华南的商业中心和货物集散中心，未来广州在对珠三角和华南地区腹地的辐射和联系纽带作用将逐渐胜过深圳。

从发展态势看，长三角和京津唐地区的经济将继续快速稳定增长，长三角地区的经济总量已经超过珠三角，京津唐地区的经济规模将快速扩大，直追深圳和珠三角地区。

从长远的发展看，深圳物流企业的未来增长空间是珠三角的腹地、长三角、京津唐地区和国内其他地区。

深圳的重点物流企业已基本完成了在这些地区的网点布局，在这些地区形成了比较稳定的市场客户网络，这为企业占领新兴市场和保持稳定增长提供了良好的市场基础。

**6. 深圳物流企业适应和满足市场机遇的能力很强，创新能力在国内居于优势地位，这使深圳物流业未来继续保持竞争优势地位**

深圳物流企业的一个优点是适应市场调整和变化的能力很强，能迅速捕捉市场的新变化带来的新的市场机遇，并开发出新的商业模式和管理运营机制，使得深圳物流企业在与国内同行的竞争中，保持相对领先地位，并居于核心领导地位。

例如，供应链管理服务为深圳企业创造并在市场上获得成功，这一系列的商业模式为我国物流企业迅速做大做强提供了新的市场机遇。由此，带动了先进管理技术系统和设备在企业的普及，推动专业化第三方物流企业设施设备的升级换代。

**7. 在有形基础设施的建设和服务方面，外地的规模和投入已赶上或超过深圳，在软环境方面，深圳仍然有一定的领先优势，随着其他地区的发展，高素质管理和技术人员的流出，这方面的优势将逐渐减弱或被超越**

与广州、上海和天津相比，深圳在有形基础设施的投资和服务方面的优势，已大不如从前。无论是码头的设施设备和吞吐量，还是道路交通，这些地区已经是后来居上。

除了上海，从对公共基础设施的管理和使用方面看，深圳的效率是比较高的。

深圳的优势还在于软环境的培育和发展。在完善的中介服务、先进的金融服务和融资模式、人力资源等方面，深圳物流业扮演着国内行业"黄埔军校"的角色。随着其他地区的发展，在薪酬待遇、发展环境等方面的改善，高素质的管理和技术人员将继续快速流向广州、上海、天津和国内其他城市。这需要引起政府和业界的重视。

## 三 深圳与国际先进物流枢纽城市软实力的差距

企业是一个产业软实力的具体体现，完善的产业链是由不同类型的企业构成的。

通过对发达国家物流产业的构成进行分析，可以看到，一个地区物流业的产业构成主要有以下几类。

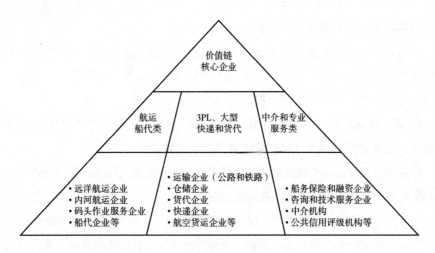

**图2 行业内企业构成**

首先，我们将深圳与鹿特丹和香港做分析，以此来评估深圳与他们的差距。

表3 与香港、鹿特丹的企业构成分析比较

| 企业类型 | | 香港 | | 鹿特丹 | | 深圳 | | 备注 |
|---|---|---|---|---|---|---|---|---|
| | | 数量 | 比例(%) | 数量 | 比例(%) | 企业 | 比例(%) | |
| 航运船代 | 远洋航运企业 | 126 | 16.96 | 85 | 8.02 | | | 船东，深圳无此统计数据汇总，下同。 |
| | 内河航运企业 | 192 | 25.84 | 71 | 6.7 | | | 船东 |
| | 船代 | | | 126 | 11.89 | | | |
| | 码头服务企业 | 425 | 57.2 | 310 | 29.25 | | | |
| | 船舶物资供应企业 | | | 468 | 44.15 | | | |
| 3PL快递和货代 | 运输企业 | 5363 | 33.36 | 315 | 30.09 | | | 公路货运、铁路等 |
| | 仓储企业 | 400 | 2.49 | 129 | 12.32 | | | |
| | 货代企业 | | | | | | | |
| | 快递企业 | 10175 | 63.29 | 506 | 48.33 | | | |
| | 3PL | | | | | | | |
| | 航空货运企业 | 139 | 0.86 | 97 | 9.26 | | | 有自己的机队 |
| 中介服务 | 船务保险和金融 | 133 | 94.33 | 79 | 20.95 | | | 包括货机和船务等的保险和租赁融资服务及经纪 |
| | 咨询和技术服务 | | | 192 | 50.93 | | | |
| | 中介服务机构 | | | | | | | |
| | 评级机构 | 8 | 5.67 | 9 | 2.39 | | | 中立评级机构 |

资料来源：香港贸发局、香港运输及房屋局，香港航运发展局，鹿特丹港务局，深圳无类似统计。

从香港和鹿特丹物流业的企业构成中，可以看出，深圳与国际物流中心枢纽城市在发展产业软实力的差距主要体现在以下几个方面。

## （一）缺乏物流业价值链中的核心企业

物流业中决定价值链中各个企业构成及利益分配的居于核心地位的是大的、成规模的船东及航运公司和航空货运企业。

虽然缺乏相应的统计资料，但是根据我们对行业的初步调查，目前尚无在国际上有影响的船东将深圳设立为母港。

这导致深圳本土的物流企业多，却缺乏价值链中的核心企业，在最终决定产业链的分布和协作时，价值链份额最大的决算中心不在深圳，话语权掌握在外资、港资企业手中，物流企业创造的最大的价值和利税贡献不在深圳，而在海外或外地。

## （二）产业链中企业构成还不是很合理，3PL 等企业众多，缺乏能创造更多增加值的核心企业和中介服务企业

长期以来，同其他国内城市一样，深圳市发展物流业的重点是综合性的第三方物流企业和专业的第三方服务企业，而忽视了能创造更多附加增加值的船务、航空金融租赁企业和保险机构，也未有国际知名船级评级机构将其亚太分支机构设立在深圳。

而根据国际惯例，成为国际物流中心的一个重要标志，是本地是否有足够的船务、航空金融租赁服务、保险和经纪机构为投资者、物流企业提供便捷、符合国际规范和要求的船舶、货机、货物和相关物流服务及设施设备的大型融资和保险、经纪等中介服务，这是吸引船东进驻和决定将船公司的母港设立在何地的关键因素之一。

鹿特丹和香港能经历了两次全球产业转移而依旧保持繁荣，其中的重要原因有两个：一是提供自由港的法律环境和国际惯例，二是本地发展成为区域性国际物流和航运的价值链决策中心。

反观新兴市场的一些集装箱港口（除了新加坡港外），随着产业的转移，该地区的港口由小到大、由冷清到繁盛的阶段，最后又由盛而衰、由大而小，最后变得悄无声息。其中一个重要的原因，就是港口本身只是一个停泊地、只提供简

单的港口码头和物流作业服务，而没有成为大的船东的母港或基地，也没有相关的中介服务和融资机构提供完善系统的高附加值服务，没有成为价值链中的核心和决算地，最终失去了保持可持续发展的决策权。

## 四 进一步巩固和提高深圳物流业比较
## 竞争优势和软实力的建议

我们以为，提升深圳市物流业软实力的落脚点最终是提升企业。"十二五"期间，深圳物流业面临新的发展机遇，建议采取以下措施。

### （一）抓住高铁和航空市场快速发展的机遇，扶持几家在国内居于领先地位的大型、综合性、复合型物流企业，在这两个领域加强与内陆腹地的经济联系，占据国内物流业的制高点

高铁的普及和航空市场的开放将对内陆腹地与沿海物流枢纽城市的产业合作带来深远影响，目前这一影响已初现端倪。

高铁的出现和普及，将对传统的物流格局造成极大冲击，对 1500 公里以内的区域物流成本和市场协作与联系等方面将逐渐产生深远影响。武广高铁、福厦高铁、温福高铁和即将开通的厦深高铁，将使高铁物流成为打通珠三角、长三角两大区域的经济新动脉，为深圳加强与华中、西南、华东等内陆腹地经济区域的产业合作创造新的、难得的机遇。

同时，国家将逐步放开民用航空的管制，我国民营和国营航空物流企业也将迎来黄金发展时期。

预计在未来的 5 年内，高铁和航空将逐步改写国内物流业区域市场协作、市场的发展，社会物流成本的区域差别将会大幅减小。

从深圳市和深圳物流业的规模、实力和管理技术手段来看，深圳已基本具备了进入这两个领域的投融资、管理、运营和技术条件以及人才储备。

建议市政府有关机构从长远发展出发，着手制订相关产业规划、出台相应扶持政策，有针对性地鼓励和协助本地具备相应条件的物流企业，与有关机构和企业合作，进入这两个领域，这将有助于深圳市在未来 5～10 年的发展时期内，培育出真正在国内和国际上有影响力的大型、综合型、复合型的物流企业，加强与

内陆腹地的联系，占据国内物流业的制高点，带动一大批关联行业、企业的跨越式发展，进一步做强深圳物流业。

## （二）充分开发前海湾保税港区和盐田港 B 型保税物流园区的优势和潜力，拓展物流价值链的高端服务，优化产业链构成，带动相关行业的发展，提升深圳市物流业的软实力

前海湾保税港区和盐田港 B 型保税物流园区使得深圳享有了与自由港差别很小的法律、政策环境，这为拓展符合国际惯例的高附加值的物流服务、物流金融、中介服务提供了宽松的市场环境。

建议与海关、金融监管机构密切合作，有针对性地制定实施条例和措施，吸引外资航运和航空融资、经纪等中介机构进驻前海和盐田，并由此鼓励外资和内资船东将区域管理总部和母港设立在盐田和前海。对于这类企业的优惠政策，建议比照深圳市鼓励金融机构将总部设立在深圳的奖励和优惠政策，制定相应的扶持政策和措施。

这类机构的进驻，将极大地带动相关联的提供装备制造服务的企业、中介机构、信用评级机构的进驻和发展，并能明显改善和完善深圳市的物流业产业链的构成，提升深圳市物流业的软实力。

## （三）鼓励有条件的物流企业兼并重组，扩大产能和规模，以期在质量、规模和效益上领先国内同行

与上海、广州、天津等地的物流企业相比，深圳物流业最大的竞争优势是有一批管理规范、技术先进、实力相对比较雄厚、上规模的重点物流企业。

目前，深圳的重点物流企业都已完成了跨区域网络和国内网络布局，企业的营业收入和利税增长更多的是从外地市场中获得的。这是其他城市的物流企业所不具备的优势。

为进一步巩固和提高深圳市重点物流企业的竞争优势，建议政府在现有产业基金扶持的基础上，扩大物流产业基金的规模，并利用"走出去基金"，制定出实施细则，鼓励有条件的重点物流企业在本地和外地展开兼并重组，网络化经营，在确保质量和效益的同时，帮助企业快速占领市场，稳步提高和扩大市场份额。

这将能使深圳市的重点物流企业在较短的时间内，进一步拉大与其他地区企业的差距，从而确保深圳市企业的竞争力继续领先于国内同行。

这既有利于加强深圳和腹地的经济联系，直接占领内陆腹地货源"高地"，又有利于克服深圳土地资源紧缺制约企业发展空间的弊端，还能有效地克服港口货源的分流，对提高企业和港口的竞争力都将发挥积极的促进作用。

## （四）鼓励企业创新服务模式，稳步扩充服务网络布局，进一步提升企业的管理和技术水平，夯实重点物流企业的软实力，打造行业的深圳名片

真正能长久代表深圳市物流业发展水平的还是企业的服务模式和管理技术水平。

企业只有不断创新服务模式，才能不断提高物流的作业效率，提高企业的效益和行业的竞争力。

建议主管部门加大扶持政策的力度，通过适当资助、补贴或加大对企业采购新技术装备和采用新的商业模式所需用的流动资金的贴息等方式，切实鼓励深圳市重点物流企业积极创新服务模式，稳步扩充服务网络布局，采用更加先进的管理技术。

对于创新服务模式和管理模式的企业，可以给予有吸引力的奖励措施。以确保深圳市物流企业加快采用新的管理和服务模式、新技术和先进的作业设施设备，在与外地企业竞争时其竞争力优于或高于外地大多数企业。

# 2010 年深圳房地产市场形势分析报告

王 锋*

**摘 要：** 介绍了 2010 年深圳房地产市场的运行情况及其特点，分析了当前深圳房地产的形势，并对 2011 年的走势进行了预测。

**关键词：** 房地产 投资 价格

## 一 2010 年深圳房地产市场运行情况分析

### （一）2010 年深圳房地产市场运行情况

一是新建商品住房新开工面积增加明显。1~12 月，深圳市房地产开发投资 458.47 亿元，同比增长 4.8%，其中住宅开发投资 304.89 亿元，同比增长 5.2%。新建商品住房新开工面积 355.17 万平方米，同比增长 8.3%，12 月份新建商品住房 18.07 万平方米的新开工面积环比上涨了 71.88%；住宅施工面积 2025.14 万平方米，同比减少 3.0%；住宅竣工面积 251.11 万平方米，同比下降 6.8%。

二是新建商品住房成交规模继续下降。2010 年，全市新建商品房销售面积 362.66 万平方米，同比下降 49.1%。其中，新建商品住房销售面积 313.15 万平方米，同比下降 52.6%，且创下了 2000 年以来成交规模的最低水平（见图 1），仅为历年来成交规模平均值的 46.8%。12 月份，新建商品住房成交面积 31.47 万平方米，环比 11 月减少 3%。新建商品住房成交面积连续 3 个月下滑（见图 2）。

---

\* 王锋，深圳市房地产研究中心。

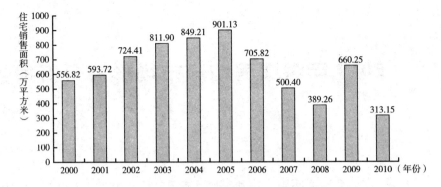

**图1 2000年以来深圳市新建商品住房销售情况**

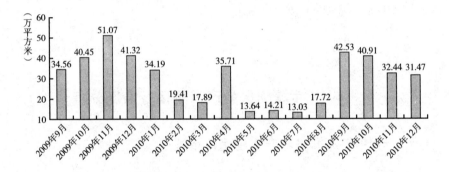

**图2 2009年9月以来各月商品住房销售面积**

三是年度新建商品住房价格创新高。2010年，深圳市新建商品住房成交价格为每平方米20296.97元，自1997年以来首次突破"两万元"，自此深圳市房价进入"两万元时代"。2010年度，房价价格水平同比上涨36.6%，涨幅为1997年以来的第二高位，仅次于2007年44.8%的同比涨幅。深圳市房价从1997年每平方米5000多元上涨到每平方米10000元大约用了9年的时间，而从每平方米10000元上涨到每平方米20000元仅仅用了4年，表明近年来深圳市房价上涨速度加快。

2010年1~12月，新建商品住房价格涨幅比1~11月下降5.2个百分点。1~12月，90平方米以内新建商品住房成交价格为每平方米18696.16元，同比上涨51%；90~144平方米新建商品住房价格为每平方米18230.56元，同比上涨61%；144平方米以上新建商品住房价格为每平方米26397.06元，同比上涨11%。12月新建商品住房价格为每平方米18910.63元，环比11月下降8.8%，较今年2月每平方米24166元的最高水平下降21.7%。

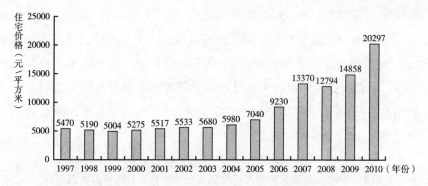

图3　1997 年以来深圳市新建商品住房价格水平

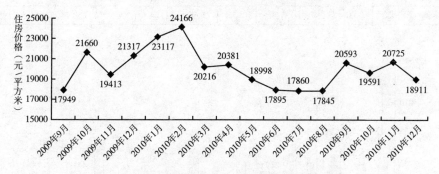

图4　2009 年 9 月以来各月商品住房销售均价

四是二手住房成交规模较 2009 年下降明显。2010 年，深圳市二手住房成交量 923.4 万平方米，为 2000 年以来的第三高位交易规模，次于 2009 年的 1226 万平方米，接近于 2007 年 931 万平方米的交易规模（图 5）。剔除异常值的影响，近年来二手住房成交规模呈现不断上升的态势。

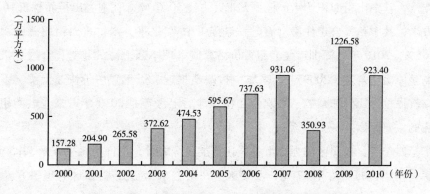

图5　2000 年以来深圳市二手住房各年度交易规模

2010 年，深圳市二手住房交易规模同比下降 24.8%，与新建商品住房成交量的比例为 2.95∶1。这表明，目前深圳市每成交 4 套住房中，有 3 套住房是二手住房。2010 年的这一比例不仅高于 2009 年的 1.85∶1，而且是历史最高水平（见表 1）。这表明，深圳市二手房已经取代新建商品住房，成为市场交易的主体。2010 年 12 月份，深圳市二手住房成交量为 83.16 万平方米，环比 11 月减少 17.4%（图 6）。

表 1　2000 年以来深圳市二手住房与一手住房交易规模的比例关系

| 年度 | 2000 | 2001 | 2002 | 2003 | 2004 | 2005 | 2006 | 2007 | 2008 | 2009 | 2010 |
|---|---|---|---|---|---|---|---|---|---|---|---|
| 比例 | 0.28 | 0.34 | 0.78 | 0.75 | 0.56 | 0.66 | 1.04 | 1.86 | 0.9 | 1.86 | 2.95 |

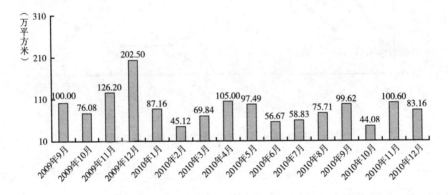

图 6　2009 年以来各月二手住房销售面积

五是房屋租金价格快速上涨。截至 2009 年底，深圳房屋总建筑面积 8.1 亿平方米，其中出租面积达 4.1 亿平方米，占比 50.61%。住宅类出租面积 2.16 亿平方米，其中私人自建住房（含违法建筑）1.79 亿平方米，占出租屋总面积的 43.65%。2010 年，深圳市住宅租赁价格总体呈现不断上涨的趋势，金融危机后市场整体出现复苏、2009 年以来城中村改造提速、近年来房价快速上涨、不断提高按揭首付比例和乘数、限购令和租金滞后上涨等是 2010 年以来住宅类租金上涨的主要原因。

第四季度，福田区仍为全市各区住宅类租金之首，均价为每平方米 52.5 元，其次是南山区每平方米 47 元，罗湖区为每平方米 45 元，盐田区为每平方米 36 元，宝安区每平方米为 33 元，龙岗区为每平方米 25 元。第四季度商业租赁均价为每平方米 216 元，继续保持上升态势；写字楼租赁均价为每平方米 102 元，首次突破百元大关。

**表 2　2010 年深圳市住宅类租金水平及涨幅**

| 季　度 | 第一 | 第二 | 第三 | 第四 |
| --- | --- | --- | --- | --- |
| 住宅租金水平（元/平方米） | 37.5 | 38.7 | 40 | 41 |
| 住宅租金环比涨幅（%） | 1.56 | 0.06 | 2.6 | 2 |
| 住宅租金同比涨幅（%） | 7.5 | 7.67 | 11.1 | 10.8 |

六是房地产贷款增幅继续收窄，但仍占新增贷款首位。截至 2010 年 11 月末，深圳市银行业房地产贷款余额 5501.66 亿元，比年初增加 762.79 亿元；房地产开发贷款余额 1353.18 亿元，比年初增加 240.00 亿元；个人住房贷款余额 3935.66 亿元，比年初增加 480.75 亿元，比上年少增了 560 亿元。国发〔2010〕10 号文发布以来，深圳房地产贷款月增额一直保持低位，稳定在 20 亿~40 亿元，仅为调控政策前 1~5 月平均月增额的一半。

### （二）2010 年以来深圳市房地产市场运行的特点

一是房地产开发投资增幅逐月回落。2010 年受 2009 年下半年以来市场回暖刺激开发商增加供应的影响，同时考虑到 2008 年市场调整对 2009 年开发投资的滞后影响，2010 年以来深圳市房地产开发投资在 2 月改变 2009 年以来同比负增长的趋势后，一直呈现同比正增长的态势。但是从各月累计开发投资同比增幅来看，同比增幅呈逐月回落的态势，增长幅度从上半年 15% 左右的平均水平下滑到年底的 5% 左右，侧面反映了开发商对后市判断趋于谨慎。由于年开发投资平均增长较为明显，2011 年和 2012 年供应有望增加。

二是新建商品住房销售创历史新低。2010 年，全市新建商品住房销售面积 313.15 万平方米，同比下降 52.6%，且创下了 2000 年以来成交规模的最低水平，仅为历年来成交规模平均值的 46.8%，甚至低于 2008 年深圳市房地产市场出现最大调整幅度时的交易水平。新建商品住房交易规模不断走低一方面是深圳市近年来新增住房建设用地出让规模不断减少，城市"减量发展"战略的必然结果，也是新建商品住房价格较高、区位优势劣于二手住房的结果（新建商品住房大多位于原特区外）。

三是二手住房交易规模快速增长。自2006年深圳市二手住房交易规模首次超过一手住房后，二手住房在深圳市住房交易市场中的地位越来越重要。除了2008年新建商品住房价格大幅度调整而出现交易量上升超过二手住房交易规模外，2007年和2009年二手住房交易规模一直稳定在接近于新建商品住房2倍的水平。2010年，深圳市二手住房交易规模达到新建商品住房成交规模的3倍，二手住房交易规模较新建住房交易规模的增长幅度和二者的对比关系发生较大的提升。从深圳市新增建设用地的"减量增长"趋势看，未来二手住房持续超过新建住房将是必然的趋势。

四是新建住房价格突破两万元。2010年，深圳市房地产市场发展的另一大特点就是新建住房平均价格首次突破两万元。2009年10月份，深圳市新建住房价格已经突破两万元，并在2010年5月份之前一直控制在20000元左右。2010年5月份之后，在国家连续两轮调控政策的作用下，特别是受到深圳市严格的限购令的影响，深圳市住房价格下调到每平方米17000~18000元左右，下跌幅度为15%左右。2011年11月份，由于144平方米以上住房成交面积增加39.56%，成交价格环比上涨19.37%，造成了11月深圳市新建商品住房平均价格又上涨到20000元以上的水平。综合全年各月价格，由于上半年价格较高，全年平均价格最终处于20000元以上的水平。

五是租赁市场淡季不淡。每年第四季度都是租赁市场（商业除外）的传统淡季，跳槽、返乡的人员很多，出租屋空置率会有所上升，租金相应也会下调。但2010年由于受到限购令和通胀的影响，加上年底销售市场的红火，租金年底下跌的趋势被打破。同时，由于《商品房屋租赁管理办法》将于2010年2月起实施，也有可能推高租金的价格预期。

## 二 当前深圳房地产市场形势分析与未来走势判断

### （一）当前深圳房地产市场形势分析

2008年底以来，由于国家空前扩大了信贷投放规模，国际金融危机背景下主要发达经济国家实施非常宽松的货币政策，市场货币供给总体过剩，通货膨胀由上半年预期转为下半年的自我实现，加上我国宏观经济率先企稳回升，具有保值增值功能的房地产成为国内外各路资金追逐的主要目标。因此，尽管国家分别于年初、年中和年尾连续出台调控措施，且力度不断加大，但重点城市房价过快上涨的势头并未得到有效控制，且房价上涨从重点城市蔓延到了二、三线城市。中国社科院 2010 年底发布的《中国住房发展报告（2011）》披露，目前二、三线城市的房价泡沫开始高于一线城市，福州、杭州、南宁、青岛、天津、兰州、石家庄等二三城市的泡沫指数最高，泡沫成分占实际价格比例在 50%以上。

从深圳市来讲，尽管开发投资受 2008 年底以来的各项利好因素的影响而同比增长，未来一到两年市场新增供应有望增加，但新建商品住房销售规模创历史低位与国内其他一线城市形成强烈的反差。其主要原因一方面在于深圳市土地资源的紧缺，导致新增土地供应持续紧缩，全年商业性居住用地仅供应 5 宗，供应规模非常小；另一方面有限的住房用地资源供应开始大规模向保障性住房建设倾斜，全年保障性住房用地供应达到 40 公顷，占计划总量的 40%以上。上述趋势，预示着新建商品住房市场在未来将日益萎缩，但二手房市场将成为市场供应的主力。2010 年深圳市二手住房交易规模首次达到新建商品住房成交规模的 3 倍，突破了之前一直在 2 倍对比关系上的徘徊局面，这与美国、德国等发达国家住房饱和时期的市场结构接近。新建住房价格尽管年底较年初下降 21.7%，但其年均同比涨幅仅次于 2007 年的最高涨幅不仅揭示了过去一年深圳市房价总体上涨较快，也揭示了波动幅度较大的现实。这其中既有资金和政策的影响，也有投资投机炒作和成交户型结构的影响。考虑到 2009 年房价也在快速上涨的现实，2010 年的可比房价上涨幅度更大。此外，不可否认，房屋租赁市场价格快速上涨与城市更新提速有关，但租赁市场在房价快速上涨和新建住房供应规模缩减的背景下已经逐步进入了市场供应主体的行列，未来租赁市场及其规范措施的深入研究应引起有关部门的重视。

2010 年，国发〔2010〕10 号文出台前的四个月，深圳市房价仍旧快速上涨，这是 2008 年底以来各项刺激政策和宽松资金环境作用的结果，也是 2009 年以来房地产市场回暖的延续。在国家第一轮严厉的调控政策的作用下，5～8 月的深圳房价明显下调；9 月底，随着国家调控房地产市场的"五项措施"出台，深圳市政府出台了较其他城市更为严厉的限制居民家庭购买住房套数的政策。从 10 月以来深圳市房地产市场运行情况看，政策的效应是比较明显的：10 月，深圳市新建住房价格为每平方米 19591 元，同比下降 9.6%，环比下降 4.86%，较 2010 年 2 月每平方米 24166 元的当年最高价格水平下降了 19%；11 月份，成交价格为每平方米 20725 元，环比上涨 5.8%，但新建商品住房成交面积大幅下降，同比减少 36.5%，环比减少 20.7%，当月 144 平方米以上高档住房成交面积的增加和价格上涨是房价上涨的主要原因；12 月份，新建商品住房价格为每平方米 18911 元，同比下降 11.3%，环比下降 8.8%。

### （二）未来深圳市房地产市场走势判断

展望 2011 年，从严的政策环境短期内不会改变，房地产市场调控将继续成为常态。2011 年初，国务院"新国八条"提出地方政府要合理确定本地区年度新建住房价格控制目标的房价控制政策，"限购政策"将从一线城市向二、三线城市扩展，保障性住房建设规模将大幅度增加，等等。上述政策措施为 2011 年深圳房地产市场发展确定了基调，即房价过快上涨和房地产投机炒作将得到有力的遏制，住房供应结构将进一步加快调整，保障性住房建设将进一步加快推进。目前，在国家严厉的调控政策的作用下，深圳房价尽管仍然在高位运行，但总体来看，房价已经被有效地控制在每平方米 20000 元以内。深圳作为一线城市的代表和国家遏制房价过快上涨的重点城市，将会继续跟进中央楼市调控的步调，房地产调控不会出现松动，"限购"政策在执行上将更加严厉，房地产调控的手段将更加丰富和完善。调控的延续，将使深圳楼市进入持续调整阶段，不排除市场重现阶段性波动以及更为严厉调控政策的出台和执行。管理通胀预期依然是宏观经济调控的一大主题，中央政府可能将出台更多控制通胀政策，在 2010 年末和 2011 年初加息的基础上，2011 年加息的通道已经开启，对房地产市场需求的抑制作用也将逐渐显现。另一方面，由于 2011 年深圳将迎来"大运会"，城市及区域影响力的提升、区域配套及居住环境的优化，将有可能激发市场需求和购买信心，进而刺激住房需求的增长；而从历年来深圳房地产市场发展变化的趋势来看，供求矛盾仍将成为阻碍房价下行、助涨楼市的重要因素，2008 年、2009 年、2010 年，深圳商品住房新开工面积分别为 471.8、328.04、355.17 万平方米，相对于强劲的购买需求，新增供应依然不足。

综上所述，2011 年，在从严的政策环境和本地特定的市场发展背景相互作用下，深圳房地产市场的深入调整和房价趋于平稳将成为市场发展的主旋律；而随着保障性安居工程建设力度的加大，高房价对民生的影响将大大减弱；在国家房地产调控政策的有效作用下，深圳房地产市场将呈现理性、平稳的发展趋势。

# 2010 年深圳市 WTO 事务工作情况及 2011 年展望

张金生*

**摘　要：** 回顾了 2010 年深圳市 WTO 事务的主要工作：应对贸易摩擦、开展政策合规性审查、完善贸易安全与产业损害预警机制，等等，指出了深圳在外贸出口政策等方面存在的不足，并对加强 2011 年深圳的 WTO 事务工作提出了建议。

**关键词：** 贸易摩擦　应对　WTO 事务工作

## 一　2010 年深圳市 WTO 事务工作回顾

2010 年，深圳 WTO 事务工作任务艰巨：贸易摩擦大案、要案频现；贸易壁垒花样翻新、层出不穷，产业安全面临挑战；运用 WTO 规则、参与规则制定能力亟待提升。在市委、市政府的正确领导和统一部署下，深圳市世贸组织事务中心和公平贸易处，与相关政府部门和企业一道积极工作、开拓创新，主要在以下方面开展了一系列工作。

### （一）积极应对贸易摩擦，促进"保出口、保市场、保增长"任务的完成

2010 年深圳企业直接遭遇贸易摩擦共 11 起，案件数量虽然不多，但涉及多种调查或多种调查措施合并使用，涉案金额大，调查对象涉及深圳支柱产业和重

---

\* 张金生，深圳市世贸组织事务中心。

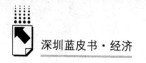

点大型企业，有的企业还遭遇与贸易有关的海外民事诉讼和刑事诉讼案件。

**1. 大案、要案应对情况**

2010 年以来，深圳市两家大型企业先后遭遇印度 SDH（同步数字传输设备）产品反倾销调查、欧委会关于数据卡产品的反倾销、保障措施、反补贴调查。据商务部统计，印度 SDH 产品调查案值约人民币 8.8 亿元，欧盟数据卡调查涉案金额高达 41 亿美元，是迄今中国遭遇涉案金额最大的贸易救济调查，且都是国外针对深圳市高新技术企业发起的。

在印度 SDH（同步数字传输设备）产品反倾销调查案中，市政府高度重视案件的应对工作，许勤市长等多位市领导先后对案件作出重要批示。有关单位也启动了紧急应对工作机制：一是建立专门应对工作机制，在案件发生第一时间与企业取得联系，探讨采取合理、合法、可用的手段进行维权活动。二是积极搭建案件应诉的多方协调平台，与商务部、有关行业组织、企业间保持着持续畅通的信息交流和沟通。在商务部的指导和支持下，启动了我国与发起方的双边磋商程序。三是多次召开应诉协调会，与涉案企业一起分析案情，制定策略，赴关联企业进行调研，为应对工作提供必要的信息和数据支持。四是以利害关系方身份派人参加在印度举行的听证会等工作。目前，印度 SDH 产品调查案经过初裁、实地核查，印度调查主管机关已作出终裁，初裁时被判征收 236% 惩罚性关税的一家企业在终裁中获得了 36% 的较低关税，而另一家公司则不甚理想，被判征收较高的惩罚性关税。欧委会数据卡调查案正在应对之中。

2010 年 6 月，欧盟对中国数据卡（又称无线宽域网络调制解调器）同时发起反倾销及保障措施调查；9 月，欧委会又对该产品发起反补贴调查。该案是欧盟首次对中国出口的同一产品同时进行反倾销、反补贴和保障措施三种调查，涉及中国企业出口额约 41 亿美元。其中，深圳涉案金额为 14 亿美元，为主要涉案地区。这是迄今中国遭遇涉案金额最大的贸易救济调查。商务部等部委、深圳市政府及有关部门和涉案企业都高度重视，全力做好应对和化解工作。10 月份，华为公司与案件发起方比利时 Option 公司签署合作协议，后者已请求欧盟委员会撤销对数据卡产品的贸易救济措施调查，这也意味着欧盟数据卡案的应对工作已暂告一段落。2011 年 1 月，欧盟委员会发布公告称，由于申诉方于提交了撤销保障措施调查的申请，因此决定终止对数据卡的保障措施调查。

**2. 与贸易有关的域外司法纠纷应对情况**

除了传统的"两反两保"和美国 337 调查以外，国外企业越来越多地利用知识产权司法诉讼手段遏制深圳市竞争产品的出口。2009 年初，欧洲地板行业巨头 Unilin 公司在德国汉诺威地板展期间，针对深圳市一家公司向德国当地法院申请了临时禁令，迫使该公司撤离展会，使品牌形象受损。尽管此案以 Unilin 公司败诉收场，但它凭借资金等方面的优势，频频在世界市场上以其他类似手段向深圳公司发难。类似情况还有许多。许多企业都在成功应诉国外贸易救济措施后遭遇了国外地方法院的知识产权诉讼。另外，还有一家深圳公司因涉嫌违反美国对华出口管制法案遭遇刑事诉讼。

此类案件的不断出现，既反映出贸易摩擦应对工作的日益复杂化和多样化趋势，也反映出 WTO 事务工作的艰巨性，更对政府 WTO 事务公共服务水平和能力提出了挑战。在此类案件应对中，我们继续发挥 WTO 事务专门工作机构的作用，主动与企业联系，通报信息，分析案情，运用规则，提供服务。对于企业遇到的具体困难，在职责范围内的，我们尽全力予以协调解决，超出我们职责的，我们及时向商务部、市政府等相关部门反映，与企业一起克服困难，共渡难关。

## （二）深入开展地方经贸政策及规范性文件与 WTO 规则一致性审核工作，遵守规则，运用规则

从 2004 年起，我们对深圳拟出台的 90 余项市级政策进行 WTO 规则一致性的审核，此项工作得到商务部高度肯定并在全国推广了深圳的做法。2010 年，在市人大法工委和市法制办的大力支持下，我们先后对市人大及市政府制定的法规、规章和规范性文件共计 14 件提出了 WTO 合规性书面意见和建议；我们还深入光明、坪山等区，开展合规性审核座谈和调研；同时对各区法制办、区府办的有关工作人员进行合规性审核工作培训，协助各区开展此项工作。这些工作的开展，普及了 WTO 规则，提高了相关部门的 WTO 规则意识，各区先后多次在有关政策出台前主动征求我们的意见。目前，此项工作还没有建立起全市统一、规范的筛查、审核机制，各区仍有相当数量的补贴政策需要进行清理和合规性审核。对此，我们专门向市政府上报了《深圳市应对国外反补贴措施工作的情况报告》，同时也正联合市法制办，通过行政立法将该项工作制度化。

2010 年 WTO 对我国进行了第三次贸易政策审议，我们密切关注并积极配合

商务部开展此项工作，一方面开展企业调研，向商务部提交有关报告，另一方面我们分析 WTO 成员方对我国尤其是对地方政府经贸政策等方面提出的问题，提出应对措施供有关部门借鉴。

### （三）不断完善贸易安全与产业损害预警机制，探索建立经济安全体制与风险防范机制

我们认真落实《深圳市综合配套改革总体方案》中关于"积极主动应对开放风险"的指示以及市委、市政府关于"不断提高对经济安全的监测和预警水平，增强开放条件下的危机处理能力"的工作要求，建设和完善深圳市贸易安全产业损害预警机制，探索建立经济安全体制与风险防范机制。

**1. 做好深圳市主要出口市场的贸易监测和安全预警工作，为各级政府部门和企业提供决策参考**

多年来，我们在"深圳市反倾销与产业损害预警系统"的工作平台上，认真做好深圳市主要出口市场的贸易监测和国际贸易摩擦热点的预警工作。2010年共发布了六个综合性预警监测报告，每期报告都得到市领导的重要批示；应有关业界的要求，专门就欧洲市场和 IT 产业发布了两个贸易预警监测报告；为便于各部门和企业及时了解，我们将预警监测报告摘录刊登在"深圳 WTO 网"上，并将深圳市 10 大主要贸易和摩擦热点市场的贸易动态公布在该网，供各界参考。

**2. 建设"深圳市贸易安全与产业损害预警系统"，实现产业保护前置化**

外贸出口对深圳经济发展具有极其重要的作用，为进一步提高对贸易壁垒和限制措施的预警和评估能力，实现产业保护的前置化。2009 年，"深圳市贸易安全与产业损害预警系统"获批立项。目前正在扎实推进系统建设，力求建立稳定、可靠、全面的贸易与经济预警监测系统，为各级政府、行业、企业更好地提供服务，促进深圳经济稳定健康发展。

**3. 做好深圳产业安全数据库扩容工作，维护深圳产业安全**

产业安全数据库扩容工作是商务部的重点工作之一，也是完善产业损害预警机制的基础工作。市科工贸信委和 WTO 事务中心按照商务部的工作要求，在有关部门、行业协会和企业的支持下，筛选了 141 家生产型出口企业作为样本企业，涉及电子信息、纺织服装、家电、建材、化工、机械、陶瓷、家庭用品、塑

料制品等 9 个行业，按月报送企业数据，为全国的产业损害预警和产业损害调查工作作出应有的贡献。

## （四）认真开展《政府采购协定》、反垄断、自贸区等新领域工作，不断为企业提供优质全面的 WTO 事务服务

政府采购协定（GPA）作为 WTO 的一项诸边协议，我国正在与有关方面开展谈判。我们高度关注中国加入 GPA 的谈判进程，先后完成了商务部委托的《深圳市地方政府采购体制研究》和深圳市财政委委托的《加入 GPA 与深圳市产业竞争力评估及其研究》两个课题研究，从完善政府采购体制、维护深圳产业安全与提升产业竞争力相结合的角度，提出在加入 GPA 条件下提高产业国际竞争力的政策建议。

反垄断法是规制市场活动主体和市场经济秩序的基本法之一，在市场经济法律体系中占有重要地位。我国从 2008 年 8 月 1 日起实施《反垄断法》，在商务部反垄断局的指导下，我们认真研究国内外有关反垄断的法律法规和实践，进行了大量的《反垄断法》宣传和贯彻工作，并积极配合商务部开展反垄断调研及反垄断审查工作，如针对国外液晶控制部件是否存在垄断行为进行调研，针对中国平安收购深发展进行反垄断审查等，对规范市场经济秩序发挥了重要作用。

我们紧跟我国区域合作和自贸区谈判及建设情况，及时将有关谈判成果通报企业，并提供有关自贸区原产地规则、贸易壁垒应对、争端解决等方面的专业服务。此外，我们还积极配合商务部就贸易调整援助制度、产能过剩、"走出去"等问题开展调研。

## （五）认真做好市委、市政府重大课题调研工作，加强 WTO 事务工作交流和理论探索

我们把 WTO 规则与深圳市实际紧密结合起来，深入开展调研。2009 年以来，我们共承接完成商务部、省、市课题近 10 项。2010 年 3 月，"加强深圳市 WTO 事务工作，加快开放型经济体系建设问题"被深圳市委、市政府列入 2010 年重大课题。该课题在主管市领导的正确统筹和指导下，得到市委政研室、市政府办公厅、市发改委、科工贸信委、财政委、编办、法制办、市场监督管理局等单位的大力支持和积极配合，先后开展了对深圳市相关行业协会、中介组织、企

业、政府部门，商务部、国内有关省市、WTO总部等的调研，从加快深圳开放型经济体系建设的角度，分析WTO事务工作对促进开放型经济体系的重要作用，分析深圳市WTO事务工作中存在的问题和困难，研究适应开放型经济体系的WTO事务工作体制机制，促进了深圳WTO事务工作再上新台阶，加快开放型经济体系建设，为保出口、保发展提出切实可行的对策建议。

课题完成后，深圳市委、市政府高度重视，市委书记王荣同志专门批示："从WTO事务角度，研究提升开放型经济水平，推动国际化城市建设，很有意义，希望所研究成果在深圳市有关部门工作中加以吸纳。……"陈应春副市长批示："课题做得很好，有战略高度，也有实际操作意义。对深圳新一轮开放和转型发展有一定的指导作用。课题可印发各有关部门参考，也请各部门重视和进一步支持深圳市WTO事务工作。"袁宝成副市长批示："报告很好，重在将所提建议落实。"

2010年，我们先后接待了来自土耳其、伊拉克、乌克兰、罗马尼亚、古巴等多个发展中国家以及有关兄弟省市同行的来访，通过学习交流，较好地促进了深圳WTO事务工作的开展。

## （六）继续加强WTO事务培训、宣传，持续提升能力建设

### 1. 发挥专业培训机构的作用，扩大培训规模和影响

2010年，我们继续发挥深圳市WTO事务定点培训机构的作用，开展各类培训。2010年共举办培训30场，培训人数2700余人次。培训涵盖WTO规则运用、贸易摩擦与壁垒应对以及国际贸易相关的热点、难点问题。培训注重理论与实践相结合，受到政府部门、行业协会、企业等受训单位的肯定和好评。

### 2. 办好专业刊物和网站，加强宣传

《WTO与深圳》作为深圳WTO事务工作的专业刊物，不断加强理论研究，突出对热点问题深度分析，发挥对实际工作的前瞻性指导作用。经广东省出版局批准，该刊已于2009年正式列入深圳市内部刊物，并于2009年10月被国家图书馆作为资料性"非正式出版文献"永久收藏，2010年6月又被国家图书馆作为中文报刊正式馆藏。刊物的权威性、专业性逐步得到社会各界的认可。与此同时，我们也十分重视网络的信息发布和规则宣传作用。我们对市WTO事务中心的网站进行了调整，增加了"热点关注"、"预警信息"等多个栏目。目前，网

站浏览量已接近 120 万人次，深圳 WTO 事务信息服务水平不断加强。

**3. 举办论坛和年会，为深圳经济转型和发展把脉**

2010 年 11 月 25 ~ 26 日，由深圳市政府主办、深圳市科工贸信委和 WTO 事务中心共同承办的第九届"WTO 与深圳"高级论坛暨"深圳市世贸组织事务中心顾问委员会 2010 年会"在深圳市举行，本届论坛主题为"创新、转型、和谐、发展——国际贸易环境与深圳经济发展方式转变及其展望"。论坛分为三个专题："多边贸易体制与全球经济一体化"；"贸易救济措施与外贸发展方式转变"；"发展低碳经济与产业结构调整"。年会主题为"经济发展方式转变与地方 WTO 事务"。会议紧扣当前国内外经济形势，结合外贸发展方式转变、产业结构调整等宏观经济背景，探讨当前我国及深圳经济社会发展面临的机遇和挑战。

## （七）做好与贸易有关的知识产权保护和服务，积极应对技术性贸易壁垒

2010 年以来，深圳市市场监督管理局和市政府法制办在知识产权信息服务和维权援助服务方面开展了一系列有效工作，受到企业好评。出台的《知识产权海外维权指引》被国家知识产权局转发国内其他省市学习；《深圳重点产业专利分析报告》得到王荣书记、许勤市长的批示；自建的全领域专利信息服务平台，下载速度和更新速度在全国领先；年内开展了 50 余次知识产权宣传和培训；提供 12312、12330 两条维权服务热线，及时向企业提供答疑、咨询等信息和维权服务。

在技术性贸易壁垒应对中，深圳市科工贸信委、市场监督管理局（中心技术标准部），深圳出入境检验检疫局、市世贸组织事务中心建立了联合应对技术性贸易壁垒工作机制，联合开展壁垒损害调查。我们多次联合开展企业调研，举办国外技术性贸易措施及贸易摩擦影响调查暨政策法规宣贯会，帮助企业有效应对技术性贸易壁垒和贸易摩擦。年底，国家质检总局标法中心、深圳市市场监督管理局、市世贸组织事务中心、深圳出入境检验检疫局签署了 TBT 战略框架合作协议，为四方联合开展壁垒损害调查工作，共同建设"技术壁垒产业损害预警分析系统"打下了坚实基础。

## 二 2010 年工作体会与思考

2010 年，各国间的经贸关系在各国政府出台的一系列经济刺激政策的作用下呈现新的态势，全球经济渡过金融危机的恐慌而进入"后金融危机时代"，逐步走上复苏阶段。在这一背景下，我国对外贸易关系也面临着新的困难和一系列挑战。与此相应，地方 WTO 事务工作也呈现新的特点，我们基于这一系列的变化，梳理我们这一年工作的体会及思考。

### （一）贸易摩擦数量增加，且呈现新特点

**1. 贸易摩擦的形式趋于多样化**

2010 年，各国从以往的反倾销调查为主，发展到反倾销和反补贴合并调查、保障措施调查和"337 调查"，甚至对同一产品同时采用多种贸易救济措施。值得注意的是，欧盟除了实施大量的技术性贸易措施外，还首次对我国出口产品使用了反补贴调查。

**2. 贸易摩擦的涉案产品、领域不断扩大**

由以往的传统产业向高新技术产业扩展，一些新兴优势行业，如通信设备、汽车、化工企业产品成为我国与发达国家贸易摩擦中的新热点。

**3. 与发展中国家之间的贸易摩擦逐步加剧**

主要由于这些国家的经济结构同样以制造业为主，其国内新兴产业和支柱产业容易受到我国产品的冲击。

### （二）我国产业结构及外贸经营管理体制仍不完善

不可否认，我国成为贸易摩擦最大的受害国有相关国家的经济和战略意图、经济全球化和贸易自由化、主要发达国家经济增长缓慢以及国际产业结构不协调等深层次原因，但客观地看，我国的外贸经营管理体制不完善、长期过大的贸易顺差、企业出口市场结构过于集中且自我保护意识差、贸易摩擦预警机制不完善也是重要原因，特别是长期的鼓励扩大出口政策以及不符合 WTO 规则的产业政策，给 WTO 成员留下了发起贸易救济措施调查的把柄。

### （三） 深圳市外贸出口政策存在不足

深圳作为经济特区和改革开放的窗口，一直关注和促进对外经贸的发展。随着中国改革开放的深入以及国内外竞争形势的变化，深圳鼓励外贸出口的政策措施更为全面，涵括了推进深圳外经贸增长方式的转变、优化进出口产品结构、实施企业"走出去"战略等，具体体现在财政资金支持和补贴企业、税费减免、优惠贷款等。因此，深圳外贸出口政策存在的问题也是深圳频繁遭遇国际贸易摩擦的主要原因之一。从近年来深圳市企业遭遇的"双反"调查和政府补贴争端的案例可以看出，深圳市支持外经贸发展以及扶持高新技术产业发展的一些措施、规范性文件都成为境外调查的对象。这要引起我们的高度重视。

### （四） 部分单位和企业对 WTO 规则和贸易救济调查相关知识了解不够

在具体案件的应对工作过程中，我们发现，政府部门在制定贸易和产业政策时对 WTO 规则了解不多，企业对案件的应诉积极性不高、重视程度也不够。这在很大程度上制约我们在应对贸易摩擦过程中的能动性。因此，加强政府部门和企业了解 WTO 规则和贸易救济措施调查的相关知识，增强规则意识和应对能力将是我们今后开展地方 WTO 事务工作的重要课题。

## 三 2011 年工作展望

2011 年是中国加入世贸组织十周年。十年中，中国对外贸易迅猛发展，目前已成为世界第一大出口国和第二大进口国，贸易合作遍及世界。在这样一个具有纪念意义的历史时期，如何进一步结合深圳市情况开展地方 WTO 事务工作，我们的总体工作思路是：在深圳市委、市政府的正确领导下，坚持贴近产业、服务企业的宗旨，进一步提高认识、完善工作机制、拓展工作领域、提高工作水平、加强能力建设，继续扎实开展各项 WTO 事务工作，为促进深圳加快经济发展方式转变和国际化城市建设继续努力。

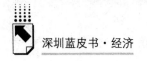

## （一）进一步提高对 WTO 事务工作的认识

近年来，政府部门和企业在实际工作中对 WTO 事务的重视程度不断提高，规则意识不断增强。但由于金融危机和自然灾害等各种突发事件影响，国际经贸形势变幻难测，新情况、新问题、新挑战不断出现。深圳经济外向度高，受国际形势影响大，政府、企业、行业组织和中介机构，必须以建设安全高效的开放型经济体系为目标，统一思想，提高对 WTO 规则和工作的认识、理解和支持，在具体工作中强化规则意识、服务意识和维权意识，全面推动深圳开放型经济体系建设和 WTO 事务工作。

## （二）完善工作机制，积极应对贸易摩擦，维护产业安全

**1. 进一步完善应对贸易摩擦的快速反应和协调机制**

在出现重大贸易摩擦并有可能引发争端时，WTO 专门工作机构快速作出决策参考建议和预案，有关部门之间、市区之间积极参与，行业组织全力配合，使应对环节高效有序运行，以维护企业利益，促进经济持续稳定发展。

**2. 建立完善深圳贸易安全与产业损害预警机制**

目前预警机制正在建设中，通过对深圳进出口的监测分析，对可能引起贸易摩擦、遭受贸易壁垒的产品发出预警，方便企业避免或提早考虑应对贸易摩擦的策略。今后，还要进一步加快建立行业的组织自律机制，从积极应对和有效反制两个方面保障公平的贸易秩序。

**3. 密切跟踪我国对外经贸谈判进程，参与建立多边和双边经贸关系协调机制**

预警机制的目的是对各类贸易摩擦与壁垒发挥"早发现"的预警作用，建立协调机制的目的是将贸易摩擦与壁垒"早化解"。通过协调机制，不断加强沟通理解，寻求互利共赢的解决方案，将贸易争端通过多双边协调机制来处理，而不是硬性发起贸易摩擦。

## （三）尽快完成规范性文件的 WTO 合规性审核立法工作

WTO 成员的地方政府的条例和规章是否符合 WTO 规则，是衡量城市国际化程度和水平的重要标准之一。放眼欧、美等国际化程度较高的发达成员，其相关立法基本都能够在不违反 WTO 规则的前提下，切实有效地实现激励和保护其本

土产业发展的目的。因此，加强对深圳现有规范性文件的清理，加强对拟出台规范性文件的 WTO 规则一致性的审核工作，对于加快深圳市国际化先进城市建设具有十分重要的意义。目前，在市法制办的大力支持下，在科工贸信委和中心的共同努力下，深圳市地方贸易政策 WTO 合规性审核立法工作已列入市法制办的立法项目，我们将在总结近年 WTO 合规性审核工作经验的基础上，完善内部工作机制，继续充实提高理论水平，积极做好下一步立法的调研和论证工作，争取该法规的早日出台。

### （四）加强 WTO 专题调研和培训，不断提升运用规则的能力

我们将继续加强跟踪国际经贸形势，研究分析贸易保护主义动向，做好应对预案。继续积极承担国家、省、市与 WTO 事务相关的重大课题研究，为政府提供决策依据。继续组织好商务部和深圳市政府主办的与 WTO 事务相关的各种大型活动。积极配合商务部、省外经贸厅等有关部门，做好加入 WTO 十周年各类宣传培训等工作。继续加强对 WTO 热点、焦点问题的研究，有针对性地开展各类培训，加强 WTO 规则专题学习和培训力度，在全市形成重视 WTO 规则学习和运用的人才队伍培养机制，不断提升工作能力和水平，为企业提供更加优质高效的 WTO 事务公共服务。

### （五）深入研究并开展 WTO 事务新工作

加强对服务贸易、反垄断等新工作领域的研究和跟踪，扎实开展相关工作。密切关注我国加入政府采购协议谈判、自贸区谈判等最新进展，指导、帮助企业把握新机遇，应对新挑战。

同时，继续加强与市场监督管理局和深圳出入境检验检疫局的合作，联合开展技术性贸易壁垒、与贸易有关的知识产权纠纷的应对工作，进一步完善"沟通及时、行动快速、应对有效"的跨部门联动机制。

展望 2011 年，虽然国内外经济贸易环境依然复杂多变，国际贸易保护主义盛行，贸易摩擦形势严峻，但我们坚信，在市委、市政府的正确领导下，在商务部、广东省外经贸厅的支持和指导下，通过全市各部门、各业界的配合与协作，深圳的地方 WTO 事务工作将在既有工作的基础上，努力创新，为促进深圳市经济社会更好更快发展，为国际化城市建设作出应有的贡献。

# B.9

# "再平衡"背景下对美欧贸易回顾与展望

张裕胜　刘小康*

**摘　要：**全球经济失衡，早已引起经济学家们的关注，金融危机的爆发，使得全球经济失衡成为众矢之的。在对欧美与中国（包括深圳）的进出口分析后，指出"再平衡"背景下国际贸易摩擦形势日趋复杂，并提出了针对性的对策建议。

**关键词：**再平衡　欧美贸易　回顾　展望

## 一　各国都持续面临着实现"经济再平衡"的压力

全球经济失衡，即一些国家拥有大量贸易赤字，而与这些国家贸易赤字相对应的贸易盈余则集中在其他一些国家。这一现象早已引起经济学家们的关注，并且已经争论了五六年。金融危机的爆发，使得全球经济失衡成为众矢之的。各主要经济体均认识到原有发展模式存在着巨大问题，即亚洲绝大多数国家经济增长都过于依赖出口，特别是过于依赖美国的市场，而美国的经济增长又过度依赖负债消费。因此，要解决全球经济的失衡问题，具有庞大经常账户逆差的经济体，需要增加国民储蓄；具有大量经常账户顺差的经济体，需要扩大国内需求，这就是"全球经济再平衡"。在亚洲和新兴经济体，再平衡意味着扩大以投资为重点的内需，而对中国来说，主要是扩大消费。"全球经济可持续和平衡增长"已经成为"后危机时期"的重要课题。

---

* 张裕胜、刘小康，深圳市世贸组织事务中心。

在 2009 年 9 月匹兹堡 20 国集团（G20）峰会上，美国关于全球经济"可持续和均衡增长框架"计划获得众多成员国支持。同年 11 月 7 日在英国苏格兰圣安德鲁斯 G20 财政部长及中央银行行长会议上，G20 更进一步达成协议，决定启动"确保经济强劲、可持续和平衡增长的框架"计划，并制订相应的时间表，对各国政策是否能够实现共同制定的目标提供评估。2010 年 10 月，在韩国庆州 G20 财长会后发布的公报中，各国承诺"将经常项目不平衡状况控制在可持续水平"；同意由 IMF 对外部不平衡实施评估并且寻找其根源；2011 年 2 月，在巴黎举行的 G20 财长和央行行长会议，各方就一系列将受到监控、以防范未来经济危机的指标达成共识，以此作为解决全球经济失衡的第一步。这些经济失衡指标包括所有 G20 成员国的国内政策，如公共部门债务和赤字、私人部门储蓄率，以及"由贸易平衡、净投资收入流动和转移构成的"外部失衡等。

## 二 "全球经济再平衡"的压力尚未对国际 经贸格局造成根本性的影响

西方国家推行"经济再平衡"战略的主要措施：一是迫使顺差国汇率升值；二是实施贸易保护主义，增多贸易摩擦；三是对顺差国战略性新兴产业发展政策实施调查，制造贸易争端；四是重振本国制造业，鼓励出口，限制进口。总的看来，这些措施尚未对国际经贸格局造成根本性的影响。这主要表现为美国贸易逆差随着经济缓慢复苏而呈明显回升态势（见图 1），中国具有高度竞争力的出口增长继续高于全球进口的增长。

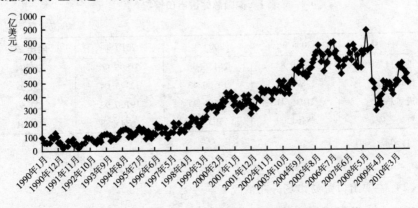

**图 1 1990 年 1 月至 2010 年 12 月美国贸易逆差走势**

世界银行于2010年11月发表的《中国经济季报》指出："到2010年底,中国出口强劲,内需和进口减弱,经济增长模式基本上没有什么变化,因此外部盈余又在增加。"

## 三 美欧市场的贸易状况

根据美欧官方统计,2010年,美欧进出口额为69524.67亿美元,较上年增长19.28%。其中,出口30634.7亿美元,增长18.36%;进口38889.96亿美元,增长20.02%。数据显示,国际金融危机对世界贸易的影响已在各国经济刺激政策下实现了全面的翻转,美欧对外贸易也实现了快速增长。

### (一)美国进出口形势分析

**1. 美国进出口总体情况**

(1)进出口总体情况

根据美国商务部数据,2010年,美国的外贸进出口总额为31895.96亿美元,比上年(下同)增长21.94%。其中,出口总额为12775.04亿美元,同比增长20.97%;进口总额为19120.92亿美元,同比增长22.6%;贸易逆差为6345.88亿美元,增长26.01%(见表1、图2)。数据显示,2010年美国外贸出口和进口都呈逐月增长,贸易逆差规模也较危机前大为缩小。

表1 美国总体进出口情况

单位:亿美元

| 项　目 | 2008年 | 2009年 | 2010年 | 同比±% |
|---|---|---|---|---|
| 进出口总额 | 33910.83 | 26156.68 | 31895.96 | 21.94 |
| 出口总额 | 12874.42 | 10560.43 | 12775.04 | 20.97 |
| 进口总额 | 21036.41 | 15596.25 | 19120.92 | 22.60 |
| 贸易逆差 | 8161.99 | 5035.82 | 6345.88 | 26.01 |

资料来源:GTIS。

(2)主要出口贸易市场分布情况

2010年,美国的出口目的地遍布全球243个国家和地区,其前10大出口目

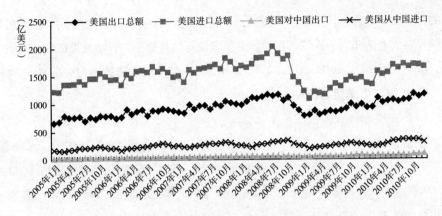

图2　美国月度进出口走势

的地分别是：加拿大、墨西哥、中国、日本、英国、德国、韩国、巴西、荷兰、新加坡，合计出口额为 7989.85 亿美元，比上年增长 22.48%，高出整体增速的 2 个百分点，占美国总出口额的 62.54%。其中，对韩国、巴西和中国的出口增长速度最快，增速达 30% 以上。

（3）主要出口商品结构情况

2010 年，美国出口的前 20 类（按 4 位 HS 码分类）商品出口额为 4948.81 亿美元，约占美国出口总额的 38.73%。出口前 5 类产品分别是：民航飞机及其发动机，设备和零部件；石油及从沥青矿物提取的油类；集成电路及微电子组件；载人机动车辆；特殊商品。这 5 类产品分别占出口总额的 5.63%、4.2%、3.08%、2.94%、2.71%。除民航飞机及其发动机出口下降外，其余四类产品都大幅增长。

（4）主要进口贸易市场分布情况

2010 年，美国的进口来源地遍布全球 240 个国家和地区，前 10 个进口来源地分别是：中国、加拿大、墨西哥、日本、德国、英国、韩国、法国、中国台湾、爱尔兰。前 10 个国家和地区的进口额合计为 12810.74 亿美元，同比增长 22.71%，与整体进口增速相当，占美国总进口额的 67%。从墨西哥、中国台湾、日本、韩国和中国的进口增速比美国总进口增速快。

（5）主要进口商品结构情况

2010 年，美国进口的前 20 类（按 4 位 HS 码分类）商品的进口额为 9373.25 亿美元，同比增长 25.53%，高于整体进口增速的 3 个百分点，约占美国进口总额的 49.03%。其中，排在前 5 位的产品分别是：石油原油及提炼油、载人机动车辆、有线电话和通信设备、自动数据处理设备及其部件、石油及提炼油，分别占进口份额：13.6%、6.03%、3.72%、3.68%、3.52%；增速达到 21%~41%。

**2. 美国与中国贸易概况**

（1）中美总体贸易情况

根据美国官方统计，2010 年美国与中国进出口总额 4568.22 亿美元，同比增长 24.86%。进口方面，美国从中国进口 3649.44 亿美元，占美国总进口的 19.09%，中国为美国第一大进口来源国；进口同比增长 23.14%，高出美国总体进口增速的 1 个百分点。出口方面，美国对中国出口 918.78 亿美元，占美国出口总额 7.19%，中国为美国的第三大出口目标国；对华出口同比增长 32.21%，高出美国总体出口增速的 12 个百分点。美国对中国的贸易逆差 2730.66 亿美元，同比增长 20.36%，占美国贸易逆差总额的 43.03%（见表 2、图 3）。

**表 2  美国与中国进出口情况**

单位：亿美元

| 项　　　目 | 2008 年 | 2009 年 | 2010 年 | 同比 ±% |
|---|---|---|---|---|
| 双边进出口总额 | 4075.05 | 3658.71 | 4568.22 | 24.86 |
| 美国对中国出口额 | 697.33 | 694.97 | 918.78 | 32.21 |
| 美国从中国进口额 | 3377.73 | 2963.74 | 3649.44 | 23.14 |
| 美国与中国贸易差额 | −2680.40 | −2268.77 | −2730.66 | 20.36 |

资料来源：GTIS。

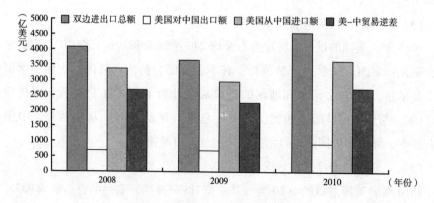

**图 3  2008~2010 年美中贸易情况**

（2）美国从中国进口的主要商品结构情况

2010 年，美国从中国进口的前 20 类（按 4 位 HS 码分类）商品累计进口额为 1966.86 亿美元，占从中国进口总额的 53.91%。进口前 20 类产品以机电产品、电子信息产品、游艺产品、玩具、家具、箱包、纺织服装、鞋靴等为主。

（3）美国对中国出口的主要商品结构情况

2010 年，美国对中国出口的前 20 类（按 4 位 HS 码分类）商品累计出口额为 474.25 亿美元，占对中国出口总额的 51.65%。出口前 20 类产品以大豆、航空器、集成电路、载人机动车、贱金属废碎料、棉花、机电产品、医疗检测仪器、木浆等产品为主。既包含高技术高附加值的精密科技产品，又包含原材料初级产品。

**3. 深圳与美国贸易情况分析**

（1）深圳对美国进出口概况

根据深圳海关的统计数据，2010 年，深圳与美国的进出口总额为 362.78 亿美元，比上年增长 19%。其中，对美出口 315.91 亿美元，增长 20.14%，占全市出口的 13.31%，为深圳第三大出口市场；从美进口 46.87 亿美元，增长 11.88%，占全市进口的 3.29%；深圳对美国贸易顺差 269.04 亿美元，增长 21.7%，占深圳整体贸易顺差的 43.64%（见表 3）。受金融危机影响，深圳与美国的进出口贸易出现不同程度的萎缩，数据显示，2010 年深圳对美国出口已恢复至 2008 年水平，但进口、出口、进出口三项指标增长率比全市平均增长率要低。

**表 3　深圳对美国进出口概况**

单位：亿美元

| 项　　目 | 2007 年 | 2008 年 | 2009 年 | 2010 年 | 同比 ±% |
|---|---|---|---|---|---|
| 对美出口 | 292.50 | 308.01 | 262.96 | 315.91 | 20.14 |
| 从美进口 | 48.81 | 51.82 | 41.89 | 46.87 | 11.88 |
| 进　出　口 | 341.32 | 359.83 | 304.85 | 362.78 | 19 |
| 贸易顺差 | 243.69 | 256.19 | 221.07 | 269.04 | 21.7 |

资料来源：深圳海关。

（2）深圳对美国的主要出口商品结构

深圳对美国出口商品主要集中在电子信息产品、通信设备、玩具、木制家具、鞋、服装等产品。按照 8 位海关商品代码分类，2010 年，深圳对美国出口的前 30 种产品，累计出口额为 150.26 亿美元，占全市对美出口额的 47.56%。其中有 9 种商品出现下降，其他大部分商品呈增长态势。

（3）深圳从美国进口主要商品结构情况

深圳从美国进口商品主要集中在集成电路、玻璃板、电子设备零件、黄大豆、处理器及控制器、通信仪器设备、飞机、机电产品零件等产品。按照 8 位海关商品代码分类，2010 年，深圳从美国进口的前 30 种产品，累计出口额为 19.17 亿美元，占全市从美进口额的 40.9%。其中有 6 种商品出现下降，其他大部分商品呈增长态势。

## （二）欧盟进出口形势分析

### 1. 欧盟进出口总体情况

（1）进出口总体情况

根据欧盟统计局数据，2010 年欧盟的外贸进出口总额为 37628.71 亿美元，比上年增长 17.12%。其中，出口 17859.66 亿美元，增长 16.56%；进口 19769.04 亿美元，增长 17.63%；贸易逆差为 1909.38 亿美元，增长 28.7%（见表 4）。数据显示，2010 年欧盟外贸出口和进口基本上呈回升态势，但月度出口波动性大，贸易逆差规模则较危机前大为缩小。

**表 4　欧盟进出口总体情况**

单位：亿美元

| 项　　目 | 2008 年 | 2009 年 | 2010 年 | 同比 ±% |
|---|---|---|---|---|
| 进出口总额 | 42334.97 | 32127.53 | 37628.71 | 17.12 |
| 出口总额 | 19287.20 | 15321.95 | 17859.66 | 16.56 |
| 进口总额 | 23047.77 | 16805.58 | 19769.04 | 17.63 |
| 贸易逆差 | 3760.57 | 1483.63 | 1909.38 | 28.70 |

（2）主要出口贸易市场分布情况

2010 年，欧盟的出口目的地遍布全球 220 个国家和地区，其前 10 大出口目的地分别是：美国、中国、瑞士、俄罗斯、土耳其、日本、挪威、印度、巴西、韩国，合计出口额为 10264.65 亿美元，比上年增长 18.51%，高于欧盟整体出口

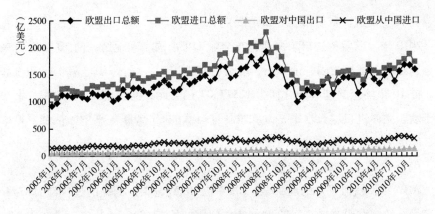

图 4　欧盟月度进出口走势

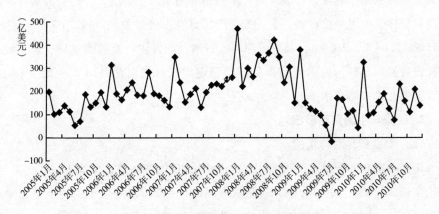

图 5　欧盟贸易逆差月度走势

增幅的 2 个百分点，占欧盟总出口额的 57.49%。其中，对巴西、土耳其、中国、俄罗斯、韩国和印度的出口快速增长，增速在 18.5% ~ 36.4%。

（3）主要出口商品结构情况

2010 年，欧盟出口的前 20 类（按 4 位 HS 码分类）商品出口额为 6118.97 亿美元，约占欧盟出口总额的 34.26%。排在前 5 位的产品分别是：载人机动车辆、药品、石油及沥青矿物提取的油类的制品、航空航天器（包括卫星）及其运载工具、机动车辆的零附件。上述 5 类产品分别占出口总额的 5.67%、5.03%、4.39%、2.25%、2.18%。其中载人机动车辆、石油及沥青矿物提取的油类的制品、机动车辆的零附件 3 类产品的出口增速都在 30% 以上。

113

（4）主要进口贸易市场分布情况

2010 年，欧盟的进口来源地遍布全球 220 个国家和地区，前 10 个进口来源地分别是：中国、美国、俄罗斯、瑞士、挪威、日本、土耳其、韩国、印度和巴西。前 10 个国家的进口额合计为 12577.07 亿美元，同比增长 15.78%，增幅略低于欧盟整体进口增长水平，占欧盟总进口额的 63.62%。其中，从俄罗斯、中国、印度和巴西四国的进口高速增长，增幅为 19.1% ~ 27.6%。

（5）主要进口商品结构情况

2010 年，欧盟进口的前 20 类（按 4 位 HS 码分类）商品的进口额为 8774.43 亿美元，约占欧盟进口总额的 44.4%，同比增长 23.84%。其中，排在前 5 位的产品类别分别是：原油、石油及沥青矿物提取的制品、石油气、自动数据处理设备及其部件、电讯通信设备。上述 5 类产品分别占进口份额：14.73%、3.54%、3.51%、2.64%、2.61%。其中，原油、石油及沥青矿物提取的制品、自动数据处理设备及其部件、电讯通信设备四类稳定增长，增幅在 19.1% ~ 25.3%，高于欧盟的总进口增长水平。

**2. 欧盟与中国贸易概况**

（1）中欧贸易总体情况

根据欧盟官方统计，2010 年欧盟与中国的双边贸易总额为 5217.08 亿美元，同比增长 26.37%。进口方面，欧盟从中国进口 3729.65 亿美元，占欧盟总进口额 18.87%，中国为欧盟的第一大进口来源国；进口同比增长 24.92%，高出欧盟总体进口增速的 7 个百分点。出口方面，欧盟对中国出口 1487.42 亿美元，占欧盟出口总额 8.33%，中国为欧盟的第二大出口目标国；出口同比增长 30.18%，高出欧盟总体出口增速的 14 个百分点。欧盟对中国的贸易逆差为 2242.23 亿美元，同比增长 21.65%，比欧盟贸易逆差总额超出 17.4%（见表 5、图 6）。

**表 5 欧盟与中国进出口情况**

单位：亿美元

| 项 目 | 2008 年 | 2009 年 | 2010 年 | 同比 ± % |
|---|---|---|---|---|
| 中欧进出口总额 | 4767.26 | 4128.31 | 5217.08 | 26.37 |
| 欧盟对中国出口额 | 1148.29 | 1142.56 | 1487.42 | 30.18 |
| 欧盟从中国进口额 | 3618.97 | 2985.75 | 3729.65 | 24.92 |
| 欧中贸易逆差 | -2470.68 | -1843.19 | -2242.23 | 21.65 |

资料来源：GTIS。

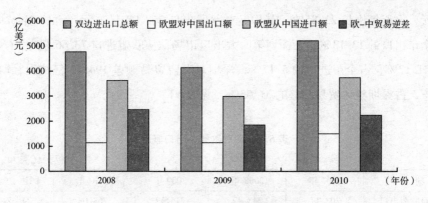

图6 2008~2010年欧中贸易情况

（2）欧盟从中国进口的主要商品结构情况

2010年，欧盟从中国进口的前20类（按4位HS码分类）商品累计进口额为1840.2亿美元，同比增长29.87%，分别高出欧盟从中国进口增速和欧盟进口总增速的5个和12个百分点，占欧盟从中国进口总额的49.35%。进口前20类产品以电子产品、计算机产品、通信产品、半导体、船舶、印刷机器、玩具、箱包、游艺产品、鞋靴、纺织服装、坐具、家具、灯具等产品为主。其中，自动数据处理设备及其部件、电讯通信设备、半导体器件、船舶、印刷机器及其零件这5类产品占欧盟从中国进口总额的27.71%，并呈高速增长态势。

（3）欧盟对中国出口的主要商品结构情况

2010年，欧盟对中国出口的前20类（按4位HS码分类）商品累计出口额为604.54亿美元，占对中国出口总额的40.67%，同比增长44.87%，分别高出欧盟对中国出口增速和欧盟出口总增速的10个和28个百分点。出口前20类产品以载人机动车、汽车、航空器、铜废碎料、旋塞、阀门、电话、集成电路、检测仪器等高精密、高附加值的电机产品为主。其中，机动车、机动车辆的零附件、航空航天器、铜废碎料、机器及机械器具这5类产品占欧盟对中国出口总额的22.85%，并呈高速增长态势。

**3. 深圳与欧盟贸易情况分析**

（1）深圳对欧盟进出口概况

根据深圳海关的统计数据，2010年，深圳与欧盟的进出口总额为341.74亿美元，比上年增长 23.85%。其中，对欧盟出口 268.08 亿美元，增长 24.62%，占全市出口的 13.13%，为深圳第四大出口市场；从欧盟进口 73.66 亿美元，增长 21.12%，占全市进口的 5.17%；深圳对欧盟贸易顺差 194.42 亿美元，增长 26%，占深圳整体贸易顺差的 31.53%（见表6）。

表6 深圳对欧盟进出口概况

单位：亿美元

| 项 目 | 2007 年 | 2008 年 | 2009 年 | 2010 年 | 同比 ±% |
|---|---|---|---|---|---|
| 对欧盟出口 | 208.17 | 248.49 | 215.12 | 268.08 | 24.62 |
| 从欧盟进口 | 57.49 | 63.86 | 60.82 | 73.66 | 21.12 |
| 进出口 | 265.66 | 312.36 | 275.93 | 341.74 | 23.85 |
| 贸易顺差 | 150.68 | 184.63 | 154.30 | 194.42 | 26.00 |

资料来源：深圳海关。

数据显示，2010 年深圳对欧盟进出口贸易已摆脱金融危机的影响，恢复并超过 2008 年水平。

（2）深圳对欧盟的主要出口商品结构

深圳对欧盟出口商品主要集中在电子信息产品、通信设备、玩具、鞋、服装、医用肝素等产品。按照 8 位海关商品代码分类，2010 年，深圳对欧盟出口的前 30 种产品，累计出口额为 111.97 亿美元，占全市对欧盟出口额的 41.77%。其中有 6 种商品出现下降，其他大部分商品呈增长态势。

（3）深圳从欧盟进口主要商品结构情况

深圳从欧盟进口商品主要集中在电子处理器产品、飞机航空器、葡萄酒、通信仪器设备、药品、铜废碎料、钻石、疫苗、彩色超声波诊断仪等高技术高附加值产品或初级产品原材料等。按照 8 位海关商品代码分类，2010 年，深圳从欧盟进口的前 30 种产品，累计出口额为 32.42 亿美元，占全市从欧盟进口额的 53.3%。其中有 6 种商品出现下降，其他大部分商品呈增长态势。

## 四 "再平衡"背景下国际贸易摩擦形势日趋复杂

由于存在所谓的全球经济增长失衡而推行的再平衡，世界各国都纷纷采取各种措施和手段进行自身的调整和应对。因此，当前的国际经贸发展环境显得特别复杂，经贸争端和贸易摩擦异常突出。具体表现在以下方面。

## （一）影响中国社会经济发展的全球性因素

### 1. "货币战争"逼迫人民币升值

目前人民币汇率问题已成为贸易摩擦的一个主要焦点，而且具有长期性和政治化倾向，在宏观面上对我们构成了巨大的挑战，在微观的企业经营层面上则影响了我们出口产品的国际竞争力，应对形势比较严峻。

### 2. 我国遭遇的贸易摩擦方式多样、形势严峻

2010 年中国遭受贸易救济调查 66 起，涉案金额 77 亿美元。2010 年中国遭遇的贸易摩擦不仅来自美欧等发达经济体，也来自于巴西、阿根廷以及印度等发展中国家，其中既有针对中国传统优势产业的，也有针对高新技术产业的。非传统领域的贸易摩擦强度大增。人民币汇率、自主创新、新能源政策、知识产权保护、投资环境、市场准入等成为贸易摩擦的新热点。

### 3. 技术性贸易壁垒带来广泛的影响

技术贸易壁垒非常多，安全标准、卫生标准、包装标识、信息技术标识等，这些对我们的影响可能会更多。目前国外贸易壁垒有这么几个特点：一是发达国家出台技术贸易法规比较多。重点领域一个是围绕着环保的问题，包括减排、能效、限制有毒和有害化学品的使用、轮胎的噪音和抓地性能等；食品安全监管类的法规和措施；玩具安全的措施等。

### 4. 气候问题与贸易的关联性越来越紧密

随着时代的变迁，气候变化超越自然本性而被赋予了关乎国家经济、政治的魔力，金融危机则加快了低碳经济的步伐，国际贸易格局正在孕育重大的变化。气候变化规则重塑全球产业结构的形态和布局，为清洁能源和低碳经济的发展创造制度环境，重塑各国国际分工地位。

一是全球气候变化规则将在多层面逐步形成：全球气候变化规则从哥本哈根起步；联合国框架下各国进一步达成共识，形成减排的额度分配及补偿等实施机制；世界贸易组织也建立和完善了环境规则，贸易与减排挂钩；一些国家酝酿出台"碳关税"（或边境税）；同时，越来越多的国家、地区出现碳税和碳交易机制等制度安排。

二是各国争相制订低碳经济发展战略抢占制高点：欧盟制订了《战略能源技术计划》；美国出台了《清洁能源法案》；英国发布了《英国低碳转型计划》白皮书；德国制订了"国家高技术战略"框架下的气候保护高技术战略；日本推出"21 世纪环境立国战略"；韩国绿色新政确立低碳增长战略等。

三是国际贸易保护在低碳时代出现新动向：发达国家如法国、美国等意图征收"碳关税"限制贸易；其他新型贸易保护措施如绿色壁垒、低碳知识产权等也在酝酿与出台。包括碳关税在内的新的贸易技术壁垒，必须引起我国相关部门和企业的高度关注。

**5.《反假冒贸易协定》或对中国企业产生威胁**

由美国、日本、加拿大、欧盟、澳大利亚等国达成一致的《反假冒贸易协定》（ACTA，有人称为"发达国家的知识产权国际公约"）剑指国际贸易中的假冒和盗版商品，规制范围包括假冒商品、假药以及互联网上的著作权侵权案例等。ACTA 内容广泛，涉及知识产权保护的民事、行政、刑事、边境及数码环境执法等多种措施和保护手段，而且在一定程度上超越了《与贸易有关的知识产权协定》TRIPS 等现行知识产权国际规则，尤其是对数字环境下知识产权保护作出了一些新的规定，进一步彰显了知识产权国际发展的较强保护趋势，比 TRIPS更具体、更强硬，也更具操作性。专家认为，这一由发达国家主导的知识产权国际公约主要针对以中国为代表的发展中国家，对中国代加工企业的出口行为或将形成贸易壁垒，因此需要企业充分重视 ACTA 及相关国家的知识产权法律保护方式。

## （二）欧盟的贸易政策及动向

**1. 对华实施贸易救济来势凶猛**

2010 年欧盟对中国出口产品发起贸易救济调查 11 起，是 2009 年 7 起的 1.6倍，立案数量为近 4 年来最多，涉案金额亦较大。涉案产品包括三聚氰胺、铜版纸、玻璃纤维制网眼织物、瓷砖、无线数据卡、磷酸三酯、不锈钢无缝钢管、石墨电极等。2010 年，欧盟对华实施贸易救济具有三个明显的特点：一是发起调查的案件数量增长快并且案值大，二是首次对我采取反补贴调查，三是对同一产品采取多种贸易救济措施调查。

### 2. 实施未来 10 年经济发展战略即《2020 战略》

《2020 战略》提出三大核心经济增长理念:一是基于知识和创新的智能型经济增长,二是更注重资源效率、更绿色和更有竞争力的可持续型经济增长,三是实现经济、社会和地区融合的高就业包容型经济增长。这份贸易政策文件认为降低关税依然重要,但是已经不是国际贸易的最大障碍,欧盟注重为其企业打开国际服务、投资和政府采购的市场准入,寻求更有效的知识产权保护、保障原材料与能源供应,并克服规制和监管障碍。作为世界上最大的经济体,欧盟新的强势贸易政策将不可避免对我国产生直接和间接的影响。

## (三) 美国对华贸易政策及动向

### 1. 贸易摩擦形势严峻,337 知识产权调查和纠纷创历史新高

2010 年美国对中国出口产品发起贸易救济调查 3 起,都采用反倾销反补贴合并调查(即双反调查);337 知识产权调查 19 起,较之前每年 10 起左右增长接近一倍。根据统计,2010 年 1 月 1 日至 12 月 31 日,美国国际贸易委员会共发起 58 起 337 调查,其中有 19 起调查被诉方涉及中国企业,占调查总数的 1/3。今年美国贸委发起 337 调查总数及涉华案件总数均达历史新高。这 19 起案件的特点是:均为专利侵权诉讼;涉案产品绝大部分为机电产品,特别是电子信息技术产品,如动态随机存储器、显示设备、半导体集成电路芯片、喷墨墨盒等;大部分案件涉及国外在华投资企业。

### 2. 提出"出口倍增计划"

2010 年初,奥巴马政府在"提振经济,重振制造业"目标下,首次提出五年出口倍增计划,并于 3 月份成立由多部门组成的出口促进内阁。9 月 16 日美国出口促进内阁发布《"国家出口战略"致总统报告》,给予奥巴马全面详尽建议以实现美国未来五年出口翻番战略,即由 2009 年出口额的 1.57 万亿美元,增加到 2015 年的 3.14 万亿美元。为了实现出口倍增战略,美国提出了促进出口的8 项措施,主要包括:重点扶持中小型企业的出口,为美国公司与国外采购商牵线搭桥,出口信贷支持,促进服务业出口,全球经济再平衡和减少贸易壁垒等。这一贸易政策的调整必然会给中美经贸关系带来重要影响。

### 3. 以安全为借口对我企业在美并购设置了多重防线

从 2005 年的中海油收购美国优尼科石油公司案、2007 年的华为联合美国贝

恩资本收购 3Com 公司案、2010 年腾讯竞购 ICQ、华为竞购摩托罗拉、2011 年初华为撤回对美国三叶（3Leaf）公司收购等一系列海外并购案，中国企业在"走出去"时屡屡受阻，特别是一些涉及高科技和能源的并购案，中国企业多数以失败而告终。由于担忧中国的崛起，近年来，美国对中国企业在美并购设置了多重防线，特别是在高科技领域，如今已上升到采取"国家安全审查"手段来打压中国企业，这成为贸易保护主义的新动向。

**4. 美法案谋求 IMF 规则与 WTO 规则捆绑**

美国国会众议院 2010 年 9 月底投票通过了矛头直指中国的所谓《汇率改革促进公平贸易法案》，使备受瞩目的中美人民币汇率之争再度升级。这项法案试图赋予美国商务部更大权限，使之能够在特定条件下把所谓"货币低估"行为视为出口补贴，进而对相关国家输美商品征收反补贴税。此项法案试图谋求世界货币基金组织（IMF）规则与世界贸易组织（WTO）规则联系起来，为他们用贸易制裁所谓不公正汇率，寻求一个法理支持。通过立法使之明确化，以便此后将汇率纳入调查范围，采取措施以控制从中国的进口。

**5. 启动 301 调查对准我国产业政策**

2010 年 10 月 15 日，美国贸易代表办公室公告称，应美国钢铁工人联合会申请，美方将按照《美国贸易法》第 301 条款，对中国政府所制定的一系列新能源政策和措施展开调查。这项调查涉及中国的风能、太阳能、高效电池、LED 照明和新能源汽车等多个行业，指控我国政府对其实施保护政策，提供"不公平援助"。按照程序，美方的新能源 301 调查需要先向 WTO 提出申请，之后与中国政府谈判，但即使最终没有 WTO 授权，美国也可能单方面采取措施。该调查对国家间贸易的伤害较大，此举又被国际人士看做贸易战的"核武器"。如认定情况属实，该条款授权美国总统对中国相关产品采取提高关税、限制进口和停止有关协定等报复措施。也就是说，美国对中国新能源产品补贴政策进行 301 调查可能出现三种可能结果：第一种可能是调查演变成为 WTO 诉讼；第二种可能是中美双方就新能源产品补贴问题进行充分的双边磋商；第三种可能性则是化双边磋商为多边磋商。包括日本、加拿大以及欧盟在内的很多国家均为本国发展可再生能源制定了相关的贸易补贴政策，如何处理这些政策与其他国家产业发展的关系也是各国都面临的一个问题。

总之，对 2011 年来讲，形势是非常复杂的。首先外贸发展的环境越来越趋向于涉及人民币汇率问题，压力也会越来越大，这仍然有可能是我们在贸易摩擦领域的一个焦点之一。第二，国际经贸关系更趋复杂化。一方面随着我国经济实力的上升，发达国家会联起手来进行应对；另一方面新兴发展中国家由于发展和竞争产生的问题与我们的摩擦也会加剧。第三，贸易摩擦的政治化倾向将增强。一些国家主动挑起一些事端，并逐渐使其政治化，而且会增加对中国的要价筹码，无事生非，会加大我们应对的难度。第四，我们的产业转型升级会受到更多来自外部的打压。我们的经济在转型期间，受到越来越多来自国外的限制，这种竞争从市场份额到核心技术，对我们高端产品的限制也来源于此。因此，我国面临的贸易摩擦会长期存在，而且压力会越来越大，中国面临的总体形势还是非常严峻的。

# 五 对策点建议

纵观 2008 年国际金融危机以来的世界经济发展态势以及所谓全球经济再平衡战略的有关措施和影响，总体上来讲，随着中国经济的发展，贸易量的不断扩大，我国面临的从产品到政策的贸易摩擦，在短期内是不可避免，而且会越来越多，涉及面可能越来越广。因此，现在我们要做好准备加以应对。

## （一）充分认识贸易摩擦的艰巨性和复杂性，树立长期应对的思想准备

随着我国经济总量和对外贸易量的不断提高，我国与其他成员的贸易摩擦也在不断增加，并成为国际贸易保护主义的主要对象。近年来，中国遭遇的贸易摩擦从纺织、轻工等低附加值产业向新能源、电子信息等高技术含量、高附加值产业蔓延；从具体产品层面向产业政策、汇率制度等宏观层面延伸的态势更加明显。除人民币汇率等长期存在的问题外，西方主要发达国家还指责我政策透明度缺乏，产业政策保护性强，政府采购市场封闭等问题；美欧更滥用贸易救济措施，强化对绿色、新能源产业和电子信息产品的贸易保护。一个标志性的现象是在 2010 年美对我出口产品发起的贸易救济措施调查普遍是采取"双反调查"，欧盟首次对我出口产品发起反补贴调查。也就是说，目前西方发达国家都对我出口产品采取过反补贴，其做法可能引发示范效应，贸易摩擦的

多发期、常态化和艰巨性将更加突出，各界有必要加以重视并树立长期应对的工作意识。

### （二）调整出口产品和市场结构，切实转变外贸增长方式

反补贴措施与其他进口限制措施一样，目的是保护进口国的国内产业。厂商受到进口的冲击越大，寻求政府保护的动机就越强。随着我国出口贸易规模的迅速扩大，我国遭遇的外国贸易限制也在增加，贸易摩擦不断。这种状况与我国的外贸增长方式有密切关系，出口贸易过于追求数量增长，资源消耗大，经济效益不高，而且市场和产品的集中度过高。今后，我国要在切实转变外贸增长方式上下工夫，尤其是要转变出口增长方式，继续大力实施以质取胜和市场多元化的战略，树立中国产品的良好品牌形象，通过提供优质产品和服务提高出口效益，促进改善我国居民的福利水平。外贸增长方式的转变有助于减少出口对进口国的冲击，缓和进口国的贸易保护倾向，构建和谐贸易关系，降低我国出口产品遭遇反补贴等贸易限制的风险。

### （三）加强汇率和资本流动风险的研究

美国的量化宽松政策已给国际经济发展前景带来威胁和消极影响，同时人民币汇率问题也成为贸易摩擦的一个主要焦点。这不仅造成了国际大宗商品价格的上涨以及发展中国家的通货膨胀，也对人民币汇率的长期上升形成了压力，对我企业的经营产生了巨大的影响。因此，社会各界都应加强国际汇率及资本流动的风险研究，寻找对策，化解风险。

### （四）要积极应对301调查和反补贴调查

美国在我新能源产业发展上所采取的贸易保护主义手段，对我来讲将是一项长期的必须应对的艰巨工作。第一，要严格依据世界贸易组织规则维护自身正当权益，各个涉及行业、企业要积极备战，准备好材料，大家共同来回击。第二，要抓住这一事件，对我们的新能源补贴政策进行认真的梳理，进一步完善政策，该修改的修改，该补充的补充，该废止的废止。第三，要做好后301调查时期的各项贸易救济措施调查的应诉工作，特别是反补贴应对工作。

**（五）做好进出口产品的贸易预警工作，促进公平有序市场秩序的建立**

应建立和利用贸易预警工作平台所提供的信息和分析数据，建立起对重点、敏感产品进出口的数量、价格、国内生产、国际市场以及重点国家主要经济指标和产业贸易政策等重要参数的运用和评估，实现经济贸易安全的预警监测工作，促进产品进出口的正常、有序进行，维护公平贸易秩序以及社会经济的可持续发展。

# B.10
# 以自主创新驱动深圳经济转型发展

周建军*

摘　要：分析了深圳自主创新的六大特点，指出了深圳在自主创新方面存在的问题与不足，并提出了加强自主创新、加快转变经济发展方式的八项对策建议。

关键词：自主创新　转变　经济发展方式

近年来，深圳大力实施自主创新主导战略，加快推进国家创新型城市建设，把推进自主创新作为调整产业结构、加快转变经济发展方式的中心环节和核心推动力，走出了一条具有中国特色和深圳特点的自主创新道路，取得了明显成效，成为我国首个国家创新型试点城市。

## 一　深圳自主创新发展现状及特点

### （一）自主创新能力显著增强，国家创新型城市建设初见成效

**1. 全社会研发投入强度稳步提升**

由 2005 年的 160.07 亿元增加到 2009 年的 296.56 亿元，占全市 GDP 的比重一直保持在 3.3% 以上，2009 年达到 3.62%，估计 2010 年进一步达到 3.64%，远高于全国平均水平，也高于发达国家平均水平。

**2. 自主创新成果丰富**

实施知识产权、标准化战略，累计专利申请超过 25 万件，累计授权超过 13

---

* 周建军，深圳市科技工贸和信息化委员会。

万件，累计有效专利超过 8 万件，PCT 申请连续 7 年蝉联全国第一。"十一五"参与各级标准制修订超过 1400 项。华为、中兴两公司一直占据国内企业 PCT 申请前两位，华为公司更是于 2008 年跃居世界企业 PCT 申请第一位；2008 年、2009 年，华为、中兴蝉联国内企业有效发明专利拥有量前两位。"十一五"期间，全市拥有中国驰名商标累计 59 件，广东省著名商标累计 246 件，有效中国名牌产品 80 个，广东省名牌产品 102 个，成为"国家知识产权试点城市"、"国家知识产权示范城市创建市"、"国家商标战略实施示范市"。

### 3. 产生一批重大科技成果

2006～2009 年，全市获得国家科学技术奖 32 项，广东省科学技术奖 162 项，其中华为公司的 TELLIN 智能网系统和深圳大学的 S-150 型超高速等待式分幅摄影机分别获得了"国家科学技术一等奖"和"国家科学技术发明二等奖"；华大基因的"第一个亚洲人基因组图谱"测序成功，标志着深圳在基础研究领域取得重大突破。

### 4. 区域创新体系日益完善

为弥补源头创新和原始创新的不足，近年来深圳市重点加强了公共创新平台和基础设施建设。2006 年以来，先后启动了中科院深圳先进技术研究院、华大基因研究院、大亚湾中微子实验室、国家超级计算深圳中心、光启高等理工研究院、南方科技大学等一批研究院所和重点创新基础设施建设项目，成功争取数字音频编解码技术、电子信息产品协同互联、电子信息产品标准化实验室等落户深圳，这些举措进一步完善了区域创新体系，增强了深圳自主创新能力。

## （二）科学谋划加强引导，政策扶持与引导效应显现

### 1. 强化战略导向，创新发展模式

近年来，深圳将自主创新从产业发展战略提升为城市发展主导战略，并将其作为加快转变经济发展方式的根本路径、中心环节和核心推动力，从政策引导、财政金融支持、人才支撑和知识产权保护等方面，全面加强了对自主创新的支持。2006 年 4 月和 2008 年 9 月，深圳市委、市政府先后两次召开全市自主创新大会，研究部署全市自主创新工作，进一步将"创新牌"提升到与"改革牌"、"开放牌"并重的政治高度。

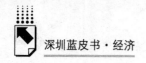

**2. 加强政策创新，形成创新政策高地**

2008 年 9 月，制定了推进国家创新型城市建设的系列文件，2009 年推出了战略性新兴产业振兴规划及配套政策；近期出台了关于加快转变经济发展方式的决定及行动计划，《深圳经济特区改革创新促进条例》、《深圳经济特区科技创新促进条例》和《深圳经济特区加快经济发展方式转变促进条例》的先后施行，在国内率先将促进改革创新、自主创新和经济发展方式转变纳入法制化轨道。

**3. 加大财政投入，做好引导示范**

市级财政对科技投入力度逐年增大，经费支出从 2006 年的 36.1 亿元增加到 2009 年的 62.7 亿元，占市级一般预算支出的比例从 6.32% 提高到 6.60%。特别是在受金融危机影响 2009 年财政经常性收入增幅下降的情况下，市财政安排的市科技研发资金仍然实现同比增长超过 40%，这体现了深圳"舍得投入"，强力推进自主创新的坚定决心。市科技研发资金年度预算为 10.37 亿元；市产业技术进步资金 7.3 亿元；对三大战略性新兴产业每个每年投入 5 亿元，连续支持 7 年共计 105 亿元；投入 30 亿元设立了创业投资引导基金。

**4. 加强成果保护，完善激励机制**

将知识产权保护作为推动自主创新的重要环节，以法律的、行政的、经济的多种手段大力加强知识产权保护，增强全社会的知识产权意识，严厉打击盗版侵权行为，创造良好的知识产权环境。

**5. 创新体制机制，激发创新活力**

"大部制"改革成立了市科工贸新委，突出创新资源的集成优势、整合优势和系统优势，促进科技与经济紧密结合；成立了市场监督管理局，融合专利、商标、版权、技术秘密四位一体的执法职能，形成知识产权三级管理执法优势。同时，继续坚持市场化导向，运用市场化的体制机制，吸引创新团队、打造创新平台、集聚创新资源，有力地推动了产、学、研无缝对接，推动了知识创新与价值创造的紧密融合。

## （三）巩固主体地位，企业成为转变经济发展方式的主角

**1. 企业成为自主创新的真正主体**

企业是最具有创新冲动的经济细胞，既是自主创新的投资者、主导者和组织者，也是自主创新的受益者和风险承担者。深圳初步形成了以企业为主体的区域

创新体系，形成了"六个90%"的鲜明特点：90%的创新型企业是本土企业、90%的研发人员在企业、90%的科研投入来自于企业、90%的专利产生于企业、90%的研发机构建在企业、90%以上的重大科技项目发明专利来自于龙头企业。

**2. 大批具有创新基因的企业家成为自主创新活动最有效的组织者**

特区不但吸引集聚了以任正非、王石、马明哲为代表一批在传统体制下不可能脱颖而出的企业家，也培养出以马化腾为代表的一批创新型企业家，更是造就了以王传福、李锂为典型代表的一批中国首富，连续改写财富神话。

**3. 高新技术企业队伍不断壮大**

2010年认定309家国家高新技术企业，全市已发证的国家高新技术企业累计达1353家，另有328家企业在公示期间。全年新认定109家，累计148家认定为深圳市高新技术企业；19家企业入选国家火炬计划重点高新技术企业，4家企业入选广东省创新方法推广应用试点企业。

**4. 本土创新型企业成为实施"走出去"战略、参与国际竞争的主体**

在美国《商业周刊》评选的2010年度科技企业百强榜中，比亚迪超越美国以创新著称的苹果公司，位居首位；华为公司专利申请量位居全球前列，综合竞争力在通信领域排名世界第一。外资企业逐渐加大在深研究开发力度，仅2010年即新设立外资研发中心75家，其中独立法人56家。

## （四）完善现代产业体系，初步实现产业升级和结构调整

**1. 高新技术产业成为转变经济发展方式的中坚力量**

全市高新技术产品产值由2005年的4885.26亿元快速增加到2010年的10176.19亿元，实现年产值超10000亿元的目标。近五年来，高新技术产品增加值占GDP的比重保持在30%以上，第一支柱产业地位日益巩固；拥有自主知识产权的产品产值所占比重逐步提高到59.5%。

**2. 战略性新兴产业成为经济发展的新引擎**

在全国率先推出互联网、新能源、生物产业振兴规划和相关政策，对每个产业每年投入5亿元专项资金，连续7年共给予105亿元资助。在政策强力推动下，2010年，生物、互联网、新能源三大新兴产业增速分别达到30%、24.2%和29.3%，成为经济发展的新引擎。

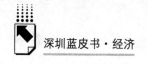

**3. 高科技服务业成为转变经济发展方式的重要抓手**

创新融资担保方式，中小企业融资环境得到改善。创业板正式在深推出，多层次资本市场体系进一步完善。通过实施中小企业上市培育工程，仅 2010 年在海内外挂牌上市中小企业达到 45 家，首发募集资金总额 483.12 亿元，其中：中小板上市 20 家，创业板上市 16 家，占中小板、创业板新增上市企业总数的11.9％。科技与文化、金融、旅游等产业融合发展。被联合国教科文组织评为"设计之都"，"高交会"、"文博会"、"国际人才交流大会"等品牌展会的国际影响力进一步扩大。

**4. 优势传统产业转型升级**

坚持以科技、文化、品牌、电子商务改造提升优势传统产业，推动传统产业优化升级，创造更大的附加价值。促进加工贸易企业就地转型，实现品牌化、集约化发展。加大中小企业扶持力度，优化企业发展环境，积极推动企业改制上市，形成强大的中小企业梯队，促进产业聚变、裂变。

**5. 经济增长的质量和效益明显提高**

2010 年，每平方公里土地产生 4.77 亿元的生产总值和 1.74 亿元的税收，较2005 年分别提高 2.23 亿元和 1.07 亿元。万元 GDP 能耗和水耗分别为 0.51 吨标准煤和 20.3 立方米，相当于全国平均水平的 1/2 和 1/10。二氧化硫和化学需氧量排放量分别下降了 31％和 37％，圆满完成国家节能减排任务。

## （五）突出人才第一资源地位，不断壮大创新型人才队伍

**1. 不断加强人才本土培养载体建设**

2010 年 12 月，教育部批准筹设南方科技大学，筹备工作取得突破性进展；与香港中文大学合作办学取得新进展。加快高等职业教育发展，深圳职业技术学院、深圳信息职业技术学院先后成为全国性示范学校。

**2. 为高层次人才度身定制系列配套服务政策**

出台《关于加强深圳市高层次专业人才队伍建设的意见》及六项配套政策、《深圳市鹏城杰出人才奖评选办法（试行）》、《深圳市产业发展与创新人才奖暂行办法》等文件，进一步优化了高层次专业人才吸引、培养、使用、服务的政策体系。

### 3. 不断丰富高层次人才引进手段

2010 年 9 月，市委书记王荣亲自率队成功组织了第七次海外揽才活动，并在海外设立首个海外高层次人才联络处，加大力度引进海外高水平创新人才与科研团队；成功举办中国（深圳）IT 领袖峰会、中国（深圳）创新创业大赛等活动，集聚了创新型人才、项目与企业。

### 4. 着力解决高层次人才工作中的突出问题

落实《关于实施人才安居工程的决定》和高层次人才房补政策，启动"十百千万人才安居工程"，已受理 102 家企业 3 万多人才的住房申请，其中给予 26 家企业提供公共租赁住房，给予 76 家企业货币补贴；向经认定的 684 名高层次人才发放 8400 多万元住房补贴。

通过努力，目前全市专业人才总量达 98.5 万人，本科以上学历 71.5 万人，占 38.9%，高级职称共 8.89 万人，中级职称 24.16 万人，初级职称及以下 60.87 万人，分别占专业技术人才总量的 9.6%、25.7% 和 64.7%；有两院院士 5 人，海外高层次科研团队 5 个，入选国家"千人计划"8 人，国务院政府特殊津贴专家 457 人，市政府特殊津贴专家 238 人，共认定高层次专业人才 1796 名；博士后设站单位 60 家，创新实践基地 40 家，累计招收博士后 650 人，在站博士后 220 人。此外，拥有一支总量达到 222 万人的技能人才队伍，为全市自主创新和高新技术产业发展提供了强有力的人力资源支撑。

## （六）弘扬创新创业文化，营造全社会良好创新氛围

在自主创新主导战略的强势推动下，创新的意识、创新的精神、创新的氛围、创新的力量逐步贯穿到深圳现代化建设的各个方面，创新文化已深深渗透于社会各个领域，自主创新已内化为深圳的城市精神。

# 二　主要问题

党的十七届五中全会明确提出：坚持把科技进步和创新作为加快转变经济发展方式的重要支撑；推动我国经济发展更多依靠科技创新驱动，加快建设创新型国家。在中央关于"十二五"规划的《建议》中提出要充分发挥科学技术的重要作用，充分发挥创新人才的重要作用，要求把科学技术和自主创新摆在更加突

出的位置，科技工作在经济社会发展的主战场中要发挥更加重要的作用。

对照党和国家对自主创新、转变经济发展方式提出的新要求，在新形势下推进全市自主创新和国家创新型城市建设，既具备良好基础、面临重大机遇，也面对着严峻挑战。

### （一）自主创新对经济社会发展的引领支撑作用亟待加强

近年来高新技术产业增加值对全市 GDP 的贡献率一直徘徊在 32% 左右，并没有实现"十一五"规划中 35% 的预期目标，个别年份甚至有小幅下降；几大战略性新兴产业发展仍不平衡，短期内尚难以形成全方位突破式、爆发式增长态势；高新技术产业对其他产业，特别是科技服务业的拉动作用仍十分有限。

### （二）研发生态与产业生态退化

从宏观来看，近年来特别是世界金融危机爆发以来，实体经济发展环境实际上是逐步恶化的；加之全国科技大会后，各地掀起了新一轮创新热潮，内地经济社会快速发展和创新环境明显改善。在这样的宏观背景下，深圳市研发生态与产业生态不可避免的出现退化，主要表现为：空间、资源、环境、人口等方面的制约日益突出，房价高企不下，吸引人才的比较优势持续下降，高端人才出现外流；创新能力较强的本土企业出现外迁，个别龙头企业也逐步向外转移产能，有可能进一步破坏本地产业链，造成不可逆转的后果。

### （三）关键技术与核心技术供给不足

由于长期以来缺乏国家级科研机构及科技基础设施支撑，全市自主创新水平仍处于一个较低层次，未形成完整的研发链，关键技术与核心技术突破不多，难以对未来全市高新技术产业和战略性新兴产业发展提供有效支撑。特别是基础研究和源头创新水平与北京、上海等一线城市相去甚远，与南京、杭州、武汉、成都、西安等二线城市也差距明显。

### （四）研发投入力度有待加强

2008 年全市自主创新大会后，市科技研发资金一次性增加 3 亿元达到

10.37 亿元，力度之大在全国并不多见。但两年来，市科技研发资金总量没有进一步增加，反而由于从中切块支持战略性新兴产业发展而大幅度萎缩，对全市企业、特别是中小企业的支持力度有所削弱。从企业的角度来看，在全市近 300 亿元的 R&D 投入中，华为、中兴两家即占 50% 左右，广大中小企业自主创新投入很少。

### （五）企业创新意识与能力普遍有待提高

一方面，过去 30 年深圳利用毗邻香港国际市场的地缘优势率先开放，主动承接国际产业转移，通过引进消化吸收再创新的形式，取得自主创新和产业发展的巨大成功。但在原有生产经营方式和区位条件还存在一定"增长红利"的情况下，有的企业经营者安于现状，对眼前利益关注强，长期发展的创新动力弱，缺乏敢冒风险的创新精神。另一方面，受制于代工模式形成的不完整的产业链，大部分企业自身技术水平低，自身研发力量弱，研发投入不足，很多企业没有专利或者没有发明专利。比如：2009 年，华为、中兴、富士康三家企业专利申请占全市 25.8%，发明专利申请占全市 50.1%；专利授权占全市 23.9%，发明专利授权占全市 67%。这一困境在深圳市企业申请国家级高新技术企业认定时已有切肤之痛，很多企业就是由于没有专利而被拒之门外。

### （六）政府管理的创新意识、服务意识有待加强

全国科技大会后，各地创新政策逐步"趋同化"，而受制于自然禀赋，深圳市很难在土地、厂房、住房等方面推出有较大影响力的优惠措施，造成深圳市政策创新先行先试优势弱化，已经难以保持"政策高地"落差。高科技产业快速发展与政府管理创新、制度创新滞后之间的矛盾日益突出，比如：科技服务业新业态层出不穷，但政府管理在最基本的统计制度方面也显得束手无策。一些部门对企业的政策支持仍然依据企业规模、税收贡献大小等，没有完全把政策支持转移到创新驱动的导向上来。各级、各部门对各项创新政策理解不一、贯彻落实中协调难度较大，已有政策落实没有完全到位，政策效用衰减，在享受有关政策时也存在不少具体操作层面的问题，享受有关创新政策的企业数不够多、面不够广。

历史和现实告诉我们，必须切实增强实施自主创新战略、加快经济发展方式转变的责任感、紧迫感，必须进一步树立"忧患意识、创新意识、竞争意识、大局意识"，抓住机遇、迎接挑战，保持和发挥深圳自身的特色与优势，着力破解创新瓶颈、优化创新环境、提升创新能力，率先将深圳建设成为国家创新型城市，成为转变经济发展方式的"尖兵"。

## 三 立足于自主创新，加快经济发展方式转变

自主创新是国家发展战略的核心，也是深圳经济社会发展的主导战略。加快经济发展方式转变，根本出路在自主创新。未来，深圳市必须将自主创新作为转变发展方式的重中之重，着力提高核心技术自主创新能力，努力打造自主创新强市和国家创新型城市，大力推进技术创新与价值创造相融合，积极为加快经济发展方式转变提供强有力的科技支撑。

### （一）率先建成国家创新型城市

提高自主创新能力，建设创新型国家，是党中央、国务院作出的重大战略决策，是国家发展战略的核心和提高综合国力的关键。创新型城市是创新型国家的重要支柱，是区域创新体系的中心环节，是城市发展方式转变的必然选择。深圳建设国家创新型城市，就是着眼于科技引领、创新发展，紧紧围绕全市经济转型发展的现实矛盾和突出问题，通过提高企业自主研发能力、科技成果转化能力、知识产权运用能力和创新人才兴企能力，不断提高经济增长的技术进步贡献率，提高要素资源投入产出效率，增强经济创新驱动和内生动力，努力走出一条具有深圳地方特点的经济转型发展道路。

根据《深圳经济特区国民经济和社会发展第十二个五年总体规划》（草案）的有关内容，深圳建设国家创新型城市的目标是：到 2015 年，城市创新体系基本完善，自主创新能力明显增强，在创新投入、创新应用、创新成效、创新环境等方面居国内领先水平，成为我国高新技术研究开发及产业化的重要基地和区域创新中心，科技进步贡献率达 60% 以上，研发支出占 GDP 比重达到 4%，每万人口年度发明专利授权数量 13 件以上，高新技术产业增加值占 GDP 比重 35% 以上，战略性新兴产业增加值占 GDP 比重 20% 以上，万元 GDP 能耗 0.47 吨标准

煤，万元 GDP 水耗 19.4 立方米，化学需氧量、氨氮、二氧化硫、氮氧化物排放量分别在 2010 年的基础上累计下降 20%、22%、4%、4%。

## （二）大幅提升自主创新对经济发展的支撑作用

**1. 实现核心关键技术创新突破，打造核心技术自主创新的国家队**

加大对基础研究和应用研究研发投入，增强源头创新和核心技术创新能力。鼓励和支持企业、科研机构、大学参与国家重大自主创新计划，承担国家科技重大专项攻关计划，全力突破核心技术和关键技术。力争在通信、新能源、基因技术等领域跻身世界领先水平，形成一批世界领先的自主知识产权和技术标准，把深圳打造成核心技术创新之城。到 2012 年，自主知识产权的产品产值占高新技术产品产值的比重达到 65% 以上。

**2. 加强基础创新能力建设**

积极推进高水平、研究型高等院校布局和建设，加快建设南方科技大学，提升深圳大学教育科研水平，完善深圳大学城的科技创新平台。加快布局和组建一批新型高水平科研机构，加强中科院深圳先进技术研究院、国家超级计算深圳中心、深圳华大基因研究院等创新平台建设，要加快数字音频编解码技术、电子信息产品协同互联、电子信息产品标准化等国家工程实验室建设，并以创新平台建设为载体，增强对创新要素的集聚能力。

**3. 加快集聚国家创新资源**

要努力争取中央及各部委的支持和资源，提升承接国家创新资源的能力，引进一批国家级科研机构、科技基础设施和科技服务平台。力争到 2015 年拥有国家级重点实验室、工程实验室、工程研究中心和企业技术中心 50 家。

**4. 推进科技创新与价值创造相结合**

充分发挥企业的技术创新主体作用，深入推动产学研结合，加快发展创业投资、风险投资和技术产权交易市场体系，促进创新成果加快转化为现实生产力。

**5. 通过制度创新强化区域创新体系的开放性**

改进现有制度安排或引入一种全新制度以提高制度合理性和创新效率，集聚创新资源、激发创新动力、开辟创新路径。推动"深港创新圈"取得实质性突破，深化深港科技领域合作，推动两地科技资源共享，联手打造具有国际影响力

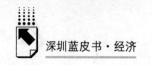

的区域创新中心。因势利导推动外资企业技术溢出；加大招研、引智力度，鼓励跨国公司来深设立技术中心和设计中心。

### （三）根据需求导向完善创新政策体系

#### 1. 建立和完善高层次的创新领导机构统筹创新活动

一是进一步完善市自主创新工作领导小组的组织架构，进一步发挥领导小组办公室统筹协调功能，进一步明确各成员单位具体工作职责，同时研究制定成员单位联席会议制度，形成规范化、制度化的工作机制。二是领导小组办公室应研究制定《推进全市自主创新年度工作方案》并将之制度化。年度工作方案具体明确年度工作目标、主要任务、成员单位具体职责、保障措施等。三是要积极与市建设现代产业体系工作领导小组办公室、人才工作领导小组办公室等其他重点工作领导小组办公室沟通协调，形成推进全市自主创新工作的合力。

#### 2. 按照创新链建立完整的创新政策体系

认真研究知识创新、技术创新和产业创新各环节上政策的需求和现状，拾遗补缺，突出重点，打造与创新链相衔接的政策链。要与市场机制相配合，重点支持企业无力或不愿投入的领域，增加知识存量和技术储备，激发市场需求，建立风险分担机制，从经济扶持转向构造创新支撑网络系统。

#### 3. 整合现有政策形成支持创新的政策合力

创新政策涉及科技、产业、教育、人才、金融、土地、财税等若干领域，但并不是这些政策的简单叠加，而是各项政策的综合作用。要对现有的国家和地方、各职能部门出台的法规、规章和政策进行梳理、分析、研究，按照同一坐标整合，使其达到同一指向，形成政策合力。

#### 4. 建立政策的监督落实机制增强政策的执行力

要加强政府部门间的政策协调，使单一科技政策转变为科技政策、人才政策、产业政策、经济政策、文化政策等政策组合。要加强中央与地方间的政策协调，明确政策的管理权限和制定程序，避免上下内容重复和地区间恶意比拼的现象。要做好政策的统筹规划，包括顶层设计、主体政策和实施细则，提高政策的可操作性。要建立政策落实责任制，对政策的落实情况定期检查和评估，追究相关部门的责任，树立政策的权威。

### （四）加快构建具有国际竞争力的现代产业体系

**1. 着力提高高技术产业竞争能力**

积极把握经济全球化时代产业链、价值链整合规律，针对产业链、价值链高端环节和缺失环节，加大对高端产业项目的招商引资力度，把着力点放在引进跨国公司的旗舰型项目、龙头型项目和世界高科技前沿项目上，重点发展知识密集型、技术密集型和资本密集型的先进制造业，构筑产业链延伸的高平台，以集群式、集聚式促进转型发展，走出一条"深圳加工"向"深圳制造"、"深圳创造"转变的道路，不断提高深圳高技术产业在国际产业分工中的地位。继续巩固高技术产业在城市经济中的支柱地位，进一步做大本土高新技术骨干企业，加快培育一批竞争优势强、市场前景好的名牌产品。

**2. 遵循产业创新规律培育战略性新兴产业**

要在巩固已有支柱产业可持续发展的基础上，将创新资源引入战略性新兴产业领域。在互联网、新能源、生物三大战略性新兴产业规划的基础上，尽快制订出台新一代通信技术、新材料、文化创意产业发展规划，力争到2015年战略性新兴产业总产值超过1万亿元，为转变经济发展方式不断注入科学发展的新元素。但要特别注意的是：电子信息产业是深圳的产业优势和特色，在未来相当长的一段时间，仍应以电子信息产业的创新资源和创新能力为基础，通过实施"智慧深圳"工程，着力发展物联化、互联化、智能化的新一代电子信息产业，并在此基础上适当超前布局发展新能源、生物、新材料、文化创意等产业，形成合理的城市产业形态。

**3. 大力发展现代服务业，促进现代服务业与先进制造业融合发展，实现第二产业和第三产业良性互动**

深圳的生产性服务业已经具有相当的规模，未来要充分利用好前海深港现代服务业合作区开放发展的优惠政策，进入新的大发展阶段。大力发展与先进制造业配套的现代金融、现代物流、科技服务、信息服务、商务服务、市场集群等生产性服务业；也要继续做大做强文化、旅游、会展等高端服务业。既要努力改善消费环境，积极发展新型消费业态，促进高端消费增长，努力把深圳建设成为国际消费中心城市，也要适应居民消费结构升级要求，积极发展与改善民生密切相关的养老服务、健康服务、教育服务、社区服务等新兴服务业。

135

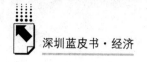

**4. 促进传统产业转型发展，优化产业存量**

传统产业不等于"夕阳产业"。深圳市传统优势产业的力量不可低估，服装、钟表、家具、黄金珠宝等产业在激烈市场竞争中得到蓬勃发展，在国内的地位不断强化，产业附加值也很高，在国内外都有较高的知名度和影响力。今后要加大扶持力度，鼓励企业往"微笑曲线"的两端走，更多地把研发和营销抓在手中，走技术创新、品牌经营、渠道管理和国际化发展之路，构建新的产业生态，不断推动产业优化升级，创造更大的附加价值。

## （五）优先发展创新型人才队伍，把建设人才高地作为转变经济发展方式的有力支撑

**1. 大力实施人才强市战略**

完善高层次人才队伍建设政策体系，探索顶尖团队建设政策、创新柔性引才机制、改革人才引进审批工作、简化工作程序，建立具有国际领先水平的学科带头人及团队资助、激励、服务和管理新机制，营造人尽其才、才尽其用的创新创业环境。

**2. 加大人才工作投入**

在新的形势下，创新型人才对推进自主创新和转变经济发展方式第一资源的支撑功能凸显。"无技不强，无才不壮，无才不久"已经成为必然的规律。要把坚持科技人才的软投入优于硬投入来保障。从企业到政府到各个部门都要形成这样的共识，就是在资源要素制约日益加剧的背景下，把创新性人才等软件投入作为比硬件投入还要重要的投入来抓紧、抓实、抓好。

**3. 高水平制订人才发展规划**

重点加大对创新能力强的创新团队的引进、支持力度，大力实施"孔雀计划"等专才计划，进一步做好中组部"千人计划"、广东省海外高层次人才团队计划、市高层次专业人才认定的相关工作，并继续办好中国国际人才交流大会、中国（深圳）创新创业大赛，将其打造为融人才、智力为一体的国家级、国际性交流平台。

**4. 加大高层次人才本地化培养力度**

推进本地高等教育创新发展、开放发展、自主发展、特色发展，加快将深圳大学建设成为研究型大学，积极推进南方科技大学筹建并支持其在高等教育改革

领域大胆探索；大力推进深港高校合作办学进程，推动落马洲河套地区高等教育发展项目，推进特色鲜明的现代大学制度建设。

**5. 振兴技能人才队伍**

加强技能人才公共培训基地和平台建设，完善市、区职业培训网络，注重培养产业一线创新人才和青年科技人才，建设多层次的创新型科技人才队伍。

## （六）进一步提升企业主体地位，扩大企业在国家自主创新战略中的话语权

### 1. 突出企业家在技术创新中的核心地位

企业是技术创新的主体，企业家是技术创新的核心要素。企业家具有追逐利润的动力，具有把握技术和市场的能力，具有企业决策的权力，集"三力"于一身，决定了企业家在技术创新中的核心地位。要珍视他们的价值，挖掘他们的智慧，尊重他们的创造，保护他们的热情，倾听他们的心声，关注他们的生存状态，确立他们在技术创新战略中的主导地位，特别是要让企业家在国家、区域和城市创新发展战略、创新政策的形成和决策过程中发挥重要作用。

### 2. 鼓励企业为主导的产学研结合

继续发挥移民城市优势，强化"企业主导、产带学研、自下而上"的市场需求导向产学研路径，进一步扩大产学研结合网络，并以此推动科研管理机制从"技术导向"向"市场导向"转变。

### 3. 提升企业参与国家重大科技活动的能力和地位

发挥深圳企业在通信技术、基因研究等领域的先发优势，加大自主创新企业在国家重大科技战略活动中的话语权，培养其作为战略领跑者的气魄和能力；使深圳市本土自主创新企业成为国家科技战略的积极策划者、国家重大科技项目的主要承担者和知识创新与国防创新的重要参与者。

### 4. 支持本土创新型企业积极参与全球竞争

全球金融危机加速了中国企业走向世界的进程。但与此同时，也遭受了更加频繁的贸易壁垒限制。高新技术企业，如华为、中兴在开拓国际市场中也屡屡受阻。要建立知识产权应急机制，建立知识产权的预警和应急服务平台。帮助企业有效运用知识产权保护制度，开展涉外法律援助，防御跨国公司的压制，获得与保持竞争优势，并遏制竞争对手。积极进行反倾销、反补贴应诉。培育一批熟悉

国际贸易规则的中介机构和专业人才。帮助企业熟悉且遵守海外市场的规则，克服各种贸易和技术壁垒。同时，将向出口产品生产者和经营者提供的直接优惠措施，调整为间接扶持手段。灵活开展媒体公关策略。通过媒体释放善意，让世界更多地了解中国企业，消除中国威胁论。在海外传播中强化集团意识，展示中国品牌的整体形象。

### （七）推进资源节约型、环境友好型社会建设，实现低碳发展、绿色发展

#### 1. 切实加强节能减排工作

以结构节能、技术节能、管理节能为抓手，全面推进节能减排工作。继续加大结构节能力度，进一步优化能源供应和利用结构。继续强化管理节能手段，推动合同能源管理，发挥政府部门与公共领域的带头效应，不断增强市民节能意识。

#### 2. 加强科技创新对节能减排的支撑作用

要组织实施节能减排科技创新工程，每年要重点攻克一批节能减排的关键共性技术难题；继续挖掘技术节能潜力，鼓励节能技术、设备、材料的应用普及。每年推广一批潜力大、应用面广的节能减排先进工艺技术；建设一批从事节能减排科技创新工作的市级工程技术研究中心。

#### 3. 大力发展低碳能源和低碳产业

一方面要促进传统化石能源的低碳化利用，另一方面要加快发展太阳能、风能、海洋能等可再生能源、核能等新能源和清洁能源的利用，减少对碳基能源的依赖性。要加快研究制定低碳产业发展规划，促进高附加值、低能耗产业发展，加快发展节能环保产业。要积极争取国家将深圳列为低碳经济试点城市，加快建设碳交易和排污权交易的机制与平台，率先确立深圳在新能源技术、服务与市场交易等领域的优势地位。

#### 4. 建设绿色低碳城市，提升生态文明水平

加大低碳知识和理念的宣传力度，推动政府、企业与市民的积极参与，落实《深圳市民建设低碳社会公约》，形成全社会低碳发展的良好氛围。要坚持走生产发展、生活富裕、生态良好的文明发展道路，积极适应低碳发展需求，加快低碳经济立法，完善相关政策措施，尽早出台建设低碳社会的行动计划，重点实施

绿色交通、绿色建筑、绿色消费工程，积极开展绿色家园创建活动，引导人们向低碳节能的生活方式转变，加快建设资源节约型、环境友好型的可持续发展的全球先锋城市，努力推动实现人与城市、自然的和谐统一和可持续发展。

## （八）依靠科技推动社会事业发展，让市民享受科学发展的实惠

### 1. 推动社会事业发展、改善社会民生是科技创新工作的出发点和落脚点

在新时期，以科技推动社会发展，以创新促进和谐建设，是自主创新的一个重要任务。因此，在以人为本的理念下，要将"科技面向民生，科技服务民生，加强民生科技"作为科技创新的基本原则，组织实施一批重大科技项目和创新示范工程，进一步改善人民群众生活质量。

### 2. 加强卫生计生领域科技攻关和人才培养

重点抓好一批科技重大专项计划项目的科研攻关；加快医学科技创新成果的推广应用，以科技创新促进全市卫生计生事业发展，为市民健康提供更坚实的保障。

### 3. 要加大生态治理和环境保护的技术研发

继续加大环境科研投入，针对城市水环境治理、城市环境修复、受污染环境的生态系统评价和治理、流域综合防治与环境监测等迫切需求，取得一批具有较强针对性和实用性的环保科研成果，并将科技创新的手段和成果广泛应用于全市污染源普查、监测、统计和动态管理，有力地支撑全市圆满完成国家下达的"十二五"期间污染物减排目标。

### 4. 密切结合节能减排，以发展绿色建筑为核心，推进建设科技发展

因地制宜地研究绿色建筑的适用技术与成套技术；研究开发节材和节约空间的建筑结构体系和相关设计技术；研究建筑设计中支持进行绿色施工的相关设计技术，鼓励采取绿色环保的绿色施工技术；研究制定绿色建筑设计、施工标准规范；建立完善绿色建筑区域化、城区化标准规范体系和技术支撑体系。

# B.11
# 深圳市自主创新体系运行情况及对策

深圳市社会科学院课题组*

**摘　要：**当前深圳自主创新体系还不尽完善，存在源头创新能力不足，缺乏一流大学和科研机构，创新成果的结构不尽合理，对企业和人才的吸引力出现弱化趋势等问题。需要全市上下解放思想，形成创新第一的高度共识，支持创新、勇于创新，将完善自主创新体系作为未来发展的主导战略，努力构建一个具有可持续国际竞争力的区域创新体系。

**关键词：**深圳市　自主创新　现状　问题

## 一　深圳自主创新体系建设的现状

### （一）自主创新投入体系

深圳市为了推动自主创新体系的建设与完善，紧紧围绕建立自主创新体系的目标和要求，按照自主创新的需求寻找着力点与切入点，不断加大对科技的投入和扶持力度。2006 年、2007 年、2008 年、2009 年市财政对科技投入分别为 36.1 亿元、50.1 亿元、53.9 亿元和 62.7 亿元，占市级一般预算支出的比例分别为 6.32%、6.88%、6.06% 和 6.60%。

科技研发专项资金支持力度不断增大，2009 年深圳市财政资金资助科技研发项目达 10.37 亿元；政府出资 30 亿元设置产业引导资金；资助博士后工作站创新实践基地发展，2009 年资助额度达 2600 多万元；资助企业工程中心、研发中心达 4700 多万元。从 2006 年开始设立了每年 2 亿元的"产业发展与创新人才

---

* 执笔人：乐正，深圳市委政研室；廖明中，孔昭昆，深圳市社会科学院。

奖"；2009 年 R&D 经费支出 279 亿元。

2009 年，深圳市的国家和省级工程中心所在企业共获各类计划 181 项，项目总经费 15 亿元。其中，获国家项目 38 项，项目经费 1.5 亿元；获省级项目 21 项，项目经费 4500 万元；获市级项目 73 项，项目经费 1.4 亿元。科研资源方面，深圳建设国家级重点学科、国家级重点实验室、省级重点实验室 30 个；国家和省级工程技术研究中心、国家和省级公共技术服务平台、国家级软件园和高新技术特色产业基地、博士后科研流动站和企业博士后工作站、博士后技术创新中心、留学生创业园、国家级、省级知识创新基地、两院院士活动基地的建设也不断加强。

除此之外，深圳市还特别重视金融的支撑作用，鼓励对市场前景较好的科技成果投资，鼓励创业投资，培育创业投资市场，支持自主创新型企业到创业板市场直接融资。

### （二）自主创新研发体系

深圳市科技自主创新研发体系是由企业研发机构、大专院校、公共科研机构组成的研发系统。

企业研发机构是深圳自主创新研发体系的主体。突出表现在"六个 90%"，即 90% 以上的创新型企业是本土企业、90% 以上的研发人员在企业、90% 以上的科研投入来自于企业、90% 的专利生产于企业、90% 以上的研发机构建在企业、90% 以上的重大科技项目发明专利来自于龙头企业。自发创新、自主创新已成为深圳企业的内生动力和自觉行动，企业研发投入占销售收入比重平均在 10% 以上。深圳市已经形成了一个庞大的自主创新企业群体。除了中兴、华为两家自主创新的领头企业外，还有计算机互联网领域的研祥、朗科、腾讯；医药领域的海普瑞、科兴；医疗器械的迈瑞；软件领域的金蝶、金证；新能源新材料领域的比亚迪、长园等。许多自主创新企业中还设立了省市级的工程技术研究开发中心。除了省级工程技术研究开发中心，深圳市还有 61 家市级工程技术开发研究中心，这些工程技术研究中心均是依托高新技术企业而设。另外，普尔药物科技开发（深圳）有限公司还设有一家重点实验室：深圳中药药剂与药理研究重点实验室。

深圳市大专院校较少，目前仅有 8 所全日制普通高等学校。另外，正在筹建的南方科技大学将成为深圳未来的一所以理工科为主的研究型大学。经过多年的发展，深圳高等院校也建立了一批重点实验室。此外，虚拟大学园也是深圳重要的研发机构集聚地。深圳虚拟大学园成员共设立各类重点实验室、研发中心等研发机构72个，其中国家重点实验室10个（含分室），涉及电子信息、生物医药、新材料、机电一体化、化工、环保等与深圳高新产业联系密切的领域。

建市初期，深圳只有5家社会科研机构。到2009年，深圳已经拥有31个科技研究开发机构，其中国家部署驻深科研开发机构1个，市政府直属科研开发机构6个，市政府各部门属科研开发机构15个，区属科研开发机构9个。

### （三）自主创新产出成果

2009年深圳市生产总值达8201.23亿元，比2000年1665.24亿元增加3.92倍，十年平均增长19.79%。其中科技进步在经济增长中的份额显著提高，高新技术产品产值8507.81亿元，占全市规模以上工业总产值的比重为54.9%，其中具有自主知识产权的高新技术产品产值5062.10亿元，占全部高新技术产品产值比重59.5%。高新技术企业继续增加，截至2009年底，全市共有高新技术企业3086家，国家高新技术企业395家。

2009年，深圳市三项专利申请受理量4.2万件，其中发明专利2万件，位居全国第三；实用新型专利1.3万件；外观设计专利9050件。专利授权量2.6万件。其中，发明专利8132件，位居全国第二；实用新型专利9001件；外形设计专利8761件。2009年，深圳PCT国际专利申请达3800件，连续6年居全国第一；计算机软件著作权登记5543件，位居全国各大城市第二。

深圳市技术市场由小到大、由弱到强，不断健全、规范和完善，成为传播技术信息、促进科技成果转化的重要渠道。2009年，签订科技合同数量为5557项，登记合同金额85.5亿元，核定技术交易额为76.9亿元。

### （四）自主创新社会服务体系

以深圳国际高新技术交易所为核心的深圳自主创新社会服务体系也基本形成。深圳国际高新技术交易所是目前国内经营运作状况最好的技术产权交易机构。自成立以来，高交所各方面业务不断发展，截止到2008年底，高交所各类股权交易额累计1800多亿元，涉及总资产金额4800多亿元，托管非上市股份公司 240 多家，股权转让交易鉴证 32000 多家，国有/集体产权（包含中央企业、市属企业和集体产权）交易鉴证 600 多家，完成企业股份制改造 90 多家。无论是交易数据还是经营状况，高交所均稳居全国产权交易机构前列。科技型企业和中小企业产权交易量在全国产权交易机构中排名第一。高交所总的产权交易规模中，科技型企业和中小企业的交易宗数和交易额分别为 31600 多宗和 1600 多亿元，占交易总量的比例为 98% 和 87%。

深圳还不断完善企业孵化的软环境建设，由政府主办了一系列种子期高科技项目孵化体系——创业中心，以及成长期和成熟期高科技项目孵化体系——科技园。深圳加快建设"五大公共平台"：以重点实验室、工程中心为核心组成的"公共研发平台"，以高新技术武装传统产业为重点的"公共技术平台"，以提供检测条件为主要服务内容的"公共检测平台"，以提供科技文献、情报、信息服务为主的"科技信息平台"，以促进高新技术产权交易、风险投资为目的的"技术产权交易平台"。

## 二　当前深圳自主创新体系的缺失与不足

### （一）政府研发投入严重落后于北京、上海

2009 年深圳市政府财政科技支出为 62.54 亿元，仅为北京的 1/2，上海的 1/4，而且大部分支出集中在教学科研大楼、科研仪器设备等硬件设施设备的投入上，政府层面对研发的直接投入尤为不足。深圳政府研发投入的支出力度过低，这种情况长期存在势必制约深圳基础研究和原始创新的发展，进而影响深圳长远的创新能力建设。

### （二）科研院所等创新载体建设严重不足

深圳的高校资源远远落后于国内其他重点城市，甚至不如内地很多地级城市。从国家重点实验室来看，深圳仅有少数几家，也远远落后于国内其他重点城市。此外，深圳的国家工程技术研究中心仅有两个，也明显少于其他城市。大院大所的极度贫乏，显然不利于深圳创新能力的建设和创新成果的长期积累。

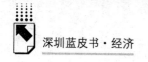

### （三）创新人才不足

2009 年深圳研发人员全时当量为 12.4 万人年，这一指标低于北京和上海。此外，深圳高等教育基础薄弱，本地培养的创新人才不能满足产业发展的需求，长远来看，这不利于深圳自主创新体系的可持续发展。

### （四）创新能力集中在少数大企业，创新成果产出能力被高估

2009 年深圳的专利申请量和授权量虽然分别位列全国大中城市第三和第二，但这些专利大都是由华为、中兴、富士康、比亚迪等少数大企业申请的。这些大企业的研发机构遍布全球，专利成果统计上却计入深圳总部。因此，仅凭现有的专利统计数据可能会高估深圳的创新成果产出能力。

### （五）专利结构亟待优化，专利的国际化水平仍然偏低

深圳的专利授权主要集中在实用新型专利和外观设计专利，2006～2009 年上述两类专利授权量占全部授权总量的 76%；同期，发明专利的授权量仅占全部授权总量的 23.9%。深圳发明专利占全部专利授权比例偏低的情况，凸显深圳创新成果的结构还有待进一步优化。此外，深圳的大半部分专利是在中国境内申请的，国外专利申请仅占不到 10% 的比例，显示深圳专利的国际化水平仍然偏低。

### （六）高新技术产业存在一定的结构风险

电子信息产业占深圳全市工业增加值的一半以上。不过，近年来电子信息制造业行业微利化的趋势越来越明显，可替代性和流动性很强。因此，过于依赖电子信息产业所带来的产业结构风险是明显的，深圳需不遗余力地坚持高新技术产业多元化的道路。

### （七）创新资源整合不足

由于管理体制弊端，国有企业、高校、科研机构、重点实验室、技术中心、检测机构以及政府部门各类科技资源分散设置，缺乏有效的整合、开放、共享、服务机制，导致现有资源共用性不高，存在一定的闲置浪费现象。

### （八）政府的科技管理能力不能满足实际的需求

由于科技工作人员配备与科技素养不足等原因，目前深圳科技领域的预研工作仍然不到位。此外，科技项目评审机制仍然不完善，存在专家的结构不尽合理，专家评审随意性大，企业专家的比例偏低等问题。

### （九）政府对创新的引导不足

整个深圳市的政府采购规模还不及北京市政府对中关村自主创新产品的采购金额，显示深圳政府采购对自主创新支持力度之严重不足。

### （十）对企业的吸引力出现了下降的趋势

近年来，深圳对企业的吸引力出现了一定的下降趋势。近两年在中小板上市的深圳公司中，有将近半数公司成立于 20 世纪 80 年代和 90 年代。课题组通过调研了解到，深圳本地创投机构近年来将半数以上的风险投资投向深圳以外的地区，他们甚至认为深圳"已经找不到新的有潜力、有前景的高新技术企业"。

### （十一）对人才的吸引力明显弱化

知名招聘网站 job88. com 发布的《2010 年深圳人才吸引力调查报告》显示，接近 83% 的受访者不满意自己在深圳的发展现状，40% 的人认为自己对深圳没有归属感，60% 受访者对未来三到五年继续留在深圳发展持不确定态度，甚至有13% 的人选择不会继续留在深圳，恰如王荣书记所言，"如果再不大力优化人才环境，深圳将不再是'孔雀东南飞'，而是'孔雀往外飞'了……"

## 三 完善深圳自主创新体系的主要对策

### （一）加大政府创新投入力度，坚持平台建设与后续投入并重

未来深圳应积极比照北京、上海标准，进一步加大对基础研究的财政支持。一是加大对源头创新的投入，如基础研究、战略性新兴产业研究项目和高等教育的投入；二是直接对企业的创新项目给予补贴；三是对于增加研究开发投入的企

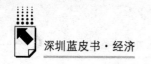
业、对应用新技术开发新产品的企业、对产学研合作等给予财税优惠。四是进一步完善促进产业技术进步的资金激励机制，支持自主创新和高技术产业化项目建设。

加快推进全市公共科技平台的布局和建设，积极支持企业与高校科研机构结成研发联盟，争取在深圳多建设国家级重点实验室、工程中心、工程实验室，积极利用国内外科技资源壮大研究院群，有力推动现有研究平台的开放运行，强化深圳的核心技术自主创新能力。今后，深圳要摆脱过去平台建设过程中存在的"重硬件建设、轻后续投入"倾向，坚持公共科技平台建设与后续投入并重。要逐步探索建立"政府承担、定项委托、合同管理、评估监督"的公共服务机制，采用财政补贴、政府购买服务等形式，构建社会化科技创新服务网络。

## （二）健全人才培养体系，拓展人才引进渠道

超常规发展高等教育，坚持扩大规模与提高质量同步推进，实现跨越式发展，努力形成与深圳创新型城市和高科技产业发展相适应的高等教育体系。按照国际知名的创新型科研型大学的要求，积极筹建与国际惯例接轨、实行全新办学模式的南方科技大学。努力建设国家高等教育综合改革实验区，探索对现有的大学管理体制进行改革。继续办好深圳大学，努力实现教学型向教学科研并重型大学的转变，提升综合竞争实力。拓展深圳大学城的发展空间，提高学术氛围、校园文化和优质资源利用效率，建设国内有重大影响力的应用研究型高等教育基地。推进深圳与国际、港澳台地区名校合作办学，鼓励国内外知名高校到深圳独立办学。推进高等职业教育的改革与发展，建立以市场和就业为导向，适应产业结构要求的现代高等职业教育体系，大力培养应用型、技能型人才，把深圳职业技术学院和深圳信息职业技术学院建成国内一流的高等职业技术院校。

实施"鹏城学者"等人才工程，明确界定所需科技与产业人才种类，并据此建立海外科技与产业人才的筛选与评估机制。与国家有关机构合作，建立国际人才联络站和海外高端人才数据库，掌握海外高端人才的科研、工作情况，搭建一个全球科技与产业人才网络。建立健全现有人才信息库和信息平台功能，协调企业与政府各部门将人才信息传输至此平台，以实现人才信息共享。加强公共创新平台建设，积极利用国内外科技资源壮大研究院群，为吸引更多人才提供载体。积极提升大专院校师资素质与相关研究设备，吸引港台及海外优秀科技人才来深留学与进行博士后研究。

### （三）规划建设世界级创新区，营造人才聚集的良好氛围

深圳目前尚未形成一个与硅谷等世界级创新区相媲美的标志性区域。建议以硅谷为标杆，加快规划建设大沙河创新走廊，将大沙河创新走廊打造成为与深圳全球电子信息产业基地相称的、能够引领中国高科技研发潮流的、对国际化创新要素具有较强吸引力的世界级创新区域品牌，从而在深圳形成更加强大的创新要素集聚效应。

中长期来看，要依托深圳发达的电子信息产业优势，构建城市发展的智慧环境，形成城市产业发展、社会管理、日常生活的新模式。还应推进语言环境的国际化，区域内实行中英双语标识。加快配套国际酒店、国际教育、国际餐饮等高品位、国际化的服务设施，积极建设多元语言环境、多元文化背景的国际化社区，为国际友人提供国际化的生活服务网络和平台，推动深圳主要网站英汉双语化。营造多元文化环境，兼收并蓄，兼容并包，注重观念环境、人文环境、学术环境、文化环境的建设，鼓励探索，宽容失败，把"渴求人才、尊重人才、善待人才"的诚意，通过体贴入微的措施转化为人才的切身感受，提高人才群体性归宿感，达到会聚人才的目的。

### （四）规划建设创业天使网络，协助中小企业增强创新能力

积极发挥政府的创新创业支持作用，进一步完善和落实企业创新奖励办法和创业资助计划，为创业企业提供创业资金和孵化器支持，以及引导天使投资人为创业企业提供股权融资，为快速成长企业提供信贷、担保和科技企业加速器支持，引导创业投资机构为企业提供风险投资等。由政府协助主要科研机构及民间团体，逐步建立深圳创业天使网络。加快搭建创业创新知识信息平台，积极宣传介绍中小企业创业最佳实例，协助新创事业取得创业资讯，提升创业成功率。

对于创新不足的中小企业，应努力建设商业情报、金融、人力资源、产品开发、市场、知识产权与研究服务等信息共享平台，积极为中小企业提供创新创业信息，同时加强文献、数据、仪器、检测设备、计量设备、技术专家咨询以及技术转移服务等研发资源的开放与共享。利用国内外的技术推广组织，开展经纪人计划的试点，以一种积极的方式促进科研院所和其他公立机构与中小企业的合作。

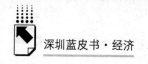

### （五）推动产学研有效合作，加快创新成果产业化

整合高校和科研院所的研发资源，结合较多研究力量组成团队，集中投入优势领域，吸引企业进驻开展合作，着力营造科研院所及科学园区优质产学研发资源的共享环境。鼓励各科学园区或产业园区提供集中办公及研究设施，合作设立创新研发中心，以增加产学研互动机会。

由政府主导，行业协会牵头成立重点产业的"产学研创新战略联盟"，加强全市产学研之间的联系和互动，推动全市创新能力的提高和创新集群的发展。在适当时机，可联合香港、东莞、惠州等共同设立"珠三角东岸产学研创新战略联盟"，联合立项（争取国家重大科技专项）、联合研发、联合产业化、联合服务。

### （六）完善政府科技决策与服务功能，营造良好创新环境

政府在创新体系建设过程中要有长远和整体的规划布局，透过政策与制度来引导创新资源的合理有效配置，促进创新所需元素的有效组合。深圳应强化各部门在创新中的分工与功能协调，发挥各部门在推动创新中的互补作用；加速部门间创新资源的整合，特别是注意整合市属国有大型企业以及中央驻深企事业单位的创新资源，实现各种既有创新资源的共享。

要充分利用特区立法权，大胆引入香港和世界其他成熟法治国家、地区的先进理念与实践经验，建立与国际通行做法相衔接的现代法规制度体系。特别是要加快大知识产权立法进程，发挥市场监管部门大知识产权统一立法工作优势，围绕新兴产业、高新技术企业发展需要开展专项立法。建立民营高科技企业知识产权转化和国有企业知识产权转化双轮驱动机制。依托中科院深圳先进技术研究院、深圳中科院知识产权投资有限公司等机构，促进国有知识产权在深圳实现转化和产业化。

### （七）树立全球技术资源观，强化对外创新合作

积极推进国际技术合作，通过国际技术合作、国际技术贸易、企业收购等策略，多种渠道多管齐下推动技术创新。鼓励本地企业与研发机构参与海外研发合作项目，积极链接国际科技合作平台。深圳市政府应给科研机构、大学、企业等

创造对外交流合作的机会，积极开展技术合作，同时把研发成果的商业模式创新摆在优先发展位置。

将"深港创新圈"政策延伸至东莞和惠州两市，使得深港创新圈共同资助计划以及各项创新合作计划推广到整个珠三角东岸区域范围，并力争将此项工作列入国家"十二五"科技规划。充分发挥香港的融资、国际市场意识、专业人才和基础研究优势，加上深圳的应用研究和创新成果产业化的优势，以及东莞的加工制造能力优势、惠州的后发优势和重化工业优势，进一步完善珠三角东岸的区域创新体系，形成"珠三角东岸创新圈"。

积极探索与台湾建立科技合作、战略性新兴产业领域的合作机制，共同开发国际市场，缔造双赢。发挥台湾在高新技术产业链上游环节研发优势和开拓全球市场的经验，加强在新能源、LED 等战略性新兴产业领域的合作；促进深台双方科技创意人才交流，建立两地共同的科技和创意人才库；加强两地科技园区的合作，促进园区之间的技术转移，以及合作开发技术含量高的品牌产品；增进台商与深圳科技企业或科研机构的合作，加快推动在深台资企业转型升级。

# 经济分析篇

Economic Analysis Chapter

## B.12
## 人民币汇率变动对深圳经济
## 影响的定量评估

董晓远*

　　**摘　要：**运用经济计量模型与可计算一般均衡模型，对于人民币汇率升值对深圳主要经济指标的影响进行了定量分析。测算结果表明，人民币升值引起深圳进、出口总额同时下降，不利于深圳经济增长，不利于引进外资，且这种负面影响将持续多年以后才能逐渐消失。

　　**关键词：**人民币汇率　经济计量模型　可计算一般均衡模型

　　随着中国经济实力的增强和全球经济失衡的加剧，人民币汇率问题已成为近来最热门的议题。美、欧、日以及国际货币基金组织等纷纷要求人民币采用更加灵活的汇率制度，人民币升值的外部压力陡然升级。深圳是国内大中城市中外向

＊ 董晓远，深圳市社会科学院经济所。

型经济特征最为显著的城市，深圳工业产品的一半以上用于出口。人民币升值显然会影响深圳的外贸和外资利用，并进一步通过外贸外资与生产、投资、消费、物价、就业等各种经济活动的内在联系而对经济的增长产生广泛而深刻的影响。如何评估这一影响，事关深圳经济的平稳运行和长期发展，因此必须深入研究。

## 一 研究方法概述

进行汇率变动对进出口贸易、外商直接投资、工业增加值等重要经济指标影响的测算，通常有三大类方法：一是压力测试法，二是经济计量模型；三是可计算一般均衡（CGE）模型。

压力测试法，从媒体上报道的香港贸发局与中国机电进出口商会的同类研究来看①，主要是运用抽样调查方法，分类调查一般贸易企业与加工贸易企业的成本构成、利润以及相应的就业人数、产值、增加值、出口额、进口额等指标，对其进行人民币升值的压力测试：如果人民币升值 n 个百分点，会使样本中 m 家企业由微利变为亏损，从而不得不关门停业，那么其所对应的就业人数、产值、增加值、出口额、进口额等指标方面的损失总和占样本相应指标的比例，就可以视为人民币升值 n 个百分点对国家或区域经济相应指标的影响幅度。这种测算方法的优点是显然的，它原理简单，很容易为人们所接受；缺点是它高度依赖于被调查的企业所填报的成本构成、利润等指标的真实性。

经济计量模型是比较传统与常见的方法，大多数相关研究文献都是采用这一方法。关于汇率变动对贸易收支的影响究竟有多大？本币贬值到底能否改善一国贸易收支状况？国内外有关汇率变动对国际贸易影响的文献非常多，学者们对汇率变动对国际贸易是否具有明显影响的实证研究结论不尽一致，无论国内还是国外，肯定、中性及否定的结论都存在。

近年来可计算一般均衡模型在汇率变动的经济影响方面的应用研究逐渐增多。可计算一般均衡（CGE）模型，是从瓦尔拉斯一般均衡理论演变而来，它结

---

① 参见《香港贸发局：人民币若升值5%粤逾千港资厂倒闭》，2010 年 11 月 29 日人民网－港澳频道，网址：http://hm.people.com.cn/GB/42273/13341862.html；《汇率战影响机电业，升值3%大多数企业将亏损》，文章来源：CCTV－2，网址：http://www.sunshow.com.cn/zixunzx/hangyenews/201011/272.html。

合了列昂捷夫的投入产出理论，经过了阿罗－德布鲁等经济学家严格的数学证明，并与代表性消费者与生产者的标准新古典微观经济理论相一致，具有坚实的理论基础。经过一百多年尤其是近几十年来的发展，CGE 模型已经成为当代经济理论中最富有综合性的成就，实证经济研究的标准工具，其用途极为广泛。CGE 模型的应用遍及发达国家和发展中国家，其应用领域覆盖产业结构调整、贸易政策、税收政策、收入分配和环境政策等，并被誉为"政府政策模拟实验室"。

限于数据的可得性，对于人民币汇率变动对深圳经济的影响，本文将采用后两类方法进行综合分析。

## 二 经济计量模型分析

### （一）模型初设

#### 1. 深圳出口总额与进口总额方程

众所周知，收入对进口商品消费的影响与对国产商品消费的影响是一样的。随着收入上升，家庭部门会消费更多的国产商品与进口商品。因此，进口与收入是同方向变化的。值得注意的是，对国产商品与进口商品的支出结构，在很大程度上取决于国产商品与进口商品的相对价格。在收入一定的情况下，进口量会与进口商品的价格反向变动，而与同类国产商品的价格同向变化。换句话说，进口量会与国产商品价格（P）与进口商品的价格（P*）的比率（P/P*）同向变化。同理，在国外收入一定的情况下，外国对我们出口商品的需求会与价格比率（P/P*）反向变化。可见，在本国与国外收入一定的情况下，贸易余额会与价格比率（P/P*）反向变化。另外，对国产商品与进口商品的支出结构，在很大程度上还受汇率的影响。当本地居民购买外国商品时，他必须考虑两种价格：一是外国商品的外币价格（P*），二是单位外币的本币价格（直接标价法下的名义汇率 NER），两者的乘积［NER×（P*）］是外国商品的本币价格，即本国居民购买外国商品的实际花费。对于消费者决策来说，［NER×（P*）］/P 是一个很有意义的相对价格，即通常所称的实际汇率（RER）。在国内外相对价格（P/P*）及国内外收入一定的情况下，我们可以预期，进口会与单位外币的本币价格

（NER）反向变动，或与单位本币的外币价格（1/NER）同向变动。上述原理同样适用于企业部门的决策。

关于汇率变动对深圳进出口影响的测算，我们假定深圳进口总额（SZTIM）是深圳居民收入（SZGDP）、人民币对美元实际汇率（RER）或人民币名义有效汇率①（NEER）、人民币实际有效汇率（REER）等变量的函数。这里，实际汇率定义为：$RER = NER \times (P^*)/P$，其中 $P^*$ 和 $P$ 分别为美国和我国的物价水平，采用 CPI 指数计算。

由于深圳产品几乎出口到全球每一个国家和地区，我们假定深圳出口总额（SZTEX）是世界其他国家与地区（the rest of world，ROW）总收入水平（ROWGDP）、人民币对美元名义汇率（NER）、人民币对美元实际汇率（RER）或人民币名义有效汇率（NEER）、人民币实际有效汇率（REER）等变量的函数。

综上所述，并参考国内外相关文献，我们将深圳出口总额与进口总额方程设定为如下双对数线性形式②：

$$Ln(SZTEX_t) = a_0 + a_1 \ln(ROWGDP_t) + a_2 Ln(RER_t) + \varepsilon_t$$

$$Ln(SZTIM_t) = b_0 + b_1 \ln(SZGDP_t) + b_2 Ln(RER_t) + \varepsilon_t$$

一般说来，本币贬值通常能够增加出口或减少进口。因此，$a_2$ 的符号预期为正，$b_2$ 的符号预期为负。同时，外国居民收入上升，会增加进口本国商品，因此预期 $a_1$ 的符号为正；本国居民收入上升，会增加进口外国商品，因此预期 $b_1$ 的符号为正。

---

① 有效汇率是一种货币相对于其他多种货币双边汇率的加权平均数，反映了一国货币总体的变化趋势和竞争力。有效汇率进一步分为名义有效汇率和实际有效汇率。由于所采用的权数不同，得出不同类型的有效汇率。名义有效汇率（Nominal Effective Exchange Rate，简称 NEER）为一种货币与其他多种货币双边名义汇率的加权平均数。名义有效汇率没有考虑国内外价格水平的变化情况，因而名义有效汇率不能反映一国在国际贸易中的竞争力。实际有效汇率（Real Effective Exchange Rate，简称 REER）是名义有效汇率通过剔除通货膨胀对各国货币购买力的影响而得。它不仅考虑所有双边名义汇率的相对变动情况，还考虑了通货膨胀对货币本身价值变动的影响，并且更能综合地反映本国货币的变动情况和相对购买力。目前我国人民币汇率制度不再是单一盯住美元，而是以市场供求为基础参考一篮子货币，并且调整的幅度主要考虑我国对外贸易的特点和国内经济发展状况。

② 双对数线性模型在实证分析中应用十分广泛，其主要原因，一是对数变换常常能减低异方差性，二是方程中的系数恰好是因变量对解释变量的（偏）弹性。

应当指出，从理论上讲，深圳出口总额应当更多地受人民币名义有效汇率（NEER）和实际有效汇率（REER）的影响，而不仅仅是受人民币兑美元实际汇率（RER）的影响。但考虑到人民币对美元汇率是我国汇率体系中的主导汇率，人民币对欧元、日元和港币等非美元货币的汇率由人民币兑美元汇率与国际外汇市场上欧元、日元和港币等非美元货币兑美元汇率套算确定，因此，在模型中，我们也会采用人民币兑美元实际汇率（RER）进行试算。而且，当前对人民币兑美元汇率升值预期最为强烈，人们关注的焦点在于人民币兑美元汇率升值对经济各方面产生的影响。所以，在测算过程中，我们会将不同含义汇率（NEER、REER、NER、RER）的测算结果进行比较，从而选定一个较好的解释变量。

**2. 深圳外商直接投资方程设定**

传统经济基本理论认为，国内收入、经济增长、人力资源状况、工资水平、生产率以及汇率等因素对外商直接投资都有一定的影响。为简单起见，这里只考虑国民收入和人民币汇率对外商直接投资的影响，设立如下模型：

$$Ln(SZFDI_t) = a_0 + a_1 * Ln(RER_t) + a_2 * Ln(SZGDP_t) + \varepsilon_t$$

其中 SZFDI 代表深圳的外商直接投资，SZGDP 表示深圳的本地生产总值；RER 代表人民币兑美元实际汇率，$\varepsilon_t$ 表示随机误差项。

**3. 深圳工业增加值方程设定**

深圳出口交货值常年占深圳工业产品销售产值的六成左右，出口总额对深圳工业增加值有显著影响；国内市场对深圳工业的增长也十分重要。因此，我们设立如下模型：

$$Ln(SZVAI) = a_0 + a_1 * Ln(SZTEX) + a_2 Ln(NER_t) + a_3 Ln(CNGDP) + \varepsilon_t$$

其中 SZVAI 代表深圳的工业增加值，SZTEX 表示深圳的出口总额，NER 代表人民币兑美元名义汇率，CNGDP 为中国 GDP（代表国内市场对深圳产品的需求），$\varepsilon_t$ 表示随机误差项。

## （二）数据来源及处理

**1. 数据及其来源**

模型运算所需数据，见表1、表2。

**表1　深圳进、出口总额等年度数据**

| 年份 | SZTEX | SZTIM | SZFDI | ROWGDP | CNGDP | SZGDP | SZVAI |
|------|-------|-------|-------|--------|-------|-------|-------|
| 1985 | 563 | 743 | 180 | 11465599 | 904074 | 3902 | 1021 |
| 1986 | 726 | 1121 | 365 | 13614154 | 1027438 | 4165 | 1066 |
| 1987 | 1414 | 1144 | 274 | 15619088 | 1205062 | 5590 | 1644 |
| 1988 | 1849 | 1593 | 287 | 17514105 | 1503682 | 8698 | 2748 |
| 1989 | 2174 | 1578 | 293 | 18883455 | 1700092 | 11566 | 4006 |
| 1990 | 8152 | 7550 | 390 | 21293283 | 1871832 | 17167 | 6449 |
| 1991 | 9862 | 9614 | 399 | 22244910 | 2182620 | 23666 | 9288 |
| 1992 | 12000 | 11575 | 449 | 23721931 | 2693728 | 31732 | 11761 |
| 1993 | 14218 | 13986 | 989 | 24111417 | 3526002 | 45314 | 18101 |
| 1994 | 18309 | 16674 | 1250 | 25813220 | 4810846 | 63467 | 26713 |
| 1995 | 20527 | 18242 | 1310 | 28548655 | 5981053 | 84248 | 33705 |
| 1996 | 21208 | 17846 | 2051 | 29036695 | 7014249 | 104844 | 41861 |
| 1997 | 25618 | 19391 | 1661 | 28857325 | 7806083 | 129742 | 51931 |
| 1998 | 26396 | 18878 | 1664 | 28664059 | 8302428 | 153473 | 63150 |
| 1999 | 28208 | 22219 | 1778 | 29663232 | 8847915 | 180402 | 78010 |
| 2000 | 34563 | 29376 | 1961 | 30476473 | 9800045 | 218745 | 96275 |
| 2001 | 37480 | 31131 | 2591 | 30155357 | 10806822 | 248249 | 110534 |
| 2002 | 46557 | 40674 | 3191 | 31208890 | 11909569 | 296952 | 133671 |
| 2003 | 62962 | 54437 | 3623 | 35122210 | 13517398 | 358572 | 167242 |
| 2004 | 77846 | 69437 | 2350 | 39742297 | 15958675 | 428214 | 205977 |
| 2005 | 101518 | 81299 | 2969 | 42814380 | 18408860 | 495091 | 248349 |
| 2006 | 136096 | 101290 | 3269 | 46126843 | 21313170 | 581356 | 288662 |
| 2007 | 168493 | 119040 | 3662 | 51604765 | 25925890 | 680157 | 323007 |
| 2008 | 179720 | 120235 | 4030 | 55989281 | 30285337 | 780654 | 361832 |
| 2009 | 161978 | 108185 | 4160 | 51277761 | 33535300 | 820123 | 359761 |

　　资料来源：模型运算所需的深圳的出口总额（SZTEX）、进口总额（SZTIM）、外商直接投资额（SZFDI）、深圳 GDP（SZGDP）与深圳工业增加值（SZVAI），均来自于历年《深圳统计年鉴》。SZTEX、SZTIM、SZFDI 的单位均是百万美元，SZGDP 与 SZVAI 单位为百万元人民币。中国 GDP（CNGDP）来自《中国统计年鉴》，单位为百万元人民币。ROWGDP 是按美元现价计算的世界其他国家与地区 GDP（百万美元）的总和，其中各国 GDP 基础数据来自于：World Bank national accounts data, and OECD National Accounts data files。

　　这里，我们之所以选用年度数据而不是月度或季度数据，是因为我们关心的主要是汇率变动对年度宏观经济指标的影响，而且使用年度数据无需平滑数据的季节性波动，也无需考虑汇率变动对月度数据的滞后影响，数据处理相对简单易行。另外，我们本来选用的是 1991～2009 年的数据，由于 EViews 6 软件总是提醒"样本数据不足 20 个，单位根检验的结果可能会不准确"，因而不得不把样本扩展到 1985～2009 年的数据。

表 2　汇率与物价指数等年度数据

| 年份 | CN_CPI | SZ_CPI | US_CPI | NER | RER | NEER | REER |
|---|---|---|---|---|---|---|---|
| 1985 | 109.3 | 122.5 | 103.6 | 2.94 | 2.78 | — | — |
| 1986 | 106.5 | 106.1 | 101.9 | 3.45 | 3.30 | — | — |
| 1987 | 107.3 | 114.4 | 103.7 | 3.72 | 3.60 | — | — |
| 1988 | 118.8 | 128.1 | 104.0 | 3.72 | 3.26 | — | — |
| 1989 | 118.0 | 125.4 | 104.8 | 3.77 | 3.34 | — | — |
| 1990 | 103.1 | 101.6 | 105.4 | 4.78 | 4.89 | — | — |
| 1991 | 103.5 | 103 | 104.2 | 5.32 | 5.36 | — | — |
| 1992 | 106.3 | 107.3 | 103.0 | 5.51 | 5.34 | — | — |
| 1993 | 114.6 | 120.1 | 103.0 | 5.76 | 5.18 | — | — |
| 1994 | 124.2 | 118.2 | 102.6 | 8.62 | 7.12 | 83.3 | 81.6 |
| 1995 | 116.9 | 112.4 | 102.8 | 8.35 | 7.34 | 83.9 | 90.9 |
| 1996 | 108.3 | 107.7 | 102.9 | 8.31 | 7.90 | 88.9 | 100.6 |
| 1997 | 102.8 | 103.3 | 102.3 | 8.29 | 8.25 | 96.3 | 108.7 |
| 1998 | 99.2 | 99.3 | 101.6 | 8.28 | 8.48 | 105.9 | 115.3 |
| 1999 | 98.6 | 99.3 | 102.2 | 8.28 | 8.58 | 104.2 | 109.4 |
| 2000 | 100.3 | 102.8 | 103.4 | 8.28 | 8.54 | 106.4 | 109.9 |
| 2001 | 100.7 | 97.8 | 102.8 | 8.28 | 8.45 | 112.9 | 115.0 |
| 2002 | 99.2 | 101.2 | 101.6 | 8.28 | 8.47 | 112.7 | 112.2 |
| 2003 | 101.2 | 100.7 | 102.3 | 8.28 | 8.37 | 105.5 | 104.2 |
| 2004 | 103.9 | 101.3 | 102.7 | 8.28 | 8.18 | 100.5 | 101.0 |
| 2005 | 101.8 | 101.6 | 103.4 | 8.19 | 8.32 | 100.0 | 100.0 |
| 2006 | 101.5 | 102.2 | 103.2 | 7.97 | 8.11 | 102.3 | 101.4 |
| 2007 | 104.8 | 104.1 | 102.9 | 7.60 | 7.47 | 103.6 | 105.2 |
| 2008 | 105.9 | 105.9 | 103.8 | 6.95 | 6.81 | 110.4 | 114.1 |
| 2009 | 99.3 | 104.6 | 99.6 | 6.83 | 6.85 | 116.3 | 118.7 |

注：由于 BIS 的有效汇率测算采用了人民币与外币间接标价法的双边汇率进行加权平均，所以有效汇率指数升高就意味着人民币对一篮子外币综合币值的升值，指数下跌意味着人民币贬值。

资料来源：中国消费者价格指数（CN_CPI）与人民币兑美元名义汇率（NER）来自于《中国统计年鉴》，深圳消费者价格指数（SZ_CPI）来自于《深圳统计年鉴》。美国消费者价格指数（US_CPI）来自于 International Monetary Fund，International Financial Statistics and data files。人民币兑美元实际汇率（RER）按公式 $RER = NER \times (P^*)/P$ 计算而得，其中 $P^*$ 和 $P$ 分别为美国和我国的 CPI 指数。人民币名义有效汇率（NEER）与实际有效汇率（REER）年度数据是根据国际清算银行（BIS）1994 年 1 月到 2010 年 10 月的相应月度数据取年度算术平均数而得。

### 2. 单位根检验

从图 3 中可以很直观地看出，图 1、图 2 中的各项指标都不是平稳的，而是呈现明显的随时间而增长的趋势；图 3 中的汇率指标呈现随时间而变化的趋势，消费者物价指数则没有明显的随时间而增减的趋势，其平稳序性要经过检验才能准确判断。

为了减小异方差性等，将表 1 与表 2 中的数据进行取自然对数。然后，运用 EViews 6 计量经济学软件对这些对数序列的平稳性进行 ADF 单位根检验，结果如下。

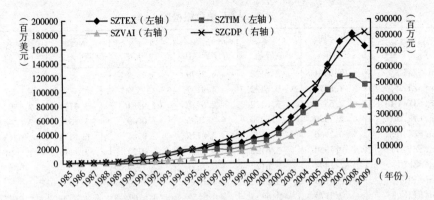

**图1　深圳 GDP、工业增加值、出口总额进口总额等走势**

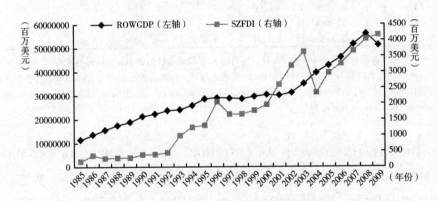

**图2　深圳外商直接投资（SZFDI）与 ROWGDP 走势**

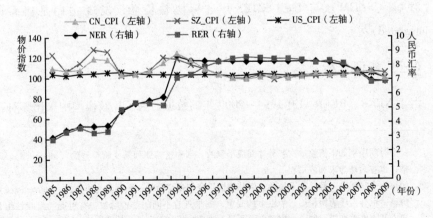

**图3　物价指数与人民币汇率走势**

表3 ADF 单位根检验

| 序列名称 | 原序列 ADF | 5% 临界值 | 一阶差分序列 ADF | 5%(1%) 临界值 | 二阶差分序列 ADF | 5%(1%) 临界值 |
|---|---|---|---|---|---|---|
| Ln(SZTEX) | -1.9961 | -3.6122 | -4.2979 | -3.7529 * | | |
| Ln(SZTIM) | -1.8310 | -3.6122 | -4.9107 | -3.7529 * | | |
| Ln(ROWGDP) | -2.5570 | -3.6122 | -2.6410 | -2.9981 | -3.4724 | -2.6797 * |
| Ln(CNGDP) | -2.7570 | -3.6220 | -2.7686 | -3.0049 | -3.4698 | -2.6743 * |
| Ln(SZGDP) | 0.2966 | -3.6122 | -2.0725 | -2.9981 | -6.1433 | -2.6743 * |
| Ln(SZVAI) | 0.2050 | -3.6122 | -0.2511 | -3.0124 | -2.4440 | -1.9591 |
| Ln(SZFDI) | -2.1498 | -3.6122 | -6.2657 | -3.7529 * | | |
| Ln(NER) | -0.8133 | -3.6122 | -4.1286 | -3.7529 * | | |
| Ln(RER) | 0.3173 | -3.6450 | -0.3555 | -3.0207 | -8.2809 | -2.6857 * |
| Ln(NEER) ** | -2.9613 | -3.7912 | -2.0824 | -3.0989 | -3.7945 | -1.9740 |
| Ln(REER) ** | -2.6549 | -3.7912 | -2.1409 | -3.0989 | -3.3750 | -1.9740 |
| CN_CPI | -4.2698 | -3.6220 | | | | |
| SZ_CPI | -4.3688 | -3.6220 | | | | |
| US_CPI | -2.8186 | -3.6122 | -4.4297 | -3.7529 * | | |

注：（＊）表示在显著性水平为1%时，序列的 ADF 检验统计量的 MacKinnon 临界值。

（＊＊）由于 NEER 与 REER 只有 1994～2009 年的数据，样本数不足 20 个，EViews 6 软件在给出检验结果的同时，提醒："Warning: Probabilities and critical values calculated for 20 observations and may not be accurate for a sample size of 14"。

单位根检验的结果表明：Ln（ROWGDP）、Ln（CNGDP）、Ln（SZGDP）、Ln（SZVAI）、Ln（RER）、Ln（NEER）、Ln（REER）都是二阶单整的[1]（integrated of order 2）。Ln（SZTEX）、Ln（SZTIM）、Ln（SZFDI）、Ln（NER）、US_ CPI 都是一阶单整的，CN_ CPI、SZ_ CPI 是平稳的。

对 Ln（SZTIM）与 Ln（SZTEX）进行协整检验，发现它们是协整的（cointegrated）[2]。

## （三）实证分析

由于 NEER、REER 只有 1994～2009 年的数据，为了比较模型中采用哪种汇

[1] 一个时间序列如果需要 n 次差分才变成平稳的，则称这一序列是 n 阶单整的（integrated）。单整，也有人译为求和或求积。

[2] 如果两个时间序列都是非平稳的，但其线性组合却是平稳的，则称其为协整的（cointegrated）。协整，也有人译为协积。三个以上的变量，如果具有不同的单整阶数，有可能经过线性组合构成低阶单整变量。如三个变量中一个是 1 阶单整的，两个是 2 阶单整的，那么它们的线性组合有可能成为 0 阶单整（平稳）的。由这样的变量构成的回归方程是有意义的。

率变量（NER、RER、NEER、REER）拟合效果较好，在初步分析时，我们将模型中所有变量的都取 1994～2009 年的观测值。汇率变量选定之后，如果模型中选用的是 NER 或者 RER，那么，在进一步的分析中，我们会将观测数据集扩展到 1991～2009 年与 1985～2009 年，并对初步选定的方程进行重新估计，以便求得较为稳健合理的估计结果。

**1. 人民币汇率变动对深圳出口总额的影响**

我们使用人民币各种汇率（NER、RER、NEER、REER）数据，运用 EViews 6 计量经济学软件进行测算，发现估计出来的 NEER 与 REER 的系数符号与理论预期不符，NER 的系数符号正确但估计值无法通过统计检验。而 RER 的系数符号正确且具有统计上的显著性[1]。由此得方程：

$$Ln(SZTEX) = -50.746 + 3.374 * Ln(ROWGDP) + 1.425 * Ln(RER)$$

其中，SZTEX 为深圳出口总额，ROWGDP 为世界其他国家与地区 GDP 总和，RER 为人民币对美元实际汇率。参数估计结果如下：

另外，对方程误差的 Breusch-Godfrey Serial Correlation LM 检验表明，误差项已不存在自相关。对误差序列进行单位根检验，在 10% 的显著性水平下，误差序列不存在单位根，即误差序列是平稳的，也就是说，这个回归方程不是伪回归[2]。

---

[1] 无独有偶，许少强、朱真丽（2002，转引自孙文莉著《人民币汇率波动对我国贸易收支的影响研究》，中国财政经济出版社，2009）发现，针对 1985～1993 年期间，以人民币兑美元双边汇率为基础计算出口相对价格的出口回归方程，较之以人民币多边实际汇率为基础计算出口相对价格的出口估计方程，显示了比较好的显著性和较强的解释能力。他们指出其中的原因在于：美国作为最重要的工业国，对我国的出口有很大的影响力；美元作为最重要的国际储备货币，对我国出口也具有很大的影响力。如果按照结算币种而不是出口地计算，美元的比重会更大；另外，香港实行的是联系汇率制，港元汇率与美元高度相关，因此，香港转口贸易受美元的影响很大，如果加上香港的贸易份额，美元对出口的影响将占绝对优势。据估计，当今世界贸易额的 80%、中国对外贸易的 90% 都是用美元结算的。同时，我们也注意到卢向前、戴国强在《经济研究》（2005.5）上发表的观点：国内相关研究普遍存在的问题之一，是往往用人民币兑美元汇率代替人民币汇率，忽略了人民币对其他国家货币的波动，使实证结论难以具有普遍性。

[2] 残差序列是一个非平稳序列的回归称为伪回归，这样的一种回归有可能拟合优度、显著性水平等指标都很好，但是由于残差序列是一个非平稳序列，说明了这种回归关系不能够真实地反映因变量和解释变量之间存在的关系，而仅仅是一种数字上的巧合而已。伪回归的出现说明模型设定出现了问题，有可能需要增加或者减少解释变量，或者把原方程进行差分，以使残差序列达到平稳。

| Dependent Variable:Ln(SZTEX) | | | | |
|---|---|---|---|---|
| Method:Least Squares | | | | |
| Sample:1994 2009 | | | | |
| Included observations:16 | | | | |
| Variable | Coefficient | Std. Error | t-Statistic | Prob. |
| C | – 50.74576 | 3.141592 | – 16.15288 | 0.0000 |
| Ln(ROWGDP) | 3.374493 | 0.148234 | 22.76469 | 0.0000 |
| Ln(RER) | 1.424872 | 0.467044 | 3.050831 | 0.0093 |
| R-squared | 0.978378 | Mean dependent var | | 10.86298 |
| Adjusted R-squared | 0.975051 | S. D. dependent var | | 0.823111 |
| S. E. of regression | 0.130012 | Akaike info criterion | | – 1.075022 |
| Sum squared resid | 0.219740 | Schwarz criterion | | – 0.930161 |
| Log likelihood | 11.60017 | F-statistic | | 294.1162 |
| Durbin-Watson stat | 1.098502 | Prob(F-statistic) | | 0.000000 |

方程拟合优度 R2 = 0.975，说明深圳出口总额对数变动的 97.5% 都可以用 ROWGDP 与 RER 的对数变动来解释，见图 4。

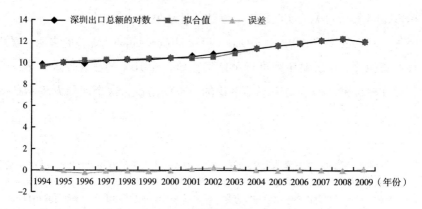

**图 4　模型拟合情况**

上述出口方程表明：在世界其他国家 GDP 不变的情况下，人民币兑美元实际汇率（RER）每升值 1%，深圳的出口总额便会（比其应有水平）下降 1.425%①。在

---

① 必须指出，人民币升值（1%）会造成出口总额下降（1.4%），指的究竟是比谁下降或从哪个水平下降？许多人会误以为指的是"比上年"下降，但实际上对比的标准是汇率不升值假设下的情况，或者说正常条件下应能达到的水平，即所谓的基准水平（baseline）。例如，如果正常情况下出口增长率为 25%，人民币一次性升值 10% 会造成出口（比不升值的条件下）下降 14.25%，那么，本年度的出口不是比上年下降了 –14.25%，而是增长 7.19%（=［（1 +0.25）* （1 –0.1425）–1］* 100%）。这一点应当特别留意，本文后面还有大量类似的表述！

汇率不变的情况下，世界其他国家的 GDP 总和每增长 1%，深圳的出口总额便会增长 3.374%。

必须指出，在实际的经济工作中，对上述经济计量方法持有怀疑态度的分析人员，往往会提出这样一种朴素的方法，来检验上述结论的准确性，即：用出口总额的增长率作为被解释变量，以人民币升值幅度与世界其他国家 GDP（总和）的增长率作为解释变量，看解释变量增长率分别乘以其系数后再相加的和是否等于被解释变量的增长率。这貌似简单合理，但实际上是对"对数线性方程"的系数（即因变量对自变量的弹性）缺乏仔细探究所导致的较大误会①。

应当指出的是，为了得出更好的估计，我们将代入模型的各变量的观测数据集从 1994～2009 年扩大为 1985～2009 年，发现方程中实际汇率（RER）的估计系数出现了较大幅度的变化，从 1.425 变为 1.085。参数估计结果如下。

对误差序列进行单位根检验，在 1% 的显著性水平下，误差序列不存在单位根。对方程误差的 Breusch-Godfrey 序列自相关 LM 检验表明，误差项已不存在自相关。总之，这个方程不是伪回归，拟合效果是好的。

观测数据集扩大，导致模型估计结果有所变化，于是，我们对模型的稳定性进行了 Chow 分割点检验，发现 1994 年后模型出现了明显的结构变化。

---

① 举一个最简单的例子，非线性函数 $y = x^3$，写成对数形式为：$\ln(y) = 3 * \ln(x)$。其中，系数 3 表明 x 每增长 1 个百分点，y 会增长 3 个百分点，但不能因此想当然地说：x 增长 100%，y 就增长 300%。如果 x 的数值从 1 增长到 2，那么 y 就由 1 变为 8，x 的增长率为 100%，y 的增长率为 700%，而不是预计的 300%。出现了如此大的估计误差，关键的原因在于系数 3 是 $\ln(y)$ 对 $\ln(x)$ 的导数。导数为 3 意味着 $\ln(x)$ 的变化幅度 [$d\ln(x) = dx/x$，即 x 的增长率] 越小，$\ln(y)$ 的变化幅度 $d\ln(y)$ 与 $\ln(x)$ 的变化幅度的比 [$d\ln(y)/d\ln(x)$] 才越接近于 3。x 的增长率越大，用其增长率的 3 倍去估计 y 的增长率，其线性化误差就越大。

要减小线性化误差，就要把 x 的增长幅度细分为若干个小区间，分段计算 x 的增长率与 y 的增长率及相应的 y 值，这样多步迭代计算，可以逐步逼近实际的 y 值（即微分方程初值问题数值解法中的 Euler 多步法）。如 x 从 1 增长到 2（增长率为 100%）时，我们可以认为 x 是分两步实现这一增长的：首先从 1 增长到 1.5（增长率为 50%），然后又从 1.5 增长到 2（增长率为 33.33%），那么，y 增长率第一步的估计值是 150%（＝3×50%），y 相应的估计值变为 2.5；y 增长率第二步的估计值是 100%（＝3×33.33%），y 相应的估计值变为 5。这样两步计算下来，y 最终增长 400%，而不是原先预计的 300%。如果认为 x 是分四步实现这一增长的，如从 1 到 1.25 再到 1.5 与 1.75 最后到 2，再如上计算 y 的增长率及相应的 y 的估计值，误差会进一步减小。x 增长的步长越小，分步迭代计算的次数越多，误差就越小，y 的估计值就越趋近于 8。Y 的估计值依次为：四步法，6；八步法，6.8；十六步法，7.333；三十二步法，7.647，……，五百一十二步法，7.977。

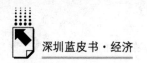

| Dependent Variable:Ln(SZTEX) | | | | |
|---|---|---|---|---|
| Method:Least Squares | | | | |
| Sample:1985 2009 | | | | |
| Included observations:25 | | | | |
| Variable | Coefficient | Std. Error | t-Statistic | Prob. |
| C | -47. 44336 | 2. 462663 | -19. 26506 | 0. 0000 |
| Ln(ROWGDP) | 3. 226833 | 0. 158212 | 20. 39561 | 0. 0000 |
| Ln(RER) | 1. 085212 | 0. 175003 | 6. 201116 | 0. 0000 |
| R-squared | 0. 988401 | Mean dependent var | | 9. 853869 |
| Adjusted R-squared | 0. 987346 | S. D. dependent var | | 1. 681625 |
| S. E. of regression | 0. 189164 | Akaike info criterion | | -0. 380241 |
| Sum squared resid | 0. 787224 | Schwarz criterion | | -0. 233976 |
| Log likelihood | 7. 753015 | Hannan-Quinn criter. | | -0. 339673 |
| F-statistic | 937. 3399 | Durbin-Watson stat | | 1. 120759 |
| Prob(F-statistic) | 0. 000000 | | | |

| Chow Breakpoint Test:1994 | | | |
|---|---|---|---|
| Null Hypothesis:No breaks at specified breakpoints | | | |
| Varying regressors:All equation variables | | | |
| Equation Sample:1985 2009 | | | |
| F-statistic | 4. 384950 | Prob. F(3,19) | 0. 0166 |
| Log likelihood ratio | 13. 15311 | Prob. Chi-Square(3) | 0. 0043 |
| Wald Statistic | 13. 15485 | Prob. Chi-Square(3) | 0. 0043 |

因此，运用1994～2009年数据得到的模型估计结果更适用于1994年以来的情况分析。

**2. 人民币汇率变动对深圳进口总额的影响**

我们使用人民币各种汇率（NER、RER、NEER、REER）数据进行测算，发现估计出来的 NER、NEER 与 REER 的系数符号与理论预期不符，只有 RER 的系数符号正确，且在统计上的具有显著性。由此得方程：

$$Ln(SZTIM) = 4.274 + 0.834 * Ln(SZGDP) - 1.123 * Ln(RER)$$

其中，SZTIM 为深圳进口总额，SZGDP 为深圳 GDP，RER 为人民币对美元实际汇率。参数估计结果如下。

| Dependent Variable：LOG（SZTIM） | | | | |
| --- | --- | --- | --- | --- |
| Method：Least Squares | | | | |
| Sample：1994 2009 | | | | |
| Included observations：16 | | | | |
| Variable | Coefficient | Std. Error | t-Statistic | Prob. |
| C | 4. 274115 | 1. 509467 | 2. 831539 | 0. 0141 |
| LOG（SZGDP） | 0. 834777 | 0. 057404 | 14. 54219 | 0. 0000 |
| LOG（RER） | − 1. 123065 | 0. 611086 | − 1. 837819 | 0. 0890 |
| R-squared | 0. 947925 | Mean dependent var | | 10. 63484 |
| Adjusted R-squared | 0. 939913 | S. D. dependent var | | 0. 764130 |
| S. E. of regression | 0. 187308 | Akaike info criterion | | − 0. 344766 |
| Sum squared resid | 0. 456095 | Schwarz criterion | | − 0. 199906 |
| Log likelihood | 5. 758132 | F-statistic | | 118. 3200 |
| Durbin-Watson stat | 0. 495248 | Prob（F-statistic） | | 0. 000000 |

这个方程的系数估计初看上去基本可以接受，符号正确，均在10%的显著性水平之下，而且进口总额对数变动的97%都可以用深圳 GDP 和实际汇率对数的变动来解释。但经检验方程的误差存在自相关与单位根，这个回归方程是伪回归。

上述方程无法做到在估计系数具有统计显著性的同时，消除误差项的自相关与单位根。

将观测数据集从 1994 ~ 2009 年扩展为 1985 ~ 2009 年，重新对上述方程进行估计，发现汇率系数与常数项的估计值都通不过统计检验，是冗余变量，将其删除后对方程的拟合优度几乎没有影响。参数估计结果如下。

$$Ln（SZTIM） = 0. 854 * Ln（SZGDP）$$

$$（t 值）\quad（150. 338）$$

$$（adjR2 = 0. 956）\quad（D. W. = 0. 777）$$

这样的估计结果似乎表明，从 1985 ~ 2009 年的长期来看，汇率变动对于深圳的进口总额不存在直接而显著的影响，对进口总额产生重大影响的是深圳的经济规模（SZGDP）。考虑到深圳对外贸易一直以加工贸易为主的事实，出口订单的多少直接影响到进口，深圳 GDP 在一定程度上反映了出口规模的大小，因而可以推想，出口总额对进口总额的影响，比 GDP 的影响更为直接。我们采用

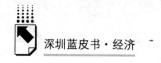

1985~2009 年出口总额来替代深圳 GDP 重新测算。结果如下：

$$Ln(SZTIM) = 0.610 + 0.900 * Ln(SZTEX) + 0.121 * Ln(RER)$$

$$(t\ 值)\quad (3.451)(24.548)\quad\quad (0.731)$$

$$(adjR2 = 0.991)\quad\quad (D.W. = 1.265)$$

其中，SZTIM 为深圳进口总额，SZTEX 为深圳出口总额，RER 为人民币兑美元实际汇率。

可见，深圳进口总额（SZTIM）对数变动的 99% 以上都可以用深圳出口总额（SZTEX）的对数变动来解释，出口总额比深圳 GDP 的解释力更强（adj R2 = 0.991 > 0.956），方程误差的自相关问题也得到了改善（D.W. = 1.265 > 0.777）。方程中人民币兑美元实际汇率（RER）的系数的符号虽然与预期的不符，其 t 值非常小，系数估计值不具有统计显著性。将实际汇率从方程中删去，直接用出口总额来解释进口总额，得方程：

$$Ln(SZTIM) = 0.599 + 0.924 * Ln(SZTEX)$$

参数估计结果如下。

| Dependent Variable: Ln(SZTIM) | | | | |
|---|---|---|---|---|
| Method: Least Squares | | | | |
| Sample: 1985 2009 | | | | |
| Included observations: 25 | | | | |
| Variable | Coefficient | Std. Error | t-Statistic | Prob. |
| C | 0.598992 | 0.174297 | 3.436613 | 0.0022 |
| Ln(SZTEX) | 0.923891 | 0.017446 | 52.95719 | 0.0000 |
| R-squared | 0.991866 | Mean dependent var | | 9.702898 |
| Adjusted R-squared | 0.991512 | S. D. dependent var | | 1.559997 |
| S. E. of regression | 0.143725 | Akaike info criterion | | −0.965218 |
| Sum squared resid | 0.475105 | Schwarz criterion | | −0.867708 |
| Log likelihood | 14.06523 | Hannan-Quinn criter. | | −0.938173 |
| F-statistic | 2804.464 | Durbin-Watson stat | | 1.262063 |
| Prob(F-statistic) | 0.000000 | | | |

对误差序列进行单位根检验，在 1% 的显著性水平下，误差序列不存在单位根。对方程误差的 Breusch-Godfrey 序列自相关 LM 检验表明，误差项已不存在自

相关。总之，这个方程不是伪回归，拟合效果是好的。

因此，深圳的出口总额是进口总额的一个非常好的解释变量，出口每增减一个百分点，当年的进口就随之增减 0.924 个百分点。人民币兑美元实际汇率变动与深圳的进口总额之间几乎不存在直接关系。

通过前面一小节的分析，我们知道，人民币兑美元实际汇率每升值 1%，出口总额就下降 1.425%，出口下降 1.425% 则带动进口下降 1.317%（= 1.425% * 0.924）。也就是说，人民币兑美元实际汇率每升值 1%，深圳当年的进口总额就会（比不升值的假设情况）下降 1.317 个百分点。这虽然出乎许多人的意料，但与我们后面 CGE 模型的分析结论相一致。

**3. 人民币汇率变动对深圳的外商直接投资的影响**

我们使用人民币各种汇率（NER、RER、NEER、REER）数据进行测算，发现估计出来的 NEER 与 REER 的系数估计值不具有统计显著性，NER 与 RER 项的系数符号都正确，且估计值都具有统计显著性，NER 比 RER 的拟合程度稍好一些。由此得方程：

$$Ln(SZFDI) = 0.507 * Ln(SZGDP) + 0.690 * Ln(NER)$$

其中，SZFDI 为深圳的外商直接投资总额，SZGDP 为深圳 GDP，NER 为人民币兑美元名义汇率。参数估计结果如下。

| Dependent Variable: Ln(SZFDI) | | | | |
|---|---|---|---|---|
| Method: Least Squares | | | | |
| Sample: 1991 2009 | | | | |
| Included observations: 19 | | | | |
| Variable | Coefficient | Std. Error | t-Statistic | Prob. |
| Ln(SZGDP) | 0.507094 | 0.042722 | 11.86973 | 0.0000 |
| Ln(NER) | 0.689705 | 0.256602 | 2.687839 | 0.0156 |
| R-squared | 0.926735 | Mean dependent var | | 7.559848 |
| Adjusted R-squared | 0.922425 | S. D. dependent var | | 0.676392 |
| S. E. of regression | 0.188391 | Akaike info criterion | | - 0.401298 |
| Sum squared resid | 0.603347 | Schwarz criterion | | - 0.301883 |
| Log likelihood | 5.812331 | F-statistic | | 215.0333 |
| Durbin-Watson stat | 1.639409 | Prob(F-statistic) | | 0.000000 |

可见，深圳外商直接投资（SZFDI）对数变动的92%以上都可以用SZGDP与RER的对数变动来解释。

对方程误差的Breusch-Godfrey Serial Correlation LM检验表明，误差项已不存在自相关。对误差序列进行单位根检验，在1%的显著性水平下，误差序列不存在单位根[①]。

为了得到更稳健的估计，我们将代入模型的各变量的观测数据集从1991~2009年扩大为1985~2009年，发现方程中名义汇率（RER）的估计系数不再显著，变为冗余变量。运用Chow分割点检验，发现1990年后模型出现了结构变化。因此，仍保留原估计结果。

综上所述，我们可以谨慎地说：在深圳GDP不变的情况下，人民币兑美元名义汇率每升值1%，外商对深圳的直接投资就会（比其应有水平）下降0.69个百分点。

### 4. 人民币汇率变动对深圳工业增加值的影响

我们使用1985~2009年的人民币兑美元名义汇率与实际汇率（NER、RER）等数据进行测算，发现NER的系数的估计效果最好。

$$Ln(SZVAI) = -10.010 + 0.348 * Ln(SZTEX)$$
$$+ 1.017 * Ln(CNGDP) + 0.622 * Ln(NER)$$

$$(t值) \quad (-9.076)(4.106) \quad (8.688)(3.551)$$

$$(adjR2 = 0.994) \quad (D.W. = 0.738)$$

其中，SZVAI为深圳工业增加值，SZTEX为深圳出口总额，CNGDP为中国GDP（代表国内市场的需求），NER为人民币兑美元名义汇率。

这个方程的拟合结果很好，$R2 = 0.994$，说明深圳工业增加值对数变动的99%以上都可以用汇率变动、出口及国内市场需求的对数变动来解释。方程中各变量的系数不仅符号正确，而且具有统计上的显著性，但D.W. = 0.738，说明方程的误差存在较强的自相关。因而上述方程不能令人满意。

在方程中加入一阶自回归项来消除误差的自相关，对方程进行重新估计，得：

---

① 在进行单位根检验时，EViews 6提醒："Warning：Probabilities and critical values calculated for 20 observations and may not be accurate for a sample size of 15"。

$$\begin{cases} Ln(SZVAI_t) = 0.194\,Ln(SZTEX_t) + 0.645\,Ln(CNGDP_t) + u_t \\ u_t = 0.935\,u_{t-1} + \varepsilon_t \\ u_{t-1} = Ln(SZVAI_{t-1}) - 0.194\,Ln(SZTEX_{t-1}) - 0.645\,Ln(CNGDP_{t-1}) \end{cases}$$

其中，$u_t$ 为方程拟合的误差，$\varepsilon_t$ 为白噪声。

方程可以简记为：

$$Ln(SZVAI) = 0.194 * Ln(SZTEX) + 0.645 * Ln(CNGDP) + [AR(1) = 0.935]$$

$$(t\,值) \quad (2.586) \qquad (10.975) \qquad (46.809)$$

$$(adjR2 = 0.998) \qquad (D.W. = 1.155)$$

其中，AR（1）为随机误差的一阶自回归滞后项的系数。

R2＝0.998，说明深圳工业增加值（SZVAI）对数变动的99.8%都可以用深圳出口总额（SZTEX）与中国 GDP（CNGDP）的对数变动等来解释。方程中各项的系数估计值都是显著的。对方程误差的 Breusch-Godfrey Serial Correlation LM 检验表明，误差项已不存在自相关。对误差序列进行单位根检验，在1%的置信水平下，误差序列不存在单位根。但方程稳定性的 Chow 分割点检验表明，1989年之后方程的结构发生了显著改变。

| Chow Breakpoint Test：1989 | | | |
| --- | --- | --- | --- |
| Null Hypothesis：No breaks at specified breakpoints | | | |
| Equation Sample：1986 2009 | | | |
| F-statistic | 6.928544 | Prob. F(3,18) | 0.0027 |
| Log likelihood ratio | 18.42428 | Prob. Chi-Square(3) | 0.0004 |

于是，我们改用1990～2009年数据对方程进行重新估计，得：

$$Ln(SZVAI) = 0.162 * Ln(SZTEX) + 0.645 * Ln(CNGDP) + [AR(1) = 0.900]$$

其中，SZVAI 为深圳工业增加值，SZTEX 为深圳出口总额，CNGDP 为中国 GDP，AR（1）为随机误差的一阶自回归滞后项的系数。参数估计结果如下。

可见，方程中各项的系数估计值都是显著的。对方程误差的 Breusch-Godfrey Serial Correlation LM 检验表明，误差项已不存在自相关。对误差序列进行单位根检验，在1%的置信水平下，误差序列不存在单位根。

| Dependent Variable:Ln(SZVAI) | | | |
|---|---|---|---|
| Method:Least Squares | | | |
| Sample:1990 2009 | | | |
| Included observations:20 | | | |
| Convergence achieved after 7 iterations | | | |
| Variable | Coefficient | Std. Error | t-Statistic | Prob. |
|---|---|---|---|---|
| Ln(SZTEX) | 0. 161715 | 0. 049610 | 3. 259714 | 0. 0046 |
| Ln(CNGDP) | 0. 644889 | 0. 034981 | 18. 43519 | 0. 0000 |
| AR(1) | 0. 899763 | 0. 018647 | 48. 25139 | 0. 0000 |
| R-squared | 0. 998435 | Mean dependent var | | 11. 19737 |
| Adjusted R-squared | 0. 998251 | S. D. dependent var | | 1. 268238 |
| S. E. of regression | 0. 053044 | Akaike info criterion | | − 2. 897897 |
| Sum squared resid | 0. 047833 | Schwarz criterion | | − 2. 748537 |
| Log likelihood | 31. 97897 | Hannan-Quinn criter. | | − 2. 868741 |
| Durbin-Watson stat | 1. 630237 | | | |
| Inverted AR Roots | 0. 90 | | | |

方程中没有了汇率项，可以解释为汇率变动不对工业增加值产生直接影响，而是通过对出口的影响而间接影响工业增加值。滞后项的存在表明，人民币汇率变动不仅通过出口而对当期工业增加值产生影响，而且通过滞后项对未来若干年的工业增加值也会产生影响。这一点也与后面 CGE 模型的分析结论相一致。

上述方程表明，在其他条件不变的情况下，深圳出口总额每增长 1%，深圳当年的工业增加值就会（比其应有水平）增长 0. 162 个百分点；中国 GDP 每增长 1%，深圳当年的工业增加值就会（比其应有水平）增长 0. 645 个百分点。

上述方程表明，深圳工业增加值是深圳出口总额与中国 GDP 的函数。通过前面的实证分析，我们知道，深圳的出口总额又是人民币实际汇率与世界其他国家和地区 GDP（总额）的函数。在世界其他国家和地区收入不变的情况下，人民币兑美元实际汇率每升值 1%，深圳的出口总额便会下降 1. 425 个百分点，从而引起工业增加值下降 0. 231（= 1. 425 × 0. 162）个百分点。如果我们相信学者们关于人民币汇率贬值能有效改善中国的贸易收支的实证研究结果[①]，那么很容

---

[①]　卢向前、戴国强在《人民币实际汇率波动对我国进出口的影响：1994～2003》中认为，"在出口单方程中，出口与人民币对世界主要货币的加权实际汇率存在显著的长期关系，实际汇率的系数（1. 880952）显著大于零；在进口单方程中，进口与实际汇率也存在显著的长期关系，实际汇率的系数（− 1. 59384）显著小于零。两者的绝对值之和超过 3. 8。因此，汇率波动对我国进出口的影响十分显著。"参见《经济研究》2005 年第 5 期。

易推出，中国 GDP 也是人民币汇率的函数。粗略地估计表明，人民币实际汇率每升值 1 个百分点，中国 GDP 将下降 0.25 个百分点，从而影响深圳工业增加值 0.16（=0.25×0.645）个百分点。通过上述两种效应叠加，人民币升值对深圳工业增加值的总效应为：人民币实际汇率升值 1%，深圳当年的工业增加值就会（比其应有水平）下降 0.39 个百分点。这一估计与后面 CGE 模型的分析结果十分接近。

# 三　可计算一般均衡模型分析

## （一）　可计算一般均衡模型的分析框架

### 1. 模型综述

可计算一般均衡模型，是一个关于商品、服务与要素市场供求条件的大型线性方程组。需求方程与供给方程是由生产者、投资者、消费者、政府、出口商与进口商等各种经济当事人的最优化行为导出的。这种最优化行为决定了经济当事人对相对价格变动及经济环境因素变化的反应。该模型假定，所有的商品、服务和要素市场起初位于由模型数据库表示的一个均衡状态。经济政策的变动（如汇率变动）或者经济环境的变动（如国际市场出口需求增加），将导致市场上所有商品、服务和要素市场的价格与数量都发生相应变动，并在新的价格下达到所有商品、服务和要素市场的供求数量都相等，即达到一个新的均衡。该模型用于计算经济政策或经济环境变动所引起的商品、服务与要素（及其他经济指标）均衡数量与价格的变动。

### 2. 模型中经济主体的最优化行为

我们所采用的名为 CHINAGEM① 的动态可计算一般均衡模型，可以识别多达 137 个行业（或部门），每个行业生产一种商品或服务（如纺织品或建筑）。

在每一个行业里，生产者使用 3 种生产要素（土地/资源，劳动与资本）和

---

① CHINAGEM 是一个类似于 MONASH 模型的中国动态可计算一般均衡模型。而 MONASH 模型则是澳大利亚的递归动态可计算一般均衡模型（Dixon and Rimmer 2002）。自 1990 年以来，MONASH 模型已经广泛应用于各种经济政策分析，如关税减免、税制改革、市场化改革、大型项目评估、经济各部门的贡献、中央与地方政府的财政关系、温室气体排放预测、区域各行业的就业预测、人口老龄化问题、工资与就业政策等。在过去的十年里，MONASH 模型已经被其他经济体用作研发动态 CGE 模型的平台，如美国、中国、波兰、芬兰、马来西亚、越南等等，而且也已经成为多国模型的基础。

多达137种（国产与进口）商品与服务作为生产过程的投入（见图5）。在其生产过程中，生产者根据其行业生产技术的特点，将物质投入与各种生产要素的某一组合以一个固定的比例进行搭配（列昂捷夫投入产出技术）。生产者根据各种生产要素的相对价格来决定生产要素的组合。如果劳动相对于资本变得更为昂贵，那么生产者就会用资本来代替劳动。生产者根据既定产量下的成本最小化原则来决定其对物质投入及生产要素的需求。一旦物质投入的水平确定下来了，生产者就会根据进口品与同类国产品之间的相对价格来决定两者之间的投入比例。当可以用更少的物质投入或生产要素来生产同样多的商品时，就意味着出现了技术进步。每一行业的产出或者用于内销，或者用于出口。

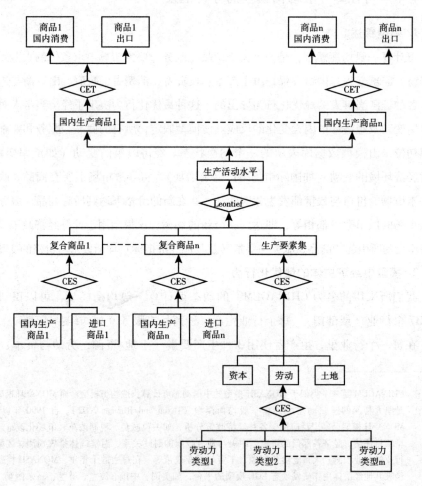

**图5　CHINAGEM中生产与销售模块函数嵌套结构**

在模型中，消费者购买各种各样的国产商品或同类进口商品用于消费。他们选择生活必需品与奢侈品的某种组合来进行消费。奢侈品的消费会随着收入的提高而增加。他们会按照既定预算约束下的效用最大化原则来选购消费品。消费者会根据进口商品与同类国产商品之间的相对价格来决定国产商品与同类进口商品的消费比例。

在模型中，政府征收直接税与间接税（包括关税），并且有预算支出。投资者在为建造资本品而购买各种（国产与进口）商品与服务（主要是建筑）时，会最小化其成本。投资者在选购进口商品与同类国产商品时，其行为方式与生产者及消费者是类似的。

### 3. 资本供求模块

CHINAGEM 模型有一些联结各种经济指标当年值与下一年数值的动态方程。模型中的物质资本积累模块就包含这类方程，在这些物质资本积累方程中，下一年的资本存量等于当年的资本存量加上当年投资再减去折旧。当年的投资取决于将资本增长率与预期资本回报率联系起来的方程。资本的供给曲线，是一条表示预期资本回报率与资本存量增长之间关系逆逻辑斯蒂函数曲线。目前这一版本的 CHINAGEM 模型具有静态预期。在静态预期下，投资者在形成关于资本回报率的当前预期时，只考虑当前租金与资产价格。

在需求方面，资本的需求通过不变替代弹性（CES）函数与相关的价格相联系。CES 函数用来表示资本与劳动及土地/资源之间的替代关系。资本需求曲线允许复合资本对要素相对价格的变动作出反应，也允许对其他因素变动作出反应，如（在既定的一组生产要素相对价格下）影响资本劳动比率关系的技术进步。

### 4. 劳动力供求模块

就业会随着工资政策变化而变动。在 CHINAGEM 模型中，实际工资是黏性的。工资调整方程设定为：实际工资的增长会对实际就业量的增长作出反应。实际工资增加，会减少企业对劳动的需求，从而减少就业。从长期来看，就业取决于人口因素，如人口增长及劳动力的参与率。

通过允许劳动力在行业或部门之间流动，我们可以考查劳动力流动对 GDP 增长的贡献。将劳动力从生产率较低的部门转移到生产率较高的部门，意味着更高水平的有效劳动投入。

### 5. 净外债（资产）模块

CHINAGEM 模型可以说明国外资产/负债的积累。净外债/资产的积累可以引起实际 GDP 与实际 GNP 的不同。GNP 比 GDP 能更好地反映国民的福利水平。

### 6. 实际基准线

在全球化快速发展的当今世界，根据具有实际基准线的动态模型来进行政策分析是十分重要的。在运用 CHINAGEM 进行分析时，我们会首先使用可获得的历史数据，来更新根据"历史模拟"所得到的从某一年（如 2002 年）到最近一年（如 2009 年）的经济状况。然后再运用可获得的预测数据以及从"历史模拟"中获得的技术进步趋势，来推断中国经济从 2010 年到 2020 年的变化。

使用动态模型进行政策分析的优势，在于它将增长情景纳入分析视野。实际基准线可以将经济发展的总体趋势与政策效果区分开来。通过在某一历史时期及预测期间的实际基准线上加入政策变动，我们就可以了解经济政策是如何帮助一个国家或地区来适应整体经济趋势的变动的，见图 6。

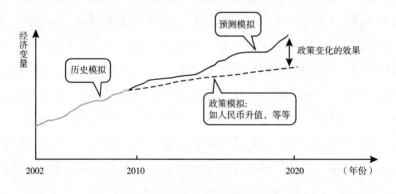

**图 6　历史模拟、预测模拟与政策模拟**[*]

　　[*] CHINAGEM 的具有四种模拟功能：历史模拟、分解模拟、预测模拟和政策模拟。运用历史模拟，我们可以估计居民偏好和企业生产技术的变化，并生成最新的投入产出表；运用分解模拟，我们可以按照驱动经济增长的因素，如政策的变化，世界市场上商品价格变化，居民偏好与生产技术的变化等等，来解释经济发展的不同阶段；运用预测模拟，我们可以根据外推法估计各种偏好与技术的变化趋势，并结合各种专业机构对宏观经济走势、进出口、旅游及政策变动等的预测，作出对各种行业、各种职业和各个地区的变量的预测。运用政策模拟，我们可以测算政策变动所引起的各种经济变量对其均衡增长路径的偏离。参见澳大利亚 Monash 大学政策研究中心 Yinhua Mai、Peter B. Dixon、Maureen Rimmer《CHINAGEM：A MONASH-STYLE DYNAMIC CGE MODEL OF CHINA》，18 June 2010。

### 7. 自上而下的区域模块

在 CHINAGEM 模型中，我们按照自上而下（Top-down）的方法建立了一个具有深圳与中国其他地区的区域模块。采用自上而下建模方法的主要考虑是其数据需求相对较少，其必不可少的数据只是各区域各种商品的产出。与原理上更为合理的由下到上（Bottom up）的建模方法相比，自上而下的建模方法，可以只需花费较少的成本（前者的约 10%），就可以得到其大部分（约 70%）的分析结果。顺便指出，目前世界上最庞大的 CGE 模型，美国国际贸易委员会使用的具有 500 多种行业、51 个州的动态模型 USAGE-ITC，其中的区域模块也是按照自上而下的方法构建的①。

具有深圳与中国其他地区的区域模块可以说明国家层面的政策变动对深圳经济的影响。这一区域模块的主要特点如下。

第一，它可以让大量的国家层面的经济变量来决定区域结果。这些变量包括：分行业的就业与产出；分商品与行业的中间投入；分商品的消费、出口与政府支出；各种宏观经济变量，如 GDP。

第二，它规定许多区域变量的变动是由相应的国家层面的变量加上一个区域偏差项决定的。区域偏差项是相关区域变量与所有相应区域变量平均值的差。例如，某一地区（$r$）对某一商品（$i$）消费的百分比变化，就规定为整个国家对商品 $i$ 的消费百分比变化，加上区域 $r$ 居民可支配收入与全国居民可支配收入的百分比变化之间的差。

第三，某一区域对于附加服务、运输、批发与零售等的需求，都可以通过区域模块来详细处理。这一特点可以捕捉国家任何政策变动对深圳出口服务部门的影响。

第四，它保证所有变量的区域取值加总之后，等于相应国家层面变量的取值。

## （二）正常情况下深圳经济增长预测

按照自上而下的建模方法的要求，要分析正常情况下（business as usual）深

---

① 参见 Disaggregation of Results From a Detailed General Equilibrium Model of the U. S. to the State Level，Peter B. Dixon，Maureen T. Rimmer and Marinos E. Tsigas，June 2004。

圳的经济增长，就要首先明确正常情况下中国的经济增长前景。

我们采用情景分析法对中国经济增长前景进行分析，根据中国经济的发展和结构特点给出基准增长情景。基准增长情景是以过去和当前的发展特点为基础，分析其趋势，并考虑最有可能的一些变化，包括人口、要素禀赋和技术进步的变化等，从而推导出来的可能情景。它反映了经济发展的可能趋势，也提供了与其他情景比较的参照系。

根据改革开放以来中国技术进步、资本存量及劳动力增长的特点和发展趋势，我们认为，在正常情况下，未来十年，中国经济仍能够保持持续快速的增长，但增速将逐步下降，见表4与图7、图8。

在中国经济增长基准线的基础上，我们可以从模型中推导出的深圳经济长期增长的基准线。

表4　中国宏观经济指标的历史与预测模拟[*]　　　　　　单位：%

| | 历史模拟 | 预测模拟 |
|---|---|---|
| | 年均增长率<br>2002~2009 | 年均增长率<br>2010~2020 |
| 实际 GDP | 10.4 | 8.9 |
| 所有初始要素的生产率 | 4.9 | 4.9 |
| 资本存量 | 9.0 | 8.1 |
| 有效劳动投入 | 1.4 | 0.7 |
| 就业量(人数) | 0.8 | 0.4 |
| 实际工资 | 11.6 | 8.9 |
| 回报率 | -2.9 | -5.8 |
| GDP 价格指数 | 5.3 | 1.3 |
| 消费 | 6.8 | 4.1 |
| 投资 | 10.5 | 6.7 |
| 政府支出 | 8.2 | 8.2 |
| 出口 | 17.1 | 14.2 |
| 进口 | 11.7 | 10.6 |
| 三大产业产出 | | |
| 农林牧渔业 | 4.5 | 3.8 |
| 工业 | 11.4 | 9.7 |
| 服务业 | 11.4 | 9.8 |

[*] 参见澳大利亚 Monash 大学政策研究中心 Yinhua Mai、Peter B. Dixon、Maureen Rimmer《CHINAGEM：A MONASH-STYLE DYNAMIC CGE MODEL OF CHINA》，18 June 2010。

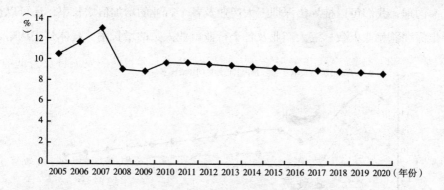

**图 7　中国经济长期增长的基准线**

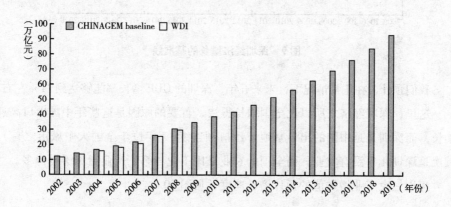

**图 8　历史与预测模拟：中国 2002～2020 年现价 GDP**

\*参见澳大利亚 Monash 大学政策研究中心 Yinhua Mai、Peter B. Dixon、Maureen Rimmer《CHINAGEM：A MONASH-STYLE DYNAMIC CGE MODEL OF CHINA》，18 June 2010。

注：图 8 中 WDI 是 World Development Indicators 的简写，即世界发展指标，源自世界银行。

深圳的 GDP 增长率与全国的 GDP 增长率有一定关系，但这一关系并不是根据深圳 GDP 增长率对全国 GDP 增长率的回归得出的，而是依据模型中特定公式计算出来的，即：区域的 GDP 增长率，等于全国的 GDP 增长率，加上区域 GDP 增长率对全国 GDP 增长率的偏离度（两者的差额）。这样计算的好处是可以将各个行业、各个地区的增加值与全国数据相互协调一致，不会出现各地区 GDP 加总后比全国 GDP 大 10% 左右的情况。

同理，我们可以推导出深圳三大产业及各个行业的增加值增长率，还可以推导出深圳总就业人数、三大产业及各个行业就业人数的增长率。具体公式从略。

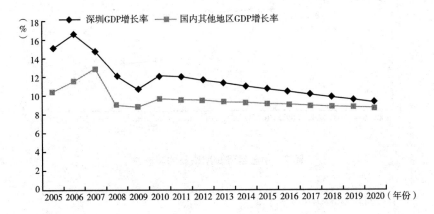

**图9 深圳经济增长的基准线**

我们预计，在正常情况下，未来五年，深圳的GDP增长率能够达到11%左右。

这里，深圳经济之所以比全国增长得快，首要的原因是这些年中国出口高速增长，而深圳又是中国的出口基地（出口额连续17年位于全国大中城市之首）。其次是深圳几乎没有农业，而全国的农业又比工业与第三产业增长缓慢得多。

深圳三大产业增加值的预计增长速度，见图10。

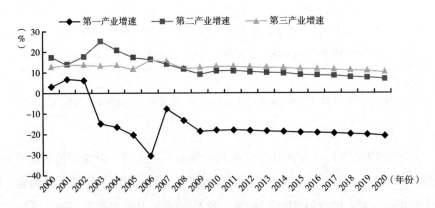

**图10 深圳三大产业增加值增速变动趋势**

深圳的高新技术产业、物流与金融三大支柱产业，在统计分类中相应（或相近）行业的预计增长速度，见图11。

**图11　深圳支柱产业增加值增速变动趋势**

更为详细的行业分类及其增加值增速变动趋势，见表5。

**表5　未来五年深圳各行业增加值实际增速预测**

单位：%

| 行　　业 ＼ 年　份 | 2010 | 2011 | 2012 | 2013 | 2014 | 2015 |
|---|---|---|---|---|---|---|
| 农业 | −18.0 | −18.1 | −18.3 | −18.5 | −18.8 | −19.0 |
| 煤炭采选业 | 0.0 | 0.0 | 0.0 | 0.0 | 0.0 | 0.0 |
| 石油和天然气开采业 | 3.2 | 4.2 | 3.7 | 3.3 | 2.9 | 2.6 |
| 黑色金属矿采选业 | 0.0 | 0.0 | 0.0 | 0.0 | 0.0 | 0.0 |
| 有色金属矿采选业 | 0.0 | 0.0 | 0.0 | 0.0 | 0.0 | 0.0 |
| 非金属矿采业 | 0.0 | 0.0 | 0.0 | 0.0 | 0.0 | 0.0 |
| 食品加工业 | 10.8 | 10.7 | 10.5 | 10.3 | 10.1 | 9.8 |
| 食品制造业 | 11.7 | 11.5 | 11.2 | 10.9 | 10.6 | 10.3 |
| 饮料制造业 | 11.9 | 11.6 | 11.3 | 11.0 | 10.7 | 10.4 |
| 烟草加工业 | 11.7 | 11.6 | 11.4 | 11.1 | 10.8 | 10.5 |
| 纺织业 | 13.4 | 13.2 | 12.8 | 12.4 | 12.0 | 11.5 |
| 服装及其他纤维制品制造业 | 12.9 | 12.8 | 12.4 | 12.1 | 11.7 | 11.2 |
| 皮革、毛皮羽绒及其制品业 | 13.0 | 12.7 | 12.3 | 11.8 | 11.3 | 10.8 |
| 木材加工及竹、藤、棕、草制品业 | 13.8 | 13.6 | 13.2 | 12.8 | 12.4 | 12.0 |
| 家具制造业 | 14.2 | 14.0 | 13.6 | 13.1 | 12.6 | 12.2 |
| 造纸及纸制品业 | 12.5 | 12.3 | 11.9 | 11.5 | 11.1 | 10.8 |
| 印刷业、记录媒介的复制 | 11.9 | 11.8 | 11.5 | 11.2 | 11.0 | 10.7 |
| 文教体育用品制造业 | 13.7 | 13.5 | 13.1 | 12.6 | 12.2 | 11.7 |
| 石油加工及炼焦业 | 13.9 | 13.7 | 13.2 | 12.8 | 12.3 | 11.9 |
| 化学原料及化学制品制造业 | 13.7 | 13.4 | 12.9 | 12.3 | 11.8 | 11.3 |

续表 5

| 行 业 \ 年 份 | 2010 | 2011 | 2012 | 2013 | 2014 | 2015 |
|---|---|---|---|---|---|---|
| 医药制造业 | 12.0 | 11.7 | 11.4 | 11.0 | 10.7 | 10.3 |
| 化学纤维制造业 | 12.2 | 12.0 | 11.8 | 11.5 | 11.1 | 10.8 |
| 橡胶制品业 | 14.0 | 13.7 | 13.3 | 12.8 | 12.3 | 11.8 |
| 塑料制品业 | 11.9 | 11.7 | 11.3 | 10.9 | 10.4 | 9.9 |
| 非金属矿物制品业 | 13.0 | 12.9 | 12.6 | 12.3 | 12.0 | 11.8 |
| 黑色金属冶炼及压延加工业 | 12.1 | 11.9 | 11.6 | 11.4 | 11.1 | 10.9 |
| 有色金属冶炼及压延加工业 | 12.8 | 12.5 | 12.0 | 11.6 | 11.2 | 10.8 |
| 金属制品业 | 13.7 | 13.4 | 13.0 | 12.5 | 12.1 | 11.7 |
| 普通机械制造业 | 13.7 | 13.3 | 12.8 | 12.4 | 11.9 | 11.5 |
| 专用设备制造业 | 13.9 | 13.5 | 13.0 | 12.5 | 12.0 | 11.6 |
| 交通运输设备制造业 | 13.0 | 12.8 | 12.4 | 12.1 | 11.7 | 11.3 |
| 电气机械及器材制造业 | 13.5 | 13.2 | 12.6 | 12.1 | 11.5 | 11.0 |
| 电子及通信设备制造业 | 10.9 | 10.6 | 10.1 | 9.6 | 9.2 | 8.7 |
| 仪器仪表文化办公用机械 | 12.5 | 12.2 | 11.7 | 11.2 | 10.7 | 10.2 |
| 其他制造业 | 13.7 | 13.5 | 13.0 | 12.6 | 12.1 | 11.7 |
| 废弃资源和废旧材料回收工业 | 18.3 | 17.7 | 17.4 | 17.1 | 16.8 | 16.6 |
| 电力蒸汽热水生产供应业 | 11.1 | 10.9 | 10.7 | 10.4 | 10.2 | 10.0 |
| 煤气的生产和供应业 | 10.3 | 10.4 | 10.3 | 10.2 | 10.0 | 9.8 |
| 自来水的生产和供应业 | 10.3 | 10.1 | 10.0 | 9.8 | 9.7 | 9.5 |
| 建筑业 | 13.5 | 13.5 | 13.3 | 13.1 | 13.0 | 13.0 |
| 交通运输、仓储和邮政业 | 13.8 | 13.5 | 13.1 | 12.7 | 12.3 | 11.9 |
| 信息传输、计算机服务和软件业 | 14.1 | 13.9 | 13.6 | 13.3 | 13.1 | 12.9 |
| 批发和零售业 | 12.4 | 12.3 | 12.1 | 11.8 | 11.5 | 11.1 |
| 住宿和餐饮业 | 11.9 | 11.8 | 11.5 | 11.2 | 11.0 | 10.7 |
| 金融业 | 16.7 | 16.1 | 15.8 | 15.5 | 15.2 | 15.0 |
| 房地产业 | 12.1 | 11.8 | 11.5 | 11.2 | 11.0 | 10.9 |
| 租赁和商务服务业 | 13.7 | 13.5 | 13.1 | 12.7 | 12.3 | 11.9 |
| 科学研究、技术服务和地质勘查业 | 10.5 | 10.5 | 10.4 | 10.3 | 10.3 | 10.2 |
| 水利、环境和公共设施管理业 | 10.8 | 10.8 | 10.8 | 10.7 | 10.6 | 10.6 |
| 居民服务和其他服务业 | 16.7 | 16.0 | 15.1 | 14.3 | 13.6 | 12.9 |
| 教育 | 8.4 | 8.3 | 8.2 | 8.1 | 8.1 | 8.0 |
| 卫生、社会保障和社会福利业 | 8.8 | 8.6 | 8.4 | 8.3 | 8.2 | 8.1 |
| 文化、体育和娱乐业 | 11.9 | 11.7 | 11.4 | 11.2 | 10.9 | 10.6 |
| 公共管理和社会组织 | 8.6 | 8.6 | 8.5 | 8.5 | 8.5 | 8.5 |

注：实际增速，不是名义增速，它剔除了物价变动因素的影响。

根据表 5 和图 9、图 10 的增长率预测，我们很容易推算出未来五年深圳三大产业及各细分行业产出的估计值，见表 6 与表 7。

表6 深圳三大产业增加值预测

单位：亿元

| 产业＼年份 | 2010 | 2011 | 2012 | 2013 | 2014 | 2015 |
|---|---|---|---|---|---|---|
| GDP | 9204 | 10300 | 11496 | 12796 | 14206 | 15735 |
| 第一产业 | 5.3 | 4.3 | 3.5 | 2.9 | 2.3 | 1.9 |
| 第二产业 | 4260 | 4718 | 5208 | 5730 | 6285 | 6873 |
| 第三产业 | 4939 | 5578 | 6284 | 7062 | 7918 | 8860 |

表7 深圳各行业增加值预测

单位：亿元

| 行业＼年份 | 2010 | 2011 | 2012 | 2013 | 2014 | 2015 |
|---|---|---|---|---|---|---|
| 农业 | 5.3 | 4.3 | 3.5 | 2.9 | 2.3 | 1.9 |
| 煤炭采选业 | 0.0 | 0.0 | 0.0 | 0.0 | 0.0 | 0.0 |
| 石油和天然气开采业 | 489.3 | 509.9 | 528.8 | 546.2 | 562.1 | 576.7 |
| 黑色金属矿采选业 | 0.0 | 0.0 | 0.0 | 0.0 | 0.0 | 0.0 |
| 有色金属矿采选业 | 0.0 | 0.0 | 0.0 | 0.0 | 0.0 | 0.0 |
| 非金属矿采业 | 0.1 | 0.1 | 0.1 | 0.1 | 0.1 | 0.1 |
| 食品加工业 | 30.2 | 33.4 | 37.0 | 40.8 | 44.9 | 49.3 |
| 食品制造业 | 9.2 | 10.3 | 11.5 | 12.7 | 14.0 | 15.5 |
| 饮料制造业 | 23.9 | 26.7 | 29.7 | 33.0 | 36.5 | 40.3 |
| 烟草加工业 | 25.2 | 28.1 | 31.3 | 34.8 | 38.6 | 42.6 |
| 纺织业 | 24.6 | 27.9 | 31.5 | 35.4 | 39.6 | 44.2 |
| 服装及其他纤维制品制造业 | 53.8 | 60.7 | 68.2 | 76.5 | 85.4 | 95.0 |
| 皮革、毛皮羽绒及其制品业 | 32.5 | 36.7 | 41.2 | 46.0 | 51.2 | 56.8 |
| 木材加工及竹、藤、棕、草制品业 | 4.1 | 4.7 | 5.3 | 6.0 | 6.7 | 7.5 |
| 家具制造业 | 20.7 | 23.6 | 26.8 | 30.4 | 34.2 | 38.4 |
| 造纸及纸制品业 | 28.4 | 31.9 | 35.7 | 39.8 | 44.3 | 49.0 |
| 印刷业、记录媒介的复制 | 47.9 | 53.6 | 59.7 | 66.4 | 73.7 | 81.6 |
| 文教体育用品制造业 | 75.2 | 85.3 | 96.5 | 108.7 | 121.9 | 136.1 |
| 石油加工及炼焦业 | 1.6 | 1.8 | 2.1 | 2.3 | 2.6 | 2.9 |
| 化学原料及化学制品制造业 | 61.1 | 69.2 | 78.1 | 87.7 | 98.1 | 109.2 |
| 医药制造业 | 38.2 | 42.7 | 47.5 | 52.7 | 58.4 | 64.4 |
| 化学纤维制造业 | 2.7 | 3.1 | 3.4 | 3.8 | 4.2 | 4.7 |
| 橡胶制品业 | 18.5 | 21.1 | 23.8 | 26.9 | 30.2 | 33.8 |
| 塑料制品业 | 98.5 | 110.1 | 122.5 | 135.8 | 149.9 | 164.7 |
| 非金属矿物制品业 | 47.6 | 53.7 | 60.4 | 67.9 | 76.0 | 84.9 |
| 黑色金属冶炼及压延加工业 | 12.0 | 13.4 | 15.0 | 16.7 | 18.5 | 20.6 |
| 有色金属冶炼及压延加工业 | 7.5 | 8.5 | 9.5 | 10.6 | 11.8 | 13.0 |
| 金属制品业 | 82.6 | 93.7 | 105.8 | 119.1 | 133.5 | 149.1 |
| 普通机械制造业 | 41.1 | 46.6 | 52.6 | 59.1 | 66.1 | 73.7 |

| 行业 \ 年份 | 2010 | 2011 | 2012 | 2013 | 2014 | 2015 |
|---|---|---|---|---|---|---|
| 专用设备制造业 | 99.9 | 113.4 | 128.1 | 144.1 | 161.5 | 180.2 |
| 交通运输设备制造业 | 47.9 | 54.0 | 60.7 | 68.0 | 76.0 | 84.6 |
| 电气机械及器材制造业 | 249.4 | 282.2 | 317.9 | 356.2 | 397.3 | 440.9 |
| 电子及通信设备制造业 | 1834 | 2027 | 2232 | 2447 | 2671 | 2904 |
| 仪器仪表文化办公用机械 | 115.9 | 130.0 | 145.2 | 161.5 | 178.8 | 197.0 |
| 其他制造业 | 76.3 | 86.6 | 97.9 | 110.2 | 123.5 | 138.0 |
| 废弃资源和废旧材料回收工业 | 0.1 | 0.2 | 0.2 | 0.2 | 0.2 | 0.3 |
| 电力蒸汽热水生产供应业 | 247.7 | 274.8 | 304.1 | 335.8 | 370.1 | 406.9 |
| 煤气的生产和供应业 | 13.2 | 14.6 | 16.1 | 17.7 | 19.5 | 21.4 |
| 自来水的生产和供应业 | 32.8 | 36.2 | 39.8 | 43.7 | 47.9 | 52.5 |
| 建筑业 | 265.6 | 301.5 | 341.7 | 386.6 | 437.0 | 493.7 |
| 交通运输、仓储和邮政业 | 364.3 | 413.6 | 467.7 | 526.9 | 591.5 | 661.7 |
| 批发和零售业 | 968 | 1087 | 1218 | 1362 | 1517 | 1686 |
| 住宿和餐饮业 | 216.2 | 241.7 | 269.4 | 299.7 | 332.7 | 368.4 |
| 金融业 | 1340 | 1556 | 1801 | 2080 | 2397 | 2757 |
| 房地产业 | 657 | 734 | 818 | 910 | 1011 | 1120 |
| 其他第三产业 | 1394 | 1546 | 1709 | 1884 | 2069 | 2266 |

## （三）人民币升值的经济效应分析

从可计算一般均衡模型的角度来看，人民币升值的影响，取决于哪种商品的价格是黏性的；如果所有商品的价格都是可以随时灵活调整的，那么人民币升值只会影响物价水平，对实体经济不会产生影响。

如果名义工资是黏性①的，那么，在短期内，人民币升值会导致物价水平下

---

① 工资黏性是指工资率不能随劳动供求的变动而及时、迅速地变动，工资的调整总是缓慢的。新凯恩斯学派认为，工资是由雇佣合同规定的，在协商合同时，劳动者根据他预期的价格水平来决定他要求的工资的高低，如果劳资双方同意某一水平的工资，合同便被签订下来。在合同期限内，劳动者必须按照根据他预期的价格水平而计算出来的工资提供劳动，即使在此期间实际的价格水平有所变动，劳资双方也必须遵守合同中规定的工资水平。基于这样的事实，新凯恩斯学派提出了两个工资具有黏性的主要原因，即合同的长期性与合同的交错签订。新凯恩斯学派认为，当工资具有黏性时，货币是非中性的。当中央银行减少货币供应量使物价总水平下降时，由于工资具有黏性，使工人的实际工资相对提高。当工人的实际工资提高时，单位工资产出就会减少，这增加了产品成本中的工资成本，企业利润减少甚至有发生亏损的可能。此时，企业会缩减产量以免发生更大的损失，从而使失业率上升。可见，只要存在工资的黏性，货币量变动后，产量、就业量等实际变量都会发生相应的变动。

降，从而使实际工资上升。而实际工资上升，会导致就业相对下降，投资增长减缓，进出口相对减少，对贸易平衡几乎没有什么影响。在长期内，人民币升值对实体经济的影响会逐渐消失。

在其他不变的情况下，人民币对美元名义汇率升值 1 个百分点的影响，如图 12 所示。

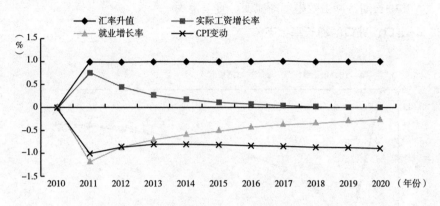

**图 12　汇率升值 1% 情况下，相关指标的变化**

**1. 物价水平下降、实际工资上升、失业增加**①

在短期内，人民币升值会使进口消费品价格降低，从而引起消费者价格指数（CPI）下降；在名义工资不变的条件下，CPI 下降会导致实际工资上升。假定没有技术进步，实际工资提高，企业的雇工意愿就会下降，工人失业就会增加。

从长期来看，市场机制会自发地调节工资与就业。只要更多的失业人员愿意接受较低的工资，那么，平均的实际工资水平就会逐渐下降，就业会随之逐步上升。最后，实际工资与就业会回到基准水平，汇率变动的冲击效果会趋于消失，但短期却造成了失业增加等一系列不良后果。

应当强调指出，图 12 中的就业增长率下降曲线，表示的是在政策冲击下的就业水平对基准就业水平的偏离程度，而不是指"比上年"下降这么多。

---

① 在当前按照自上而下方法建立的模型中，只能测算政策变动对于国家层面 CPI 指标的影响，不能给出对于区域 CPI 指标的影响。数据表明深圳 CPI 与全国 CPI 相差很小，因而可以用全国 CPI 作为对深圳 CPI 的一个粗略估计。

图13～图18中的投资、消费、进口、出口、资本存量、实际GDP等指标的下降曲线，指的也都是政策冲击下这些变量对其增长基准线的偏离程度，而不一定是这些变量出现了实际的负增长，这一点前面已经讲过了，再次提请注意。

与对就业的冲击一样，一次性汇率变动对其他经济指标的冲击，也是短期内较大，在中长期，冲击效果逐渐减弱，直至消失。

**2. 出口、进口的增长率都下降**

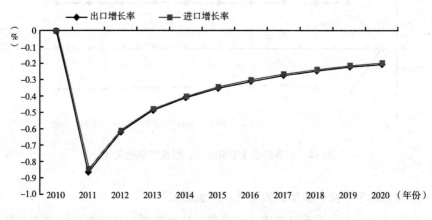

**图13　汇率上升1%条件下，进、出口增长率变化**

**3. 消费增长率随着失业增加而下降**

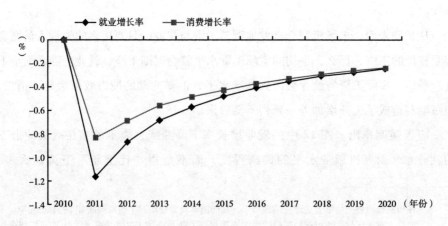

**图14　汇率上升1%条件下，就业和消费增长变化**

#### 4. 经济增长率下降

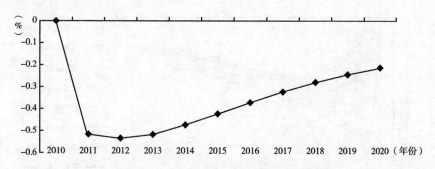

**图15 汇率上升1%条件下,GDP增长变化**

#### 5. 深圳三大产业的产出增长率会下降

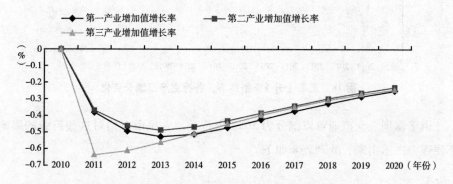

**图16 汇率上升1%条件下,三次产业增长变化**

#### 6. 深圳三大支柱行业的产出会相对减少

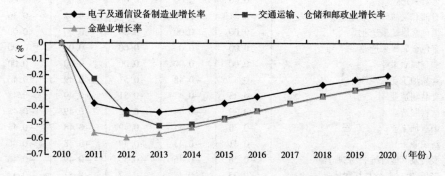

**图17 汇率上升1%条件下,三大支柱行业增长变化**

183

## 7. 深圳各行业产出都会受到不同程度的冲击

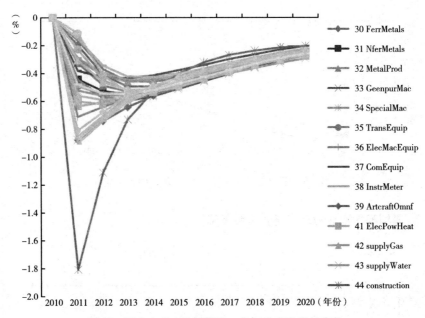

**图 18 汇率上升 1% 条件下，各行业产出增长变化**

由于深圳三大产业可以细分为 50 多个行业，人民币升值对这些行业的影响不便逐一图示出来，故列表 8 如下。

**表 8 人民币升值 1% 条件下深圳各行业增长率比基准水平下降百分点数**

| 行业 \ 年份 | 2011 | 2012 | 2013 | 2014 | 2015 |
|---|---|---|---|---|---|
| 农业 | - 0.36 | - 0.48 | - 0.52 | - 0.51 | - 0.47 |
| 煤炭采选业 | 0.00 | 0.00 | 0.00 | 0.00 | 0.00 |
| 石油和天然气开采业 | - 0.21 | - 0.29 | - 0.33 | - 0.32 | - 0.30 |
| 黑色金属矿采选业 | 0.00 | 0.00 | 0.00 | 0.00 | 0.00 |
| 有色金属矿采选业 | 0.00 | 0.00 | 0.00 | 0.00 | 0.00 |
| 非金属矿采业 | 0.00 | 0.00 | 0.00 | 0.00 | 0.00 |
| 食品加工业 | - 0.37 | - 0.48 | - 0.51 | - 0.49 | - 0.46 |
| 食品制造业 | - 0.33 | - 0.47 | - 0.51 | - 0.49 | - 0.45 |
| 饮料制造业 | - 0.39 | - 0.49 | - 0.52 | - 0.49 | - 0.45 |
| 烟草加工业 | - 0.30 | - 0.45 | - 0.49 | - 0.48 | - 0.45 |
| 纺织业 | - 0.31 | - 0.43 | - 0.49 | - 0.48 | - 0.46 |
| 服装及其他纤维制品制造业 | - 0.36 | - 0.46 | - 0.50 | - 0.49 | - 0.46 |
| 皮革、毛皮羽绒及其制品业 | - 0.35 | - 0.47 | - 0.52 | - 0.51 | - 0.48 |
| 木材加工及竹、藤、棕、草制品业 | - 0.50 | - 0.55 | - 0.55 | - 0.52 | - 0.47 |

续表8

| 行业＼年份 | 2011 | 2012 | 2013 | 2014 | 2015 |
|---|---|---|---|---|---|
| 家具制造业 | −0.17 | −0.41 | −0.51 | −0.52 | −0.49 |
| 造纸及纸制品业 | −0.32 | −0.48 | −0.53 | −0.52 | −0.49 |
| 印刷业、记录媒介的复制 | −0.38 | −0.48 | −0.51 | −0.49 | −0.45 |
| 文教体育用品制造业 | −0.29 | −0.42 | −0.48 | −0.48 | −0.45 |
| 石油加工及炼焦业 | −0.27 | −0.45 | −0.52 | −0.51 | −0.47 |
| 化学原料及化学制品制造业 | −0.18 | −0.35 | −0.43 | −0.44 | −0.42 |
| 医药制造业 | −0.36 | −0.49 | −0.52 | −0.50 | −0.46 |
| 化学纤维制造业 | −0.55 | −0.55 | −0.53 | −0.50 | −0.46 |
| 橡胶制品业 | −0.13 | −0.38 | −0.49 | −0.49 | −0.46 |
| 塑料制品业 | −0.15 | −0.30 | −0.37 | −0.38 | −0.36 |
| 非金属矿物制品业 | −0.90 | −0.71 | −0.59 | −0.51 | −0.43 |
| 黑色金属冶炼及压延加工业 | −0.87 | −0.74 | −0.64 | −0.56 | −0.49 |
| 有色金属冶炼及压延加工业 | −0.44 | −0.53 | −0.55 | −0.52 | −0.48 |
| 金属制品业 | −0.32 | −0.48 | −0.53 | −0.51 | −0.47 |
| 普通机械制造业 | −0.46 | −0.57 | −0.60 | −0.56 | −0.51 |
| 专用设备制造业 | −0.44 | −0.55 | −0.58 | −0.55 | −0.50 |
| 交通运输设备制造业 | −0.49 | −0.55 | −0.56 | −0.52 | −0.48 |
| 电气机械及器材制造业 | −0.16 | −0.37 | −0.45 | −0.46 | −0.43 |
| 电子及通信设备制造业 | −0.38 | −0.42 | −0.43 | −0.41 | −0.38 |
| 仪器仪表文化办公用机械 | −0.29 | −0.39 | −0.44 | −0.44 | −0.41 |
| 其他制造业 | −0.19 | −0.41 | −0.49 | −0.49 | −0.46 |
| 废弃资源和废旧材料回收工业 | 0.00 | 0.00 | 0.00 | 0.00 | 0.00 |
| 电力蒸汽热水生产供应业 | −0.63 | −0.60 | −0.56 | −0.51 | −0.46 |
| 煤气的生产和供应业 | −0.30 | −0.41 | −0.46 | −0.45 | −0.42 |
| 自来水的生产和供应业 | −0.52 | −0.56 | −0.55 | −0.53 | −0.49 |
| 建筑业 | −1.80 | −1.11 | −0.73 | −0.53 | −0.40 |
| 交通运输、仓储和邮政业 | −0.22 | −0.44 | −0.52 | −0.51 | −0.47 |
| 信息传输、计算机服务和软件业 | −0.71 | −0.64 | −0.58 | −0.52 | −0.46 |
| 批发和零售业 | −0.15 | −0.34 | −0.42 | −0.42 | −0.40 |
| 住宿和餐饮业 | −0.49 | −0.54 | −0.53 | −0.50 | −0.45 |
| 金融业 | −0.56 | −0.59 | −0.57 | −0.53 | −0.48 |
| 房地产业 | −0.60 | −0.62 | −0.58 | −0.53 | −0.48 |
| 租赁和商务服务业 | −0.30 | −0.46 | −0.52 | −0.51 | −0.47 |
| 科学研究、技术服务和地质勘查业 | −0.87 | −0.70 | −0.57 | −0.49 | −0.43 |
| 水利、环境和公共设施管理业 | −0.85 | −0.70 | −0.59 | −0.51 | −0.43 |
| 居民服务和其他服务业 | −0.11 | −0.41 | −0.53 | −0.53 | −0.49 |
| 教育 | −0.87 | −0.72 | −0.59 | −0.51 | −0.44 |
| 卫生、社会保障和社会福利业 | −0.90 | −0.74 | −0.61 | −0.53 | −0.46 |
| 文化、体育和娱乐业 | −0.48 | −0.54 | −0.55 | −0.52 | −0.47 |
| 公共管理和社会组织 | −0.81 | −0.67 | −0.56 | −0.49 | −0.43 |

至于在汇率变动影响下深圳各行业为什么会有不尽相同的走势，在弄清了汇率对几个主要宏观经济变量（如投资、消费、进口、出口）的影响后，结合各行业的产品销售矩阵（见表9），就容易理解了。

表9　2008年重点行业产品的各种用途所占百分比

单位：%

| 行　业 | 中间投入 | 投资 | 居民消费 | 出口 | 政府消费 | 存货 | 追加服务 |
|---|---|---|---|---|---|---|---|
| 建 筑 业 | 6.3 | 94.9 | 0.0 | 0.6 | 0 | −1.7 | 0 |
| 通信设备 | 30.3 | 27.5 | 8.5 | 32.8 | 0 | 0.9 | 0 |
| 计 算 机 | 44.4 | 27.5 | 8.8 | 17.6 | 0 | 1.6 | 0 |
| 金 融 业 | 80.4 | 0.0 | 21.0 | 0.1 | 0 | −1.5 | 0 |
| 陆路运输 | 47.7 | 0.5 | 5.9 | 3.0 | 0 | 1.7 | 41.2 |
| 水路运输 | 28.8 | 0.7 | 2.4 | 6.8 | 0 | 0.8 | 60.4 |

资料来源：CHINAGEM 模型数据库。

从表9可以看出，建筑业产出的95%都是用于投资的，所以，投资变动对建筑业有着特别大的影响，投资怎么变动，建筑业也就会怎么变动，因而，建筑业产出与投资的增长率变动曲线几乎是一样的。投资变动对通信设备与计算机行业的影响不足30%，居民消费以及出口变动对这两个行业也有重大影响。因而，这两个行业（合起来大致相当于"电子与通信设备制造业"）的产出变动曲线就与投资增长率变动曲线有所不同。

根据上面图示的汇率变动冲击下深圳 GDP 与三大产业增长率变动情况，以及表8数据，我们可以计算出汇率变动对深圳 GDP、三大产业、各个行业增加值的影响究竟有多少亿元：与正常情况下相比，短期（一年）内深圳 GDP 会减少53亿元，第一产业增加值会减少0.016亿元，第二产业增加值会少17亿元，第三产业增加值会减少35亿元；各行业具体数据从略。

# 四　小结

## （一）经济计量模型测算结果

### 1. 人民币升值引起深圳进、出口同时下降

在世界其他国家 GDP 不变的情况下，人民币兑美元实际汇率每升值1%，深

圳出口总额便会（比其应有水平，下同）下降 1.42%，深圳当年的进口总额会随之下降 1.32 个百分点。

**2. 人民币升值不利于深圳利用外资**

在深圳 GDP 不变的情况下，人民币兑美元名义汇率每升值1%，外商对深圳的直接投资就会下降 0.69 个百分点。

**3. 人民币升值不利于深圳工业增长**

人民币兑美元实际汇率每升值1%，深圳当年的工业增加值就会下降 0.41 个百分点。

**4. 人民币升值的对经济增长的不利影响将持续多年**

人民币名义汇率变动不仅对当年进口、出口、外商直接投资、工业增加值等产生影响，而且会对未来若干年的工业增加值等产生影响。

关于人民币升值对中国经济的影响，诺贝尔经济学奖获得者 Robert A. Mundell（2003）指出，升值对中国经济至少将产生六大影响：第一将影响中国出口，给出口带来极大的危害；第二，将使中国通货紧缩面临更大的压力；第三，导致中国对外资的吸引力下降；第四，降低中国企业利润率，增大就业压力；第五，出现财政赤字和银行呆坏账的可能性增加；第六，人民币升值将影响中国货币政策的稳定。我们的实证分析结果与 Robert A. Mundell 上述观点中的第一、第三两点是一致的。

## （二）可计算一般均衡模型测算结果

如果名义工资不能随劳动供求的变动而及时、迅速地变动①，那么，在短期

---

① 工资黏性或工资黏性是指工资率不能随劳动供求的变动而及时、迅速地变动，工资的调整总是缓慢的。新凯恩斯学派认为，工资是由雇佣合同规定的，在协商合同时，劳动者根据他预期的价格水平来决定他要求的工资的高低，如果劳资双方同意某一水平的工资，合同便被签订下来。在合同期限内，劳动者必须按照根据他预期的价格水平而计算出来的工资提供劳动，即使在此期间实际的价格水平有所变动，劳资双方也必须遵守合同中规定的工资水平。基于这样的事实，新凯恩斯学派提出了两个工资具有黏性的主要原因，即合同的长期性与合同的交错签订。新凯恩斯学派认为，当工资具有黏性时，货币是非中性的。当中央银行减少货币供应量使物价总水平下降时，由于工资具有黏性，使工人的实际工资相对提高。当工人的实际工资提高时，单位工资产出就会减少，这增加了产品成本中的工资成本，企业利润减少甚至有发生亏损的可能。此时，企业会缩减产量以免发生更大的损失，从而使失业率上升。可见，只要存在工资的黏性，货币量变动后，产量、就业量等实际变量都会发生相应的变动。

内，人民币升值会导致物价水平下降，从而使实际工资上升。而实际工资上升，会导致就业相对下降，投资增长减缓，进出口相对减少，对贸易平衡几乎没有什么影响。在长期内，人民币升值对实体经济的影响会逐渐消失。

在其他条件不变的情况下，人民币对美元名义汇率升值 1 个百分点的影响表现在以下几个方面。

**1. 物价水平下降、实际工资上升、失业增加、消费下降**

从短期（一年）来看，人民币升值 1%，会导致 CPI（比其应有水平，下同）下降 1.01 个百分点，实际工资增长率随之上升 0.76%，进而引起就业减少 1.16%，消费下降 0.83%。

**2. 进出口都会减少**

从短期（一年）来看，人民币升值 1%，会导致进口下降 0.844%，出口下降 0.862%。

**3. 经济增长放缓，各行业产出下降**

从短期（一年）来看，人民币升值 1%，会导致深圳 GDP 下降 0.52%，并导致深圳 50 多个行业产出不同程度地下降。深圳第一、第二和第三产业分别下降 0.38%、0.37% 和 0.63%；作为深圳支柱行业代表的"电子及通信设备制造业"、"交通运输、仓储和邮政业"以及"金融业"分别下降 0.38%、0.22% 和 0.56%，如此等等。

与正常情况下相比，人民币升值 1% 后，短期（一年）内深圳 GDP 会减少 53 亿元，第一产业增加值会减少 0.016 亿元，第二产业增加值会减少 17 亿元，第三产业增加值会减少 35 亿元。

**4. 短期冲击大，中长期效果小**

一次性汇率变动对供求两方面经济指标的冲击，都是短期内较大，随着时间流逝冲击效果逐渐减弱，趋于消失。

假定人民币一次性升值 5%，那么，一年之内，CPI 会下降 4.86 个百分点，实际工资增长率随之上升 3.74%，进而引起就业减少 5.72%，消费下降 4.14%，出口下降 4.20%，进口下降 4.11%，深圳 GDP 下降 2.57%。深圳三大产业及进一步细分的 50 多个行业的产出都不同程度地下降。深圳第一、第二和第三产业分别下降 1.93%、1.87% 和 3.15%；作为深圳支柱行业代表的"电子及通信设备制造业"、"交通运输、仓储和邮政业"以及"金融业"分别下降 1.9%、

1.17%和2.79%，如此等等。与正常情况下相比，一年内深圳GDP会少增加265亿元，第一产业增加值会少增0.08亿元，第二产业增加值少增89亿元，第三产业增加值会少增176亿元。

假定人民币一次性升值10%，那么，一年之内，CPI会下降9.3个百分点，实际工资增长率随之上升7.3，进而引起就业减少11.04%，消费下降8.08%，出口增速下降8.11%，进口增速下降7.9%，深圳GDP增速下降5.13%。深圳三大产业及其细分的50多个行业产出也会不同程度地下降。深圳第一、第二和第三产业增速将分别下降4.0%、3.8%和6.3%；作为深圳支柱行业代表的"电子及通信设备制造业"、"交通运输、仓储和邮政业"以及"金融业"增速将分别下降3.8%、2.5%和5.6%。与正常情况下相比，一年内深圳GDP会少增加528亿元，第一产业少增加0.17亿元，第二产业少增加180亿元，第三产业少增加348亿元。

上述测算结果，印证了温家宝总理在第六届中欧工商峰会上演讲时所说的："如果按一些人的要求，人民币汇率升值20%~40%，中国出口企业将大量倒闭，工人将失业，农民工将返乡，社会很难稳定。"

上述测算结果，也从另一个方面说明了人民币汇率按照主动性、可控性、渐进性原则进行调整的合理性。

总的看来，尽管具体的参数估计值略有不同，但经济计量模型和可计算一般均衡模型所得出的结论是基本一致的，两者可以相互印证。

# 深圳质量篇

Alteration of Shenzhen Chapter

## B.13

## "大特区时代"深圳转变
## 经济发展方式的思考

魏达志*

**摘　要：** 通过对当前深圳面临经济发展方式转变的分析，提出了深圳产业与城市转型发展的具体方向，以及深圳产业与城市转型发展经济方式转变和跨越性发展的前景。同时提出了为深圳转型发展的战略定位配备的战略抓手。

**关键词：** 大特区时代　经济方式转变　战略抓手

最近，国务院批复了广东省《关于延伸深圳经济特区范围的请示》，深圳经济特区从 2010 年 7 月 1 日始，宝安、龙岗两区纳入特区范围，经济特区"扩容"进入"大特区时代"，这不仅是党中央、国务院在经济特区建立 30 周年之际送

---
* 魏达志，深圳大学产业经济研究中心。

给深圳的最大礼物，而且这个政策利好有利于深圳转变经济发展方式，有利于深圳获得一个前所未有的发展机遇。

## 一　深圳正面临着产业与城市转型的重大变革

目前，深圳正面临经济发展方式的重大转变，如何把握"大特区时代"带来的历史性机遇，如何以转变经济发展方式为核心，以战略性产业发展促进城市发展，以高水平的城市发展引领产业发展，成为当前面临的重大课题。

从产业结构的变化中判断工业化的不同发展阶段：当第一产业比重大于10%时，该区域处于工业化的初始阶段；当第一产业比重小于10%，且第二产业比重高于第三产业时，该区域处于工业化的中期阶段；当第一产业比重小于5%，第二产业与第三产业比重相当时，处于工业化的后期阶段；当第一产业比重进一步下降，而第三产业比重超过第二产业并达到70%以上时，则表明该区域已经进入了后工业化阶段。

同样，从产业结构的变化中也可以判断城市化发展的水平阶段：城市化的初级阶段，农村经济依然占主导地位，第一产业的就业比重在50%以上，第二、三产业各占20%左右；城市化中级阶段，城市经济不断崛起，第一产业比重下降，而二、三产业相继上升，各占1/3左右；到城市化高级阶段，第三产业得到大规模发展，其就业比重上升到50%以上，第二产业则稳定在30%左右，而第一产业则下降到10%以下。

从上列两组数据可以看到：一是工业化的发展速度与水平程度始终领先于城市化，可以说工业化既是城市化的带动力量，也是推进动力。

在工业化自身的进程中，不同阶段具有不同的动力机制，当国家或地区人均GDP在300~1000美元时，劳力与资源等要素成为工业化的初始动力；当国家或地区人均GDP在1000~10000美元时，投资成为工业化的主要动力；当国家或地区人均GDP在10000~30000美元时，科学技术的创新成为工业化和后工业化的主要动力。国际经验已经证明了工业化与产业结构的调整升级有规律可循。

与此同时，城市化在不同的水平阶段，同样具有不同的动力机制，如农业产业发展是城市化的初始动力，以提供劳力和原料；工业化是城市化的主要动力，使得资本和人口在机器大生产中高度集中；而第三产业则是城市化的后续动力，不仅使生产配套性服务加强，而且使生活消费性服务增加，并促使城市化水平的极大提高。工业化与城市化发展动力的表述虽然有所不同，但是其本质内容是一致的。

上述理论描述清晰地表达了深圳工业化与城市化的发展阶段，亦明确地指出了深圳产业与城市转型发展的方向。

## （一）城市动力构成由资本驱动型向创新驱动型转变

人们越来越关注经济要素的重大变革或转换，已经成为划分经济时代的重要标志，不同的经济类型具有不同的动力结构。世界经济的发展因为经济要素的重大变革或转换大致可以分为三种不同的类型：一是要素驱动的经济，这种经济类型主要存在于人均 GDP 1000 美元以下的阶段，其竞争优势主要来自于基本的要素，如低成本劳动力和自然资源等；二是投资驱动的经济，这种经济类型一般存在于人均 GDP 1000 ~ 10000 美元阶段，生产的效率是竞争优势的重要来源；三是创新驱动的经济，这种经济类型一般存在于人均 GDP 10000 美元以上阶段，企业能够推出创新的、处在全球经济前沿的产品，经济中存在强有力的、支持创新的制度和激励，产业以集群的形式存在，竞争的优势主要来自于创新产品在全球的竞争能力。

目前深圳的发展正在面临着经济发展模式的转换问题，2007 年深圳的人均 GDP 已经超过 10000 美元，说明深圳市具有由资本驱动型向创新驱动型过渡的前提条件，在工业文明时代的增长方式主要建立在资源型制造业发展的基础之上，而在科技文明时代则是建立在技术创新与技术进步的新兴产业发展的基础之上，因此，要更为注重科学和技术资源的投入，如品牌、标准、质量等软性资源的投入越来越成为当今城市和企业赖以生存的重要条件。

## （二）经济增长方式由投资拉动型向消费拉动型转型

多年来，我们走的是一个投资拉动的发展路径，它的优点是利用土地和劳动力资源，迅速扩充交通、城市基础设施、厂房、设备等社会和产业资本，推动经济高速增长。近年来，我国开始调整经济增长战略：以更加注重扩大国内消费的经济增长模式（消费主导型增长模式）来逐步取代投资主导型的经济增长模式。对于深圳而言，作为相对发达地区，应尽快形成经济增长方式的转变，尽快结束经济发展初期的粗放型开发模式。深圳正在实现经济增长由投资拉动为主向消费拉动为主的转变，近年来深圳的发展与数据证明，消费拉动越来越强劲，正在形成一种新的经济发展模式。

### （三）产业结构升级由工业化中后期向后工业化社会过渡

当前，深圳正面临着由工业化的中、后期阶段向"后工业经济"时代的过渡，而现代服务业在这个过渡当中充当了十分重要的角色。

以现代服务业为高比重的"后工业经济"时代，必须通过技术创新、产品创新的方式，通过发展高新技术产业、发挥其产品的垄断性、创新性和外部性等特征，对非生产性经营活动增多对经济增长速度的抑制进行效率、利润、高成长性、高附加值的补偿。深圳将实现原特区进入后工业化向全面带动全市进入后工业化时代的进程。

### （四）城市经济转型由制造加工基地向总部经济集群升级

总部经济具有十分明晰的战略作用和经济价值：总部经济总是应用企业内部价值链并基于区域比较优势原则，在不断优化的前提下，在不同区域进行空间布局的表现形态，运用统一的信息平台，获取利益最大化和成本最小化之间的最大利益和差价；总部经济还通过战略决策、配置资源、占领市场、技术研发和资本经营，不断地创造新的产业组织模式和商业营运模式，并不断促进其组织模式的集约化和规模化。

目前"深港总部经济圈"正在形成。香港经济成功转型的重要标志之一就是总部经济对加工制造的替代，这一发展模式正在深刻地影响深圳地区。对于深圳而言，由于总部经济所具有的辐射性、共赢性特征，将使深圳进一步面对建设国际化城市的自我提升，进一步抓住引进跨国公司的总部和区域总部、研发中心、采购中心的新的发展机遇。

## 二 深圳转变经济发展方式与跨越式发展

### （一）从城市发展与定位层面看，"大特区"的形成，使得深圳将实现从原有狭义上的特区向现代化、国际化大都会的跨越

根据国务院的批复，从 2010 年 7 月 1 日开始，宝安、龙岗两区将纳入特区

范围，这就意味着深圳经济特区的范围将扩大到深圳全市，同时也意味着深圳经济特区的总面积将达到 1952.8 平方公里，大特区的面积总量是原特区的五倍，几乎接近两个香港的面积。

深圳将强化未来大都市的建设格局，以及深圳在珠江三角洲区域经济一体化进程中发挥的更大作用，展现作为特大型城市的集聚辐射能量和经济吞吐能力，展现作为特大型城市在更大范围甚至在世界的影响力。因此，大特区的经济一体化，将使得宝安、龙岗作为深圳全国性经济中心城市重要的功能拓展区，国家创新型城市创新体系建设的重要支撑区，深港衔接与高端服务产业的重要布局区，发展战略性新兴产业的后发优势凸显区，流量经济与通道经济纵横交错的枢纽功能区，发展开放型经济与产业转型的高速发展区。这些全新的战略定位给全市、给宝龙两区都带来了前所未有的发展机遇。

## （二）从一体化进程层面看，"大特区"的形成，使得深圳将实现从原来关内外发展的巨大差异向全面实现一体化安排的跨越

"大特区"的形成，将有利于深圳未来推进一系列的发展和一体化进程，其一是特区立法对全市的覆盖，特区内外一体化后，特区立法可以覆盖宝安、龙岗两区；其二是产业结构的一体化布局，特区内外一体化后，随着产业结构调整，产业分工将更加清晰，配套将更加完善，有利于消除关内外的产业反差，推动整个深圳的产业共同进步；其三是基础设施的一体化建设，由于过去特区外基础设施投资欠债太多，导致关内外的发展差异太大，特区内外一体化将使关外基础设施的建设投入更多、力度更大，速度更快；其四是社会、文化、民生以及公共服务、社会治安等不仅要加大投入，而且整体状况将得到明显的改善与提升；其五是整个深圳将获得一体化带来的实惠、多赢，并再一次实现跨越式发展。

## （三）从提升经济总量层面看，"大特区"的形成，使得深圳将实现大特区新的经济总量向再造一个香港的战略性目标的跨越

深圳未来的发展由于宝安、龙岗两区成为特区，也将获得更大的施展空间，更多的发展机遇。其一是有利于规划和建设好前海这个重要的中心区，前海作为新的金融服务合作区，将引入"深港两地合作开发"模式，成为深港现代服务业重要的合作平台，这里将重点发展创新金融、现代物流、总部经济、科技及专

业服务、通信及媒体服务、商业服务等六大领域，经济总量将很快得到提升；其二是光明、坪山、龙华、大运新城作为深圳四大新的经济增长极，五年后将以全新的面貌呈现在人们面前；其三是战略性新兴产业和重大项目的安排与布局，以及深圳其他产业的正常发展与提升，这些都为深圳在 2015 年实现经济总量 1.5 万亿元奠定了重要的基础。五年后深圳的经济总量将与现在的香港旗鼓相当，邓小平同志当年所说的再造几个香港的预言在深圳将成为现实。

### （四）从产业结构提升层面看，"大特区"的形成，有利于深圳实现大特区从产业结构协调化向产业结构高度化发展目标的跨越

首先，大特区发展很重要的一条是产业结构的一体化布局。长期以来，深圳的高端产业、总部基地大多集中在关内，第三产业比重高达 80%，而关外则以制造业为主，也包括三来一补、加工贸易、社区办的工业园区等低端产业。这种结构上的差异不利于整个城市经济的均衡快速发展。

其次，是特区内外一体化后产业结构的协调化发展，深圳全市的产业结构将得到进一步的调整，产业分工将更加清晰，产业配套将更加完善，工业园区将进一步整合，有利于消除关内外的产业反差，推动整个深圳产业的共同进步。

再次，是产业结构的高度化发展，深圳的产业结构将得到进一步的提升，随着互联网、新能源和生物制药这三大战略性新兴产业的发展和在全市的布局，这些战略性新兴产业基本属于高新技术产业范畴，将大大提升产业结构的有机构成，相关产业的增加值也将大幅度提升，总体上有利于深圳在 2015 年实现 1.5 万亿元的经济总量。

### （五）从产业组织建设层面看，"大特区"的形成，使得深圳支撑城市竞争力的产业组织形式更有利于实现向规模化、现代化方向的跨越

产业组织的规模化发展，现代企业组织模式将越来越多地在深圳出现，总部经济形态在整个大特区的比重将得到提升，也包括总部经济在宝龙两区的聚集与布局。

总部经济涉及中心城市、发展战略、政策策略、区域合作、空间耦合、区位环境、组织架构、集聚经济、资源配置、产业集群、产业链、价值链、辐射作用、扩散效应、极化效应与综合竞争力等一系列复杂的概念，总部经济的形成与

聚集，对中心城市和所在地区的经济发展将起到明显的推动作用。

总部经济主要聚集在世界范围的中心城市之内，其行为呈现决策战略化、行为超前化、职能分离化、产业集群化、布局全球化、生产国际化、交易内部化的典型特征，在形成全球性的研发、采购、生产、交换、分配、消费与服务体系的过程中，发挥着举足轻重、影响深远的战略作用。

深圳作为全国性经济中心城市，发展总部经济是必然趋势，就是要发挥自身的优势，将自身的战略资源与广大腹地的常规资源通过企业的优化配置结合起来。宝安、龙岗两区总部经济的发展，要突出自己的产业特色与行业特色，同时面对自身的经济运行实际和城市资源禀赋状况，并顺应经济全球化的时代背景、经济规律与发展趋势。

## （六）从制度创新层面看，"大特区"的形成，使得深圳将实现经济特区从为建立市场经济体制探路向为建设国际化体制探路的跨越

1992年7月1日，第七届全国人民代表大会常务委员会第26次会议正式通过决议，授权深圳市人民代表大会及其常务委员会和深圳市人民政府分别制定法规和规章在深圳经济特区实施，特区立法权曾为过去特区的经济社会发展提供了重要保障，特别是为特区建立市场经济体制保驾护航，立下了汗马功劳。

但是由于此前特区立法适用的范围仅仅限制在特区内，很多单位和企业因其生产经营活动跨越关内外，给实际的工作与生活带来诸多不便，"一市两法"或者说"一事两法"，对深圳经济社会的全面发展造成了实际的困扰。如果深圳的立法一定要涉及并覆盖宝安、龙岗两区，那么需要作"较大市立法"，而"较大市立法"又必须经过广东省人大批准，程序相对复杂。

随着经济特区优惠政策的逐步取消，目前深圳经济特区立法权是深圳仅存的最大政策优势，特区内外一体化后，特区立法可以覆盖宝安、龙岗两区，长期困扰深圳的"一市两法"问题将从根本上解决。

但是如何科学、充分、合理、创新地运用好特区的立法权，还有待我们未来的探索与努力，需要改革创新的智慧与勇气。我们以为，深圳市对大特区建立之前的法规的适用性已经进行了全面的梳理，深圳市五届人大第一次常委会通过的原深圳经济特区101项法规，已经于2010年7月1日起在全市实行。未来的特区立法将进一步与国际接轨，为深圳进一步完善市场经济体制并建立新型的国际

化体制进行探索，这既对我们的工作提出了新的要求，也为我们的发展提供了新的机遇。

## （七）从工业化进程层面看，"大特区"的形成，使得深圳将实现从原特区进入后工业化时代向全面带动全市进入后工业化时代的跨越

当前，深圳正面临着由工业化的中、后期阶段向"后工业经济"时代的过渡，而科技产业与现代服务业在这个过渡当中充当了十分重要的角色。2010 年，原特区内第三产业增加值比重将达到 80% 左右，这是深圳特区迈向"后工业化"经济时代的一个重要标志。

"后工业化"时代，产业的主要动力是来源于科学技术的创新，而城市的动力则依赖于以现代服务业为主体内容的第三产业的快速发展，发达的科学技术产业与现代服务产业构造了"后工业化"时代城市的主要景观。

由于工业，特别是工业中的制造业，历来被誉为是经济增长的"发动机"，在以现代服务业为高比重的"后工业经济"时代，经济发展的速度会有所放慢，因此必须通过技术创新、产品创新的方式，通过发展高新技术产业、发挥其产品的垄断性、创新性和外部性等特征，对非生产性经营活动增多对经济增长速度的抑制进行效率、利润、高成长性、高附加值的补偿，以实现全市全面步入后工业化时代的跨越。

## （八）从发展方式转型层面看，"大特区"的形成，有利于深圳经济发展方式的转型将更快地实现由"外向型经济"向"开放型经济"的跨越

我们认为，改革开放之初，率先在经济特区和沿海地区发展的以引进外资和出口导向为主要内容的"外向型经济"，成功地对计划经济时代以计划调拨和自给自足为主要内容的"内向型经济"实现改造升华之后，那么当前"开放型经济"不仅是对过去"内向型经济"、"封闭性经济"的一并否定，而且，"开放型经济"较之"外向型经济"也将再一次产生质的飞跃和新的发展。

"开放型经济"相对于"外向型经济"而言，处于不同的社会经济背景与经济发展阶段，涉及新的发展领域与范畴，具有更强的经济自有、自主能力与水平，表现为更新的经济发展方式，拥有不同的经济内容和运作模式，而其中最为

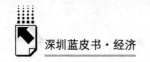

关键的是具有进一步创新的体制和制度。总之，较之"外向型经济"具有更高层次，更加科学、开放、现代、公平，更加以人为本等特点。

### （九）从要素投入变革层面看，"大特区"的形成，使得深圳将实现从经济发展主要由常规要素投入向主要由创新要素、科技要素投入的跨越

以信息技术为代表的现代技术发展，使技术升级的速度大大加快，新技术新产品研发费用不断上升，而产品生命周期却在不断缩短。由于技术研发的高投入也就伴随着技术竞争的高风险，因此，技术投入、技术创新、技术垄断、技术扩散就一直伴随着技术风险而形成一个潜在的循环系统。

人们越来越关注到经济要素的重大变革或转换，已经成为划分经济时代的重要标志，不同的经济类型具有不同的动力结构。深圳已经进入创新驱动的经济时代，这种经济类型要求人均 GDP 达到 10000 美元以上，企业能够推出创新的、处在全球经济前沿的产品，经济中存在强有力的、支持创新的制度和激励，产业以集群的形式存在，竞争的优势主要来自于创新产品在全球的竞争能力。

一方面，大特区的发展有利于深圳对已经面临的包括自然资源、土地资源、能源资源、水资源等一系列资源要素的紧缺进行统筹配置；另外一方面则是迫使深圳改变要素资源的投入方式，因此自主创新与新的要素投入将成为全市经济发展、支撑产业与产品全球竞争力的主要动力源。

这是因为科学技术直接改变了城市的经济增长方式，工业革命时代的增长方式主要是建立在资源型制造业发展的基础之上，而科技革命时代则是建立在技术创新与技术进步的新兴产业发展的基础之上，使得技术进步对经济增长的贡献率不断提升。大特区的未来发展，创新要素、科技要素的投入将会成为深圳作为国家创新型城市和产业发展的最重要的渠道和途径。

### （十）从区域经济一体化层面看，"大特区"的形成，有利于深圳实现由市内一体化向深港一体化、深莞惠一体化并打造珠江三角洲世界级新经济区域的跨越

深圳和香港一衣带水，历史同源，这种地缘优势成就了深圳近 30 年的高速发展，也使香港的经济功能得以成功地释放和延展。深圳借此促进了工业化和城

市化的进程，并推进了产业的发展、转型和升级；香港则通过制造业的转移实现了以服务业为主的经济结构的转型与重构。

随着改革开放的不断深入，深港经济一体化进程得到有效的推进，从最初以香港制造业北移为主的"前店后厂"式的垂直分工合作，到后来的水平分工与垂直分工协同推进，再发展到现在具有"共同市场"意义的产业合作格局的初步形成；深港合作已经从过去的民间导向、单向开放、低层次合作，发展到现在的多元导向、双向开放和更高层次合作，两地的经济合作正在向纵深推进。

大特区的一体化是深港经济一体化的前提，如果说深圳内部的一体化都搞不好，如何能够搞好与香港的一体化。

香港特首曾荫权先生审时度势，于2007年2月1日在其参选行政长官的《我的竞选政纲》中，明确提出"与深圳建立战略伙伴关系，共同建设世界级都会"，建设深港国际大都会，其重大意义就在于能够代表发展的中国作为区域单位参与经济的全球化竞争，并在这种生产方式与组织方式的深刻变革中形成新的特大型城市。

与此同时，特区内外一体化不仅为深港经济一体化提供前提，而且也为深莞惠都市圈一体化奠定基础，对于打造珠江三角洲世界级新经济区域具有重要意义。

大特区的一体化是深圳的发展走向成熟的重要节点，这将使深圳在真正意义上成为完整的现代化城市。可以说，这是深圳经济特区成立30周年收到中央政府最好的礼物。我们应抓住这一重大政策利好，以创新发展、转型发展、低碳发展、和谐发展为导向，在城市发展、科技进步、人才汇聚、产业升级等方面统筹兼顾、科学布局，通过科学技术进步、战略性新兴产业与高新技术产业发展的引领，全面推进"大特区"背景下深圳的建设与发展。

## 三 为深圳转型发展的战略定位配备战略抓手

国务院出台的《珠江三角洲地区改革和发展规划纲要》（以下简称《纲要》），将珠三角改革与发展上升为国家战略，将实现"综合实力居全国经济区前列，辐射带动能力进一步增强，形成以珠江三角洲为中心的资源互补、产业关联、梯度发展的多层次产业圈，建设成为带动环珠三角和泛珠三角区域发展的龙头，成为带动全国发展更为强大的引擎。"并提出了实现这一战略目标的时间表："到2012年，基本实现珠三角区域基础设施一体化。到2020年，基本实现区域经济一体化。"特别是《纲要》首次从国家层面赋予深圳"一区四市"的重要定位，这就是国家"综合配套改革试验区"、"全国经济中心城市"、"国家创新型城市"、"中国特色社会主义示范市"和"国际化城市"，因此，值此深圳转变经济发展方式的关键时期，必须为深圳城市的战略性定位配备战略性抓手。

### （一）明确国家综合配套改革试验区的战略抓手

深圳作为国家综合配套改革试验区，必须紧紧把握世界发展的大趋势，进一步认识为什么要进行综合配套改革、如何进行综合配套改革的问题，重新思考改革的依据和动力、改革的主体和对象、改革的部署和阶段、改革的内容与方法。在指导思想上，必须以科学发展观统领改革的全过程、注意改革的全面性、系统性或者综合配套性。深圳的综合配套改革必须立足和服务于完善社会主义市场经济体制的总体目标，并强调在经济全球化和区域经济一体化的世界潮流当中，如何建立更加完善的国际化体制，来实现深圳作为全国经济中心城市的战略性地位。因此，配套改革的战略性抓手就是如何建立更加完善的国际化体制。

### （二）强化作为全国性经济中心城市的战略抓手

经济中心城市的基本内涵，在国际上已经形成共识，应当是主要的金融中心，跨国公司总部所在地，国际性机构的相当集中，商业服务、第三产业的高度发展，具有国际意义的制造业中心，国际性的海港、空港等世界交通枢纽，城市人口达到一定的规模。此外，城市的经济总量、人均水平、经济吞吐和辐射能力、国际合作、竞争与交往能力等也非常重要。

深圳作为中心城市，无论是自身发展，还是未来对内地的辐射和带动，总部经济的作用都十分重要，总部经济通过产业或企业内部的产业链和价值链，形成不同区域之间的互补优势和经济格局，从而形成使中心城市和周边地区达到共赢的扩散效应和极化效应。因为总部经济的重要特征，就是能够把经济中心城市的战略资源，包括科技、信息、人才、战略、研发、品牌、标准等高端要素和周边地区的一些常规生产要素，比如普通的加工人力资源、便宜的土地、水电、房屋等资源有效结合起来，这种结合实际上就是把不同区域之间的不同资源通过企业内部的价值链进行连接，并形成中心城市与周边地区的共赢。所以总部经济的发展将是深圳作为全国经济中心城市的一个重要抓手。

### （三）注重建设国家创新型城市的战略抓手

深圳应建立一个独特的跨城市、跨区域的创新体系，这一体系至少应该包括以高等院校和科研院所为主体的知识创新体系，以创新企业为主体的技术创新体系，以中介机构为主体的技术扩散体系，政府发布创新政策的政策导向体系，技术交易和情报交流的技术服务体系，培养创新人才的人才培育体系，提供风险投资和创业投资的金融保障体系，培育创新文化的文化创新体系，产学研一体化的成果转化体系，等等。

深圳作为国家创新型城市，应该具有自己的主体性特征，将大批深圳企业培育成为自主创新的微观主体；深圳应该具有较低的对外技术依存度特征，它的创新综合指数应该明显高于其他城市，包括科技进步贡献率应达到70%以上，对外技术依存度指标要低于30%；抓好与香港、珠江三角洲的跨城市、跨区域的城市创新体系建设是我们建设国家创新型城市的重要战略抓手，因为它是工业文明迈向科技文明时代重要的体制与机制建设、环境建设的重要基础。

### （四）关注建设特色社会主义示范市的战略抓手

深圳在打破传统计划经济体制，建立中国特色社会主义市场经济体制方面，曾经走在了全国的最前列，可以说"市场化"是改革开放30年来深圳发展的"纲"，也是在整个30年发展过程中取得的最重大成果。因此，改革开放30年中深圳发挥的作用如果用三个字概括，就应该是"市场化"。

在新的历史时期，深圳作为全国经济中心城市如果要继续发挥示范带动作用，那么未来改革发展的"纲"仍然可以用三个字概括，那就是"国际化"。过去深圳在市场化带了头，现在应该在国际化带头，要打破相对传统的封闭体制，建立更加开放的国际化体制，因为无论是从主观意愿上，还是客观形势上，我们都必须这样做。

深圳作为中国特色社会主义示范市，过去示范的是市场化的探索，现在要示范的则是国际化的探索。如果说我们过去主要是以改革促进开放，那么现在主要应该以开放促改革，使改革和开放形成一个互动的良性效应。并且要以国际化为

"纲"来衡量深圳方方面面的工作方式与工作水平。深圳要以开放型经济逐步替代外向型经济，避免外向型经济所带来的一系列弊端，形成更加自有、自主、自立、自强的经济形态，因此，实现外向型经济向开放型经济的跨越是深圳建设社会主义示范市的战略抓手。

## （五）强力把握深圳建设国际化城市的战略抓手

深圳要建设国际化城市，深圳没有必要、也不太可能单独建成一个国际一流城市，于是通过深港一体化共同形成深港城市的国际化，并共建深港国际大都会，才是深圳未来建设国际化城市必然的路径选择。

中国日新月异的现代化建设和取得的伟大成就已经举世瞩目，中国需要在世界市场上有更大的竞争力和制订规则的话语权，中国需要参与国际经济合作与竞争国家代表队，中国更需要建立国家代表队的战略规划和制度安排。深港一体化的重大意义就在于有能力代表发展的中国作为区域单位参与经济的全球化竞争，并在这种生产方式与组织方式的深刻变革中形成新的特大型城市，成为新的国际区域划分中崛起的新的特大型国际化城市。

由于共建深港国际大都会能够创造新的经济总量、市场覆盖面并促进人力资源的优化配置和加工制造基地的升级，将有利于形成新的市场中心、创新中心、配置中心和制造中心，从而有可能形成我国新的特大型城市，一举改变中国没有世界顶级国际化城市的原有格局，从而有利于中国在进一步融入世界经济一体化进程的同时，形成世界顶级的资本集聚高地、人才集聚高地和优质要素的集聚与配置高地。共建深港国际大都会就是深圳未来建设国际化城市的战略抓手。

# B.14
# 从土地资源利用效率比较
# 看转变发展方式紧迫性

查振祥*

**摘　要**：深圳很多地区对土地利用的模式还是粗放式的，深圳要加快转变发展方式步伐，从根本上将粗放式的消耗高、质量差、效益低的生产发展方式，转变为集约化增长方式，提高经济增长质量和效益。深圳土地资源十分紧张，如何在有限的土地上实现较高的经济产出，是深圳经济发展要解决的重大问题。

**关键词**：土地资源　利用效率　转变发展方式

## 一　世界各地土地资源利用效率极不均衡

在有定居人口的六大洲中，亚洲的土地资源最多，达3097.85万平方公里，占世界土地资源总量的23.7%；其次为非洲，面积为2962.66万平方公里，占世界总量的22.7%；欧洲居第三位，面积为2260.10万平方公里，占世界总量的17.3%；北美洲居第四位，面积为2143.90万平方公里，占世界总量的16.4%；南美洲居第五位，面积为1753.24万平方公里，占世界总量的13.4%；大洋洲的土地资源较少，面积为849.14万平方公里，占世界总量的6.5%。

但从土地资源利用效率来看，次序则打乱了。国际社会在2003年作过一个统计，2003年全世界平均每平方公里土地形成的国内生产总值（地均产值）为27.90万美元（每公顷2790.31美元或每亩186.02美元）。在六大洲中，地均产

---

* 查振祥，深圳职业技术学院经济管理学院。

值最高的是北美洲，达59.11万美元/平方公里；第二为欧洲，地均产值为53.91万美元/平方公里；欧洲按地均产值最高为西欧（489.72万美元/平方公里），其次是中欧（337.23万美元/平方公里）。亚洲地均产值为28.82万美元/平方公里；南美洲，地均产值为5.61万美元/平方公里；非洲为最低，地均产值为2.25万美元/平方公里。中国2003年的地均产值约为16.46万美元/平方公里，相当于世界平均值的59.0%，或北美洲平均值的27.8%①。

按照世界不同国家的人均占有资源和经济发展水平，可以将其划分为四类。一是人均占有资源丰富、经济水平较高的国家，如美国、加拿大、澳大利亚；二是人均占有资源水平比较低，但经济同样发达的国家与地区，如日本、德国、新加坡、韩国、中国香港、中国台湾等；发达国家的土地资源总量为5462.78万平方公里，占世界土地资源总量的41.8%，其中，加拿大、美国和澳大利亚三国的土地资源占发达国家土地资源总量的47.7%，是发达国家中土地资源的大国；三是人均占有资源比较低，经济还处于发展阶段的国家，如印度和中国内地；四是人均占有资源水平比较高，但是经济还处于发展阶段的国家，如俄罗斯、巴西等国家和地区。

受金融危机影响较大的2008年，日本每平方公里土地GDP为1267万美元，仍然是中国的28倍，广东省的4.5倍，是一个土地产出率非常高的国家，在世界经济大国中排第一。日本首都东京是全球最富的城市，每平方公里土地GDP为5.94亿美元。香港每平方公里达到15.6亿港元，新加坡每平方公里创造GDP 2.7亿美元。广东以深圳市土地产出率水平最高，每平方公里土地GDP为4亿元人民币，但仍然落后于以上地区，东京每平方公里土地产出是深圳的10倍，香港每平方公里土地产出是深圳的3.5倍，新加坡每平方公里土地产出是深圳的4.5倍。

表1　深圳土地产出率与其他国际性城市比较

| 序号 | 城　市 | 土地面积(平方公里) | 2008年GDP(折合亿美元) | 每平方公里GDP(折合亿美元) |
|---|---|---|---|---|
| 1 | 东　京 | 2187 | 13000 | 5.94 |
| 2 | 新加坡 | 682 | 1819 | 2.7 |
| 3 | 香　港 | 1100 | 2259 | 2.1 |
| 4 | 深　圳 | 1952 | 1165 | 0.6 |

①　资料来源：2003年《国际统计年鉴》。

广东省尽管是经济大省，但就土地产出率来看在国内也并不是最高。仍然以2008年为例，上海市土地产出率为2.14亿元/平方公里，北京市每平方公里土地GDP为6242万元，天津市每平方公里土地GDP为5776万元，江苏省每平方公里土地GDP为3000万元，浙江省每平方公里土地GDP为2150万元，山东省每平方公里土地GDP为2070万元，广东省每平方公里土地GDP为2000万元。广东省排在上海、北京、天津、江苏省、浙江省、山东省之后。所以，尽管广东省经济总量在全国省级单位排第一，但从土地产出率来看，并不是最高的。

表2  广东省土地产出率与其他省市比较

| 序号 | 城　市 | 土地面积(平方公里) | 2008年GDP(亿人民币) | 每平方公里GDP(万人民币) |
|---|---|---|---|---|
| 1 | 上海市 | 6393 | 13698 | 21418 |
| 2 | 北京市 | 16800 | 10486 | 6242 |
| 3 | 天津市 | 11000 | 6353 | 5776 |
| 4 | 江苏省 | 100000 | 30000 | 3000 |
| 5 | 浙江省 | 100000 | 21500 | 2150 |
| 6 | 山东省 | 150000 | 31050 | 2070 |
| 7 | 广东省 | 180000 | 36000 | 2000 |

## 二　经济发展过程是产业结构演化和
## 土地空间载体变换过程

经济发展过程表现为产业结构演化和土地空间载体变换过程。中国正从传统的以工业技术为主转向以高速交通和通信技术为主要社会支撑技术。技术进步及技术创新、推广的加快，促进了高新技术产业的发展及新产业空间的形成，部分高新技术产业趋向于在较大区域范围内分散布局，出现了高新技术开发区、大学城等新城市空间。中国城市和相关地区产业结构正作出重大调整，以发展第三产业为导向，推行"退二进三、优二兴三"，这将促使许多现存于中心城内的第二产业外移，城市中心主要发展以商业、信息、金融等为主的第三产业，最终实现城市产业及功能的大置换。

随着社会经济的发展，土地空间也会有一个代谢更新的过程，即土地空间重组过程。城市职能主要是从生产功能向管理、服务功能转化，原有城市部分功能衰退和消亡，城市作为加工业中心的作用已经逐步淡化和消亡；原有部分城市功能内涵发生了变化，如传统生产功能向现代生产功能的转变，城市生产基地向郊外迁移，出现了大量的工业园区；随着新的城市功能的出现与叠加，城市承担起管理、信息、科研、服务等现代功能。城市出现了许多新空间，如 CBD、城市新区、高新技术区等。在这方面，国内外发达国家和地区已经有很多成功模式。

## （一）香港产业结构演化和土地空间载体变换过程

香港位于中国华南地区的东南海岸线上、珠江口的东侧，地处亚热带，陆地面积 1100 平方公里，总人口 730 万。全境包括香港岛、九龙半岛和新界三大部分。其中香港岛连同附近岛屿，面积 80 平方公里，九龙 50 平方公里，新界970 平方公里。香港平均每平方公里人口密度 6000 人，港岛和九龙人口密度2.3 万人/平方公里，个别地区人口密度高达每平方公里 10 万人，位于世界前列，其土地供应紧张程度由此可见。金融危机影响较大的 2008 年，香港本地居民生产总值仍然达到 17167 亿港元，每平方公里达到 15.6 亿港元，是深圳的3.5 倍。

香港从 1952 年开始大规模发展出口加工型制造业，走上了工业化的发展道路。到 20 世纪 80 年代初，形成了制造业与商贸业并重的产业结构，工业增加值占 GDP 的比重约为 25%，工业品（主要是纺织、制衣、塑胶、玩具、钟表和电子产品）外销比例超过 75%，GDP 年增长速度连续 5 年保持在 8.4% ~ 16.2%。1980 年的人均 GDP 约为 5640 美元（当年价及当年汇率），GDP 增长率高达10.3%。但这已是出口加工型制造业发展的顶峰。从 1981 年开始，由于营商成本大幅上升，香港的出口加工型企业成群结队地北迁至深圳、东莞、广州和佛山，导致 GDP 连续 5 年处于 0.7% ~ 9.9% 的增速低落状态，其中 1982 年的 GDP增长率仅为 3.0%，1985 年的 GDP 增长率更低至 0.7%。在出口加工型制造业大举外迁后，港英政府调整了经济发展战略，推出了开放金融业、推介旅游业、培植物流业的政策措施，重点发展国际金融、转口贸易（含供应链管理）、现代物流、购物美食旅游、专业服务等替代产业。由于及时进行了产业转型，把现代服务业发展提到中心位置，且措施得力，香港经济从 1986 年开始步出困境，GDP年增长速度连续 3 年保持在 8% 以上，1988 年的人均 GDP 更达到 10599 美元（当年价及当年汇率）。尽管香港本地制造业规模减小，但技术密集度进一步提高，一些高新技术部门如电子工业迅速成长，新的高增加值产品不断涌现，并在国际上占据重要地位。至1985年已有10种产品的出口量居世界第一位。服务业中，具有相对竞争力的部门为商业服务业、运输业、批发业、进出口服务业、地产业、金融服务业。服务业中的优势部门为进出口贸易业、金融业、批发业、商业服务四个部门，表明生产性服务业成为香港服务业的主体。香港产业结构实现了多元化、高层级发展。1997年，香港服务业的总产值在GDP中的比重已达84.4%，就业人数占全港就业人口总量的2/3强，进入西方经济学家所谓的"后工业社会"阶段。

## （二）新加坡产业结构演化和土地空间载体变换过程

新加坡共和国是一个单一城市国家，国土面积仅为682平方公里。新加坡人口总计483.94万人，人口密度达7095人/平方公里，是一个人多地少的国家。同样在2008年，新加坡GDP约为1819亿美元，每平方公里创造GDP2.7亿美元，是单位土地产出率非常高的国家。

新加坡从1957年马来西亚独立后开始大规模发展起初只是面向周边国家的出口加工型制造业，走上了"工业立国"的发展道路。到20世纪80年代初，形成了制造业与商贸业并重的产业结构，工业增加值占GDP的比重约为30%，工业品（主要是纺织、制衣、塑胶、食品饮料、家用电器、半导体组装和成品油）外销比例超过75%，GDP年增长速度连续5年保持在7.8%～9.7%。1981年的人均GDP约为5490美元（当年价及当年汇率），GDP增长率高达9.7%。但这也是出口加工型制造业发展的顶峰。从1982年开始，由于营商成本大幅上升，新加坡的出口加工型企业（仅涉及外资企业）成群结队地北迁至马来西亚的柔佛州和槟城州，导致GDP连续5年处于－1.4%～8.5%的低速甚至负增长状态，其中1985年的GDP增长率低至－1.4%，1986年的GDP增长率也仅只2.1%。在出口加工型制造业大举外迁后，新加坡政府调整了经济发展战略，将高端制造业和服务业作为经济发展的"双引擎"，重点发展电脑及其附件、石油化工与专用化学品、国际金融、现代物流、观光度假旅游、商务服务（含建筑与工程服务出口、旅游管理服务出口）、总部经济（含供应链管理）等替代产业。1985～1997年，发展"全商务"产业链。在这一阶段，新加坡将制造业和服务业作为未来发展的两大动力部门，把资讯业和金融业变成两大支柱产业。在服务业方面，政府提出全商务概念，鼓励跨国公司在新加坡从事生产以外的工作。推出商业总部计划，奖励并协助在新加坡注册的公司或企业，将其技术扩展到本区域，并提供商业、技术和专业服务，走商业区域化、国际化道路。同时，大力培植本地企业的全球观，强调本地企业向外发展并加以指导。1998 年亚洲金融危机使新加坡积极应对国内外经济环境的巨变，对策方面，新加坡政府希望借着产业前沿的拓展，产业技术与人力资源的提升，以及经济自由化、国际化等，来带动本地企业与跨国企业投入知识取向的研发、创新等活动。为此，政府作出了一系列政策调整：在产业调整上，一方面进一步推广"新加坡一号计划"、填造裕廊岛工程等；另一方面，全力发展第三方物流。在产业政策方面，新加坡政府加强了对国内外企业的扶持，同时也开始加强经济自由化，提倡国有企业私有化；在吸引外资、劳动力素质提高等方面的力度也相对加大。此外，还确定了"全球化城市"的发展方向，在国内，加大企业合并力度，推动本地企业成为跨国机构，在向外发展方面，积极促进东盟自由贸易区建立，加强区域经济联系。

由于执政党的政策对路，措施得力，新加坡经济从 1987 年开始步出困境，GDP 年增长速度连续 4 年保持在 9% 以上，1989 年的人均 GDP 更达到 10275 美元（当年价及当年汇率）。目前新加坡国内生产总值中，服务业占 71.5%，其中，金融和商业服务占 30.9%，贸易占 18.8%。新加坡的产业结构明显要优于香港。新加坡在产业结构调整的过程中，制造业一直占有重要地位，是经济增长的双引擎之一。新加坡政府的目标是要确保中长期内制造业至少占国内生产总值的 25%，并保持每年至少增长 7% 的发展势头。

当然，在看到新加坡成功的同时，有必要看到其不足。新加坡在基础研究设施、生产设计、企业化和本地企业的建立等方面，都有不足。首先，由于强调科技的实用性，较少投资于基础研究，新加坡转变发展方式过程中缺乏本国原创性的研究和创新。其次，在研发方面基本都是依靠政府力量，私人资本对研发机构的投资所占比重较小。

## （三）德国慕尼黑和鲁尔区中北部若干城市产业结构演化和土地空间载体变换的正反经验

德国在产业结构演化和土地空间载体变换方面有正反两方面的经验。

慕尼黑在20世纪60年代以前是德国的一个以轻纺工业和手工业为主的经济落后城市，重化工业没有发展起来。从60年代末70年代初开始，地方政府推出了一系列鼓励企业自主创新和居民自主创业的经济政策，大力发展生物技术研发、软件开发、信息服务、金融保险、教育培训、会议展览、环保技术等知识密集型服务业，大众传媒、文艺演出、绘画、工艺陶瓷、创意设计等文化产业，以及通信设备、多媒体设备、太阳能设备、新材料等高技术制造业，同时适度发展汽车制造业，由于生态环境良好、高级人才集聚、经济转型及时，终于一跃成为德国经济最发达的城市。

德国鲁尔区中北部的杜伊斯堡、埃森、波鸿、多特蒙德等城市，地方政府长期坚持优先发展工业项目，不进行经济转型，不淘汰重化工业，不严格执行排污标准，而且给予重化企业大量补贴，造成过度工业化，环境质量严重恶化，高端服务业没有与工业相互区隔的发展空间，高级人才不愿前去工作和生活。虽然在20世纪60年代以前GDP一直保持高速增长，但是从60年代中期开始，经济出现增长趋缓的势头。到了20世纪80年代，鲁尔区中北部城市带的采煤、钢铁、机械、煤化工、造船等重化企业成批倒闭，GDP出现十几年的负增长，成为需要联邦政府救济的地区。直到21世纪初地方政府完成生态修复，将一些工业区改造成为公园和小树林以后，由于环境状况显著好转，高端服务业大举进入，鲁尔区中北部各城市才走出困境。

### （四）上海市产业结构演化和土地空间载体变换过程

上海市提高土地产出率的重要途径是政府在中心城区推进"双增双减"、"退二进三"战略，即增加公共空间和绿化开放空间、减少人口和开发强度，鼓励第二产业（工业）从市区退出，合理利用腾出来的厂房，发展商业、服务业等第三产业。目前，上海市中心城区形成了两大土地产出率最高的核心区域。

（1）中央商务区：上海的中央商务区是指浦西的外滩与河南路、人民路、天潼路、长治路、公平路与复兴路之间和浦东的小陆家嘴地区，区域范围约为5平方公里，是决定上海建设国际金融中心的关键地区。

（2）中心商业区：中心商业区是指北抵天目路、老北站附近，西到乌鲁木齐路、万航渡路，南到复兴路、陆家路，东到浦东的陆家嘴地区，面积约30平方公里，是上海中心城区人口最密集的地区，也是商业、贸易、金融等第三产业十分繁荣的地区。南京路、淮海路、金陵路、四川北路及豫园等市级商业街（中心）都分布在这一区域内。本区域主要发展商业、贸易、金融、保险、通信、信息等第三产业。使之成为以第三产业和居住为主的城市功能区。

## （五）天津滨海新区产业结构演化和土地空间载体变换过程

天津滨海新区成立于1994年。滨海新区位于天津东部沿海地带，地处环渤海湾的中心位置，包括开发区、保税区、天津港三个功能区和塘沽区、汉沽区、大港区三个行政区以及东丽区、津南区的部分行政区域，面积2270平方公里，常住人口160万人。在金融危机发生的2008年，滨海新区实现生产总值3102亿元，每平方公里完成生产总值1.32亿元，滨海新区地区生产总值已经占天津市生产总值的45%，成为天津市经济增长最大引擎。

为提高土地利用率，滨海新区发展以现代制造业为主体的经济结构，已经形成了优势比较突出的电子通信、石油开采与加工、海洋化工、现代冶金、机械制造、生物制药、食品加工等七大主导产业，推进空客A320系列飞机总装线、百万吨级乙烯、千万吨级炼油、渤海化工园暨天碱搬迁改造、高新纺织工业园、无缝钢管、造修船基地等重大项目建设，具备了比较雄厚的产业基础。建设科技研发中心和高科技企业孵育基地，建设民航科技产业化基地、工业生物研发转化基地、国家生物医药国际创新园等高科技产业聚集区，使滨海新区真正成为先进技术的承接地和扩散地，成为高新技术的原创地和产业化基地。这些产业科技含量高，产业链长，辐射功能强。2008年，天津经济技术开发区电子通信、机械制造、生物医药、化工、食品等支柱产业共完成工业总产值3730亿元，占开发区工业总产值的93.0%，对开发区工业总产值的贡献率为93.6%。滨海新区的现代制造业，尤其是临港制造业发展迅速，超过了长三角。目前，天津滨海新区已经成为我国重要的大型石化基地、冶金基地，IT制造业居全国前列，石油套管产量跻身世界四强，全国有数千家企业为新区的产品配套。

为提高土地利用率，滨海新区大力发展高附加值的现代服务业。滨海新区借鉴国际通行做法，学习经济原特区、浦东新区和沿海开放城市的成功经验，先行先试一些重大的改革开放措施，成为深化改革、创新发展的先导区。滨海新区积极推进金融改革和创新，探索金融企业、金融业务、金融市场和金融开放等方面的重大改革，发展各类基金，争取设立全国性非上市公众公司股权交易市场，建设与北方经济中心相适应的现代金融服务体系和金融改革创新基地。推进科技体制创新，完善科技投融资体系，创新科技开发与管理模式。推进涉外经济体制创新，深化国际贸易、航运、物流和口岸管理体制改革。为增强综合功能，充分发挥服务作用，滨海新区积极建设世界一流大港，发展内陆"无水港"，建成面向东北亚、辐射中西亚的国际集装箱枢纽港和我国北方最大的散货主干港。滨海新区改造扩建天津滨海国际机场，建成中国北方国际航空物流中心、大型门户枢纽机场。建设一批公路、铁路等重点交通项目，畅通与周边地区和腹地的联系。充分发挥国际贸易与国际航运服务中心作用，高标准建设电子口岸，完善大通关体系。积极参与西部大开发、东北地区等老工业基地振兴和中部地区崛起，充分体现滨海新区连接国内外、联系南北方、沟通中西部的枢纽功能。滨海新区积极扩大对内对外开放，充分发挥门户作用，积极引进更多的国内外大公司的地区总部、研发机构和营销中心，注重引进规模大、带动性强、技术水平高、影响长远的关键项目。滨海新区积极建设东疆保税港区，发展国际中转、国际配送、国际采购、国际转口贸易和出口加工，探索海关特殊监管区域管理制度创新。积极推进保税物流园区与港区联动发展。

## （六）苏州工业园区产业结构演化和土地空间载体变换过程

苏州工业园区行政区划 288 平方公里，其中，中新合作区 80 平方公里。15 年来，园区经济始终保持年均 30% 左右的增速，园区以占苏州市 3.4% 左右的土地，创造了全市 16% 左右的 GDP，每平方公里土地产出 GDP3.48 亿元。

苏州工业园区高土地产出率来自于产业结构优化。目前以苏州工业园区为中心 30 公里半径范围内，已形成计算机、通信、生物医药等产业圈。诺基亚、三星等上千家跨国公司投资的企业在苏州工业园区。从 2003 年开始，苏州工业园区对投资额低于 1000 万美元的项目原则上不供地。目前，区内工业地块每平方公里平均投资强度超过 17 亿美元，在全国开发区中名列前茅。苏州工业园区注重择商选资，加强投资项目的筛选，重点向"三高三低"（高技术、高投入、高产出，低能耗、低材耗、低污染）项目倾斜。认真落实国家产业政策，对发展前景好、无环境污染、占地少、高技术含量、高附加值的产业，优先保证项目所需的土地供应，对限制性产业严格控制项目供地，对禁止性产业停止供地。15 年来，79 家世界 500 强企业在区内投资了 126 个项目，全区投资上亿美元项目 100 个，其中 10 亿美元以上项目 6 个，欧美项目占比达 49%，并在 IC、TFT-LCD、汽车及航空零部件等方面形成了具有一定竞争力的高新技术产业集群。

苏州工业园区环保、国土部门通过严把项目准入关，采取"提前介入"、"一票否决"等手段，努力从源头控制污染和资源利用率低的项目进入。15 年间，因资源利用和环保因素被否决的引资项目有 300 多个，投资金额 20 多亿美元。苏州工业园区还率先在全国开展循环经济和生态工业园创建试点，有效提高了资源重复利用率和单位土地产出率。

## 三　深圳要加快转变发展方式步伐

土地集约利用程度是影响土地产出率的关键性因素。深圳很多地区对土地利用的模式还是粗放式的，消耗高、质量差、效益低的生产发展方式，处于土地利用"微笑曲线"的中间阶段，附加值较低。

"微笑曲线"由宏碁集团的创办人施振荣先生 2002 年提出。施先生用微笑曲线说明以加工制造为主的第二产业位于产业链附加值曲线的最底端，利润相对薄弱，企业如果要获得更多的附加值，就必须向两端延伸——要么向上端的零件、材料、设备及科研延伸，要么向下游营销端的销售、传播、网络及品牌延伸。发达国家的跨国公司通过产业内分工，从产品研发和设计、市场营销、品牌等技术、资金密集型的环节赚取 40%～50% 的高附加值；而发展中国家由于缺少技术，只能从事生产制造等劳动密集型产业，赚取微薄利润，这部分利润不会超过 15%。欧美和日本国家在"U"形曲线的两端，发展中国家在底部。发展中国家要想避免贫困化增长，必须努力转变发展方式，否则只能永远为发达国家"打工"。

深圳很多区域土地利用模式目前总体处在"微笑曲线"的中间阶段，低端产业占主导，产业附加值较低，突出表现为原特区内外土地集约化程度差距，占有深圳土地总面积 83% 的原特区外区域土地利用效率只有占深圳土地总面积 17% 的原特区内土地利用效率的 18%，见表 3（为了具有可比性，仍然取 2008 年数据）。

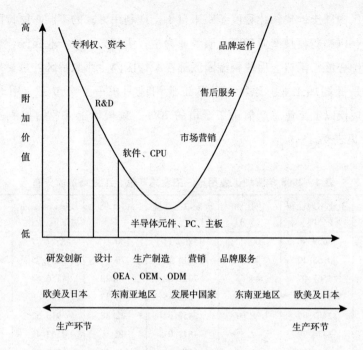

**图1 微笑曲线**

**表3 深圳各个区域土地利用效率**

| 区 域 | 土地面积（平方公里） | 2008 年 GDP（亿元） | 每平方公里 GDP（亿元） |
|---|---|---|---|
| 福 田 区 | 78.8 | 1492 | 18.93 |
| 南 山 区 | 150.79 | 1670 | 11.08 |
| 罗 湖 区 | 78.89 | 820 | 10.39 |
| 盐 田 区 | 72.36 | 233 | 3.22 |
| 原特区内合计 | 380.84 | 4215 | 12.87 |
| 宝 安 区 | 576.9 | 2088 | 3.62 |
| 龙 岗 区 | 844.07 | 1485 | 1.76 |
| 光明新区 | 156.1 | 186 | 1.19 |
| 原特区外合计 | 1577.07 | 3759 | 2.31 |

注：龙岗区资料含坪山新区数据。

2008 年原特区内 4 个区域每平方公里创造 GDP 12.87 亿元，原特区外 3 个区域每平方公里创造 GDP 2.31 亿元，原特区内 4 个区域每平方公里创造 GDP 是原特区外 3 个区域每平方公里创造 GDP 的 5.5 倍。

原特区内外土地集约化程度差距来自于土地利用方式的不同。原特区内经济转型较快,以高新科技产业和现代服务业为主,主要高科技产业园区、金融中心区、商业中心区、港口、保税物流园区都在原特区内。而原特区外主要是加工产业,尤其是低端加工业。原特区外的工业用地面积占了全市工业用地面积的92.5%,规模以上工业总产值占了全市的70%,规模以上工业增加值占了全市的62%,见表4。

表4 2008年深圳工业用地、工业总产值、工业增加值分布

| 区 域 | 工业用地面积(公顷) | 占比例(%) | 规模以上工业总产值(亿元) | 占比例(%) | 规模以上工业增加值(亿元) | 占比例(%) |
|---|---|---|---|---|---|---|
| 深 圳 市 | 32639.96 | 100 | 15860.11 | 100 | 3527.77 | 100 |
| 原特区外 | 30165.17 | 92.5 | 11014.1 | 70 | 2174.35 | 62 |
| 宝 安 区 | 14567.07 | 44.63 | 7025.02 | 44.29 | 1156.68 | 32.79 |
| 光明新区 | 3196.30 | 9.79 | 528.45 | 3.33 | 102 | 2.89 |
| 龙 岗 区 | 12401.79 | 38.0 | 3459.62 | 22.38 | 915.52 | 25.95 |
| 原特区内 | 2474.79 | 7.5 | 4847.01 | 30 | 1353.42 | 38 |
| 福 田 区 | 330.79 | 1.01 | 1212.06 | 7.64 | 210.49 | 5.97 |
| 南 山 区 | 1771.61 | 5.43 | 2891.15 | 18.23 | 1020.69 | 28.93 |
| 罗 湖 区 | 221.54 | 0.68 | 348.94 | 2.2 | 63.2 | 1.79 |
| 盐 田 区 | 150.85 | 0.46 | 394.86 | 2.49 | 59.04 | 1.68 |

深圳原特区内区域土地利用效率以深圳高新区、福田保税区和沙头角保税区为代表。

深圳高新区始建于1996年9月,规划面积11.5平方公里,是国家"建设世界一流高科技园区"的六家试点园区之一,是"国家知识产权试点园区"和"国家高新技术产业标准化示范区"。深圳高新区土地利用模式是:土地高度集约化利用,大型科技企业密集,产品附加值大,科技含量高,土地产出率高。2008年,高新区在占全市不到0.6%的土地上,实现工业总产值2249.78亿元,同比增长17.60%,占全市工业总产值的14.19%;高新技术产品产值2134.07亿元,同比增长17.51%,占全市高新技术产品产值的23.36%;工业增加值490.33亿元,同比增长22.99%,占全市工业增加值的13.55%;出口112.31亿美元;实现税收119.78亿元。高新区每平方公里工业总产值196亿元、高新技术产品产值186亿元、工业增加值43亿元,高新区每平方公里创造的GDP是全市平

均水平的 11 倍，是原特区内平均水平的 3 倍，是原特区外平均水平的 18 倍。

福田保税区 1991 年 5 月 28 日经国务院批准设立，面积为 1.35 平方公里。2008 年，福田保税区实现工业总产值 600 亿元，每平方公里实现工业总产值 440 亿元；实现进出口总额 469.48 亿美元，每平方公里实现进出口总额 348 亿美元；税收总额 52.9 亿元，每平方公里税收总额 39 亿元；单位工业用地增加值 58.14 亿元/平方公里，每平方公里创造的 GDP 是全市平均水平的 15 倍，是原特区内平均水平的 4.5 倍，是原特区外平均水平的 25 倍。

沙头角保税区 1991 年 5 月 28 日经国务院正式批准设立，是中国创办最早的保税区，面积 0.27 平方公里。沙头角保税区土地利用模式是：对土地精细化利用，发展资金技术密集型产业，产品附加值高，土地产出率高。沙头角保税区是一个袖珍型的保税区，为提高土地产出率，沙头角保税区每平方公里投资密度达到 317 亿元。2008 年实现工业总产值 208.48 亿元，每平方公里实现工业总产值 770 亿元。实现工业用地增加值 25 亿元，每平方公里工业用地增加值 92.6 亿元，每平方公里创造的 GDP 是全市平均水平的 24 倍，真正达到了对土地的精细化利用。

深圳原特区外土地利用模式以宝安区工业用地最为典型，其特点是：土地粗放式利用，产业占地面积大，投资密度小，企业积聚程度低，科技含量低，资源消耗增长较快，土地产出率不高。

宝安区工业用地达到 145 平方公里，占了全市工业用地面积的 45%，但将 2008 年宝安区工业用地的产出水平与市高新区、福田保税区、沙头角保税区等几个原特区内的工业区域产出水平进行比较，发现相差几倍到十几倍，见表 5。

表 5　宝安区工业用地的产出水平与原特区内若干工业区域比较

| 区　域 | 工业用地面积（平方公里） | 工业总产值（亿元） | 每平方公里工业总产值（亿元） | 倍数 | 工业增加值（亿元） | 每平方公里工业增加值（亿元） | 倍数 |
|---|---|---|---|---|---|---|---|
| 宝安区 | 145 | 7205 | 49.7 | 1 | 1319 | 9.09 | 1 |
| 深圳市高新区 | 11.5 | 2249 | 196 | 3.94 | 490 | 42.6 | 4.69 |
| 福田保税区 | 1.35 | 600 | 440 | 8.85 | 78.49 | 58.14 | 6.4 |
| 沙头角保税区 | 0.27 | 208 | 770 | 15.49 | 25 | 92.6 | 10.1 |

深圳要加快转变发展方式的步伐，从根本上将粗放式的消耗高、质量差、效益低的生产发展方式，转变为集约化增长方式，提高经济增长质量和效益。

# 专 题 篇
Special Topic Chapter

## B.15

# 深圳建设全国经济中心
# 城市的若干思考和建议

深圳市社会科学院课题组 *

**摘　要**：通过对经济中心城市的概念、功能、类别、形成条件以及建设经济中心城市的国际经验进行系统的分析和论述，并站在国家战略发展高度，立足深圳市的发展状况以及面临的机遇和挑战，提出深圳市建设全国性、综合性、创新性、国际性及市场主导型经济中心城市的发展目标，据此，从打造研发创新集聚区、金融创新试验区、开放型国家创新枢纽港区等八个方面提出了具体建设意义的战略举措。

**关键词**：经济中心城市　发展方式转变　软环境　创新

---

* 本报告执笔人：廖明中、倪晓锋、孔昭昆，深圳市社会科学院课题组。

# 一 关于经济中心城市的基本理解

## （一）主要概念

在传统区域经济学与地理经济学中，通常从区位中心的角度定义经济中心城市，认为经济中心城市是城镇网络系统的核心，在一定区域的经济活动中起着枢纽的作用。现代的经济中心城市通常是从城市经济功能的角度定义，一般是指在特定的区域范围内，承担区域金融、贸易以及生产性服务等多种功能，作为区域经济的控制和决策中心，具有强大吸引能力、辐射能力和综合服务能力，能够渗透和带动周边区域经济发展的城市。

现代的经济中心城市内涵主要包括：①具有雄厚的经济实力，是国际或区际的经济、贸易、金融中心，对国家和区域经济有相当的支撑力和影响力；②集中了较多的跨国公司和国内外金融机构以及国际或国家级经济与政治组织，是国家或区域资本集散中心，在某种程度上能够控制和影响国家或区域性经济活动；③具有很高的经济开放度，通行国际惯例和国际法规，生产性服务（特别是通信、信息、科技、咨询、商业、市政公用业等）发达，具有方便快捷的高速市际和市内交通系统；④国际性、区域性商品、资本、技术、信息和劳动力集散中心，新思想、新技术、新体制的创新基地；⑤众多的人口、面积巨大，有一个大城市群作为依托；⑥除跨国公司总部外，还要有庞大的企业集团、中介组织和相当的资产存量、要素流量和内外贸易额；⑦有现代化的公用事业和较好的人居生态环境。

## （二）功能

### 1. 效能聚集与外溢功能

同一般城市相比较，经济中心城市具有重要的区域经济发展带动作用。经济中心城市通过效能聚集和外溢两种基本运动形式与经济腹地间存在着紧密的联系。聚集主要源于其自身经济的规模效益、市场效益、人才效益和设施效益等，使得区域中的二、三产业，资本、人才、原材料、科学技术和信息不断向中心城市聚集，使经济中心城市的生产率不断提高，这些又进一步强化了经济中心城市

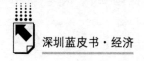

作为区域增长极的地位。

效能外溢功能源于中心城市对其自身结构的优化和科技进步的推动。当中心城市经济发展到一定阶段带来三种外溢效应，一是因技术进步带动产业升级使传统产业开始不断向腹地转移；二是由于经济中心城市的规模效益逐渐丧失，土地价格上涨、生活费用攀升等原因，引起部分人才和资本向周边地区迁移；三是随着经济中心城市吸纳生产要素能力的增强与市场功能的完善，企业竞争能力也会不断增强，企业的产品会逐渐扩大销售市场，向中心城市之外的市场扩散。

**2. 服务功能**

经济中心城市的服务功能表现为城市能高效有序地为各类要素的自由流动和优化配置提供便捷的服务，包括交通运输、通信信息、中介咨询、会务展示、文化娱乐等服务。此外经济中心城市的进一步发展会更有力地带动现代物流、信息、咨询、金融、保险、法律、会展等现代服务业的更好发展，形成关联度高、辐射力强的市场服务体系，持续地为各类市场交易提供方便、高效的服务。

**3. 创新功能**

经济中心城市因为具有一批优越的科技人才和高科技研究中心机构，资金、技术、人才等各种生产要素的聚集，比一般城市具有更强的综合创造能力，能够产生大量的创新能量。经济中心城市创新功能主要包括观念创新、科技创新和制度创新等方面，在国家自主创新体系中，发挥着支撑作用、带动作用、传承作用与示范作用。

**4. 调控功能**

经济中心城市所建立的符合市场经济和现代化建设规律的城市管理体制及其优化的城市管理运行程序，对减少市场交易中间环节，提高服务效率，实现城市管理的科学化、现代化和高效化，为经济中心城市的更高水平发展提供了良好的体制环境。借此，可以进一步强化企业投资决策功能，在更广阔的空间范围进行产业配置和重组，发挥企业在更大范围内组织生产、供给和营销活动的功能，成为地理上的"控制枢纽"。

## （三）分类

**1. 根据经济中心城市辐射和影响力所涉及的空间地域大小分类**

（1）国际经济中心城市。国际经济中心城市是指在世界范围对全球经济发展起控制、决策、协调和服务作用的大城市，如纽约、伦敦、东京。

（2）区域性经济中心城市。区域性经济中心城市是指在世界范围内对某些区域经济发展起控制、决策、协调和服务作用的大城市，如法兰克福、香港、新加坡等。

（3）国家级经济中心城市。国家级经济中心城市是指在全国范围内对国家经济发展起控制、决策、协调和服务作用的大城市，如首尔、迪拜、墨西哥城、赫尔辛基、米兰等。

**2. 根据经济中心的功能分类**

（1）综合型经济中心城市。这类经济中心城市集制造业中心、商贸中心、金融中心、现代服务业中心为一体，经济功能齐备。典型代表是东京、首尔等。

（2）商务型经济中心城市。这类经济中心城市主要以金融、商贸、现代服务业为主。典型代表是纽约、香港、迪拜等。

（3）生产制造型经济中心城市。这类经济中心城市产业以传统制造业为主。典型的代表是斯图加特、底特律等。

（4）科技创新型经济中心城市。这类经济中心城市产业以高科技产业为主。典型的代表是旧金山、斯德哥尔摩、赫尔辛基、班加罗尔等。

## 二 经济中心城市形成的条件与国际经验

### （一）经济中心城市形成的基本条件

#### 1. 优越的经济区位条件

无论是世界级经济中心城市，还是区域性、国家级经济中心城市，都成长于其所在国家、所在区域经济快速增长时期。无论是18世纪后期的伦敦，19世纪的巴黎、柏林，20世纪初的波士顿、纽约、费城，还是第二次世界大战之后的东京，以及随后崛起的洛杉矶、大阪、香港、新加坡、首尔等经济中心城市，其发展与该市是否处于一个重要的经济增长区域有关。

#### 2. 较高的社会经济发展水平

作为发展中的经济中心城市必须拥有很强的经济实力，人均GDP生产总值要高于全国或者全区域平均水平；成为跨国公司总部的聚集地；在经济空间和城市群的分工与专业化中处于较高的地位，产业结构高级化，以现代服务业为主。此外，经济中心城市必然同时是教育中心、科技中心、文化中心、医疗保健中心和旅游会展中心。因此，一个城市的社会经济发展水平高低是能否成为经济中心的决定条件。

### 3. 四通八达的联系网络

四通八达的对外联系网络是形成经济中心城市的基本条件，也是发挥经济中心城市作用的必要条件。经济中心城市通常具有现代化的基础设施，通过大力兴建深水港、高速公路、铁路、航空港等对外交通设施使其成为区域的交通运输中心，人流、物流中心，成为经济区联结国内外市场的中转站和桥头堡。

## （二）经济中心城市建设的国际经验

### 1. 选择先进产业体系，培育高级生产要素

先进产业体系是经济中心城市的基本特征之一，而高级生产要素则是支撑先进产业体系的重要保证。经济中心城市的高级化产业结构不仅表现在城市的三次产业中第三产业比重较大，而且在产业层次上占据明显优势，形成附加值高、竞争力强、带动性大的产业格局，对产业链的控制能力和产业升级能力强。经济中心城市在产业布局、产业发展中处于引领性、主导性地位，在经济发展中扮演着龙头作用。

### 2. 重视科研，鼓励创新

经济中心城市是先进社会生产力的聚集地，是人才、技术、科研等聚集的地方，不仅有高水平研究型的高等院校，而且有先进的和高水平的科研人才与先进的科研设备。不仅是科技资源集聚、高新技术产业发展、科技服务体系建设等的高地，而且是科技创新的辐射源和推进器，在经济增长和社会发展中处于主导地位。

### 3. 坚持开放战略

经济中心城市的本质特征是其全方位的开放性，在经济往来的高度开放性之外，制度及文化的开放性是其重要的软实力要素，是经济中心城市形成和发展不可忽视的方面。制度开放性表现在：在城市及区域内部建立统一、开放、规范有序的市场体系，对外为经济中心城市创造更多参与国内外产业分工和竞争，带领经济区充分参与国际经济大循环。同时，经济中心城市是各种文化的汇集之地，

易于产生新思想、新技术、新理念，使经济中心城市成为创新中心。

**4、政府的支持与管理**

政府是市场经济中一个重要的活动主体，它不仅通过政府购买影响资源配置，而且通过宏观调控和国家发展战略引导资源配置。在世界各国经济中心的形成过程中，很多国家都利用国家宏观调控和国家发展战略，促进经济中心城市参与国际分工和国际竞争。

# 三 深圳建设全国经济中心城市的 SWOT 分析

## （一）优势与不足

### 1. 两条高铁建成后将极大地改变深圳的经济地理位置

深圳市地处珠江口东岸，位于珠三角经济区的核心地带，市内空港、海港、高速公路、铁路、航运四通八达，随着深圳国际机场扩建，西部通道、京九铁路、广深珠高速公路的开通，深圳面向国际、国内两个扇面的海陆空立体交通体系粗具雏形。深中通道、广深港高铁以及深厦高铁的规划建设，极大改变了深圳的经济地理位置，将深圳的影响力通过交通更便捷地辐射到全国，有力增强了深圳在区域范围内的集散功能以及对外部区域的扩散影响力。

### 2. 雄厚的经济实力将有助提高深圳对区域内部各种要素的控制和优化配置能力

30 年来，深圳市 GDP 从 1979 年的 1.96 亿元增加到 2009 年的 8201.23 亿元，位居中国内地城市第四，人均生产总值达到 92771 元，位居全国各大中城市第一。从增长速度来看，30 年间 GDP 增长了 4184 倍，年均增长率 32.04%，远高于全国平均增长水平。较强的经济实力和较快的增长速度为深圳建设全国经济中心城市提供了雄厚的物质基础和经济基础。

### 3. 完善的产业配套和产业分工有助于增强深圳在经济区域内产业转移和梯度扩散的能力

深圳市的产业聚集效应日趋显现，行业比较优势明显，现已形成高新技术、金融、物流、文化等四大支柱产业，总产出占 GDP 的 60%。产业链方面，电子信息业、装备制造业、交通运输设备制造业等行业，在周边地区形成了完整的产业链条，其中龙头企业富士康更是在市内拥有 3000 多家配套企业，产业分工达到极致。此外，深圳的科技自主创新能力较强，具有自主知识产权的高新技术产品产值达 5062.1 亿元，占全部高新技术产品产值的六成。不断优化的产业结构、完善的产业链条、日趋发达的自主创新能力不仅增强了深圳的品牌号召力，更是使深圳成为全国经济中心城市的重要保障。

**4. 不断做大做强的民营企业成为深圳建设全国经济中心城市的主力军**

作为市场经济高度发达的重要表现之一，深圳的民营经济在国内处于领先地位。第二次全国经济普查显示，2008 年末，深圳市民营及中小企业上市总数位居全国各大城市首位。深圳科技研发人员的 40% 以上集中在民营企业，64% 的民营科技企业拥有自己的知识产权，由自主知识产权产品创造的产值占深圳民营科技企业总产值的 88%。华为、万科、金蝶、腾讯、迅雷等民营企业更是成长为中国企业界的行业领跑者。

**5. 发达的市场经济体系为深圳创造更多参与国内外产业分工和竞争的机会**

经济中心城市的本质特征是其全方位的开放性。深圳经济特区从成立伊始就走"以市场调节为主"的路子，坚持对各种要素由市场进行基础性配置，通过营造国际化的营商环境和法制化的人才成长环境引领改革风潮，业已形成以市场化运作、法治化管理和国际化交流为特征的现代市场经济体制。2009 年 9 月《福布斯》中文版第六次发布中国内地最佳商业城市排行榜，深圳首次进入前三甲，位列第三，说明深圳市场经济体制在全国的领先地位。

尽管深圳市已经初步具备了建设全国经济中心城市的条件，但是仍然存在总部经济吸纳能力不足，产业布局与人口结构不合理，发展空间狭小，基础科研实力薄弱等问题，严重制约深圳发挥全国经济中心城市的功能。

## （二）机遇

**1.《珠江三角洲地区改革发展规划纲要（2008～2020）》赋予深圳新的发展定位**

《珠江三角洲地区改革发展规划纲要（2008～2020）》（以下简称《纲要》）明确了深圳全国中心城市和国家创新型城市的地位，《深圳市综合配套改革总体方案》（以下简称《方案》）的获批更是将深圳从一个单纯的经济特区转变为综合配套改革试验区，赋予深圳在行政管理体制、经济体制、社会管理体制、民主法制建设、改革开放领域"先行先试"的政策，有力保证了深圳全国经济中心城市的建设。

**2. 特区版图扩大增强了深圳的区域资源整合能力**

深圳经济特区范围扩大到深圳全市，不仅为深圳提供了新的城市发展空间，而且为深圳经济发展提供了更大的政策优惠享受空间。此外，特区一体化使经济特区与东莞、惠州零距离接触，将为在深莞惠一体化中发挥核心作用提供更好的制度安排，也为深圳更好的融合到珠三角一体化、泛珠三角地区提供了重要条件，有助于增强深圳的区域辐射能力。

**3. 深港合作不断深化有力提升了深圳的经济辐射能力**

深港合作历来已久，在经济社会发展、基础设施建设、城市管理等方面联系紧密，《纲要》将深港合作上升到国家战略层面，《方案》进一步提出深港共建全球性的金融中心、物流中心、贸易中心、创新中心和国际创意产业中心。深港合作的不断深化，可以充分发挥两地优势，不仅可以带动区域经济在更高层次参与全球资源配置，而且有利于在深度上的全国辐射。

**4. 国际产业布局调整给深圳带来新的发展机遇**

产业在全球范围内的资源配置和布局调整将进一步深化，由于拥有稳定的经济表现、开放的市场环境和庞大的消费市场，使得中国成为一些欧美产业资本和金融资金的避风港，高端产业向中国的转移成为新的发展趋势。作为开放程度最高的城市之一，完善的市场体系、齐全的产业配套、优良的基础设施，使得深圳有望迎来新一轮的产业转移发展机遇，以提升深圳的高端制造业和现代服务业水平。

## （三）挑战

**1. 经济增长速度放缓缩小了深圳市与后发城市之间的差距**

近年来，深圳的经济增长速度明显放缓，在 GDP 上，深圳与北京、上海尚存差距，现在又要面临天津、苏州、重庆等城市的迅速追赶，曾经的高速增长模式难以维持，经济增长速度放缓。对外贸易不断萎缩，如果保持现有的发展速度，深圳连续十几年外贸进出口总额第一的位置势必受到挑战。在这种情况下，深圳要巩固全国经济中心的地位，就需要快速调整产业结构，找到新的经济增长点。

**2. 多中心城市聚集影响了区域整合能力**

珠三角城镇密集区呈现明显的"多中心空间"格局，聚集了香港、广州、深圳三个高能级的城市，以及佛山、东莞、中山、惠州、江门等若干个大中城市。区域间行政区划分割严重，存在各自为政现象突出、城市间分工不明显、城市产业结构趋同、重复投资和过度竞争等问题。能否充分发挥市场而不是行政力量在城市群经济协调发展中的作用，关系到深圳市的国家经济中心城市的功能发挥。

**3. 国内同等城市之间的竞争日益削减了深圳市的先发优势**

从区域角度来看，长三角地区已发展成为中国经济发展水平最高、综合经济实力最强的地区之一，上海、苏州、无锡、杭州、温州、宁波等城市组成的城市群成为中国最具活力的经济区域之一，环渤海、成渝、海西、北部湾等经济区域日益崛起，北京、上海等城市更是凭借着强大的科研实力和资源聚集能力领跑全国。如果深圳市不能够抓住先进制造业和现代服务业国际转移的新机遇，进行产业升级，将难以在国家中心城市建设中占据战略高地。

# 四　深圳建设全国经济中心的定位和战略举措

## （一）定位

综合各种因素，深圳将发展成为一个全国性、综合性、创新性、国际性及市场主导型的经济中心城市。

深圳建设全国经济中心城市，首先要做一个全国性而非区域性的经济中心城市，产业要辐射全国乃至全世界。其次，深圳应该是一个有着多种功能的综合性经济中心城市，具有科技创新中心、金融中心、物流中心等多项中心城市功能，并且还存在发展出新的中心城市功能的趋势。再次，深圳建设全国经济中心城市，将是一个创新型而非传统发展的经济中心城市。此外，深圳建设经济中心城市，要以经济国际化作为发展方向。

## （二）战略举措

### 1. 打造世界级的研发创新集聚区

未来深圳要从战略高度加强创新集群发展规划，争取用 10 年左右的时间形成与深圳全球电子信息产业基地地位相匹配的世界级研发创新集聚区。

吸引跨国公司和国家级研发创新主体聚集深圳。以吸引跨国公司适应性研发活动为主，在此基础上吸引更多的跨国公司基础性研发活动。持续引进国家有关部委的科研机构和教育部211重点大学的科研机构、央企研发总部在深圳设立研发中心；并积极融入全球研发网络，建立国际研发合作平台。持续推动深圳在构建区域自主创新体系、搭建深港创新平台、深化产学研合作、促进创新和金融更紧密结合等方面先行先试、率先探索，进一步促进国内外各类创新资源在深圳集聚。

将"大沙河创新走廊"规划发展成为全球知名的研发创新集聚区。推动大沙河创新走廊成为国家第三个自主创新示范区，确保高起点规划和高水平建设，争取"三年打好基础、五年初见成效、十年争创世界一流品牌"。争取国家和省、市政府在规划、重大项目布局及项目审批、核准、备案等方面，加强政策倾斜和资金项目引导。

以制造流程创新为切入点，力争在研发高端化方面实现重大突破。加大创新投入，加强对"通用性"、"跨领域"技术及相关计划的扶持力度，尤其是鼓励业界设立电子制程创新联盟，加快建设电子制程技术和方案的公共平台。

积极发挥政府的创新参与作用，鼓励中小企业加强研发活动。进一步完善和落实企业创新奖励办法和创业资助计划，为创业企业提供创业资金和孵化器支持；为快速成长企业提供信贷、担保和科技企业加速器支持，引导创业投资机构为企业提供风险投资等；鼓励本地企业与研发机构参与海外研发合作项目，积极链接国际科技合作平台。

与台湾建立科技和创意产业领域的长效合作机制。积极探索与台湾建立科技合作、战略性新兴产业以及文化创意产业领域的合作机制，着力加强深台科技交流，每年定期举办深台高新技术产业合作论坛；促进深台双方科技创意人才交流，建立两地共同的科技和创意人才库；加强两地科技园区的合作，促进园区之间的技术转移；合作建立创业风险投资公司，为在深台资高科技企业提供融资渠道；增进台商与深圳科技企业或科研机构的合作，加快推动在深台资企业转型升级。

**2. 着力打造全国金融创新试验区**

将深圳建设成为全国多层次资本市场的试验中心。积极争取场外柜台交易市场（OTC）落户深圳。进一步扩大试点范围，推动代办股份转让系统发展成为全国性的场外市场。借鉴国外模式，在深圳设立"国际基金产业园区"，为国内外基金产业聚集深圳提供良好条件；积极筹建私募基金产业园，进一步扩大黄金实物及产品交易规模，尝试建立黄金经纪公司制度，配合香港发展黄金期货和衍生品。

加快全国保险创新发展试验区建设。推动深圳在火灾公众责任保险、环境责任保险、医疗责任保险和建筑安全责任保险等领域建立强制保险制度，推进深圳成为全国保险发展创新城市。

加强与香港的金融合作，共建世界级金融中心。推动深港建立服务于两地贸易结算、QDII、柜台交易等方面的金融基础设施。探索与香港共同建立石油、煤炭等大宗商品期货交易所。探索两地共建资本市场学院，共同培养金融高端人才。通过采取更加符合国际规范的金融监管模式，使深圳成为香港银行服务珠三角加工贸易企业融资、结算业务的地区性运作中心。探索与香港共同构建人民币国际化的试验区，加快推进深港人民币贸易结算试点工作。

争取"一行三会"的深港金融合作协调权下放到深圳。争取由国务院和中国人民银行、中国银监会、中国证监会、中国保监会授权，中国人民银行深圳市中心支行、深圳银监局、深圳证监局、深圳保监局可代表"一行三会"直接与香港方面进行有关深港金融合作的协调和沟通。

## （三）将前海建设成为开放型国家创新枢纽港区

将前海深港现代服务业合作区项目上升为国家战略。进一步明确前海深港现代服务业合作区在国家及大珠三角区域经济发展中的地位和作用。向国家申请赋予前海合作区 CEPA 综合实验权，并将前海深港服务业合作内容列入 CEPA 相关补充协议。同时，在中央和广东省的支持下，深港共同组建"前海合作区专责工作小组"。

将前海打造成为深圳和珠三角的科技创新服务枢纽。一是依托香港的专业服务在前海构建一个中小企业服务平台，为珠三角中小型加工贸易企业提供系列服务。二是在前海打造一个未来科学技术的交流和展示中心，建设系列标志性的城市景观建筑——"深圳物联网中心"、"深圳设计中心"、"深圳创意大厦"等。三是向工信部、科技部申请将国家级软件产业公共技术支撑平台的建设落户前海软件产业园。

将前海打造成深圳现代服务业的新高地。积极争取将港深机场快线、前海深港口岸项目列入中长期战略规划。加快推进深港两地机场的战略合作，推动实现深港两地机场的交叉持股。结合深港机场快线和航站楼的建设，规划建设前海口岸，将前海口岸建设成一个集商业、办公、娱乐、交通枢纽、海关检验于一体的"商务综合体"。打造集购物、休闲、娱乐等服务为一体的国际化商圈和现代服务业聚集区。

在前海构建联通全球的供应链管理中心。积极推进前海保税港向自由贸易区转型升级，通过保税区和港区在形态、资源上的整合、集成，使前海地区在原有的保税港功能的基础上，逐步扩展国际中转、国际配送、国际会展采购和国际贸易四大功能，努力建设成为亚太地区乃至世界最大的物流与海运枢纽之一。同时，加强多方合作，共同打造世界一流的国际贸易与国际航运的新商业模式，成为亚太地区最重要的供应链管理中心。

## （四）在西部滨海片区建设全国一流的大型专业市场

在机场北片区建设全球影响力的消费电子专业市场。在机场北建设全球最大的电子专业批发市场。以珠三角制造业集群为依托，重点建设消费电子产品全球集拼分拨中心和珠三角IT产品国际配送基地，强化深圳对珠三角制造业的生产组织服务能力。

借鉴上海虹桥经验，依托宝安机场建设大型商贸会展枢纽。积极借鉴上海依托虹桥枢纽构筑国际贸易中心的战略思维，通过打造专业化、信息化、国际化的市场交易互动平台以及相应的市场服务体系，构筑一个兼顾国际国内贸易的大流通市场。建议在深圳机场新候机楼建成后，将原有的A、B候机楼改建为"深圳市第二会展中心"。

以会展业助推深圳电子信息产业拓展内贸市场。通过在机场片区专业市场中建立时尚设计创意园区、品牌集聚展示区，提升消费电子市场的服务专业化、产品品牌化和定位精细化程度。通过培育与市场紧密配套的专业品牌展会，推动消费电子品批发市场由单一的集散功能向集商品集散、品牌展示、价格形成、信息发布、休闲娱乐等功能于一体的方向转变，使消费电子品批发市场成为深圳加工制造业转型升级和促进内销的主渠道。

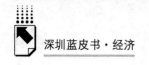

## （五）在全国率先转变外贸发展方式

率先打造全国加工贸易转型升级示范区。鼓励大型加工贸易企业与本地上下游配套厂商建立股权合作关系，推动具有较高资质的配套企业在深交所中小板、创业板上市。支持行业龙头企业"招安"中小企业作其下线，发挥在研发、品牌经营和低成本加工、市场应变等方面的各自优势，提升行业竞争力。把推动加工贸易转型升级与发展高端服务业等政策紧密结合起来，针对具有研发设计、营销结算和物流配送等总部功能的大型加工企业，制定专项扶持政策，促进其向产业链高端发展。

积极探索发展服务加工贸易的新路。做大做强一批服务外包企业，重点发展软件外包、研发设计等信息技术业务，加快推进银行后台服务、人力资源服务等商务流程服务，加快形成服务外包基地。加快明晰发展重点，即软件及嵌入式软件外包、研发设计外包、物流外包、呼叫中心外包、动漫创意设计外包、金融财会外包等。向国家商务部申请将前海作为国家软件服务外包示范基地，适当降低对注册资金、企业人数等资质的要求。

扶持世界品牌，进一步鼓励本地企业"走出去"。鼓励企业之间的并购、重组，形成具有一定规模和实力的跨国企业集团。积极营造世界品牌发展的良好机制和环境氛围，不断完善知识产权法规体系。巩固深圳通信设备产业、计算机及外设产业、时尚产业等已有区域品牌，推出一批具有国际竞争力向世界品牌进军的企业。进一步强化本地企业"走出去"的国际市场信息平台、风险评估和法律保护体系建设，建立健全跨部门的领导协调机制，包括建立由政府职能部门、行业协会及企业参加的多方联席会议制度。

着力抓好内外销市场并举拓展。鼓励本地企业建立国内市场营销网络和流通体系。采取积极措施，重视加工贸易企业对内销市场的拓展，加大政策扶持、资金支持的力度，切实为加工贸易企业搭建内销市场的平台。

## （六）积极扩大深圳与周边区域的一体化合作

进一步密切深莞惠产业融合与合作。要通过市场竞争与合作平台，促进生产要素能够在更大范围、跨区域的流动和组合，形成以资源有效配置和整体利益最大化为基础的合理的专业化分工布局。通过"引进、联建、自建"市场等形式，促进各生产要素集中集聚，以支撑现代产业的持续发展。

积极搭建深莞惠四大合作平台。尽快在三地间构建四大合作平台：一是创建三地政府间的市长联席会议平台，使之成为三地合作的决策枢纽。二是创建三地行业协会间的企业合作平台，使之成为产业协同的市场联盟。三是创建三地学术机构间的智力合作平台，使之成为创意聚合的思想论坛。四是创建三地媒体机构间的信息交流平台，使之成为资源共享的信息网络。

将泛珠三角内陆地区纳入深圳辐射范围。通过产业投资和合作的形式，用产业投资和物流服务来联通泛珠三角的内陆省份，从而强化深圳作为泛珠三角区域内核心城市的枢纽地位。建议在泛珠三角区域开发第三方物流，集装箱等"组合包装"、"门到门"的多式联运，以及以 EDI 为先导的现代交易方式。继续推进海铁联运合作计划，与泛珠三角区域省份或城市联合简化海关程序、统一海关报关系统等，降低通关和物流成本。

## （七） 探索城市更新和二次开发的新模式

创新城市更新开发主体和管理主体。政府主导下的 PPP 模式（即 Public-Private-Partnership）是公共基础设施建设中发展起来的一种优化的项目融资与实施模式。政府利用政策杠杆对改造过程进行宏观调控，获得政府认可的专业开发公司成为改造项目的实施主体，政府或由政府发起设立的法定机构则担当了管理主体的角色，确保带有公共性、公益性的城市更新工程得以顺利推进。

创新鼓励民间资金进入城市更新的机制。实行财政投融资制度（FILP）及民间财务提案制度（PFI），降低民间资金进入的门槛，引导民间自主调度资金投入公共建设，进而降低政府公共服务投资的压力。有序引导民间资金进入城市更新和公共建设，在运用 PPP 模式的过程中，要对特定领域 PPP 适合的具体模式进行深入研究，建立一套与多元化投资体制相一致的监管体制，确保引入社会资本并不会完全改变其公共性质。

应重视发挥金融机构参与城市更新的作用。未来深圳实施城市更新计划或推动 PFI 制度时，宜尽早引入金融机构参与规划并肩负部分监督责任。可透过加强与国外经验丰富的金融机构的合作，强化引导金融参与公共建设的专业能力。

## （八） 营造与国际先进城市体制机制接轨的软环境和人才环境

营造国际化的人文环境。通过特区立法权构建国际化生活环境规范，积极建设多元语言环境、多元文化背景的国际化社区，为国际友人提供国际化的生活服务网络和平台，探索外籍人士集中的国际化社区管理新模式。推动深圳主要网站英汉双语化，从青少年抓起，进一步推动中小学双语教学，培育具备世界观与国际对话能力的高级人才。

打造人才创业平台。创造一个优越的创业条件，拓宽人才向上渠道。一是着力提高政府行政效能，继续深化行政审批制度改革，进一步规范办事程序，提高办事效率。二是拓宽中小企业融资渠道，建立多元化科技投融资机制，加大对中小型科技企业创新发展专项扶持资金和专利发展扶持资金的财政投入。三是推动产学研联动，定期组织专家到企业开展咨询服务活动。四是建立人才储备机制。

创新人才激励机制。完善创新人才激励机制，积极开展股权激励试点，对作出突出贡献的科技人员和经营管理人员实施期权、技术入股、股权奖励、分红权等多种形式的激励；在高等院校、科研院所中，开展对职务科技成果完成人进行科技成果转化收益奖励的试点；建立重要人才和特殊人才的补充保险和政府投保制度，探索对创新人才以薪酬投资高新技术产业的税收优惠试点。

营造具有较强吸引力的人才发展环境。改善深圳教育、医疗和治安等方面的环境，提高对高端人才的吸引力。加快推进国际学校的规划建设，积极为在深居住的外籍人员子女提供一流的教育环境和条件。进一步完善知识产权保护及相关法律，将知识产权法制建设作为深港创新圈建设的一项基本任务。

# B.16

# 发展"交通站场经济"应作为深圳市 "十二五"时期的战略选择

王世巍*

**摘　要：**阐释了交通站场经济的基本含义，指出了发展交通站场经济的基本模式与着力点，说明了深圳大力发展交通战场经济的必要性与可行性，并提出了发展交通站场经济的对策建议。

**关键词：**交通站场经济　模式　基础　举措

发展"交通站场经济"是深圳服务业实现跨越式发展的一个重要模式，是关乎深圳近期和今后较长时期多方面发展的战略性问题，对深圳建设现代化、国际化先进城市具有积极的影响。"十二五"时期，深圳应大力发展交通站场经济。

## 一　"交通站场经济"的基本定义

交通站场是公共交通工具上客或下客、装货或卸货的场所，是公共交通工具承载乘客或货物的出发点或到达点。交通站场包括火车站、地铁站、汽车站、港口码头和机场等。交通站场单纯作为公共交通工具、乘客和货物集聚、疏散的场所，其经济含量较小，而且包含在公共交通工具在运输过程中所生成的经济价值。也就是说，在乘客或货物使用公共交通工具的费用（车票、船票和飞机票等）中已经包含了交通站场的使用费用。

---

* 王世巍，深圳市社会科学院。

现在笔者提出的"交通站场经济"，是指交通站场及其周边区域所形成的产业和与这些产业密切互动的跨区域的产业。从现象发生区域和效力影响区域来看，"交通站场经济"可以分为微观、中观和宏观三个层面。

微观"交通站场经济"是基本含义，主要是指交通站场在发挥集聚、疏散公共交通工具和乘客基本功能的前提下，同时发挥更多经济功能、实现更多经济价值的经济现象。简而言之，在交通站场范围内（或者说，利用交通站场）进行的一切投入产出活动，就是基本意义上的"交通站场经济"。微观"交通站场经济"，不仅仅是字面含义准确，而且是对"交通站场经济"直接效力点的表述，是"交通站场经济"最直接的体现，因此也应该是发展"交通站场经济"的重点。

中观"交通站场经济"是基本含义的延伸，其地域范围和效力范围宽泛了，是指"交通站场经济"直接效力点连同周边区域所形成的经济产业共振圈，或者说是交通站场连同周边区域发生的一切经济活动和经济现象。

宏观"交通站场经济"是基本含义的进一步延伸，既包括交通站场及其周边区域所形成的一切产业，也包括与交通站场及其周边区域经济现象密切互动的其他区域的产业和行业。形象一点说，交通站场连同周边区域是工业产品、农业产品和其他产品的大卖场，是多个产业和行业互动的大舞台。一方面，工业产品、农业产品和其他产品"武装"了大卖场、支撑了大卖场、繁荣了大卖场；另一方面，大卖场又使工业产品、农业产品和其他产品的经济价值得以最终实现，这也就促进了工业、农业和相关产业的发展。卖场的地点是相对固定的，而交通站场连同周边区域，商品生产地、来源地和流通渠道则是多方位、跨区域（跨地区甚至跨国）的。

微观和中观"交通站场经济"可以称为"狭义"的"交通站场经济"；宏观"交通站场经济"可以称为"广义"的"交通站场经济"，也可以称为"泛交通站场经济"。

三个层面的"交通站场经济"既是地域范围的体现，也是效力范围的体现。微观和中观"交通站场经济"，其地域范围和产业范围比较集中，地域范围主要集中在交通站场及其周边区域，产业范围则主要集中在第三产业。宏观"交通站场经济"，其地域范围和产业范围都更为宽泛了，地域范围涵盖了交通站场连同周边区域，也涵盖了交通站场区域以外的其他区域，产业范围涵盖了第三产业、也涵盖了第二产业和第一产业。如果说,微观和中观"交通站场经济"是对"交通站场经济"效能发源地的表述;那么宏观"交通站场经济"则是对"交通站场经济"效能发源地及其效力实际边际的表述。对于一个城市来说,微观和中观"交通站场经济",是关注、研究和发展建设的重点。而作为一个经济现象的研究,则既要研究微观和中观"交通站场经济",也要研究宏观"交通站场经济"。

## 二 深圳发展"交通站场经济"的基本模式和主要着力点

深圳发展"交通站场经济"的基本模式,就是建设和经营交通集散功能和商业经营功能有机结合的巨型建筑"航母"。也就是说,巨大设施和多样功能融为一体所形成的经济现象,就是"交通站场经济"基本模式的具体体现。其中,设施和功能是两个基本元素。设施是载体,功能是内涵;功能靠设施来承载,设施靠功能来充实;设施和功能水乳交融。而建设和经营又是相应的两个基本措施。

建设主要体现在设施元素方面,从交通站场的角度看,要突破传统交通站场仅承载交通集散功能的观念,扩大交通站场体量规模。一是建设巨型建筑"航母";二是要将巨型建筑"航母"与其周边区域的建筑物实行科学"接驳"(无缝连接),形成更大的承载商业功能的空间,同时形成人流的互通与共享。

经营主要体现在功能元素方面,同样从交通站场的角度看,要突破传统交通站场仅发挥交通集散功能的观念,放大交通站场功能。在巨型建筑"航母"中,在发挥集散公共交通工具和乘客基本功能的前提下,同时发挥更多商业功能,实现交通集散功能和商业经营功能的有机结合。商业经营功能的形态主要是"多业经营",在"航母"及其周边区域内,形成人流共享、百业互动、百业兴旺的景象。一是"航母"及其周边区域内所有产业之间的互动。主要表现为场地的共同、邻近而且共通便捷,形成百业之间消费人流的互动与共享。二是交通运输业与"航母"及其周边区域所有产业之间的互动。主要表现为出行的人流给交通站场区域的产业增加了人气,购物消费的人流也给交通运输业增加了客运量;同时交通运输业为交通站场区域产业的货物运输提供了保障,交通站场区域产业

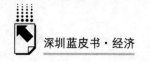

的货品需求为交通运输业产生了货运量。

深圳拥有较为先进的陆、水、空立体交通体系，发展"交通站场经济"的主要着力点是火车站、地铁站、长途汽车站、港口码头和空港。火车站、港口码头和空港不但方便人流，而且也方便物流。

## 三 深圳具备发展"交通站场经济"的基础和潜力

发展"交通站场经济"必须具备一定的基础条件，主要体现在人口规模、基础设施和经济发展水平方面。人口规模庞大、经济发展水平高和城市基础设施建设水平高的大城市，"交通站场经济"的发展含量就大；人口规模小、交通站场设施少的城市，"交通站场经济"的发展含量也不会大。目前，深圳已具备将"交通站场经济"蛋糕做大的基础。

### （一）人口规模庞大

人口规模决定消费市场和消费规模。2009 年末，深圳拥有户籍人口 241.45 万、常住人口 891.23 万；目前，拥有居住证人口 1200 多万；户籍人口加上拥有居住证人口就接近 1500 万，实际管理人口则更多；再有，2009 年，深圳市旅游住宿设施接待过夜国内外游客 2840.31 万人。庞大的常住人口和流动人口规模，形成了深圳庞大的消费能力和市场规模。

### （二）经济基础雄厚

经济发展水平是形成消费能力和消费市场的重要基础。2010 年，深圳本地生产总值为 9510.91 亿元、社会消费品零售总额 3000.76 亿元。雄厚的经济基础为深圳市发展"交通站场经济"奠定了坚实基础。

### （三）基础设施完善

完善的城市基础设施，特别是交通设施是发展"交通站场经济"的硬件条件。深圳城市基础设施，特别是交通设施建设水平较高。深圳市建成区面积已经达到 813 平方公里，2010 年，全市客运量 15.60 亿人次，其中机场旅客吞吐量2671.36 万人次。特别需要指出的是，地铁是发展"交通站场经济"的绝佳条件。深圳规划建设地铁线路 16 条、总长度 585 公里，2008 年已开通的地铁客流量达到 13550.38 万人次，日均客运量达到 37.12 万人次。

### （四）区位优势独特

深圳毗邻港澳、地处珠三角。整个大珠三角地区发达的经济和城际间便捷的交通，为深圳发展"交通站场经济"提供了良好的条件。特别是与经济高度发达而且是重要国际市场的香港紧邻，更是得天独厚的区位优势，深圳与香港人员、经贸往来频密，是我国最大的口岸城市。

目前，深圳交通站场和其他交通设施比较完善，能够满足交通运输的需要。但从发展"交通站场经济"的要求看，还有不足。一是交通站场硬件设施规模不够、功能模式单一，没能发挥更多经济功能、实现更多经济价值；二是商业布局与交通发展规划衔接不十分紧密，一些较大型商业购物场所甚至远离交通站场。因此，深圳发展"交通站场经济"的潜力和空间相当大。

## 四　发展深圳"交通站场经济"具有现实和长远的战略意义

"交通站场经济"是局部项目，但其发展影响和意义则是多方位的，既体现在经济方面，也体现在社会发展和环境保护方面；而且这种积极影响既体现在现在，也体现在长远。

### （一）发展"交通站场经济"是深圳可持续的经济增长点

"交通站场经济"是促进消费和生产的强力引擎，是深圳巨大的经济增长点。一是会直接促进固定资产投资、促进建筑业和房地产业的发展。初步测算，深圳发展"交通站场经济"，仅用于建设交通功能和商业功能有机结合的巨型建筑共同体的投资额大约就有 3000 亿元。二是会促进深圳消费市场的繁荣。发展"交通站场经济"是消费方式、流通方式、促销方式的创新。初步测算，深圳"交通站场经济"完全成熟后，每年会实现大约 3000 亿元的商品销售总额。三是会促进工业和农、林、牧、渔业的发展。四是会促进交通运输业、旅游业和第三产业其他行业的发展。五是会提升产业发展水平。

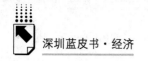

### （二）发展"交通站场经济"是深圳城市建设模式的创新

深圳市发展"交通站场经济"，可以强化城市功能，实现城市功能布局的科学化和合理化；可以提高城市空间利用效率，节约土地资源；还可以提高市民乘坐公共交通工具的自觉性和积极性，提升城市环境保护和环境质量。

### （三）发展"交通站场经济"是城市生活方式的创新

发展"交通站场经济"可以改变市民生活方式、提升市民生活质量。发展"交通站场经济"，重点就是要建设和经营交通功能和商业功能有机结合的建筑"航母"，把"航母"打造成为市民交通出行和休闲消费的"天堂"，使"航母"成为人们可以一走一过，也可以长时间逗留，甚至待上一天都会开心的场所，而且会经常光顾、流连忘返的场所，使逛"航母"成为人们的生活习惯和生活方式。

### （四）发展"交通站场经济"可以增加大量就业机会

发展"交通站场经济"，百业云集，业态丰富，可以创造大量就业机会；同时又可以更有效率更经济地配置人力资源，比如，诸多单位云集一处，可以共用收银、维护、保洁和保安等方面的人员。深圳"交通站场经济"完全成熟后，会承载大约100万就业人口。

### （五）发展"交通站场经济"有利于营造良好的市场环境

在高品质的巨大商业环境里，会增强商家的自我约束意识、品质意识和服务意识，假冒伪劣等商业欺诈行为发生率极低，甚至为零；万商云集一处，为规范统一管理市场，为工商、税务等部门开展工作带来诸多便利。

## 五　深圳发展"交通站场经济"的举措

深圳发展"交通站场经济"时机已成熟，条件已具备，而且具有现实和长远的战略意义。如何发展"交通站场经济"？总的来说，要政府和社会联动，政府要做好规划和引导工作，要制定相应的鼓励政策，吸引社会投资。

### （一）科学进行总体规划

政府要把发展"交通站场经济"作为深圳近期和中期经济社会发展战略，摆在城市规划和产业发展规划中。要全市一盘棋，根据具体实际情况，对建设交通功能和商业功能有机结合的巨型建筑综合体进行科学合理的布局，做到疏密适度。

### （二）科学建设单体"航母"

以安全、便捷、舒适、美观、效率为原则，以世界一流为标准，科学设计、科学建设每一座交通功能和商业功能有机结合的巨型建筑综合体硬件设施。

### （三）科学配置商业元素

在每一座交通功能和商业功能有机结合的巨型建筑综合体内，要科学配置商业元素，设计科学合理的盈利模式，行业要丰富、业态要丰富、商品要丰富、层次要丰富，可引进酒店、公寓、办公、餐饮、购物、文体、金融等行业。商品价格方面，同类产品或服务价格不易高过其区域。

### （四）科学安排实施进度

建设巨型建筑综合体项目投资规模大，设计和施工复杂，建成投入使用后盈利模式复杂，投资风险控制难度大。因此，深圳市发展"交通站场经济"，一定要科学论证、突出重点、循序渐进，选择成熟的区域上马项目。不能一时上马的项目，要留足改造和续建空间。当前，可考虑将罗湖火车站、深圳西站、龙华火车站、机场、蛇口客运码头、福田汽车站、银湖汽车站、各个口岸地铁站以及一些较为成熟的地铁站建设或改扩建成交通功能和商业功能有机结合的巨型建筑综合体。

# B.17

# 深圳经济发展人才支撑情况调查及对策

孔昭昆　张治平*

**摘　要：**深圳经济特区成立 30 年来，吸引了一批又一批优秀人才来深创新创业，为经济社会的快速发展作出了卓越的贡献，但是仍然存在结构和布局不合理，高层次创新创业人才特别是领军型人才仍然紧缺，国际化程度不高，政府、社会、市场有效互动的体制机制尚待完善，公共服务体系有待健全等问题。面对新形势、新要求，必须进一步增强责任感、使命感和危机感，科学规划人才发展工作，切实形成以人才优先发展引领经济社会全面发展的新局面。

**关键词：**深圳市　人才　发展情况　政策建议

## 一　深圳市人才发展基本情况

### （一）人才队伍建设的情况

**1. 人才总量增长迅速**

深圳近十年人才总量增长速度平均值为 12%，远远超过了国内其他城市。到 2010 年 6 月底，深圳拥有各类人才约 357 万人，其中，党政人才 4 万人，企业经营管理人才 28 万人，社工人才 931 人；专业技术人才 103 万人（高级职称人才 9.55 万，中级职称人才 25.92 万，初级职称及其他专业技术人才 67.53 万）；技能人才 222 万人，其中中高级技能人才 37.1 万人。

---

\* 孔昭昆，深圳市社会科学院；张治平，深圳市委组织部。

**2. 高层次人才队伍不断壮大**

截至2010年6月底，深圳拥有牛憨笨、郑健超、徐大懋、陈国良、倪嘉缵、朱清时、杨焕明7位全职院士，拥有袁隆平等14位双聘院士；深圳市共有11人入选中央"千人计划"；国家有突出贡献的中青年专家34人，"百千万"人才工程国家级人选12人，享受国务院特贴专家448人。根据高层次专业技术人才"1+6"文件有关规定，共认定国家级领军人才111名，地方级领军人才875人，后备级人才810人。

**3. 创新创业团队不断涌现**

人才引进和培育工作重点开始从引进个人向引进人才团队过渡。2006年，与中科院共建深圳先进技术研究院，培育出7个高水平科研团队；成功引进深圳华大基因研究院、深圳航天创新科技研究院、光启高等理工研究院等科研团队，其中华大基因研究院形成了20多岁的青年科学家群体；华为、中兴等一大批高新技术企业建立了研发中心，其科研团队近年来连续获得国际级科研和专利发明奖项；国家华南超级计算中心和数字音频技术、闪联互联网技术、电子标准化三个国家重点工程实验室以及基因组学农业部重点实验室也不断涌现创新能力强的科研团队。

**4. 高层次人才载体体系不断完善**

围绕深圳产业发展需要，建成集聚国内外53所知名高等院校的深圳虚拟大学园，培养出11万多名各类人才；建设深圳大学城，引进清华大学、北京大学、哈尔滨工业大学等在深圳开办异地全日制研究生院；创办以海外留学人员为骨干力量的深圳大学医学院，积极筹建与国际惯例接轨、实行全新办学模式的南方科技大学，进一步加强博士后流动站和工作站建设；建成创业园、孵化器、加速器、专业园、产业联盟五位一体、逐级提升的创业扶持载体体系，成功孵化企业超过2000家，集聚近4000名海外高层次创业人才；积极构建创新创业人才服务载体体系，搭建国际科技商务平台、创业投资广场、专业技术服务平台和公共技术平台，发展科技型非营利服务机构，为创新创业人才提供优质高效的专业化服务。2009年，高新区、华为、中兴通讯、中科院深圳先进技术研究院等4家单位获批国家海外高层次人才创新创业基地。

## （二）人才的投入产出情况

**1. 人才的投入情况**

科技研发专项资金支持力度不断增大，2009年深圳市财政资金资助科技研发项目达 10.37 亿元；政府出资 30 亿元设置产业引导资金，带动数百亿元社会资金支持产业发展；资助博士后工作站创新实践基地发展，2009 年资助额度达2600 多万元，资助企业工程中心、研发中心达 4700 多万元。从 2006 年开始设立了每年 2 亿元的"产业发展与创新人才奖"。人才培养方面投入不断增加，2009年 R&D 经费支出 296.56 亿元。

2009 年，深圳市的国家和省级工程中心所在企业共获各类计划 181 项，项目总经费 15 亿元。其中，获国家项目 38 项，项目经费 1.5 亿元；获省级项目 21 项，项目经费 4500 万元；获市级项目 73 项，项目经费 1.4 亿元。科研资源方面，深圳建设国家级重点学科、国家级重点实验室、省级重点实验室 30 个。国家和省级工程技术研究中心、国家和省级公共技术服务平台、国家级软件园和高新技术特色产业基地、博士后科研流动站和企业博士后工作站、博士后技术创新中心、留学生创业园、国家级和省级知识创新基地、两院院士活动基地的建设也在不断增加。

**2. 人才对经济社会的贡献**

（1）科技进步对经济增长的贡献率持续提升。2009 年深圳市生产总值达8201.23 亿元，比 2000 年 1665.24 亿元增加 3.92 倍，十年平均增长 19.79%。其中科技进步在经济增长中的份额显著提高，高新技术产品产值 8507.81 亿元，占深圳市规模以上工业总产值的比重为 54.9%，其中具有自主知识产权的高新技术产品产值 5062.10 亿元，占全部高新技术产品产值比重 59.5%。深圳市高新技术企业继续增加，截至 2009 年底，深圳市共有高新技术企业 3086 家，国家高新技术企业 395 家。

（2）科技成果专利成果不断增加。科学研究成效显著，取得累累硕果。2009 年三项专利申请受理量 4.2 万件，其中发明专利 2 万件，位居全国第三位；实用新型 1.3 万件；外观设计 9000 件。专利授权量 2.6 万件，其中发明专利8000 件，位居全国第二；实用新型 9000 件；外观设计 8761 件。2009 年，深圳PCT 国际专利申请达 3800 件，连续 6 年居全国第一；深圳市计算机软件著作权登记 5543 件，位居全国各大城市第二位。

（3）技术市场、技术贸易日趋活跃。深圳市技术市场由小到大、由弱到强，不断健全、规范和完善，成为传播技术信息、促进科技成果转化的重要渠道。2009 年深圳市签订科技合同数量为 5557 项，登记合同金额 85.5 亿元，核定技术交易额为 76.9 亿元。

### （三）人才市场建设情况

2009 年底，深圳市共有人才服务机构 186 家，从业人员 5309 名，其中本科以上学历 2108 名，取得"深圳市人才中介职业资格"的 1693 名。设置固定招聘场所 558 个，建立人力资源服务网站 152 个。2009 年被服务人数接近 2000 万人，服务用人单位近 200 万个，实现就业和流动人数达 500 多万人，建立人力资源数据库 195 个，现存数据库求职信息总量为 4600 万余条，全年入库求职信息 1000 多万条。2009 年全年成功举办招聘会达 7301 场次。同时，人才中介服务专业化程度、企业经营能力均不断提高。

## 二　深圳市人才发展存在的主要问题

### （一）人才总量相对不足

深圳拥有大专以上学历人才规模偏小，大专以上学历人口占从业人口的比例为 8.87%，上海为 13.8%，纽约高达 52%，汉城超过 50%，人口受教育程度偏低，虽然可以满足劳动密集型产业的维持与运作，但从长远看，不利于产业的转型升级，不能满足技术密集型产业发展的需求。

### （二）人才结构不尽合理

一是中低端人才数量多，高层次人才数量少。2009 年深圳有全职两院院士 7 名，而青岛拥有院士 18 名，大连 24 名，上海 196 名，北京 911 名；深圳现有享受国务院津贴专家 578 人，而在 2002 年青岛就已达到 760 人，大连 1300 多人。深圳现有高级人才 5.5 万人，仅占整个人才队伍的 3.5% 左右。

二是传统专业人才多，高新技术专业人才少。随着高新技术产业的发展，对高新技术专业人才需求日益增大，但是电子信息业复合型 IT 人才、信息技术、生物医药、海洋科学、环保技术、新材料新能源等方面原创性的核心技术专家偏少。当前，深圳人才资源分布结构与经济发展方式转变及产业结构调整的要求相比还存在较大差距。根据调研，深圳金融和医疗卫生专业人才既有数量上的不足，又有结构性的问题。在金融和医疗系统中具有比较高的专业素养、较丰富的

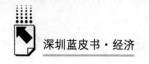

专业经验和较强的行业影响力，在一个团队中能够起引领和核心作用的领军人才相对缺乏。

三是技能人才资源多，高技能型人才少。深圳现有技师和高级技师2008人，仅占深圳市技能型人员队伍总量的0.32%，高级技工为9.7万人，仅占深圳市技能型人员队伍总量的15.46%。深圳市高技能人才明显短缺。

四是国内人才多，国际化人才少。深圳现有常住外籍及港澳台专家近6千人，约占常住人口的0.1%。而上海约为7万人，占城市人口接近1%，香港约为49.5万人，占城市人口的7.1%。留学回国人员的数量也不多，仅为5700多人，而上海达2.5万人。

五是市内各区之间人才分布不均。由于各区产业发展的重点不同以及各区生活环境存在较大的差异，导致各区之间人才分布极不均衡。主要表现在罗湖、福田、南山等区人才资源较为充裕，宝安、龙岗等区的人才严重不足。一方面影响了深圳市的均衡发展，另一方面也制约了宝安、龙岗等区环境的改善。宝安、龙岗等区学校、医院建设滞后以及教育、医疗卫生等领域人才的缺乏成了亟待解决的问题。

### （三）人才吸引力相对下降

近年来，由于深圳生活成本持续上升、城市宣传力度不够以及生活环境改善滞后等原因，导致深圳对人才的吸引力不断下降。主要表现在，一是物价水平特别是住房价格不断上涨，远远高于同期工资水平的涨幅，成为影响人才稳定发展的障碍；二是教育、医疗、交通、治安等方面发展的滞后，影响了城市总体生活环境的改善，制约了人才生活质量的提升。与此同时，随着国内其他城市生活环境的改善和待遇水平的提高，以及对人才引进力度的不断加强，导致深圳对人才的吸引力有下降的趋势。知名招聘网站job88.com发布的《2010年深圳人才吸引力调查报告》显示，接近83%的受访者不满意自己在深圳的发展现状，40%的人认为自己对深圳没有归属感，60%的受访者对未来三年到五年继续留在深圳发展持不确定态度，甚至有13%的人选择不会继续留在深圳。

### （四）人才引进机制不够灵活

现行的公务员、职员录用制度，有效地保证了人才录用的公开性、公平性和公正性，但在灵活性、针对性和及时性方面仍然较为欠缺。在人才录用过程中，对人才的职称、学历等硬性因素限制较多，而对人才的职业素质和实际能力考虑不够，用人单位对人才录用的考查、测试环节参与程度不够高，用人自主权得不到充分保证，难以根据单位的实际发展需求和人才的具体情况及时聘用到合适的人才。在人才引进政策方面也存在一些不尽合理的地方。例如，高层次人才引进政策中对高层次人才的认定主要以学历、职称、参与国内科研课题情况、国内科研获奖成果等作为考量依据，不仅使众多应为社会发展中坚力量的人才难以企及，也使许多长期在国外发展的高层次海外人才因没有参与国内研究课题、不具有国内职称而不能享受到相关政策。

### （五）人才载体相对匮乏

一是高等教育体系发展不能满足城市经济社会发展对人才培养的需求，深圳目前仅有 8 所高校，人才自给率仅为 17.7%，远远低于国内许多大中城市，正在建设中的南方科技大学是否能取得体制上的突破获得快速发展仍未可知；二是研究院、国家重点实验室等较少，不仅成为深圳自主创新体系建设的短板，也不能满足对科技人才进行培训的需要；三是对在职人员进行培训的基地建设滞后，由社会创办的培训服务机构也较少，不能为在职人员进行再教育和培训、提升工作能力提供必要的条件。

## 三 关于深圳人才发展的几点建议

### （一）建立"前海现代服务业高层次人才特区"

建设前海深港现代服务业合作区是国家的发展战略，前海肩负着在制度层面先行先试的历史使命。深圳应该抓住这一历史契机，充分利用前海合作区内独特的法律、税收、社会保障制度优势，借鉴香港经验，在人才管理体制机制、人才政策法规、人才服务体系和人才综合发展环境等各个方面先行先试和创新突破，建立"前海现代服务业高层次人才特区"，为国家积累人才工作的经验。积极争取国家更大的支持，进一步完善永久居留制度，积极探索人才股权激励制度，制定知识、技术、管理、技能等生产要素按贡献参与分配制度，研究人才补充保险办法，研究制定有利于吸引人才的个人所得税减免和返还政策，大力引进现代服务业高端人才、创新创业人才和优秀科技创新人才。探索试行技术移民、项目移民制度。建立符合国际惯例的薪酬定价、信息交互机制，加快推进人才与资本、技术、产权等国际要素市场的融合与对接，打造高度开放、富有竞争力、世界知名的国际人才资源交流中心。

## （二）加强深港人才合作

毗邻香港是深圳吸引人才的区位优势，深圳一方面可以通过合作方式利用香港的人才，另一方面可以利用香港良好的教育机制培养深圳的本土人才。此外，深圳还可以利用香港在国际的知名度，与香港联合在全球范围内招聘国际人才。建立政府层面人才联席会议，双方轮流担任主席，推进相关工作的开展。加强与香港政府的沟通，为深圳高端科技人才赴港工作办理签证提供便利。通过定期举办人才交流会等方式，加快深港人才市场的交流和融合。建议深圳政府在香港设立人才服务机构，为开展相关工作提供便利。争取引进香港的大学来深独立办学，充分利用香港教育资源。

## （三）推进高层次人才载体建设

在产业层面，构建以高科技、现代物流、金融、文化创意、新能源、新材料、互联网、生物医药和现代服务业为主的产业引才平台。积极开发培育潜力大、前景好的中小型高新技术企业；鼓励企业设立博士后科研工作站和企业技术市人才创新中心，支持企业建立高水准的研发机构和公共技术平台，在深圳形成中国一流的研发产业集群，扩大深圳吸纳高素质人才空间。大力加强高新技术产业带的建设，逐步形成高素质人才的规模效应和集聚效应。鼓励支持经济技术开发区、工业园区加强创新创业载体建设，加快高层次创新创业人才聚集，通过进一步完善创业创新载体建设，完善投融资、法律、会计、人力资源等中介咨询服务。在高校层面，继续大力支持大学城和深圳大学的发展，推动南方科技大学的建设，加强与香港高校的合作，支持香港高校来深办学，积极争取国内外更多知名院校来深办学。在科研院所层面，加大吸引国内外著名院校和科研机构来深圳设立研究室、实验室、创作室、工作室和技师工作站，发挥高等院校、科研院所集聚人才的作用；支持华大基因研究院发展，并鼓励类似机构来深发展壮大。

## （四）扩展人才引进渠道，加大人才引进力度

首先，建立个性化引才机制，针对具体产业、行业和岗位制订本市人才引进目录，实行以目录为导向的人才引进新机制。其次，完善网络市场聚才、人才市场觅才、委托高校荐才等多渠道的引才模式，探索"不求所有、但求所用"的柔性引才模式，鼓励和支持海外、香港及国内其他城市的人才到深圳市从事兼职、咨询、讲学、科研和技术合作、技术入股或从事其他专业服务，尝试启动"引进学术假（sabbatical）教授计划"。再次，进一步完善《深圳市引进人才实施办法》，全面调整现行的以户籍、以学历为依据的各类政策，在住房、配偶就业、子女入学、科研津贴等方面为各类人才提供相对完整的配套服务。简化人才引进手续，保证各类人才无障碍入户落户。

## （五）健全人才培养体系，加强人才能力建设

第一，加快发展高等教育。坚持扩大规模与提高质量同步推进，实现跨越式发展。继续扩大高等教育规模，大力提高办学质量，努力形成与深圳社会经济发展相适应、与创新型城市和高科技城市相适应的地方高等教育体系。拓展深圳大学城的发展空间，提高学术氛围、校园文化和优质资源利用效率，建设国内有重大影响力的应用研究型高等教育基地；继续办好深圳大学，努力实现教学型向教学科研并重型大学的转变，提升综合竞争实力；高起点、高水平建设与国际惯例接轨、实行全新办学模式的南方科技大学；推进深圳与国际、港澳台地区名校合作办学，鼓励国际知名高校与科研机构来深办学；推进高等职业教育的改革与发展，建立以市场和就业为导向，适应产业结构要求的现代高等职业教育体系，大力培养应用型、技能型人才，把深圳职业技术学院和深圳信息职业技术学院建成国内一流的高等职业技术院校。

第二，完善职业技术培训体系。以深圳市高技能人才公共训练基地为核心载体，充分利用现有深圳高级技校东校区教育训练资源，建设高技能人才公共训练园区，进一步发展高技能人才公益性技能实训；切实推进高技能人才技改项目资助扶持、技能成果展示推介等服务，突出高技能人才端引领作用；积极建设龙岗区、宝安区技能人才公共实训基地，形成深圳市技能人才公共实训"一体两翼"的格局。

第三，创新终身教育工作机制。建设人人都学习、处处能学习的教育培训网络；借鉴国外社区教育先进经验，大力建设社区学院；大力发展远程教育和社会化教育，建设市人才网上学院，完善广播电视大学市、区、教学点三级办学体系。建立和完善终身教育法规制度，经营管理人员职业化培训、专业技术人员继续教育、技能人才职业训练等成人教育管理办法。加大人才教育培训经费投入力度，建立带薪学习制度和经费保障制度。按职工工资总额比例提取教育培训经费拓宽经费来源渠道，形成国家、社会、单位和个人等多方投入机制。

## （六）建立科学的人才评价与选拔体系

首先，根据各类人才不同特点，有针对性地建立符合深圳各类人才特点的评价体系。建立社会中介组织评价人才的机制，完善以科研成果及其产业化效果和科技创新能力为主要内容的考核指标体系，实施以业绩为主，由品德、知识、能力等要素构成的人才评价指标体系。

其次，深化人才评价方式改革。注重通过实践检验和评价人才，促进人才评价的科学化、专业化和社会化，努力提高人才评价的科学水平；深化人才评价机构改革，整合人才评价资源；完善人才评价手段，开发现代人才测评技术；建立人才动态考核评价和人才评价责任制度；探索高层次人才的专家评审制度。

再次，根据不同类型人才的特点，确定相应的评价指标。建立科学合理的分类人才评价体系。研究制定科研人才考核鉴定办法，探索企业经营管理人才评价制度，推行专业技术人才执业资格制度，积极推进专业技术人才执业资格国际互认。

## （七）创新人才激励机制

激励是人才管理的重要手段之一，其重要意义可以体现在以下两个方面：一是随着当前经济社会的不断发展，做好工作、解决好问题越来越依赖于人才的创造性和创新精神，通过激励可以充分发挥人才的创造性；二是通过激励可以使人才充分发挥潜能、保持较高的工作效率。因此，需要建立科学的激励机制，包括：物质、精神、培训、晋升等各个方面。具体而言，提高政府人才投入绩效，整合现有政府奖励措施，重奖杰出人才。打破国籍、户籍、身份等界限，对在深圳市作出贡献的创新型人才给予奖励。建立健全分配激励机制。对高层次人才要依照市场机制确定待遇，使一流人才、一流贡献获得一流报酬。实行股权、期权激励，保护科技人才在科技成果转化中的合法权益。深化职称改革，推行职称评定社会化，加强职称激励。对作出突出贡献的高层次人才进行重奖，并授以各种社会荣誉等。对在现职学术、技术岗位上的专家，允许根据学科特点和工作需要，以参加学术会议、开展交流访问、进修、项目合作研究等方式休假。

## （八）完善人才发展公共服务体系

首先，确立主动服务和长效服务的理念。把人才服务渗透到企业招人、用人、培养人、管理人的各个环节。确立创业服务的理念，搭建创业平台，出台优惠政策，鼓励高校优秀毕业生来深自主创业。协调人才引进机构，形成统一、长效的人才引进服务体系。继续实行全方位"绿色通道"服务，建立"一站式"高层次人才服务中心，简化专家的引进手续，尤其是外国专家的签证办理等引进手续。为高层次人才提供工作和配套服务等方面的便利。政府建立或委托专门机构实现对高层次人才引进的全方位后续服务。

其次，全面推进深圳市人才工作信息平台建设工程，加快人才管理的公共信息平台建设，建设人才信息数据库，实现深圳市人才信息联网，提高人才管理的现代化水平，逐步实现人才服务网络化，实行网上管理、网上报送、网上审批、网上办理，为用人单位和人才提供公共信息化服务。设计建立深圳市"人才目录"信息系统和人才信息发布制度，形成动态人才信息服务体系，为用人单位和人才提供双向对称的供求信息服务，实现社会化、开放式的人才市场信息和人才政策信息共享机制。加强人才信息统计工作，设计人才信息管理标准，为人才研究、人才政策制定提供可靠的数据保障。建立一个与全国乃至世界知名高校联网的人才信息平台和数据库，及时搜集、保存、更新人才信息，并根据深圳发展需要提前与潜在的人才进行联系，跟踪人才发展状况，为深圳吸引所需人才提供选才基础。

再次，做大做强人才大市场，整合各类人才服务资源，不断拓展服务领域，完善人才市场服务体系。坚持法则明晰、布局合理、运作有序、公开透明的人才市场建设原则，加快建设统一的人才市场。消除人才市场发展中的体制性障碍，使现有各类人才和劳动力市场实现联网贯通，充分发挥市场在人才资源配置中的基础性作用。逐步解决当前人才市场分割、功能单一问题，建成按专业、按层次、按区域，立体化、体系完备、管理统一的多功能人才资源市场体系，重点培育国际人才市场、高层次人才市场、高技能人才市场和网上人才市场，增强人才市场配置能力。开发高技术含量的人才市场服务产品，形成特色服务品牌。

第四，组建人才中介行业协会。建立人才中介服务和等级评价体系，加强行业自律，规范人才中介活动，提升服务水准和诚信。设立公益性人才服务机构，为各类人才提供公共档案保管、转接、审核、查询、使用等公益性服务，推动人才由单位人向社会人转变。

## （九）健全保障人才发展法规体系

良好的法制环境是依靠市场规则调配人才的保障，是吸引人才、留住人才和用好人才的基础。因此，必须发挥深圳市特区立法权的优势，率先健全保障深圳市人才发展的法规体系。针对人才的选拔录用、人才培养、人才收益保护、人才流动和人才安全等方面的法律法规尚不健全的问题，加强人才立法工作步伐，制定和完善有关保护人才资源方面的法律法规，为人才资源的开发、管理和使用提供法律保障，为优秀人才的发展提供良好的法制环境。围绕人才活力建设，加大人才政策创新与人才立法工作力度，全面清理现有的人才法规，及时删除陈旧过期的人才法规，适时研究出台促进人才发展、有利经济社会发展的相关人才法规规章，不断提高人才工作效率，强化人才工作规范性。制定一些相关的法律法规，加强优秀人才培养保护。制定人才收益保护法规，保护人才的各种正当收益，加强知识产权保护力度。制定人才流动法规，保护人才的流动权益。加快人才市场的主体立法工作，制定相应的法规规章，明确人才市场中供求主体的权利与义务，对人才中介和政府在人才流动中的行为规范作出相应的法律规定，以充分保证各方行为的合法性、规范性，保障劳动者个人的择业自主权和用人单位的人事自主权。规范和监管人才市场活动，建立人才中介机构准入制度，实行人才中介职业资格制度。

## （十）营造人才发展良好环境

首先，优化人才创业环境。加强创业基地、企业孵化器等创业平台建设；完善科技型中小企业成长扶持政策体系；制定、完善并落实鼓励创业的优惠政策；完善创业导师机制，实施培养创业家工程；为创业人才在创业服务上提供一条龙高效服务；为初到深圳创业或在深圳短期及兼职工作的各类创新人才，提供高品质低租金的人才公寓；为民间创新人员的发明专利以及创新性项目提供资助。

其次，完善人才社会保障体系。完善人才流动中的社会保险衔接办法，构建公平与效率结合、保障方式多层次、有利于人才合理流动的社会保障机制。鼓励用人单位为各类人才建立补充养老、医疗保险和商业保险。

再次，打造人文与安居环境。合理规划和高标准建设人文综合设施和生活后援设施；规划和建设一批科学、文化基础设施，落实人才安居政策；大力发展国际学校，实行人才居住证者子女入学户籍居民待遇政策；提高医疗卫生机构的医务水平，提供良好的医疗保障；努力创造条件，引进和培育优质教育资源，为各类人才特别是海外人才子女教育提供便利。

# B.18
# 努力提高促进城市发展的统计服务水平

孔爱玲　伍健铭　王继虎*

**摘　要：**围绕城市发展战略，开展了一系列调查活动。包括为建设"全国经济中心"、"中国特色社会主义示范市"、"国际化城市"、"国家综合配套改革试验区"和"国家创新型城市"开展的调查。同时，在调查工作方法上进行了创新。

**关键词：**提高　城市发展　统计服务水平

## 一　新崛起的城市——深圳

深圳位于中国珠三角的南部，与国际大都会香港一水之隔，1980年8月，成为我国第一个经济特区。经过30年的努力，深圳城市发展取得巨大成功，至2009年，这个土地面积1953平方公里，当初仅33万人口的南粤渔村已发展成为一座常住人口890多万，人均GDP达13581美元，居中国内地第一的经济繁荣、社会和谐、环境优美的城市。

近年来，深圳还相继被评选为中国内地"城市综合竞争力第一"、"最具经济活力城市"、"国家卫生城市"、"国家环境保护模范城市"、"国家生态园林示范城市"、"全国绿化模范城市"、"中国十大文明城市"。还获得国际"花园城市"、联合国环境保护"全球500佳城市"的殊荣。

## 二　围绕城市发展战略创新开展统计调查

2008年国家将深圳的城市发展定位为"一区四市"，即"国家综合配套改革

---

* 孔爱玲、伍健铭、王继虎，国家统计局深圳调查队。

试验区"、"全国经济中心城市"、"建设中国特色社会主义示范市"、"国家创新型城市"和"国际化城市"。从经济特区演变为"一区四市"的发展定位，是国家从战略层面对深圳提出的发展要求。

近两年，深圳政府统计调查工作围绕深圳城市发展战略开展了一系列专题调研，为城市改革和发展提供了重要信息基础和决策依据。

## （一）为建设"全国经济中心城市"提供统计服务

建设"全国经济中心城市"，深圳的目标是成为国内国外两个市场、两种资源交流关键节点，成为珠三角和全国重要的发展极和动力源，充分发挥经济中心城市的辐射和带动作用。并提出到2015年，深圳生产总值（GDP）超过1.5万亿元，年均增长10%以上；人均生产总值（GDP）超过2万美元；居民人均可支配收入达到4.9万元。

深圳城市统计调查在国家统计制度的基础上通过增加调查样本，收集和整理城市住户调查、CPI、PPI和企业家信心指数等统计调查资料，反映深圳的经济运行情况，为城市发展提供经济分析数据。

**1. 关注民生，做好城市住户调查工作**

深圳城市住户调查起于1985年的国家样本100户，为满足当地政府要求以及增强地方样本的代表性，近年城市住户样本及样本结构随深圳的人口发展和结构变化进行了调整，样本已增加到600户，样本结构与深圳总体情况尽量一致。

目前执行调查制度的600户是严格按国家的调查方案抽选，分布在全市43个街道和60个社区居委会，其中深圳户籍样本392户，占65%。城市住户调查具体包括居民收入水平、生活质量改善、消费支出增长、消费结构升级等方面情况。在统计公报、统计年鉴及政府的各类绩效考核中，住户调查数据作为反映民生的重要指标被广泛采用，同时也作为公众获取民生权益的依据写入法律规章的条款（如：民法和计划生育条例）。

**2. 为政府战略目标实现提供统计预测分析**

围绕政府2015年经济发展目标开展预测分析，例如对人均可支配收入预期目标实现的预测。

（1）深圳居民人均可支配收入增长情况分析。

据600户常住居民家庭抽样调查：2009年深圳居民人均可支配收入为

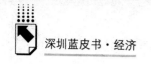

29244.5 元，比 2004 年增长 48%，年均增长 8%。

与北京、上海、广州等城市比较，过去五年，深圳居民人均可支配收入绝对额虽暂居第一位，但收入增速相对缓慢，与各城市之间收入的差距日趋缩小。尤其是深圳人均工资性收入年均增速明显低于上海和北京，说明深圳居民人均可支配收入仍有一定的增长空间。

（2）对居民人均可支配收入预期目标研判。

通过对 2005～2009 年深圳居民收入构成和增长情况分析，为确保 2015 年人均可支配收入达到 4.9 万元的预期目标，年均增速需力求与 GDP 年均增速同步增长。未来几年深圳居民家庭各项收入年均增长速度的最低要求如下：家庭人均工资性收入年均增长 11%，人均转移性收入年均增长 14%，人均财产性收入年均增长 11% 以上，人均经营净收入年均降幅不超过 2.6%，如此才能确保达到深圳市 2015 年末人均可支配收入预期目标。

同时，我们提出建议：一是全方位促进工资性收入增长和增大劳动者报酬的比重；二是关注弱势群体的福利保障，继续调高"三条保障线"（指职工基本生活保障、失业保险和城市居民最低生活保障）、离退休金水平，进一步提高职工的最低工资标准；三是拓宽居民投资渠道，促使居民财产性收入快速增长等对策。

**3. 创建居民消费价格指数（CPI）、工业品出厂价格指数（PPI）等方面的信息服务平台**

（1）编制深圳居民消费价格指数。

主要根据城市居民购买并用于日常生活消费的商品和服务项目，划分为 8 个大类，包括食品、烟酒、衣着、家庭设备用品及维修服务、医疗保健和个人用品、交通和通信、娱乐教育文化用品及服务、居住。CPI 计算使用的各项权重来自居民家庭消费支出调查资料，共确定了 262 个基本分类，600 种以上的商品和服务项目规格，并每月定期向社会公布编制的 CPI 数据。

我们还开展了"深圳居民消费价格指数（CPI）预测模型研究"工作。该研究有如下特点：一是理论性强，依据目前国内和国际上 CPI 预测的多种理论，采用多种方法探讨 CPI 的预测模型；二是理论联系实际，利用深圳有关数据资料运用不同的预测模型对以往的指数进行实证预测，从中找出最佳模型；三是有所创新，在目前预测方法即 CPI 构成法（新涨价、翘尾因素）的基础上，设计计算公式和调整办法，使预测数据更接近实际。目前，我们正在运用上述研究成果编制深圳 CPI 预测模型软件。

（2）做好工业品出厂价格指数（PPI）的监测预警报告。

工业品出厂价格指数（PPI）及 IPI 的调查样本量，由原来的 208 家扩大到 500 家，调查产品由 197 个扩大到 500 个，提高了本市工业品价格调查的覆盖面、代表性和针对性，为真实反映深圳市工业产品价格水平和经济宏观走势提供客观依据，更加及时、准确地反映本市工业品出厂价格的实际情况。

（3）开展企业家信心指数和企业景气指数调查。

调查范围包括：工业，建筑业，交通运输、仓储和邮政业，批发和零售业，房地产业，社会服务业，信息传输、计算机服务和软件业，住宿和餐饮业等八大类。

调查内容涉及四大方面：①企业基本情况，②企业家对本行业景气状况的判断（对当前的判断及对下期的预计），③对企业生产经营状况的判断（对本期企业生产经营状况、流动资金、固定资产投资、劳动力需求等的判断及对下期的预计），④对企业生产经营问题的判断与建议。

根据分析和经济监测，编制出深圳市企业家信心指数和企业景气指数，绘制指数走势图（见图1），对行业运行和企业生产经营状况作出判断和预测。

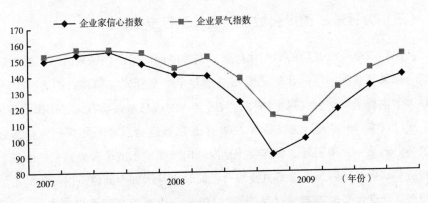

**图1　深圳市企业家信心指数和企业景气指数走势**

## （二）为"建设中国特色社会主义示范市"开展统计调研

改革开放使深圳成为中国最为典型的移民城市，如何增强迁移人口的城市认同感，是城市发展和建设的重要内涵，也是"建设中国特色社会主义示范市"的重要内容。针对深圳居民"城市认同感"问题，我们进行了专题调研。

**1. 城市认同感调研课题**

本调研分为四个部分：生活状况、公共服务、精神文化建设、归属感，共设计了 42 个指标问题。"生活状况"指标涵盖居住环境、消费水平、人际关系等方面，"公共服务"指标涵盖公共交通、教育服务、社会治安等方面，"精神文化建设"指标涵盖社会道德水平、精神文明建设等方面，"归属感"指标涵盖身份认同感、文化认同感以及深圳居民对城市的心理依恋感和体悟等方面。

**2. 调研结果**

调查结果显示：六成被访者认为自己不是深圳人，拥有住房或深圳户籍的被访者认同感较好，女性被访者的认同感好于男性，年龄在 41 ~ 50 周岁的被访者认同感最好，85.6% 的被访者认同深圳的城市文化生活，76.9% 的被访者对深圳的未来发展充满信心。

**3. 影响居民城市认同感的主要因素**

一是户籍和高房价是影响居民身份认同感最重要的两个因素，二是治安问题不容乐观，三是就业形势期待好转，四是政府部门服务质量预期提升，五是城市文体设施亟待增加，六是社会人际关系需进一步和谐。

## （三）为推进"国际化城市"建设进行专题调研

从深圳改革开放初期的国际化探索，到香港回归给深圳带来的第二波国际化浪潮，如果要在深圳国际化第三波浪潮中界定一个标志性事件，那么，2011 年世界大学生夏季运动会（以下简称：大运会）的成功申办具有无可比拟的地位。

2011 年第 26 届大运会，是继 2008 年北京奥运会、2010 年广州亚运会之后我国举办的又一大型国际体育盛会，是深圳向世界展示改革开放新成就的巨大舞台和进一步提升国际知名度的重要平台，同时也是深圳全面建设国际化城市的重大契机。为此，我们开展了《第 26 届世界大学生夏季运动会民意调查》，通过了解深圳市民对于大运会的认识程度和心声，为成功举办深圳大运会做好准备。

**1. 市民对大运会的认知情况**

调查显示，有半数以上的市民了解大运会举办年份，但是，只有少数的受访市民知道深圳大运会开幕的准确日期和地点。

**2. 市民对大运会的关注渠道**

调查显示，电视媒介、网络和报刊是市民了解大运会信息的主要渠道，其中，网络更受年轻人和高学历人群的追捧，中老年受访者则喜欢通过收看电视和阅读报纸获取信息；也有部分受访者是通过电台广播/户外广告/地铁广告等方式了解大运会信息。

**3. 现场观看大运会比赛项目的理想票价**

有 87% 的受访市民表示接受付费观看大运会比赛，同时认为合理的票价、自己喜爱的运动项目以及有杰出运动员的参赛是影响现场购票观看比赛的关键因素。受访市民心里承受的门票价格分布情况如图 2 所示。

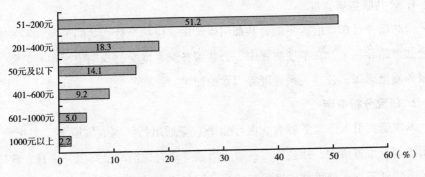

**图2　现场观看大运会比赛项目愿意接受的价格**

**4. 成功举办大运会急需改进的方面**

一是公共交通，占 77%；二是环境卫生，占 63%；三是公共设施建设，占 35%；四是空气质量，占 33%；五是场馆建设，占 26%。

调查显示，电视、网络和报刊是推广宣传的主要渠道，但不能忽视其他传播渠道的建设，现阶段的宣传力度仍然不够；完善的公共交通体系是办好大运会的基础保障，要加强规划确保大运会期间交通的畅通；同时，对大运会期间的安全、交通、食品卫生以及运动场秩序等问题应予以足够重视。

**5. 市民心声及建议**

一是加大宣传力度，营造全民参与的良好氛围，将大运会会徽"欢乐的U"、主题口号"从这里开始"（Start here）、吉祥物"UU"等品牌形象广泛传播；二是构建通畅的交通体系，提高市民现场参与热情；三是制订合理的门票价格及分配机制，提升市民的现场参与度，营造文明热烈的赛场氛围；四是以办大运会为契机，拓展高端服务业广阔市场，发挥大运会的经济效益；五是展现深圳美好形象、提升深圳国际化城市的品位。

## （四）为"国家综合配套改革试验区"的建设不断开拓探索

深圳作为国家综合配套改革试验区，在体制机制创新中，将优化政府组织体系和运作，改进政府管理和服务方式，实现现代服务型政府列为首要任务，力争到 2015 年率先建成人民满意的现代公共服务型政府。2009 年我们开展了"深圳市政府公共服务满意度测评"，为创建服务型政府，促进城市发展提供参考依据。

### 1. 公共服务满意度

公共服务是指政府为主的公共部门生产的、供应全社会共同消费、平等享受的公共产品和服务。在本项测评中，公共服务满意度受公众期望、政府形象、公共服务质量感知、公共关系管理等因素的影响。

### 2. 研究分析框架

本次研究引入了义务教育、医疗服务、交通出行、水电气服务、文化娱乐、城市规划、市容市貌、社会治安、政府形象等政府提供的公共服务项目、政府公共关系管理等一系列可被市民感知的公共服务指标进行研究，具体分析框架如图 3 所示。

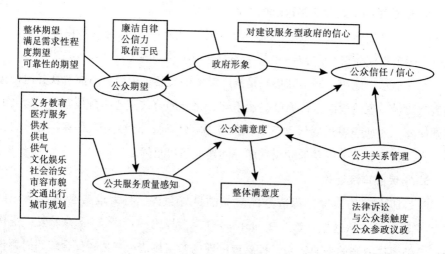

图3　分析框架

**3. 调研结果**

调研结果显示：2009 年深圳市民对公共服务的满意率为 93%，其中表示"很满意"的市民占 6%，表示"比较满意"的占 44%，认为政府公共服务"一般"的占 43%。

在影响市民满意度的 12 项公共服务中，有 7 项公共服务（供电服务、供水服务、市容市貌、城市规划、文化娱乐、义务教育以及供气服务）的表现对总体满意度有着正向影响。其中，市民对供电服务、供水服务以及市容市貌这三项公共服务的评价相对较好，满意度得分均超过 70.0，分别为 77.7、73.1 和 70.2，另外还有五项公共服务（政府形象、交通出行、社会治安、公共关系管理以及医疗服务）的满意度低于市民的整体满意度。

**4. 意见和建议**

一是政府要加快职能转变，增强责任服务理念，部门整合仍需继续深化，不断提高政府管理效能；二是强化公务员素质建设，不断提高服务意识和水平；三是进一步完善"一站式服务"机制；四是推进公共服务社会化；五是加强信息资源共享和信息公开化，扩大公众参与和监督。

## （五）以"国家创新型城市"的理念开展统计调查创新和探索

自主创新被定义为深圳发展的"核心战略"，深圳致力于打造有国际影响力的区域创新中心、辐射引领作用强的国家创新型城市。统计调查作为城市管理的重要方面，我们也在积极探索政府统计调查的创新和实践。如探索城市住户调查指标和公布方式、居民消费价格指数数据采集方法的创新等。

**1. 探索构建深圳城市居民收入数据公布指标体系**

遵循统计指标数据的特征，我们力图构建一个比较适合深圳的城市居民收入公布指标体系，使公众对公布的统计数据有更深入的理解，同时也给政府相关部门和企业制定政策与战略规划提供参考。

居民收入公布指标共括三个部分：户均家庭总收入、人均可支配收入、有收入者的个人工资收入。户均家庭总收入和人均可支配收入有助于社会公众全面了解家庭收入状况。由于个人收入来源多样化，工资收入在总收入中的比重在下降，因而个人工资收入也应该同时公布。对这三个部分，我们建议应该公布以下统计指标：①在公布收入的算术平均数的同时公布中位数，②公布收入的置信区

间，③公布居民家庭人均收入五等分分组数据。

此报告得到国家统计局马建堂局长的高度重视和认可。他在报告上亲笔批示"城市司、农村司、人口司、综合司：我看了这份报告很受教益，有些建议我认为应立即实施：①改进数据发布方式，增加公布住户调查居民收入的中位数；②公布 5 种分组的平均收入和中位数；③尝试主动公布误差范围；④改进统计抽样设计"等。

**2. 城市居民消费价格指数（CPI）数据采集方式的创新探索**

（1）为更好地掌握食品价格动态，加强市场价格监测，建立了主要食品价格"每日报"制度。对市场中规定的主要食品价格，如主要粮油价格、主要肉禽蛋鱼价格、主要鲜菜鲜果价格进行每日调查并编制价格表，当天提供给市委、市府《信息快报》，为政府领导准确、及时掌握主要食品市场信息，稳定市场物价和安排市场食品供应提供重要决策依据。

（2）率先使用 PDA 手持采价系统，保证调查数据的真实可靠。通过科学分析，共筛选价格调查样本点 179 个，通过"定人、定点、定时"的采价原则，采集相关物品价格，并保证所采价格具备可比性。深圳 CPI 调查采用直接采价制度，采价员手持 PDA 手机在商场现场采价，通过无线网络将数据直接上报到指定服务器。从而杜绝数据在采集后被更改的可能，确保 CPI 原始数据的真实可信。

# 三　统计调查助力城市发展中值得探讨的问题及努力方向

## （一）加强对城市统计制度改革的研究

目前，政府统计的侧重点在于国家层面和地区层面，应用于城市层面的统计制度不够详细和系统，一些反映城市社会经济发展和民生问题的指标还没有列入统计范围。因此，如何完善城市统计方法制度，加强和深化对城市综合评价的研究，与国际标准和国际惯例接轨值得进一步探讨。

## （二）政府统计与职能部门的信息交流有待加强

政府统计部门只是统计数据的综合整理机构，不是政策的制定和决策机构，无法将分析研究的成果直接应用于实际的政策制定和决策。如何加强与政府其他职能部门的沟通和合作，将成果更好地应用于发展规划及政策制定，提高统计信息资源共享，扩大社会效益，是城市统计在今后需要努力的方向。

## （三）统计信息交流的形式和手段要与时俱进

当前城市统计合作交流的形式相对简单，专题性文本资料交流较少，信息传输手段比较落后，导致统计信息传递慢，时效性差。因此，需要进一步创新和学习区域外的先进经验，多与国内外同行交流，争取尽快与国际接轨，跟上全球经济发展的步伐。

# B.19
# 当前深圳市物价上涨的
# 原因与政策选择

余红兵*

**摘 要**：2010 年以来，深圳市居民消费价格逐月上涨，引起公众和政府决策者广泛关注。本文从物价的指数结构中分析物价上涨的原因，基于外部环境和内部要素的变化对未来一年的物价形势作出判断，并提出了引导管理物价波动的社会公共意识、加强流动性管理、发挥政府稳定物价的政策效应及加大保障性消费相关的基础产业支持力度的相关建议。

**关键词**：物价上涨 翘尾因素 新涨价因素

## 一 引言

物价，特别是居民消费品价格，出现持续性上涨现象是经济运行中非常值得关注的问题，它会直接影响到一个地区或国家的经济发展、社会稳定及人民生活。稳定物价，抑制通货膨胀是任何一个地区或国家宏观经济政策的主要目标之一。因此，针对 2010 年以来居民消费价格逐月上升、通胀预期居高不下的现实，在刚刚结束的中央经济工作会议上，中央明确提出，2011 年的经济工作要把稳定价格总水平放在更加突出的位置。随之，货币政策由持续两年来的"适度宽松"转向"稳健"；为削弱涨价推手作用，"确保农产品有效供给"成为 2011 年经济工作六大主要任务之一。可以预见，2011 年我国经济运行将会面临物价上涨压力下的诸多紧迫任务。

---

\* 余红兵，国家统计局深圳调查队。

问题的关键在于，物价作为宏观调控最重要的依据之一，是市场经济运行中最灵敏的信号，其水平及其变动趋势受多种内部因素和外部环境影响，能否对其进行正确的解读与判断，将决定如何选择与物价变动密切相关政策措施出台的时机与力度，关系本轮宏观调控政策成败。因此，本文基于深圳市物价上涨的现状与特点，采用定性和定量相结合的方法，多视角探析影响深圳市物价上涨的原因，据此提出相关政策建议，以期能对当前深圳市治理物价上涨提供一些具体的决策参考。

## 二　深圳市物价上涨的现状与特点

2010 年以来，深圳市居民消费价格指数呈逐月上涨态势，并且表现为食品价格长期主导推涨的特点。从组成居民消费价格的八大类结构数据看，呈"六涨二降"格局。

### （一）形态上表现为同比指数趋势向上

2010 年 1 月，深圳市居民消费价格同比指数为 99.8，与上年同月比下降 0.2%。进入 2 月以后，受春节因素影响，同比指数大幅上涨，实现了自上年 2 月以来的首次正增长。随后，居民消费价格同比指数相继突破了 103 和 104 两个重要关口，一路上涨，可谓迭创新高。至 11 月，深圳市居民消费价格总水平与上年同月比上涨 5.1%，再次突破 105 关口，创年内新高。12 月，同比指数涨幅有所收窄，但依然维持在 104.8 的高位，见图 1。

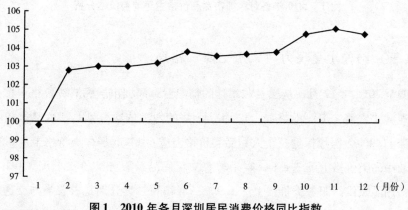

**图 1　2010 年各月深圳居民消费价格同比指数**

## （二）突出矛盾是食品价格领涨

截至 2010 年 12 月，深圳市居民消费价格总水平累计上涨 3.5%，其中食品价格累计上涨 7.7%，其涨幅超过价格总水平 4.2 个百分点，推动居民消费价格总水平上涨 2.4 个百分点，影响率达 68.6%。从 2 ~ 12 月各月食品价格对居民消费价格总水平的影响率看，均超过 50%，高的月份接近 80%，食品价格主导物价走势的特点明显。从比较突出的 11 月的食品价格分类看，食品类价格同比上涨 12.6%。其中，粮食价格上涨 13.4%，油脂价格上涨 13.6%，肉禽及其制品价格上涨 10.3%（其中猪肉价格上涨 10.3%，禽类价格上涨 12.0%），鲜蛋价格上涨 21.3%，水产品价格上涨 14.6%，鲜菜价格上涨 20.9%，鲜瓜果价格上涨 28.0%。可见，仅 11 月，以农产品为主的食品价格基本都有二位数涨幅，见图 2。

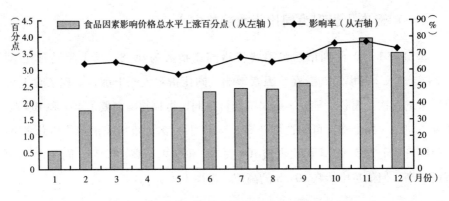

图 2 2010 年各月深圳市食品价格主导消费价格分析

## （三）结构上呈现为"六涨二降"格局

截至 2010 年 12 月，从当月和累计的情况看，深圳市居民消费价格内部结构都表现出"六涨二降"的格局。12 月，上涨的六类依次分别是：食品类价格同比上涨 11.2%，医疗保健及个人用品类价格上涨 6.1%，居住类价格上涨 4.2%，烟酒及用品类价格上涨 2.8%，娱乐教育文化用品及服务类价格上涨 2.0%，家庭设备用品及维修服务类价格上涨 1.9%；下降的二类分别是衣着类与交通和通信类，分别是下降 0.3% 和 1.6%。从累计情况看，1 ~ 12 月，深圳市居民消费价格上涨的六类依次分别是：食品类价格上涨 7.7%，医疗保健及个人用品类价格上涨 4.6%，居住类价格上涨 3.8%，烟酒及用品类价格上涨 2.1%，娱乐教育文化用品及服务类价格上涨 1.6%，家庭设备用品及维修服务价格上涨 0.2%；下降的二类依然是衣着类与交通和通信类，分别下降 1.5% 和 0.5%。

# 三 物价上涨原因分析

按照经典的宏观经济学理论，物价上涨是指价格的上升运动，价格总水平的调整，旨在使总需求与总供给在短期内达到均衡。然而，对于一个开放的经济体而言，问题往往比较复杂。为此，本文以实证的角度从物价上涨的指数结构上分析，即分析引起物价上涨的翘尾因素与新涨价因素，从纵向上透析物价上涨的历史性影响与当期原因。

## （一） 翘尾因素与新涨价因素

翘尾因素是计算同期价格指数中独有的、上年（后半年或年末）商品价格上涨对下年价格指数的延伸影响，也称滞后影响。因此，翘尾因素是基年遗留下来的，它纯粹是由于统计学上的指数方法本身特点造成的，并且大小与报告年中新涨价因素无关。新涨价因素则不同，会受到很多因素的影响，就目前物价上涨的情况来看主要包括：①需求拉动因素，是从需求的角度看物价上涨的原因，如果商品或服务的需求过度增长，且超过按现行价格可得的供给时，物价水平通常会上涨。2010 年以来，我国出台了一系列以扩大内需，特别是刺激居民消费需求的政策，催生和带动了市场总体需求。②供给推动因素，是从供给的角度看物价上涨的原因，供给来源于生产，如果由于生产要素成本增加，或是生产面的一些突发因素，如劳动力成本、土地成本增加，自然灾害或农业歉收使粮食产量大幅下降等，都可能导致物价上涨。③供求混合推动因素，即把以上两种因素结合起来分析物价上涨的原因，因为物价上涨的根源往往不是单一的需求或供给，而是这两者共同作用的结果。

## （二） 翘尾因素与新涨价因素的计算方法

目前，尚没有公开的对月度翘尾因素与新涨价因素计算的权威方法，这里，我们利用翘尾因素与新涨价因素的内涵，从环比指数与同比指数的数理关系中推导得出。

如果要对本年某一个（$M$）月份进行月同比价格指数计算，可表示为：

$$T_M^1 = P_M^1 / P_M^0 \quad （其中 1 \leq 12） \tag{1}$$

其中，$T_M^1$ 为本年或报告年 $M$ 月的月同比价格指数；$P_M^1$ 为本年或报告年 $M$ 月的绝对价格水平；$P_M^0$ 为上年或基年 $M$ 月的绝对价格水平。上标表示年份，下标表示月份。

运用同比与环比的数理关系，可将（1）式变形展开为：

$$T_M^1 = \frac{P_{M+1}^0}{P_M^0} \frac{P_{M+2}^0}{P_{M+1}^0} \cdots \frac{P_{12}^0}{P_{11}^0} \frac{P_1^1}{P_{12}^0} \frac{P_2^1}{P_1^1} \cdots \frac{P_{M-1}^1}{P_{M-2}^1} \frac{P_M^1}{P_{M-1}^1} \tag{2}$$

可见，上式转化后可表述为报告年 $M$ 月的月同比价格指数，等于从上年 $M+1$ 月起，到本年 $M$ 月止，12 个月的月环比价格指数的连乘积。

如果用 $H_M = P_M / P_{M-1}$（其中 $1 \leq M \leq 12$）表示月环比价格指数，则（2）式也可用月环比价格指数表示为：

$$T_M^1 = H_{M+1}^0 H_{M+1}^0 \cdots H_{12}^0 H_1^1 H_2^1 \cdots H_{M-1}^1 H_M^1 \tag{3}$$

（3）式等号右边的连乘积根据时间段可以分为基期和报告期前后两个部分，前一部分是上年或基年的各月份，即从 $M+1$ 那个月到 12 月的月环比价格指数连乘积；后一部分是本年或报告年各月份，即从 1 月到 $M$ 月的月环比价格指数的连乘积。根据翘尾因素与新涨价因素的内涵，前一部分即为本年 $M$ 月同比价格指数所含的翘尾因素，后一部分则是该月月同比价格指数中所含的新涨价因素。

可简化表述为：

$$T_M^1 = \prod_{i=M+1}^{12} H_i^0 \prod_{i=1}^{M} H_i^1 = Q_M^1 X_M^1 \tag{4}$$

其中，$Q_M^1$ 表示本年 $M$ 月的月同比价格指数中的翘尾因素，$X_M^1$ 代表本年 $M$ 月的月同比价格指数中的新涨价因素。所以，报告期 $M$ 月的月同比价格指数等于其翘尾因素与新涨价因素的乘积。

### （三）物价上涨中的翘尾因素成分和新涨价因素成分

根据国家统计局深圳调查队公布的 2009 年和 2010 年居民消费价格指数同比和月环比数据，按照上（4）式的计算方法，对 2010 年月度价格上涨中的翘尾因素成分和新涨价因素成分进行计算，结果如表 1 所示。

表1　2009～2010 年各月深圳居民消费价格上涨中的翘尾因素成分和新涨价因素成分

| 月份 | 2009 年月环比价格指数 | 2010 年月环比价格指数 | 2010 年月同月比价格指数 | 2010 年居民消费价格上涨中的翘尾因素（百分点） | 2010 年居民消费价格上涨中的新涨价因素（百分点） |
|---|---|---|---|---|---|
| 1 | 101 | 100.9 | 99.8 | −1.11 | 0.91 |
| 2 | 99 | 102 | 102.8 | −0.11 | 2.91 |
| 3 | 99.4 | 99.6 | 103 | 0.50 | 2.50 |
| 4 | 99.5 | 99.5 | 103 | 1.00 | 2.00 |
| 5 | 99.7 | 99.9 | 103.2 | 1.31 | 1.89 |
| 6 | 99.9 | 100.5 | 103.8 | 1.41 | 2.39 |
| 7 | 100.6 | 100.4 | 103.6 | 0.80 | 2.80 |
| 8 | 100 | 100.1 | 103.7 | 0.80 | 2.90 |
| 9 | 100.3 | 100.3 | 103.8 | 0.80 | 3.30 |
| 10 | 100.3 | 101.4 | 104.8 | 0.20 | 4.60 |
| 11 | 99.9 | 100.2 | 105.1 | 0.30 | 4.80 |
| 12 | 100.3 | 100.0 | 104.8 | — | 4.80 |

从表 1 中可见，虽然 2010 年 1～12 月的居民消费价格呈上升走势，但是其表现在指数结构上的原因却不一致。1～6 月，深圳市居民消费价格上涨中的翘尾因素在逐步增强，从 1 月的 −1.11 个百分点，上升到 6 月的 1.41 个百分点。新涨价因素受春节原因在 2 月表现较为突出。而 6～12 月，深圳市居民消费价格上涨中的翘尾因素逐步减弱，新涨价因素则明显走高，至 11 月，新涨价因素达 4.8 个百分点，影响率达 94.1%，而此时的翘尾因素影响率仅为 5.9%。根据翘尾因素的内涵，12 月同比价格指数中翘尾因素消失，此时全为新涨价因素。

从整体情况看，除了 1 月新涨价因素弱于翘尾因素外，其他月份新涨价因素所占比重明显大于翘尾因素。这也表明，当前翘尾因素在削弱，也意味着新涨价因素增加了回旋的余地。但是，由于新涨价因素大幅走高的现实，面对居民消费价格涨势绝不可掉以轻心（见图3）。

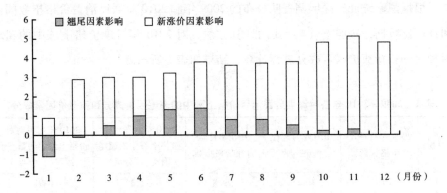

图3　2010年各月深圳市居民消费物价因素分解

## 四　物价上涨的形势判断

2010年以来物价不断上涨的现实，已引起公众和政府决策者的广泛关注。11月深圳市居民消费物价指数同比上涨了5.1%，虽然预计进一步大幅上升的可能性不大，并且12月出现了小幅回落。但是，这已超出了居民普遍的心理承受水平。判断分析物价形势，重要的还在于评测未来12个月的预期物价上涨程度。

从物价上涨的主要推手食品价格看，食品价格维持前期大幅上涨的可能性不大。从国内看，食品价格上涨的供方因素，如蔬菜等农产品价格大幅上涨在很大程度上是暂时、季节性的。从目前最新的监测数据看，蔬菜的价格已开始回调。而且，由于近期天气晴好，鲜菜供应充足，深圳市鲜菜价格降幅较大，达16.8%。如生菜下降42.9%、萝卜下降38.7%等。从国际看，经过2010年前期食品和许多大宗商品价格大幅上涨之后，其进一步攀升的预期并不强烈。因为当前欧美、日本等主要发达经济体通胀的预期并不强烈，甚至出现了通货紧缩的情况。如日本总务省11月底公布的数据显示，日本10月核心消费者价格指数较上年同期下降0.6%，这也是日本该指数连续第20个月下降。另外，美国的情况也类似，美国劳工统计局11月公布数据显示，美国10月核心消费价格指数同比仅上升0.6%，是自1957年开始编制该数据系列以来的最低通胀率。这说明发达国家市场仍存在一定的过剩产能，将对原材料等大宗商品价格大幅上涨形成抑制。

从物价上涨的结构性因素看，至 12 月深圳市居民消费价格总水平仍呈上涨趋势，且维持高位水平，主要是新涨价因素推动。从翘尾因素与新涨价因素的计算推导中，可以发现，翘尾因素与新涨价因素存在一种互动关系，这就是基期的新涨价因素会转移成为报告期的翘尾因素。并且，翘尾因素的波动比新涨价因素的波动滞后一个考察周期。因此，现在作为 2011 年的基期，新涨价因素的不断上涨，会推高 2011 年翘尾因素。进一步分析发现，由于 2010 年前几个月的月环比指数较低，而在后几个月的较高，所以，2011 年前期的翘尾因素影响大于后期。通过计算得知，2011 年全年翘尾因素影响将达 1.8 个百分点，这也意味着，2011 年深圳市居民消费价格受 2010 年的翘尾因素影响非常大，新涨价因素回旋的空间会比较小，价格形势相当严峻。这也说明，如果不区分翘尾因素和新涨价因素，就很容易导致对物价上涨形势作出错误的判断和决策，产生政策性失误。

所以，总的来看，物价大幅持续性上涨造成事态升级的可能性不大，但预期管理很重要，风险依然存在。

## 五  治理物价持续上涨的政策建议

### （一）物价波动的社会公共意识管理很重要

对于像中国这样一个经济高速增长的国家来讲，确定一个通胀率的适当容忍界限，将有利于公众接受物价波动的事实，同时，也将有助于经济增长。当前，由于物价上涨的基本形态已确立，而且已处高位，政府方面出于目标管理的需要，使我们过度强调了 3% 物价水平目标值的重要性，在这种情况下，一旦物价水平超过目标值，就会向社会传递过多未来通货膨胀的预期。物价，尤其是居民生活必需的农产品价格，公共意识的预期管理很重要，因其生长的周期性和不可替代，受到居民心理方面的影响很大，其预期通胀程度管理如果失当，一旦出现供给滞后或不足的情况，屯货居奇是一方面，居民大量抢购也极容易引发价格的大幅波动。另外，市场的恐慌心理通常也是通货膨胀预期形成的核心，会促进大量资金进入供应偏紧的产品市场，进一步推高物价。这些都将为 2011 年物价调控带来较为复杂的局面。

## （二）货币政策宜稳中适度从紧

当前，市场流动性宽裕状况不改，投资及较大规模的信贷投入间接推动了物价走高，加之游资炒作，使以农产品为代表的居民必需消费品价格呈现涨势。例如，从前几个月的"蒜你狠"、"豆你玩"、"姜你军"到近期的"糖高宗"、"苹什么"、"油你涨"等，再到最近的棉花、食用油等全线涨价，农产品涨价态势呈现"全面开花"之势。在分析这些农产品价格上涨的原因时，短期看，媒体报道归结为投机性活动推高了几种农产品价格的结论存在合理性。但是，从长远看，经过 2008 年底以来的大规模货币扩张之后，大量的流动性显然对物价形成了潜在的上行压力。根据货币数量论的观点，一般物价的水平取决于流通货币的数量。从这个层面来说，货币政策由持续两年来的"适度宽松"转向"稳健"，回收市场中过多的流动性，显然是根治当前物价不断上涨的一剂良方。

## （三）发挥政府稳定物价的政策效应

从政策的角度看，针对这一局面，为稳定物价，切实减轻城乡居民特别是中低收入群体的生活负担、保持社会和谐稳定，国务院在 2010 年 11 月 19 日下发了《国务院关于稳定消费价格总水平，保障群众基本生活的通知》，通知从扶持生产、保障供应与抑制不合理需求、理顺价格关系与保障群众基本生活、维护企业正常经营活动与打击价格违法行为等方面，强调要进一步做好价格调控监管工作，促使部分食用农产品价格回落。同时，国家发改委、各地方省市也相继出台了具体措施。所以，最近几个月，即使在受坏天气和自然灾害的影响，以及近期国际市场食品价格上涨压力的干扰情况下，由于政府的物价管控得力，中国的大米和小麦价格并未紧跟国际市场价格大幅走高。因而，如果相关措施执行到位、得力，会为保持价格基本平稳提供较大支持。

## （四）加大保障性消费相关的基础产业支持力度

中央经济工作会议提出"确保农产品有效供给"为 2011 年经济工作六大主要任务之一，有效供给还得依赖于产业的产出。"确保农产品有效供给"本质上是保障基本消费安全。因而，要鼓励和引导企业参与到农产品生产等与居民生活息息相关的行业中来，在深圳基础产业中，建立和形成居民生活必需品的供应产业链条，防范影响居民基本生活稳定的因素出现。具体来讲，要根据深圳居民日常基本需求，对消费类别和消费量进行产业规划，发展消费品工农业和传统服务业，如家禽养殖、蔬菜种植基地建设，食品加工制造和物流配送体系建设，社区医疗体系的完善、社区服务及基本的住房保障供给，等等。提高市场需求的有效供给水平，为这些刚性需求提供保障，避免造成物价的大幅波动和基础产业的不稳定。

# B.20
# 当前国际贸易摩擦形势及深圳的应对工作

张裕胜 陈旸*

**摘 要：** 分析了深圳及全国所面临的贸易形势及其特点，回顾了深圳应对贸易摩擦的工作及案件应诉情况，指出了深圳外贸出口方面存在的问题，并提出了相应的对策建议。

**关键词：** 贸易摩擦 应对 预警

## 一 当前中国面临的贸易摩擦形势

入世以来，中国外贸进出口基本保持持续、快速发展势头，进出口总额从2001 年的约 5097 亿美元增至 2010 年的 29728 亿美元，中国已连续两年超过德国成为全世界第一出口大国和第二进口大国。随着中国出口产品在全球市场份额的不断扩大，中国企业遭遇贸易摩擦的案件数量不断增加，贸易摩擦对中国经济贸易发展的影响也不断扩大。

据商务部统计，2009 年，中国企业共遭遇 22 个国家和地区发起的贸易摩擦案件 116 起（包括反倾销调查、反补贴调查、保障措施调查和特保调查），直接涉及出口金额高达 126 亿美元。2009 年虽然中国 GDP 占全球 8%，出口占全球9.6%，但中国遭受的反倾销调查却占全球的 40% 左右，反补贴调查更占到75%。

2010 年，中国遭遇贸易摩擦 64 起，涉案金额约 70 亿美元。虽然贸易摩擦案件数量和涉案金额较上年有所下降，但中国仍然是各国贸易保护主义针对的国家，中国遭遇的贸易摩擦不仅来自欧美等发达经济体，也有来自于巴西、阿根廷

---

* 张裕胜、陈旸，深圳市世贸组织事务中心。

以及印度等发展中国家；既有针对传统产业的，也有针对高新技术产业的。特别是2010年6～9月，中国数据卡遭遇欧盟反补贴、反倾销和保障措施三重调查，涉案金额高达41亿美元；美国更是将贸易保护主义触角伸到了中国清洁能源领域，展开了"301调查"。

自2008年全球性金融危机爆发以来，由于各主要经济体均遭受不同程度的损害，企业、行业乃至多个国家或地区的政府均迫于就业、外汇平衡等压力，纷纷诉诸贸易保护主义。从趋势看，在未来较长一个时期内，我国必将面临贸易摩擦数量增多、类型多样、应对复杂的形势。业内人士分析认为，2011年中国将面对更加具有挑战的外贸环境。如果恢复缓慢的发达经济体为提高就业率而在扩大出口的同时有意压缩进口规模，那么，贸易保护主义将是其惯用的手段；我国高速发展的经济将对其他经济体的竞争力造成威胁，贸易保护主义可暂时规避威胁。在中国外贸增长的同时，中国遭遇的贸易摩擦会同步增长。

近年来针对中国的贸易摩擦案件表现出以下几个特点。

第一，涉案金额不断提高，大案不断出现。近年来，贸易摩擦案件涉案金额呈快速上升趋势。入世初期，涉案金额过亿美元的已属大案，而2009年的轮胎特保案及油井管"双反"案的涉案金额均超过20亿美元。2010年6月欧盟对华数据卡发起的保障措施及反倾销调查案，涉案金额高达41亿美元，历史罕见。

第二，贸易救济手段不断增加，制度问题成为关注重点。自世贸组织成立以来，中国每年都是遭受反倾销调查最多的国家，近几年来，许多国家和地区已不再满足于仅仅利用单一的贸易救济调查手段，而是多管齐下。其中，反倾销反补贴合并调查（即"双反调查"）已成为近几年贸易摩擦应对工作的重中之重。2010年上半年，欧盟发起了针对我国的第一起反补贴调查；美国则在人民币汇率、税收、原材料等敏感性制度问题上对我虎视眈眈。中国与西方国家的贸易摩擦，不仅体现为对我国出口产品的限制，也表现为经济政策等宏观层面的碰撞和冲突。不断增多的贸易摩擦削弱了我国出口产品的国际竞争力，加大了企业拓展国际市场的难度，增加了我国经济运行的外部风险。

第三，结构性贸易摩擦加剧。数据表明，中国已连续15年成为反倾销措施的最大受害国，是贸易摩擦的第一目标国。这些调查涉及我国税收、投资、贸易等100多项中央和地方经济政策，已从单一的贸易救济层面转向制度层面。在已有的贸易摩擦案件中，主要涉及行业均是劳动密集和资本密集型的传统产业。从中长期看，与新能源低碳经济相关的、我国起步较晚的产业将成为潜在贸易摩擦领域。由此可见，以保就业为目标的结构性摩擦将成为近一阶段的国际贸易关系的新特点。

第四，部分新兴发展中国家开始频繁诉诸贸易救济调查。以近5年内的反倾销调查为例，阿根廷、印度对华年均提起的反倾销调查数已远超过美国、欧盟等成员。由于我国出口产品与这些新兴发展中国家的国内产品存在较多的直接竞争，因此这些成员在贸易救济调查方面的新动向值得高度关注。

## 二 近年来深圳面临的贸易摩擦形势

外贸出口一直是深圳经济发展的重要支撑点。深圳企业外贸出口总额连续18年位居全国大中城市首位。但与此同时，贸易摩擦的风险一直伴随着深圳外向型企业的发展。据不完全统计，自2002年以来，深圳市企业直接遭遇的国际贸易摩擦案件（包括两反两保及美国337调查）超过70起。2010年，深圳市企业遭遇的国际贸易摩擦形势比较复杂，其中，两反一保（反倾销、反补贴、保障措施）案件7起，美国337调查2起，反倾销复审案1起，双反再调查1起，域外司法诉讼3起，案件数量虽然不多，但涉及多种调查或多种调查措施合并使用，涉案金额大，调查对象涉及深圳支柱产业和重点企业，有的企业还遭遇与贸易有关的海外民事诉讼和刑事诉讼案件。其中欧盟对我国数据卡提起的反倾销、反补贴和保障措施调查一案，涉及深圳市百余家企业，仅华为、中兴两家企业的涉案金额就近14亿美元。该案是深圳市迄今为止遭遇的涉案金额最大的贸易摩擦案件，对深圳市高新技术企业发展和企业"走出去"的影响不可低估。归纳起来，深圳市企业遭遇贸易摩擦有以下几个显著特点。

一是贸易摩擦的形式趋于多样化。以前以反倾销调查为主，但最近两年反补贴调查、337知识产权调查成为新的热点，保障措施调查也时有发生，"特保"措施调查死灰复燃。

二是各类贸易救济措施交替使用。以深圳市燕加隆实业发展有限公司为例，从2004年开始，该公司先后遭遇反倾销、反补贴、337等贸易救济措施调查，近年又在德国等地遭遇一系列不公正的待遇而不得不进行司法诉讼。虽然连续取得胜诉，但却使该公司花费了巨大的人力、物力和财力；再比如信义汽车挡风玻璃（深圳）有限公司从 2001 年起也先后遭受加拿大、美国的反倾销调查，胜诉后又遭遇了在美国地方法院的知识产权侵权诉讼。

三是贸易摩擦开始由传统产业向高新技术产业转移。2009 年深圳市中兴、华为两家企业在印度遭受反倾销调查，这不仅是这两家企业首次遭受国际贸易摩擦的影响，同时也是中国具有一定技术含量的高新技术产业首次遭受国外反倾销调查，商务部将其列为大案要案。2010 年两家企业在欧盟再遭贸易保护主义的袭击，贸易摩擦向高新技术产业转移的趋势值得关注。

四是 WTO 补贴争端首次涉及深圳市地方补贴政策。2009 年初，美国、墨西哥等 WTO 成员将中国与"中国世界名牌"和"中国出口名牌"产品有关的补贴政策诉诸 WTO 争端解决机制，涉及中国各级政府的补贴政策一百余项。深圳市福田区的一项补贴政策被列在起诉书中。该案影响面之广、影响程度之深都是前所未有的。在中央应对工作小组的努力下，经过一年多的磋商和谈判，目前有关政策已做了全面的修订。

五是与贸易有关的域外司法纠纷时有发生。近年来，除了传统的"两反两保"和美国 337 调查以外，国外企业越来越多地利用知识产权司法诉讼手段遏制来深圳市竞争产品的出口。2009 年初，欧洲地板行业巨头 Unilin 公司在德国汉诺威地板展期间，针对深圳市燕加隆实业发展有限公司向德国当地法院申请了临时禁令，迫使燕加隆公司不得不撤离展会，给燕加隆公司的品牌形象造成了巨大的损害。尽管本案此后在德国汉堡法院的审理过程中，Unilin 公司以败诉收场，但 2010 年初该公司在同一展会上再度欲以其他类似手段向燕加隆公司发难。芯邦科技（深圳）有限公司、信义汽车玻璃（深圳）有限公司、深圳市珈伟实业有限公司等企业也在成功应诉国外贸易救济措施调查后遭遇了国外地方法院的知识产权诉讼。另外，深圳市驰创电子有限公司更因涉嫌违反美国对华出口管制法案遭遇刑事诉讼。

## 三　深圳市应对贸易摩擦的工作情况

入世以来，面对一系列新形势和新挑战，在市委、市政府的高度重视和正确领导下，在商务部的精心指导和有关单位及相关企业的配合下，深圳市 WTO 事务中心深入贯彻落实科学发展观，认真贯彻深圳市委、市政府"高度重视经济危机中贸易摩擦加剧的趋势，完善应对工作机制，加强对应诉企业的指导和支持，发挥好反倾销和产业损害预警系统的作用，帮助企业用好用足我国对外谈判的成果"的指示精神，紧紧围绕"保出口、稳外需"大局，贴近产业、服务企业，同时针对贸易摩擦应对工作具有长期性、复杂性，工作量大、专业性强的特点，积极探索，勇于创新，建立了运行高效、信息通畅、形成合力的应对工作机制，形成了一套行之有效的各方协作、共同应对贸易摩擦案件的工作方法。

第一，建立了市区联动应对工作机制。2009 年，针对涉及深圳市的国际贸易争端和贸易摩擦热点问题，市 WTO 事务工作领导小组召开了反补贴应对专项工作会议，拟定了工作方案，并以市政府名义出台了《关于深圳市应对 WTO 补贴争端和反补贴调查工作的指导意见》、《关于建立深圳市 WTO 事务工作市区联动机制的实施意见》。这两个文件的出台，在全市 WTO 事务工作实现部门间协调联动的基础上，强化了市、区之间的协调沟通机制，明确了各自在处理、协调、应对等各项 WTO 事务工作中的分工和职责。根据上述意见要求，市、区之间迅速建立了"市应对 WTO 补贴争端和反补贴调查工作机制"，各区指派专人参与该工作机制，从而大大提高了案件的应对效率。

第二，深入开展政策合规性预先审核工作，确保新出台的政策措施与 WTO 规则的一致性。从 2004 年起，市 WTO 事务中心按照市人大及市领导的指示，对拟出台的市级法规与规范性文件草案进行了 WTO 合规性预先审核，尽量减少和避免了深圳市级政策被列入 WTO 补贴争端清单。

第三，形成了完整的贸易摩擦案件应对工作程序。目前，在贸易摩擦案件发生后，市 WTO 事务中心会在第一时间向涉案企业进行案件通报，提供案件程序咨询。在与企业沟通的基础上进行案件评估和应对方法研究，提出市 WTO 事务中心应对工作意见。在企业应诉遇到困难时，市 WTO 事务中心会在职责范围内进行必要的协调。案件结束后，尽快进行应诉经验的总结以及宣传培训工作，使其他遭遇贸易摩擦的企业能够从中受益。

第四，不断完善进出口预警机制，探索建立经济安全体制与风险防范机制。一是认真做好深圳市主要出口市场的贸易监测和预警工作，为各级部门和企业提供决策参考。多年来，市 WTO 事务中心在"深圳市反倾销与产业损害预警系统"的工作平台上，认真做好深圳市主要出口市场的贸易监测和国际贸易摩擦热点的预警工作。2010 年先后发布了六个综合性预警监测报告，成为市政府和相关企业进行决策的重要参考依据，市领导专门做了重要批示和工作布置，在较大程度上达到了"早发现、早应对、早化解"的工作目标，实现了贸易摩擦应对工作的前置化。《求是》杂志 2010 年第 22 期专门介绍了深圳的这方面工作。二是在有关部门的支持下，完善预警系统功能，建设"深圳市贸易安全与产业损害预警系统"。系统的建成将进一步提高深圳市对各种贸易壁垒和限制措施的预警和评估能力，实现全面性、前置化的国际贸易摩擦和产业安全预警应对工作体系，为各级政府、行业、企业更好地提供服务，促进社会经济稳定健康发展。

第五，建立 WTO 法律服务专家库并发挥其法律服务功能。2006 年启动建立的深圳市 WTO 法律服务专家库和律师库是深圳市研究国际贸易摩擦形势，探讨应对工作方法，为深圳市政府和企业提供服务的重要平台。近年来，我们不断加强与法律专家的联系互动，增加入库律师数量，发挥法律专家的作用，为深圳市企业提供专业的 WTO 法律服务，指导深圳市企业应对各种贸易摩擦。

第六，在工作中不断加强 WTO 规则的培训、宣传与研究。一是加强自身能力建设，积极开展 WTO 相关理论研究和交流；二是加强理论性和时效性，充分发挥《WTO 与深圳》刊物和中心网站的对外宣传作用；三是创新培训形式，采取请进来和走出去相结合的形式扩大培训规模和影响。

## 四　深圳市近年来部分贸易摩擦案件应诉情况

总体来讲，在深圳市委、市政府的高度重视和关心下，深圳市各级、各部门及有关企事业单位基本能以维护产业利益，积极主动应诉的态度面对各类贸易摩擦，涉案企业的应诉率和胜诉率逐步提高。以下对近年来在深圳市贸易摩擦应对过程中比较有代表性的案件做一简介。

### （一）美国复合木地板 337 调查案

2005 年 7 月，美国 Unilin Beheer 以及荷兰 Unilin、爱尔兰地板工业公司依据美国 337 条款，联合向美国国际贸易委员会（ITC）提起申诉，指控包括深圳市燕加隆实业发展有限公司在内的 32 家国内外企业（其中中国企业 17 家）的地板锁扣产品构成专利侵权，要求禁止这些企业的产品进入美国市场。

美国 337 调查的程序复杂，诉讼费用比较高。但作为一家民营企业，燕加隆公司没有被困难吓倒，而是在商务部有关司局和市 WTO 事务中心的支持和指导下，毅然决定应诉，单独聘请国内外知名律师，制订详细、缜密的应对方案，积极参加应诉。经过积极抗辩，燕加隆公司的努力终于得到了回报。2006 年 7 月 3 日，在主审法官作出的初裁中，认定燕加隆公司发明设计的"一拍即合"1 号和"一拍即合"2 号两种锁扣产品不侵犯申诉方的任何专利。虽然申诉方、ITC 调查律师以及部分应诉方企业随后向 ITC 提出申请，要求对初裁进行复审，ITC 最终决定只对初裁的若干部分进行复审，但不包括燕加隆公司的上述两款产品。2007 年 1 月 24 日，ITC 公布了该案终裁结果。根据这一裁决，燕加隆公司发明设计的"一拍即合锁扣地板"产品没有侵犯申诉方的任何诉争专利，燕加隆公司将不受 ITC 签发的普遍排除令和禁止令的影响，其新锁扣产品可以自由进入美国市场。另外，该公司也是到目前为止深圳唯一一个在成功应诉反倾销、反补贴调查后，又在应诉 337 调查中获胜的企业。

### （二）加拿大半导体冷热箱反补贴调查案

2008 年 5 月，加拿大对中国出口的半导体冷热箱发起反补贴调查。在国内 20 多家出口涉案企业中，美固电子（深圳）有限公司成为唯一一家应诉的中国企业。深圳市领导批示请市世贸组织事务中心代表市政府填答问卷，并做好应对工作的组织、协调。9 月 18 日，加拿大边境服务署调查官员到深圳市进行政府实地核查。这是深圳市有关政府部门首次接受国外调查机关进行的反补贴政府实地核查。为做好应对工作，维护政府形象，商务部进出口公平贸易局专门对深圳市相关政府部门进行了核查前辅导，市政府在短短一周内召开三次工作会议，对案件的情况、各部门参加核查的工作人员以及核查的回答应对等问题都做了研究和安排。在市财政局、国土局、地税局、国税局、贸工局等单位的共同努力下，本次政府核查工作圆满结束。美固公司在终裁中获得了 0.79% 的税率，应诉效果非常好。

### （三）美国、墨西哥和危地马拉诉中国有关出口补贴措施的 WTO 争端案

2010 年初，在美国、墨西哥和危地马拉就中国有关出口补贴措施向 WTO 争端解决机制提起申诉案件中，深圳市领导高度重视，专门批示成立应对工作机制

并召开专门工作会议进行全面工作部署。为切实做好应对工作，根据中央应对工作组的要求，市 WTO 事务中心会同福田区政府，一方面向商务部提供深圳市涉案补贴措施信息，积极配合中央应对工作组开展工作；另一方面，还专门到各区进行专题调研，通报案件情况，研究应对方案，并对各区针对国际金融危机新出台的相关政策措施提出工作意见和建议。同时，根据中央应对工作组的指示精神，深圳市政府各部门及各区政府对各自出台的相关政策进行了认真的梳理，对其他存在类似问题的相关文件进行了修改或予以废止，并采取了防范措施。经过本次补贴争端，各区政府的 WTO 规则意识大为提高，在此后出台其他鼓励、扶持政策时，主动咨询市 WTO 事务中心，以避免新出台的政策措施违反 WTO 规则，授人以柄。

## （四）印度同步数字产品（SDH）反倾销调查案

2009 年 4 月 21 日，印度商务工业部决定对原产自或出口自中国和以色列的同步数字产品（SDH）进行反倾销调查。包括深圳华为、中兴及上海贝尔、武汉烽火在内的多家国内企业涉案。该案是国外针对中国高科技产品发起的第一起反倾销调查，据商务部统计，该案案值约人民币 8.8 亿元，深圳市为主要涉案地区。该案件引起各级领导的高度重视，商务部将深圳案列为大案要案，并及时启动了双边磋商程序，指定专人协调跟进；许勤市长等多位深圳市领导也先后对该案作出重要批示，要求有关部门了解跟踪此事，制定应对措施，给予企业必要的支持和帮助。市 WTO 事务中心在第一时间与中兴、华为两家涉案企业取得联系，并迅速建立了专门应对工作机制，先后多次与企业分析案情，协助企业制定应诉策略；召开多次应诉协调会；赴其他关联企业进行调研，为应对工作提供必要的信息和数据支持；以利害关系方身份派人参加在印度举行的听证会。华为、中兴公司更采取了合理、合法、可用的手段在印度进行维权活动。目前，该案已经过印度调查主管机关的初裁、海德拉巴地区高等法院的判决、印度最高法院的裁定以及印度调查主管机关的实地核查和终裁。该案反映了近年来，随着中国企业在新兴市场所占份额的持续、快速提高，特别是全球金融危机背景下处于竞争劣势的当地企业面临着越来越大的生存竞争压力，使得越来越多的新兴经济体内的相关竞争产业开始对中国企业的扩张势头表示关注，并通过贸易救济调查等手段对中国出口产品加以限制。

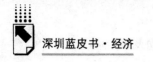

预计短期之内深圳市企业在新兴市场、发展中国家市场仍将面临较高的贸易摩擦风险。

### （五）欧盟数据卡反倾销、反补贴、保障措施调查案

2010年6月30日，欧盟对中国数据卡（又称无线宽域网络调制解调器）同时发起反倾销及保障措施调查；9月16日，欧委会又对该产品发起反补贴调查。该案是欧盟首次对中国出口的同一产品同时进行反倾销、反补贴和保障措施三种调查，涉及中国企业出口额约41亿美元。其中，深圳涉案金额为14亿美元，为主要涉案地区。这是迄今中国遭遇涉案金额最大的贸易救济调查。10月27日，华为公司与申诉方比利时Option公司签署合作协议，后者已请求欧盟委员会撤销对数据卡产品的贸易救济措施调查，这也意味着欧盟数据卡案的应对工作已暂告一段落。2011年1月26日，欧盟委员会发布公告称，由于申诉方于2010年10月29日提交了撤销保障措施调查的申请，因此决定终止对数据卡的保障措施调查。

## 五　外贸出口方面几个需要重视的问题及政策建议

当前，在深圳市外贸出口和贸易摩擦中存在几个突出的问题：一是占出口产品绝大多数的机电和高新技术产品逐步成为贸易摩擦的主要领域；二是机电和高新技术产品出口不仅遭遇发达国家的阻击，而且遭遇发展中国家的同质竞争；三是发达国家阻击我国机电和高新技术产品出口的手段多以知识产权为由，使我们的应诉成本更为昂贵；四是各部门各地区的产业政策特别是补贴政策都或多或少存在与WTO规则不相符的地方，而且实施和操作手法不利抗辩，容易引发反补贴调查和争端；五是部分中小企业在应诉过程中仍然存在较大的专业技术和财政困难而被迫放弃应诉工作。

随着经济全球化的加深，国际贸易保护主义将成为困扰深圳外贸发展的重要因素。因此，完善深圳市应对和化解国际贸易摩擦、运用贸易救济措施维护产业和经济安全的工作机制和支持体系显得尤为迫切！按照WTO规则和西方发达国家的做法，深圳市外贸发展支持体系应在促进"走出去"战略的基础上，更加重视革新财政资金直接支持、资助企业的传统做法，引入建设

国际贸易公共服务平台，完善应对国际贸易摩擦和实施贸易救济措施工作的财政支持体系。

### （一）加强国际贸易公共建设投入

由于 WTO 对政府促进出口的服务措施没有任何专门的限制性规定，因此加强国际贸易公共服务平台建设投入也成为各国最通行的一个做法。基于经济的高度外向以及可持续发展的现实，在目前的国际经贸环境下，这方面的建设又是深圳市经贸发展环境建设的空白而且需要完善的基础建设。因此，建议由政府每年投入一定资金，建设深圳市国际贸易公共服务平台，加强国际经济贸易发展环境研究，构筑外贸促进信息服务体系，为企业提供多种服务，促进深圳市对外经贸的可持续发展。这个平台将以政策、商情、经济环境等信息为主要内容，以开拓国际市场为目的，构筑公益性、非营利的外贸促进信息服务体系，形成公共贸易促进信息平台，通过市场动态、政策法规、调研报告等，为企业提供专业、快捷的商品出口的金融、信息咨询服务，以及其他世贸组织规则所允许的支持性政策措施服务。

### （二）完善应对和化解国际贸易摩擦的工作机制和体制，加强国际贸易摩擦应对工作的引导和支持体系的建设

近年来，随着贸易摩擦案件的不断增多，越来越多的企业在实践中体会到维护自身权益的重要性，特别是大案要案，企业应诉非常踊跃，主体意识普遍提高。但客观地说，企业对于自身作为应诉主体的意识及相应权利义务的认识水平存在着一定问题，如企业对发达国家贸易摩擦案件的应诉相对于发展中国家更为积极；外资企业应诉贸易摩擦案件相对比内资企业积极；大企业应诉贸易摩擦案件相对比中小企业积极；在进口调查方面，目前深圳市的行业和企业对提起反倾销调查等贸易救济措施还缺乏全面了解，尚没有得到运用。随着金融危机影响的进一步深入，国际贸易保护主义将成为困扰深圳外贸发展的又一重要因素。

应对国际贸易救济措施调查以及其他贸易纠纷（如前述的与贸易有关的境外民事司法案件），首先是企业行为，同时也是社会经济发展不能忽视的问题。因此，无论是作为产业代表的各类行业组织还是单个企业，都要把应对贸易摩擦工作摆在突出位置。实际上，在经济全球化中，涉案企业积极应诉贸易摩擦，是

社会经济稳定发展和巩固海外市场的重要途径，因而也是各级政府必须加以引导、支持和服务的重要工作。深圳市存在着大量出口导向型的企业，面对目前国内外严峻的经济形势，企业在花费了大量的人力、财力和精力应对贸易摩擦后，如果不能得到有力的支持，将大大地挫伤企业将来应诉的积极性，更会挫伤其他企业解决国际贸易摩擦的积极性。而一旦遭遇贸易摩擦的企业不应诉或应诉不当，国内相关产品将很难进入甚至被排斥出该市场。这将否定我们各级政府长期以来鼓励企业拓展海外市场，促进社会经济发展的战略方针。面对当前严峻的贸易摩擦形势，政府在做好对企业发展、产业促进服务的同时，更应该加强帮助和引导企业认真掌握和运用 WTO 规则拓展和保护国内和国外两个市场，积极应对贸易争端，维护合法权益。建议：第一要引导、支持企业不回避矛盾，积极应诉国际贸易摩擦，同时按照我国的贸易调查制度申请贸易救济措施调查，维护产业安全；第二要进一步完善贸易摩擦应对机制及突发事件应急处理机制，按照商务部提出的中央政府、地方政府、商协会和企业组成的"四体联动"机制，完善深圳地方政府公平贸易工作机构的机制建设，发挥地方政府部门的组织协调和指导作用，减轻深圳企业遭受反倾销等贸易摩擦的压力；第三要完善应对和运用国际贸易救济措施的财政政策支持体系，制定对相关企业具有实质性引导和支持的鼓励政策，同时将帮助企业应对国际贸易摩擦和贸易纠纷的前期社会公共服务工作纳入其中，体现全程服务和全力支持外贸出口企业"保市场、保份额"。

### （三）创新政府扶持、救助企业发展的新模式，建立贸易救济援助制度

在进口调查方面，目前深圳市的行业和企业对反倾销等措施还缺乏全面了解，使贸易救济措施没有得到运用，因而市贸易救济研究资金基本不能发挥作用。但随着经济全球化进程的深入以及我国市场的进一步开放，国外产业对深圳市的产业发展将形成强有力的竞争，产业安全将面临严峻的挑战，因此：第一，市贸易救济研究资金要继续发挥引导、支持企业不回避矛盾，积极按照我国的贸易调查制度申请贸易救济措施调查，维护产业安全；第二，配合商务部已经着手的贸易救济援助制度研究，建立相应的救助体系，力求对因贸易或产业转移而遭受利益损失的产业、企业及其工人进行补偿和扶助，使相关企业通过贸易救济援助来调整自己的发展方向，恢复竞争力，重新进入市场。

### （四）要加快推进出口增长方式的转变

在稳定劳动密集型产品出口的基础上，扩大机电产品和高新技术产品出口，提升出口商品结构层次，实现结构升级、错位发展，减少直至避免贸易摩擦。中国出口商品在国外频繁遭遇反倾销调查等贸易摩擦，与中国各地出口商品的结构层次雷同，自我竞争、竞相压价有关，与中国出口商品与进口国相关产品竞争有关。现阶段中国出口贸易的比较优势，仍然主要体现在劳动力要素的密集使用上，无论是传统的轻纺产品，还是机电产品和高新技术产品，都通过产业内分工和贸易的方式来利用中国的比较优势。为降低深圳市出口产品与国内地区的竞争风险，深圳市应及早采取措施，引导有条件的企业更多地使用资本和技术要素，促使每个产业的生产加工环节向上游或下游价值链中附加值更高的环节延伸和发展，形成比较优势，提升深圳市的出口商品结构层次，实现结构升级、错位发展，避开与国内兄弟地区的竞争和内耗，促进深圳市的出口贸易在提高质的基础上实现量的扩展，实现外贸增长方式的转变，减少直至避免与进口国的贸易摩擦。

### （五）巩固传统出口市场，壮大新兴市场

一是密切关注和跟踪我国自贸区谈判和建设进程，制定相关政策和措施鼓励企业发掘出口潜力以及境外投资带动外贸出口的潜力；二是加强传统出口市场"保市场、保份额"的基础工作，在鼓励企业实施"走出去"战略的同时，制定与之相配套的巩固海外市场政策体系，引导和鼓励企业化解国际贸易摩擦、贸易纠纷甚至贸易过程中的司法诉讼，促进深圳市外贸出口的稳定发展，保护"走出去"发展战略成果。

# B.21
# 深圳培育和发展战略性
# 新兴产业的对策研究

周修琦　乌兰察夫*

**摘　要：** 战略性新兴产业是一个国家或地区实现未来经济持续增长的先导产业，对经济社会发展起到重要支撑作用。深圳培育和发展战略性新兴产业具有重要战略意义。通过研究分析国内外培育战略性新兴产业发展的经验和做法，提出了深圳培育和发展战略性新兴产业的对策思路。

**关键词：** 深圳　新兴产业　对策

战略性新兴产业是引导未来经济社会发展的重要力量。培育和发展战略性新兴产业已成为世界各国抢占新一轮经济和科技发展制高点的重大战略。当前深圳正面临转变经济增长方式和发展模式的关键阶段，如何进一步增强城市经济发展的竞争力，在未来国际经济竞争新格局中占据有利地位，必须要密切关注世界经济科技发展的大趋势，按照科学发展观的要求，把握新的科技革命机遇，明确方向，突出发展重点，加快培育和发展战略性新兴产业。

## 一　战略性新兴产业的基本内涵及主要特征

"战略性新兴产业是以重大技术突破和重大发展需求为基础，对经济社会全局和长远发展具有重大引领带动作用，知识技术密集、物质资源消耗少、成长潜力大、综合效益好的产业。"[①] 战略性新兴产业是新型科技和新型产业的深度融

---

* 周修琦、乌兰察夫，深圳市社会科学院。
① 《国务院关于加快培育和发展战略性新兴产业的决定》，国发〔2010〕32号。

合，代表着科技创新的方向，也代表着产业发展的方向。要科学制订发展规划，选择若干重点领域作为突破口，力争在较短时间内见到成效，使战略性新兴产业尽早成为国民经济的先导产业和支柱产业。战略性新兴产业具有以下几点主要特征。

**1. 战略性**

培育发展战略性新兴产业，已成为世界各国和地区在后金融危机时期改变经济增长方式、实现产业结构调整升级和提升国际竞争力的战略举措，对国家经济社会发展具有重大战略意义。

**2. 全局性**

战略性新兴产业不仅具有很强的发展优势，对经济发展具有重大贡献，而且直接关系经济社会发展全局和国家安全，对带动经济社会进步、提升综合国力具有重要促进作用。① 培育和发展战略性新兴产业，是一项事关经济社会全局和长远发展的重要任务。

**3. 创新性**

培育战略性新兴产业的关键是掌握核心技术，核心技术是抢占战略性新兴产业制高点的关键因素。创新是科技的源泉，科技创新不仅是战略性新兴产业的驱动力，也是核心技术的关键。

**4. 风险性**

战略性新兴产业是高技术产业，具有高投入、高风险、高收益的特征。培育和发展战略性新兴产业将要面临投资风险、技术风险和市场风险。

## 二 国内外战略性新兴产业的发展状况

### （一）国外战略性新兴产业的发展状况

培育发展战略性新兴产业已经成为世界各国应对国际金融危机、振兴经济的战略选择。面对国际金融危机的严重冲击，许多国家纷纷采取积极措施，加大对科技创新的投入，发展新兴技术；加快对新兴产业发展的战略布局，培育发展新

---

① 赵刚、程建润、林源园：《战略性新兴产业发展的战略问题》，《新华文摘》2010 年第 21 期。

兴产业，创造新的经济增长点，抢占新一轮的经济和科技发展制高点。因此，培育发展战略性新兴产业成为世界各国在后金融危机时期突破旧的生产结构、提升国际竞争力的战略性举措。目前，美国、欧盟、英国、法国、日本等国都推出了相应的政策措施，大力培育和发展本国的战略性新兴产业。

### 1. 美国

美国把新能源的研发作为所有新兴产业中的重中之重。为了促进新能源的发展，2009 年 2 月 15 日，美国总统奥巴马签署总额为 7870 亿美元的《美国复苏与再投资法案》以重点发展新能源产业。此法案的要点是在 3 年内让美国再生能源产量倍增，足以供应全美 600 万户用电，这是过去计划在 30 年内才能达到的目标。美国奥巴马政府高度重视发展新能源和低碳技术，计划在 18 年内把能源经济标准提高 1 倍，在 2030 年之前将石油消费降低 35%；在未来 10 年，投入 1500 亿美元资助替代能源的研究，以减少 50 亿吨二氧化碳的排放；承诺通过新的立法，使美国温室气体排放量到 2050 年之前比 1990 年减少 80%，并拿抵税额度来鼓励消费者购买节能型汽车[①]；推进风能、太阳能、地热等可再生能源的利用，到 2010 年实现 10% 的电力来自可再生能源，到 2025 年提高到 35%；在未来 5 年内，每年投资 100 亿美元推动新技术从实验室向商业化应用；2009 年 3 月 26 日，美国能源部推出总额为 32 亿美元的"节能和环保专项拨款计划"，由联邦政府资助各州、市、县、托管地和原住民居住地区等实施节能和环保计划；建立国家建筑节能目标，使新建建筑物能效提高 50%，旧建筑物能效提高 25%；积极应对气候变化，以 1990 年为基数，到 2020 年使碳排放减少 10%，到 2050 年减少 80%。对电网改造投入 110 亿美元；对先进电池技术投入 20 亿美元；对住房的季节适应性改造投入 50 亿美元；到 2015 年新增 100 万辆油电混合动力车；保证美国风能和太阳能发电力量到 2012 年占美国发电量的 10%，到 2025 年占 25%。[②]

在新材料产业方面，美国纳米技术计划 2010 年的研发预算是 16 亿美元；在生物产业方面，美国总统奥巴马提出，未来 10 年间要使国立卫生研究院的经费

---

① 史丹：《国际金融危机之后美国等发达国家新兴产业的发展态势及其启示》，《中国经贸导刊》2010 年第 3 期。

② 史丹：《国际金融危机之后美国等发达国家新兴产业的发展态势及其启示》，《中国经贸导刊》2010 年第 3 期。

翻一番；在信息产业领域，美国提出要在宽带普及率和互联网接入方面重返世界领先地位，加大对信息传感网、公共安全网、智能电网等现代化基础设施的建设。[①]

**2. 欧盟**

在战略性新兴产业中，欧洲各国侧重点不同。在新能源领域，2008 年 11 月 23 日，法国宣布建立 200 亿欧元的"战略投资基金"，主要用于对能源、汽车、航空等战略企业的投资。在新材料方面，德国为了推动纳米新材料产业的发展，也出台了各项政策和举措，如 2009 年德国联邦政府在纳米技术领域的公共研发经费投入为 4.4 亿欧元，目前投入生产应用的纳米技术成果已经覆盖了化工产业、电子电器产业、生物制药产业、汽车制造产业及资源环境产业，等等。在生物领域，英国计划 10 年内在癌症和其他疾病领域投入 150 亿英镑用于相关的生物医学研究，这比英国以往任何时候对生物医学研究的投入都要多。在信息产业领域，欧盟提出加快建设全民高速互联网，到 2010 年实现高速网络 100% 覆盖率；德国推出"信息与通信技术 2020 创新研究计划"，倾力增强信息通信领域的国际竞争力。英国政府将信息技术产业作为重中之重，2009 年 6 月发布《数字英国》白皮书，目标之一在于将英国的信息技术产业发展成为英国未来新的支柱产业。

但总体来说，欧盟主要以发展"绿色经济"和"环保型经济"为主。欧盟强调"绿化"的创新和投资，加速向低碳经济转型。欧盟采取了强有力的措施推进低碳产业发展，带动欧盟经济向高能效、低排放的方向转型。欧盟在 2010 年 3 月决定，在 2013 年之前，将投资 1050 亿欧元用于"绿色经济"的发展，以此作为欧盟产业调整近年估计复苏的重要支撑点，为欧盟在"环保经济"领域保持世界领先地位奠定基础。

**3. 日本**

面对国际金融危机，日本以"结构改革促经济发展"的方式，提出普及、开发技能技术，加大研究清洁能源力度的目标，政府并给予了相当大的预算支持。日本将新能源研发和利用的预算由 882 亿日元大幅增加到 1156 亿日元。

目前，日本政府拟定四大战略性新兴产业领域：一是环保能源领域；二是信

---

① 赵刚、程建润、林源园：《战略性新兴产业发展的战略问题》，《新华文摘》。

息家电、宽带网、IT 领域；三是医疗、健康、生物技术领域；四是纳米技术、纳米材料领域。在新能源方面，由于日本 95% 的能源供应依赖进口，近年来国际油价不断上涨，迫使日本激励寻求开发新能源。2004 年 6 月，日本计划在2030 年以前，把太阳能和风能发电等新能源技术扶持成商业产值达 3 万亿日元的基干产业之一；风力、太阳能和生物质能发电的市场规模，将从 2003 年的4500 亿日元增长到 3 万亿日元；燃料电池市场规模到 2010 年达到 8 万亿日元，成为日本的支柱产业。在信息产业领域，2009 年 3 月 2 日，出台了为期 3 年的信息技术紧急计划，目标为官民共同增加投资 3 万亿日元，新增 40 万 ~ 50 万个工作岗位，侧重于促进 IT 技术在医疗、行政等领域的应用。① 在生物领域，2009年 4 月，政府出台《未来开拓战略》，提出要大力加强世界最先进的卫生保健技术的研发并形成新兴产业，尤其是要将癌症等重点疾病领域的药品、医疗器械、可再生医疗等的研发列为国家战略项目。

### （二）国内战略性新兴产业发展状况

由于国际金融危机的影响，我国经济发展也受到一定的影响。在后危机时期，要抢占新一轮经济和科技发展的制高点，就要大力培育和发展战略性新兴产业。我国正处在全面建设小康社会的关键时期，大力培育和发展战略性新兴产业是推进产业结构优化、加快经济增长方式转型、提升国际竞争力和实现经济社会可持续发展的迫切需要。

培育和发展战略性新兴产业对推进我国现代化建设、实现可持续发展具有重要的战略意义。2010 年 10 月，国务院发布了《国务院关于加快培育和发展战略性新兴产业的决定》（以下简称《决定》），对如何培育和发展战略性新兴产业给出了指导性意义。《决定》将战略性新兴产业定位为我国国民经济的先导产业和支柱产业；明确节能环保、新一代信息技术、生物、高端装备制造、新能源、新材料和新能源汽车的战略地位，将这七大新兴产业作为发展的重点方向和主要任务；制定三个阶段性目标：2015 年占 GDP 比重达 8%，2020 年占比达 15%，2030 年达到世界先进水平。

---

① 史丹：《国际金融危机之后美国等发达国家新兴产业的发展态势及其启示》，《中国经贸导刊》2010 年第 3 期。

国际金融危机以来，我国各省市高度重视战略性新兴产业，许多省市都紧密关注全球战略性新兴产业发展的新动态和新趋势，按照国家政策要求，并根据本地产业发展的具体情况，研究制定相关规划部署和发布相关政策，设立发展目标，确立重点发展领域，积极推进具有区域优势的战略性新兴产业的发展。

## 三 深圳培育和发展战略性新兴产业的意义

培育和发展战略性新兴产业已成为世界各国抢占新一轮经济和科技发展制高点的重大战略。战略性新兴产业是引导深圳未来经济社会发展的主导力量，对推进深圳现代化建设具有重要战略意义。

### （一） 培育和发展战略性新兴产业是深圳加快转变经济发展方式和促进产业结构调整升级的重要举措

深圳特区成立 30 年来，通过承接国际产业转移，引进、吸收、消化国外先进技术，形成了比较成熟的产业体系。深圳经济持续快速增长，生产总值从1979 年的 1.96 亿元增长到 2009 年的 8201 亿元，年均增长 25.8%。但深圳科学技术在国际分工中，仍处于中低端的位置，产业层次不高，整体素质和竞争力不强。伴随着国际金融危机的影响，深圳产业结构的劣势愈加明显，深圳经济增速呈逐年下降的趋势，依靠以加工制造业为主的产业结构和外延式增长的发展方式，已支撑不了新一轮经济的增长，深圳的国际竞争优势日益下降。要提升深圳国际竞争力，迫切需要调整优化深圳产业结构，加快深圳经济发展方式转型，从依靠投资支撑的粗放型的增长模式转变到依靠科学技术创新的集约型增长模式，要培育和发展市场潜力大、产业辐射性强、综合效益高的战略性新兴产业。

### （二） 培育和发展战略性新兴产业是促进深圳现代化建设、实现可持续发展的必然选择

深圳市人口多、人均资源少、生态环境脆弱，高速的城市化导致资源消耗严重，深圳经济社会发展面临着土地、人口、资源环境的巨大压力，传统的粗放型、外延式的经济增长方式已不适应目前经济的高速发展，要促进深圳现代化建设、实现可持续发展，必须培育和发展技术含量高、低耗能、低污染、低排放的

战略性新兴产业,加快形成新的经济增长点,促进资源节约型和环境友好型的经济社会建设。

### (三) 培育和发展战略性新兴产业是提升深圳国际竞争力、掌握发展主动权的迫切需要

由于国际金融危机的冲击,全球经济竞争格局正在发生深刻变革,科技发展正孕育着新的革命性突破,世界各国和我国各省市纷纷加快新兴产业的战略布局,推动节能环保、新能源、生物、信息等新兴产业的快速发展。[①] 随着《国务院关于加快培育和发展战略性新兴产业的决定》、《珠江三角洲地区改革发展规划纲要 (2008~2020 年)》、《深圳国家创新型城市总体规划 (2008~2015)》、《深圳市综合配套改革总体方案》的落实,深圳市进入新一轮的经济发展周期,努力建设现代化国际化先进城市。深圳市要在全国乃至国际竞争中占据有利地位,必须加快培育和发展战略性新兴产业,掌握关键核心技术,增强自主创新能力,抢占经济科技发展制高点。

## 四 深圳市战略性新兴产业的现状分析

### (一) 深圳市具有培育和发展战略性新兴产业的良好基础和独特优势

经过 30 多年的发展,深圳已具有较强的经济实力,在科学技术方面更是具有独特的自主创新优势,生物、互联网、新能源等战略性新兴产业发展迅速,具备一定的实力,在产业规模、自主创新能力和国际化程度方面在全国领先。另外,深圳拥有比较成熟的市场经济体系、全国一流的创新创业环境、毗邻香港的独特区位优势和相对完善的多层次资本市场,这些都为培育和发展战略性新兴产业奠定了重要的基础。

**1. 深圳市战略性新兴产业规模不断扩大**

深圳战略性新兴产业近几年快速发展,部分领域产业规模已位居国内前列。

---

[①] 《国务院关于加快培育和发展战略性新兴产业的决定》,国发 [2010] 32 号。

2009 年，生物、互联网、新能源三大产业总规模约 1060 亿元。在生物领域，深圳市国家第一批布局的 3 个国家生物产业基地之一，产业规模达 403 亿元，生物医疗设备、生物制药产业规模全国领先，销售收入过亿元的生物企业 60 家以上；在互联网领域，深圳是首批国家电子商务示范市和首批"三网融合"试点城市之一，互联网普及率国内领先，城市信息化程度较高，产业规模达 240 亿元，互联网应用服务比重超过 80%；在新能源领域，深圳市国家建筑节能一体化示范市、节能和新能源汽车示范推广市，新能源供给全国领先，新能源产业总产值达 403 亿元；在新材料领域，新材料产业产值约 500 亿元；在文化创意领域，深圳是我国第一个被联合国教科文组织认定的"设计之都"，"联合国教科文组织创意城市网络 2010 年深圳国际大会"于 2010 年 12 月 7 日在深圳开幕，而且在深圳打造了全国唯一的国家级、国际化、综合性文化产业博览交易会，文化产业增加值达 531 亿元，占 GDP 比重达 6.5%。

**2. 深圳战略性新兴产业的自主创新能力较强**

深圳组建了中科院深圳先进技术研究院、华大基因研究院、光启高等理工研究院等一批高水平研究机构，引进了国家超级计算深圳中心、电子信息产品协同互联国家工程实验室等一批创新基础设施，初步形成了以企业为主体设施，以高等院校、科研机构、工程实验室、工程技术中心、企业技术中心为依托的自主创新体系，在某些技术领域已处于国际领先水平。诞生了世界第一基因治疗新药、第一张亚洲人基因图谱、国内第一个生物工程一类新药、第一台医用核磁共振诊断仪等一大批自主创新成果，推出了国内第一个即时通信软件，研发出国内第一台插入式双模电动车，建立了第一个大型商用核电站、第一个兆瓦级太阳能并网发电站。生物可降解聚乳酸（PLA）、聚己内脂（PCL）和聚羟基烷酯类（PHA）应用都拥有国际领先的核心技术。

**3. 深圳拥有一批战略性新兴产业龙头企业**

经近几年深圳经济的快速发展，深圳市涌现出一批战略性新兴产业龙头企业，产生了良好的产业集聚效应，起到了较好的引领示范作用。迈瑞、华大基因、海普瑞、华因康、信立泰等已成为我国生物领域自主创新的优势企业；腾讯是全球最大的互联网综合服务提供商之一，中兴通讯已是国际大型的通信设备供应商之一，A8 音乐集团是国内领先的互联网数字音乐企业，迅雷、融创天下、金蝶友商网、中青宝网等也都成为国内互联网产业各专业领域的知名企业；中广核、比亚迪、拓日等已成为我国新能源领域的骨干企业；中金岭南、方大集团、通产丽星、长园集团等已成为我国新材料领域的领军企业；华强文化科技、雅昌集团等文化创意企业扬名国内外。在国际金融危机的冲击中，这一批龙头企业逆势而上，成为深圳市保持经济可持续发展的主力军。2009 年，腾讯销售收入同比增长 70%，迈瑞同比增长 15%，比亚迪同比增长 162%。

## （二）深圳战略性新兴产业发展速度迅猛

近年来，深圳市战略性新兴产业发展迅速，不仅突破了一批核心技术，掌握了一批自主知识产权，而且还培育了一批核心竞争力较强的龙头企业。战略性新兴产业的自主创新能力大幅提升，整体实力逐步增强，部分领域产业规模已位居全国前列。战略性新兴产业已成为推动深圳市发展方式转变的主要力量和未来发展的增长点。

深圳市战略性新兴产业有比亚迪、拓日、风发科技、南玻、腾讯、迅雷、A8 音乐、芒果网、中青宝网、华强电子网、赛百诺、海王生物、瀚宇生物、微芯生物等一大批拥有领先技术的创新型龙头企业，产生了良好的产业集聚效应和创新资源集聚效应。2009 年深圳市生物产业销售收入达 400 亿元，居国家生物产业基地城市前三位；互联网产业规模约 225 亿元，占全国互联网产业规模的13.4%；电子商务交易额 1700 亿元，占全国的 6.1%；新材料及新能源高新技术产品产值 446.35 亿元，同比增长 12.57%。

生物、互联网和新能源这三大产业在深圳具有很好的基础，无论是在产业规模上，还是在产业能力、创新能力上，都有良好的发展优势，这三大产业领先全国。深圳三大产业振兴规划计划每年每个产业投入 5 亿元，累计计划投资 105 亿元，到 2015 年，三大产业总规模达 6500 亿元，其中生物产业年销售 2000 亿元、互联网产业年销售 2000 亿元、新能源产业年销售 2500 亿元。重点扶持三大产业发展，已成为深圳经济的重点工作之一。深圳市相继出台具体实施办法，设立三大产业发展的专项资金，加大招商引资力度，抓紧审批企业申报项目，抢占新兴产业的制高点。

2010 年，深圳生物、互联网和新能源三大战略性新兴产业呈现快速增长的趋势，分别增长了 30%、24.2% 和 29.3%，成为深圳产业结构优化和经济增长的新引擎。2010 年深圳实现本市生产总值超过了 9500 亿元，增长了 12%，居全国大中城市第四位，其中高新技术产业和战略性新兴产业发展迅速，高新技术产业的产品产值突破了 1 万亿元，达 10176 亿元，比 2009 年增长 19.61%。在现有的高新技术产业中，电子信息产品产值在整体产值中所占比例超过八成，新能源、新材料等战略新兴产业增长迅速，同比增幅超过 20%。

2011 年 1 月中旬，深圳市政府公报公布了《深圳市推进生物互联网新能源产业发展工作方案（2010～2012 年）》，提出 2011 年的目标是三大产业产值规模近 2000 亿元，2012 年则达到 2800 亿元，三大产业初步成为深圳的新兴支柱产业。该方案提出，2011 年深圳将培育和发展三大产业领域的 105 家超亿元企业，并将推进 6 个互联网产业基地和 4 个新能源产业基地，开发出 1 个具有全球专利的创新药，生物、互联网、新能源产业的规模分别要达到 700 亿元、540 亿元、750 亿元。到 2012 年，生物、互联网、新能源三大产业的规模分别达到 900 亿、800 亿和 1100 亿元，超亿元企业达 170 家。

《深圳市国民经济和社会发展第十二个五年规划纲要（草案）》（以下简称《规划》）日前提交深圳市五届人大二次会议审议。《规划》中提出，到 2015 年，深圳的第三产业增加值占 GDP 比重达到 60%，战略性新兴产业增加值占 GDP 比重达到 20%。《规划》明确了五大战略性新兴产业在 2015 年要实现的产业规模为生物产业 2000 亿元、新能源 2500 亿元、互联网 2000 亿元、文化创意 2500 亿元、新材料 1500 亿元。此外，《规划》还提出要促进新一代信息技术产业发展，推进三网融合，促进物联网、云计算的研发应用。《规划》还明确提出，到 2015 年，战略性新兴产业财政扶持资金累计超过 100 亿元，产业总规模达到 10000 亿元以上，增加值达到 3000 亿元以上，成为我国具有国际竞争力和影响力的战略性新兴产业重要基地。

深圳市在"十二五"规划中，把生物产业作为最重要的产业加以扶持、培育和布局，预计到 2015 年，深圳市生物产业年销售收入将超过 2000 亿元。2010 年，在深圳已出台政策的三大战略性新兴产业中，生物产业增长了约 30%，增速最快。据统计，2010 年，深圳市生物产业规模超 500 亿元；生物医疗设备、生物制药产业规模全国领先；销售收入超过亿元的生物企业 60 家以上，其中超过 10 亿元的企业 7 家，突破 1 亿元规模的有 60 家；深圳目前生产的生物技术产品已经销售到 140 多个国家和地区，国际化程度很高。"十二五"规划中，深圳生物产业方面将着力建设创新能力、国际合作能力、产业重点突破能力和产业聚

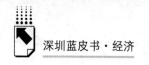

集四大功能。未来 5 年，深圳市政府将在土地、科技资源等多方面向生物产业持续倾斜，设立战略性新兴产业专项资金，催生一批创新成果，推动一批创新成果产业化。

2010 年，深圳在大力发展生物、互联网和新能源三大战略性新兴产业的同时制定文化创意、新材料产业和新一代信息技术产业的发展规划。新一代信息技术产业将成为深圳非常重要的战略性新兴产业，新一代信息技术是国家的七大战略性新兴产业之一，而深圳是全国电子信息产业最重要的基地，产业规模占全国的 1/7～1/6，因此，培育和发展新一代信息技术产业有着很好的基础。

## 五　深圳培育和发展战略性新兴产业的对策思路

深圳市培育和发展战略性新兴产业已经具备了较好的发展基础和环境氛围，但是在战略性新兴产业的发展过程中，还是有如政策法规体系不健全、企业技术创新能力有待提升、缺乏高水平支撑人才队伍、国际合作和交流不足等突出问题。针对这些问题，主要有以下几点建议。

### （一）优化战略性新兴产业发展的政策环境

紧密关注全球科技革命和新兴产业发展新动态和新趋势，立足我国国情，结合深圳经济社会发展的具体情况，做好战略性新兴产业的研究和部署，制定和完善战略性新兴产业发展的规划和政策；抓紧制定出台培育和发展战略性新兴产业的各项实施细则，落实具体工作；加大政策扶持力度，加强组织领导和统筹协调，继续实施专项基金扶持计划，优化战略性新兴产业发展的政策环境。

### （二）建立健全财税金融政策支持体系

深圳培育和发展战略性新兴产业，要建立健全财税金融政策支持体系，增加政府财政投入，加大资金的扶持力度，整合现有的政策资源和资金渠道，设立深圳战略性新兴产业发展专项资金，建立稳定的财政投入增长机制。加强深圳财政政策绩效考评，完善财政资金管理机制，提高深圳战略性新兴产业专项资金的使用率。

由深圳市政府引导和鼓励金融机构加大对战略性新兴产业的信贷支持，建立适应战略性新兴产业特点的信贷管理和贷款评审制度。积极推进知识产权质押融资等金融产品创新，引导、鼓励建立财政出资和社会资金投入在内的多层次担保体系，综合运用风险补偿等财政优惠政策，促进金融机构加大对战略性新兴产业发展的支持力度。深圳市政府要发挥战略性新兴产业创业投资资金的引导作用，扩大投资规模，运用市场机制，引导和鼓励社会资金投向战略性新兴产业中处于创业早中期的创新型企业。

### （三）着力增强自主创新能力

增强自主创新能力是培育和发展战略性新兴产业的中心环节，深圳要进一步完善以企业为主体、市场为导向、产学研相结合的技术创新体系，结合深圳实施战略性新兴产业发展的规划和部署，突破关键核心技术，加强创新成果产业化，提升新兴产业核心竞争力。通过设立战略性新兴产业专项资金，加强战略性新兴产业关键核心技术和前沿技术研究，加强重点项目研究，实施重大产业创新发展工程，推进战略性新兴产业相关学科建设，促进基础研究和核心技术研发。建设和完善公共研究服务交流平台，强化企业技术创新能力建设，发展由企业主导、科研机构和高等院校积极参与的产业技术创新联盟，整合资源，完善服务体系，加强深圳战略性新兴产业集聚区公共技术服务平台建设，促进深圳中小企业创新发展。

### （四）加快新兴产业重大项目的实施

围绕深圳战略性新兴产业发展重点，争取国家重大战略性新兴产业项目在深圳布局，引进和培育一批国内外知名企业集团总部、研发机构，推动一批创新能力突出、能迅速形成生产能力、有较大示范作用的重大产业项目，着力在标准创制、核心技术掌控、产业链培育等方面取得突破性进展，提升产业创新能力，促进战略性新兴产业高起点、高水平发展。

### （五）实施高技能人才优先战略

深圳要建立高等院校和科研机构创新型人才向企业流动的机制，加大高技能人才队伍建设力度。发挥高等院校和科研机构的支撑和引领作用，加强战略性新兴产业相关学科建设，扩大高等院校和各类研究院创新型人才培养能力。转变人才培养模式，鼓励企业参与人才培养，建立联合培养人才的新机制，促进创新型、应用型和技能型人才的培养。加大引进和培育人才力度，建立和完善人才激励机制，如建立技术入股、股权、分红权等多种方式的激励机制，鼓励创新人才积极从事自主创新工作。加大海外人才的引进力度，全面落实引进海外高层次人才"孔雀计划"，向海外引进高端人才和高端团队，优化人才发展环境，集聚国内外创新人才资源，推动战略性新兴产业的发展。

## （六）加强深港合作、国际化合作

深圳要充分发挥毗邻香港的独特区位优势，利用香港在战略性新兴产业方面的研发优势和国际金融中心的专业服务优势，深化深港战略性新兴产业合作，加强深港两地创新科技资源共享、整合，加快推动深圳市战略性新兴产业的发展。

深圳要加强国际化合作，大力推进国际科技合作与交流，掌握关键核心技术，提升深圳自主创新能力和国际竞争力。要密切关注全球经济发展新动态，加强跨国合作，积极探索国外合作新模式，切实提高深圳与国外合作的质量和水平。

# 深莞惠三市跨区域治理模式研究

袁义才*

**摘 要：**为促进区域一体化发展，国务院批复的《珠江三角洲地区改革发展规划纲要（2008～2020）》提出要以广州、深圳为中心，以珠江口东岸、西岸为重点，推进珠江三角洲区域经济一体化，形成资源配置优化、协调发展新格局。为此深莞惠三地积极着手推动珠江口东岸一体化发展，并且取得了初步成效。但是，作为一项长期、复杂的任务，作为一项开创性工作，推进深莞惠一体化发展，将会遇到许多困难和问题，需要作更多的深入研究。

**关键词：**深莞惠　区域　治理模式　研究

探索社会主义市场经济体制下跨行政区的合作，是我国新发展时期的一项开创性事业，目前尽管全国多个地区开展了这方面的试验，但尚未形成成熟有效的模式。推进深莞惠一体化，相对于国内其他地区的区域合作，有着较好的合作基础和较为迫切的合作需求，因而应该真正有所作为、取得实质进展。肩负着新使命的深圳经济特区，应该联合东莞、惠州在推进区域合作方面先行先试，展开体制机制创新，探索有效开展跨区域治理的经验，为推进我国的区域合作提供示范，寻找具有广泛而深远意义的区域发展新路子。

借鉴近期国际区域合作领域出现的新区域主义理论，深莞惠三地首先要从体制机制层面着手，通过推进三市制度对接，拓展制度创新空间，探索三市合作机制和一体化新模式。构建跨区域治理体制机制，将有利于减少区域间交易成本，提高经济活动效率，增强区域总体实力和竞争力，推动深莞惠打造具有全球竞争

---

* 袁义才，深圳社会科学院。

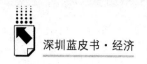
优势城市群。而这方面的成功实践将可以营造体现中国特色的治理文化和制度文明。

# 一 深莞惠合作架构现状及存在问题

自 2008 年底国务院批复珠三角《珠江三角洲地区改革发展规划纲要（2008～2020）》（以下简称《规划纲要》）以来，深莞惠三市积极推进《规划纲要》实施各项工作，一体化建设有所进展。2009 年 2 月三市领导签署了《推进珠江口东岸地区紧密合作框架协议》（以下简称《框架协议》），以加快推进三市紧密合作，争当珠三角区域经济一体化的先行区。依据《框架协议》，三市形成党政联席会议制度、三市政府间工作协调机制、重要合作事项的专责小组这样三层次合作架构。不过当前的这种以三市党政联席会议为主导的合作框架，仍然是松散型合作架构。随着三市合作的推进和深化，这种合作体制机制存在如下问题。

## （一）缺乏常设机构专职推进三市合作

当前合作架构看来似乎很完善，但在合作项目的落实工作中，部门之间的对接协调存在困难，专责工作小组也作用不大，很多项目没有人主动牵头。一些合作项目往往在一个小细节上出现三市有关部门意见不一就搁置了。三市政府各有关部门都有正常的一摊子工作，合作事项不落实往往不会影响其工作绩效，因此有时被摆到一边得不到重视。东莞市委党校副校长赵卫华就建议学习欧盟的一些做法，建立实体性三市合作推进机构，比如在党政联席会议之下建立三市推进合作的常设机构。他认为没有这样的机构，合作项目很难落实。

## （二）重大事项的利益协调机制有待建立

当前三市合作已经开始迈出一些关键步骤，但这往往涉及较大利益协调工作。有些问题，仅凭三市直接接触，没有第三方协调，仍然难以取得突破。

## （三）合作资金问题比较多，协调困难

在三市合作中，很多项目涉及资金问题，而且由于缺乏协调机制，解决起来比较困难。例如三市已经商定共同开展一些专项规划研究，但就因为经费分摊比

重意见不一而无法正常推进；深圳、东莞市公安部门的有关信息共享工作，也因为所谓经费补贴落实不了而没能实现；深圳、东莞与惠州的产业用地合作，也因惠州方面提出的耕地补偿问题没有确定而受到制约。

### （四）合作机制的法律地位存在问题

近年来三市订立了很多合作协议，共同制定规范性的文件，但在实施过程中究竟该怎么对待其法律地位仍然不明晰，很多时候一些合作项目与三市政府的一般工作混在一起，轻重缓急都难以判断。

### （五）缺乏评估及问责机制

目前三市合作中，对各专责小组并没有订立问责制度。三市政府相关部门在落实合作项目工作上也没有明确的问责机制。这样导致很多合作项目有怎样的效果，还要打个问号。同时，合作项目的推进也没有评估机制，这一点惠州方面特别关注。

## 二 国内外区域合作的体制建设经验和启示

### （一）国内区域合作典型地区的经验分析

#### 1. 长三角区域合作的经验分析

长三角城区建立了三级运作的区域合作体制，包括决策层、协调层和执行层。决策层即"长三角地区主要领导座谈会"，主要是决定长三角区域合作方向、原则、目标与重点等重大问题。协调层即由常务副省（市）长牵头的"长三角地区合作与发展联席会议"和长三角合作经济协调会，主要任务是落实主要领导座谈会的部署，协调推进区域重大合作事项。联席会议下设办公室。执行层即"联席会议办公室"和"重点合作专题组"，以及"长三角地区城市经济合作组"，具体负责在各个领域和城市间开展合作。长三角地区这一体制的建立，对区域合作的功能和效率有所提升，也为推进长三角区域合作提供了体制基础。

长三角地区比较注重区域合作的理论研究和信息积累。为推动长三角地区合作，它们成立了长三角城市合作（复旦大学）研究中心，该中心初步建立了长三角 16 城市地级市、县级市层面的空间数据库，开通了中心网站，还定期发布研究成果和城市合作信息等。

**2. 长株潭城市群一体化的经验借鉴**

长株潭城市群一体化所依赖的是湖南省委、省政府主导、三市积极发挥主体作用的联动机制，这样很有利于从行政推动层面上促进一体化的发展。湖南省委、省政府高度重视长株潭一体化发展，湖南省主要领导专门召集会议 10 次、批示 26 次，湖南省政府下发会议纪要 3 份、文件 5 份，这种自上而下的统筹推动机制极大地削弱了三市的行政壁垒，有效地统一了三市的发展步调，在短期内取得了极大的成效。例如长株潭电话区号的统一、交通基础设施的对接、生态经济廊道的建设、湘江水环境的治理、投融资平台的构建、流域生态补偿办法的实施，都在湖南省委、省政府统筹规划下取得较大突破或进展。

## （二）国外先进国家区域合作体制建设的理论研讨与实践经验

**1. 美国**

20 世纪 90 年代，理论界在美国大都市区跨区域性政策研究的基础上，形成了大都市区治理的新视角，即新区域主义。新区域主义视野下的大都市区治理不是聚焦于制度性结构和地方自治体的行为，而是聚焦于为了大都市区治理目的而在不同公共机构和私人主体之间建立联系。新区域主义将大都市区治理看做多种政策相关主体之间谈判的过程，而不是通过科层制或市场化竞争。

从历史演化的角度，有学者将美国大都市区治理的发展过程分为三个阶段。其中，新区域主义被称为"治理的第三波"。巨人政府论和多中心治理论依赖于大都市区政府的正式结构来执行，而新区域主义强调的是政府与非政府组织以及其他利益相关者的协作机制。在大都市区治理中，尽管政治领导人们控制着公共政策以及经济决策，但私营部门以其控制的经济资源，经常能发挥重要作用。私营部门主要关注为经济发展改善环境，但这必然会包括基础设施、住房、教育、交通和其他区域性公共事务。另外，非营利组织从社会服务的角度来参与区域治理，它们对促进大都市区的社会公平与平等更感兴趣。因此，大都市区治理是一种公私部门之间伙伴关系的协作过程，尽管公私伙伴关系并不必然构成一个完整的区域治理，但正式的或非正式的公私伙伴关系是区域治理的必要组成部分。因此，从大多数区域治理实践来看，大都市区治理是通过不同层级政府与私人部门等组成的合作与协调网络来解决的。

以美国南加州大都会水务局为例,这个成立于1928年的水资源管理机构,起初只负责6个县,5200平方公里的供水事宜,向州供水工程买水再向下一级水务机构趸售。随着人口的增加,经济的发展,水务局的职能已不可能局限于单纯的供水,而是必须统筹考虑工业、农业、服务业及生态用水需求,统一规划调度外来供水、区域内地表水、地下水以及废污水处理回用,以保障区域经济社会发展的需要。尽管这样的水务局不是政府部门,但州立法赋予其管理权限,对区域水资源、水环境负总责,使美国的水资源在一定程度上实现了统一管理。①

**2. 欧盟**

欧盟是当今世界上一体化程度最高的区域政治、经济集团组织,从区域合作开始到一体化发展,成为当今全世界各种区域经济一体化组织中最成功的典型。欧盟是一个"特殊政体",一种远远超过国际组织,但又不符合联合国国家思想的政治体制。这一"特殊体制"显示了欧盟在协调跨界行政主体方面的能力,其能力是由一系列行之有效的政策目标和工具以及执行政策目标和运用政策工具的组织形式构成的。在纵向上,欧盟区域合作的组织体系形成了超国家、国家、跨境区域、地方等多个等级层次,实现了各个层次的权利平衡和利益表达机制的畅通。欧盟共有5个主要机构,欧洲理事会、欧盟理事会、欧盟委员会、欧洲议会、欧洲法院。其他重要机构还有欧盟审计院、欧洲中央银行、欧洲投资银行、经济和社会委员会、区域委员会、欧洲警察局和欧洲军备局等。

欧盟非常注意区域合作法制化。无论是在起初的《欧洲经济共同体条约》还是在后来的《欧盟条约》中,区域合作法制化的思想一以贯之。《欧洲经济共同体条约》是欧盟的法律基础,它规定了欧盟的政策目标、政策工具以及政策行为主体的组织架构。根据这个法律,欧共体的行为主体形成了主要由欧洲委员会、部长理事会、欧洲议会及区域委员会等组成的组织架构。

## (三) 国内外区域合作的几点启示

### 1. 必须建立有效的区域合作决策、协调机构

长三角地区建立有三层次合作体制,后来还成立了长三角合作经济协调会。

---

① 张紧跟:《新区域主义:美国大都市区治理的新思路》,《中山大学学报(社会科学版)》2010年第1期。

长三角经济协调会在长三角区域协调体制机制中具有不可替代的探索功能,它坚持以城市合作为特色,深刻体现了长三角城市群的发展理念。据中山大学的一份研究报告测算,以 1990 ~ 2002 年的长三角城市群为样本,由于长三角城市经济协调会的成立、运行,地方分割对区域协调发展的阻碍作用下降了 45.7%。有专家根据这个结论作最保守的推断,这一数据在目前起码已超过了 50%。可见,长三角区域合作机制已显示了巨大的作用。仿效上海构建政府层面的三级运作机制,形成了"高层领导沟通协商、座谈会明确任务、联络组综合协商、专题组推进落实"的省(市)级政府合作机制。

欧盟的区域合作取得的重要进展,与其合作的法治文化和健全的法制规则是分不开的。欧盟各项政策实施的每一方面和每一步都遵循严格的定义、规范和量化标准,以保证政策实施的科学性、高效性、公平性和公正性。由定义、规范和标准构成的机制指导援助决策可以避免长官意志,避免地方与决策机构间的纠纷,以及避免由此造成的决策拖延。

欧盟的决策机制是首脑会议和欧盟理事会。首脑会议实行共议制,如果在某个问题上一时无法取得共识,则推迟到下次首脑会议再议。这种决策机制虽然降低了大国操纵的概率,但在公平与效率问题上出现了无法兼顾的两难境地。

**2. 寻找超越"行政区经济"的有效方式**

推进深莞惠一体化,需要有新的思路,需要创新治理机制,如此三市可以参考新区域主义有关理论思想,以减少行政壁垒影响为主攻方向,尝试建立跨区域治理制度,实现从现有的区域地方政府间合作向区域治理转型。在跨区域治理模式之下,区域政府管理要转向区域治理,从城市内部管理走向跨区域联合管理,参与式治理将取代传统的自上而下的命令驱动体制。

深莞惠一体化面对着一般区域合作所具有的基本挑战,一是区域发展不均衡,二是"行政区经济"色彩明显,以至于深莞惠难以建立一体化协调发展格局。这中间关键是在目前地方政府主导发展格局中各地区都在"打小算盘",缺乏一个有效的区域利益协调机制。广东省委书记汪洋在讲到珠三角区域一体化时曾指出,在实际操作中,不应该出现"人人都觉得从长远来说一体化好,但是一涉及自身的利益,个个又都不愿意舍弃"的现象。因此,深莞惠一体化发展要取得突破性进展,当务之急是要进一步推动政府行政管理体制的改革与创新,构建合理的地区间利益分配、约束和激励机制。

深圳与东莞、惠州相比较，目前存在明显的"体制势差"。随着深莞惠一体化以及深圳特区内外一体化步伐的加快，深圳的体制优势将会给周边地区特别是莞惠带来明显的溢出效应。从我们本次调研来看，东莞、惠州也希望在体制机制上与深圳实现更紧密的对接。

### 3. 探索在部分行业领域形成一体化的联合治理机制

推进深莞惠一体化，不仅在经济发展方面，也包括社会管理、生态建设等各个方面，它们各自的合作现实基础也不一样。深莞惠三市在这些不同方面合作进展可以是不一样的，在某些行业领域完全可以先行一步，甚至提早实现一体化，因此说三市完全可以在部分行业领域展开管理体制、机制的对接试点，取得经验再推向更广泛的领域。

在三市合作初期，可以在部分行业领域开展管理体制机制对接，作为一个步骤，深莞惠三市可构建多元利益主体协同参与的组织网络体系。深莞惠一体化涉及三地政府之间的平等协商，也离不开企业和社会的广泛参与，它有利于构建一种超越传统科层制管理模式的组织网络模式。组织网络模式是典型的协作性公共管理模式，它是指在跨管辖区、跨边界、跨组织或跨部门环境中，为实现共同利益的最大化，构建组织网络安排，通过政府、企业和社会之间不同层次的对话、谈判和协商，达成协作承诺，联合治理单个组织或地区无法有效解决的问题。通过区域内多元利益主体的互动与参与，会促使关键的区域性公共性问题不仅能够被表达，而且也易于解决。例如，可以借鉴美国成立南加州大都会水务局的做法，建立深莞惠水资源管理组织，统筹安排三市的水资源利用、水环境保护和治理；在交通一体化过程中，建立政府与企业或其他民间机构之间的合作组织或机制，以充分利用市场力量，积极发挥企业积极性，政府通过创造良好的政策环境，鼓励和支持实力雄厚的企业参与深莞惠跨界交通基础设施的建设和运营。

## 三 构建高效率深莞惠合作新体制新机制

为积极稳妥地推进深莞惠合作体制的构建，这里提出 A、B 两个备选方案，分如下几个方面说明。

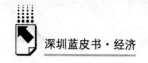

## （一）A 方案：完善深莞惠党政联席会议制度，增设深莞惠一体化促进基金

A 方案以当前的合作架构为基础，以改进体制、提高效力为目标，力求能切实推进深莞惠一体化。A 方案包括三个方面内容。

**1. 完善当前的深莞惠党政联席会议制度**

在目前深莞惠党政联席会议制度架构之下，增加三市常务副市长定期会面制度，建议每季度一次，主要职能是落实三市党政联席会议所作的重大决策，并对这一层面可以决定的合作事项作出决策。

**2. 增设深莞惠一体化促进基金**

增设的深莞惠一体化促进基金为类似政府专项资金的非营利政府性基金，它的日常运作管理机构为深莞惠一体化促进基金理事会。该理事会按照深莞惠党政联席会议制度和三市常务副市长定期会面制度所确定的原则，管理基金运作。

深莞惠一体化促进基金主要用于符合三市共同利益的合作项目所需的必要研究、论证等方面资金支持及相关机构的运作经费支出。例如该基金可用于深莞惠三市规划研究项目、交通和环境保护等基础设施建设项目的研究论证等方面所需的资金支持。

深莞惠一体化促进基金的资金来自三市政府的协议出资，规模可控制在 500万～5000 万元。

**3. 完善深莞惠合作的办事机构**

明确深莞惠党政联席会议制度和三市常务副市长定期会面制度的办事机构职责、人员，健全三市政府办公厅（室）或发改部门内区域合作职能处室的机构编制和人员配备。

## （二）B 方案：构建三层次深莞惠一体化新体制

B 方案以积极推进深莞惠一体化为目的，试图形成较为完善的多层次合作体制。

**1. 成立深莞惠一体化促进委员会**

取消三市党政联席会议，成立深莞惠一体化促进委员会，该委员会由国家、广东省的有关领导和深莞惠党政主要领导组成，对国务院有关部门和广东省委、省政府及三市人民负责，独立于三市党政机构。深莞惠一体化促进委员会负责就深莞惠合作的重大事项展开协商，作出决策。该委员会设轮值主席一职，由深莞惠三市党政主要领导轮流担任，半年轮换一次。

该方案中深莞惠一体化促进委员会是新合作架构第一层次，属决策层面，目的是形成更有效力的决策机制。其中设轮值主席，一方面可保障三市合作事项的日常领导，一方面可形成契机，推动一些对三市有利益差异的项目。深莞惠一体化促进委员会吸收国家、广东省有关领导进入委员会，为的是形成不受三市地方利益局限的影响力，以推动涉及三市重大利益调整的合作事项的及时决策。建立深莞惠一体化促进委员会的 B 方案与三市党政联席会议 A 方案相比较，决策协调力度更大，也趋向实体化。

**2. 设立深莞惠一体化促进中心**

深莞惠一体化促进中心作为深莞惠一体化促进委员会的办事机构及其决策执行机构。该中心为常设的跨区域事业性机构，依据三市政府的有关文件取得相应地位，面向三市政府各有关部门展开各个合作项目的落实和督导工作。深莞惠一体化促进中心作为一个法定机构设立，不占三地行政机构编制，可在三地权限范围内确定。深莞惠一体化促进中心可参考以往专责小组的工作内容，分别设立财政预算、政策法规、重大项目、产业发展、区域创新、资源能源、基础设施、生态保护、公共事务等不同内部职能机构，分工推进三市各主要方面合作事项的落实。深莞惠一体化促进中心设主任职位。深莞惠一体化促进中心主任由三市市委或市政府秘书长轮流兼任，其他工作人员主要由三市官员兼任；深莞惠一体化促进中心主任也可由三市聘请有关人士专职担任，中心其他人员为专职工作人员。该委员运作经费由三市设立专项基金予以保障。

深莞惠一体化促进中心属于第二个层次，执行层面。这一创新为的是将推进深莞惠三市合作的机构专门化、常态化，工作人员专职化。长三角、长株潭地区合作中，都设立有相应的专门机构，也值得借鉴参考。

**3. 创设深莞惠一体化监察评估委员会**

深莞惠一体化监察评估委员会主要职责是对三市一体化决策执行情况，对合作事项从工作目标、进度、法律、绩效、经济方面的监督检查，确保工作执行有力，符合预期，作出评估报告。深莞惠一体化监察评估委员会直接向深莞惠一体化促进委员会负责。该委员会可参照党委纪委、政府监察审计机构安排内部职能机构和工作人员，主要负责人可由三市政府之外国家有关部门、广东省有关部门领导兼任。深莞惠一体化监察评估委员会定期展开监察评估工作，下设相应办事机构，负责日常联络、信息处理等工作。

深莞惠一体化监察评估委员会属于第三个层次，是决策执行监督检查层面。设立这一机构将有利于三市合作事项的有效推进得到保障，并可保障合作的方向及三市利益得到有效维护。

### 4. 设立深莞惠一体化专家咨询委员会

深莞惠一体化专家咨询委员会主要负责向深莞惠一体化促进委员会提供专业咨询，就三市合作所涉及的专业问题进行研究，提交专家意见。该委员会主要聘任国内外相关领域的专家、学者、官员，并按一定的比例组成，其中国外、港澳的人员要占有相当比例。专家委员会运作经费由三市共同设立的专项基金承担。

设立深莞惠一体化专家咨询委员会，属于第四层次，是专家咨询层面，意在引入第三方咨询力量，以帮助深莞惠一体化促进委员会科学决策，推动消除一体化合作发展过程中的地方行政障碍，化解利益矛盾。该委员会吸收港澳地区专家进入，还有利于促进深莞惠三市与港澳地区的合作。

### 5. 建立深莞惠一体化促进基金

深莞惠一体化促进基金主要用于三市合作项目所需的必要资金支持及相关机构的运作经费支出。例如该基金可用于支持深莞惠三市规划研究项目、基础设施建设项目、环境保护项目的资金需求以及土地、资源占用的利益补偿等。该基金因需要控制资金规模，不作具体限制。

深莞惠一体化促进基金的资金主要来源于三市的年度财政拨款。深莞惠一体化促进基金的资金可由三市按年度财政收入的一定比例（具体由有关部门测算确定）拨付。同时，该基金可以接受深莞惠三地的企事业单位的无条件资金捐赠，深圳、东莞市区政府可引导本地区在三市一体化中受益较大的有关企事业单位积极参与捐赠，以使得基金资金构成摆脱三市财政按比例拨付的色彩，进而得以灵活使用。

深莞惠一体化促进基金的使用决策由深莞惠党政联席会议或深莞惠合作促进委员会负责作出。该基金下设深莞惠一体化促进基金管理中心，作为其日常运作管理机构。

### （三）形成深莞惠一体化运作机制

深莞惠一体化涉及三地政府之间的平等协商，也离不开企业和社会的广泛参与，其需要创造条件形成组织网络模式及相应治理机制。这是一种典型的协作性公共管理模式，通过政府、企业和社会之间不同层次的对话、谈判和协商，达成协作承诺，联合治理单个组织或地区无法有效解决的问题。通过区域内多元利益主体的互动与参与，促使关键的区域性公共性问题不仅能够被表达，而且也易于解决。

**1. 充分发挥行业协会等民间组织在一体化中的作用**

深莞惠三市加强合作，可考虑组建三市之间跨地区的行业协会联盟或新的行业协会组织，积极发挥其在三市一体化发展中的作用。现有的行业协会要突破行政区划障碍，组成跨地区的行业联盟，以便能共同制定区域行业发展规划、区域共同市场规则，推进区域市场秩序建立，探索区域各类市场资源的对接与整合。利用行业协会等民间力量推动地区一体化发展，主要优点是成本低、见效快，地区利益少，没有条条框框制约，可作为政府合作机制的补充。例如，可以借鉴美国成立南加州大都会水务局的做法，建立深莞惠水资源管理组织，统筹安排三市的水资源利用、水环境保护和治理；在交通一体化过程中，建立政府与企业或其他民间机构之间的合作组织或机制，以充分利用市场力量，积极发挥企业积极性，政府通过创造良好的政策环境，鼓励和支持实力雄厚的企业参与深莞惠跨界交通基础设施的建设和运营。

**2. 促进深莞惠三市干部交流**

建立深莞惠三市干部互相在对方对口的职能部门挂职制度。这样可加深三市干部对三市情况的了解，也有利于实现换位思考，以推动三市合作。

三市党校可互派学员交流培训，并可联合主办以区域合作与一体化发展为内容的中高层干部主体培训班。这样将有利于三市干部统一思想观念和工作思路，更好地推进三市一体化发展。

**3. 创办深莞惠一体化专门研究机构**

三市可联合创办深莞惠一体化专门研究机构，以实现经常性的珠江口东岸城市群一体化发展研究，通过学术研究探索城市群一体化发展的规律，为一体化实践提供理论指导。

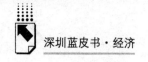

### 4. 建立深莞惠一体化宣传推广机制

深莞惠三市联手开展宣传推广活动，解放思想，凝聚共识，树立"东岸城市群"的一体化形象，培育一体化思维方式，让深莞惠一体化发展理念深入人心。

深莞惠三市可联合举办半官方、半民间的珠江东岸论坛，包括定期举办深莞惠一体化论坛和东江文化论坛，邀请世界各地的学者、官员、企业家参与其中，就区域一体化发展的问题展开广泛研讨。

共同创办《深莞惠一体化》报刊等专门宣传媒体，研究在三市电视台创建"直播深莞惠"栏目，利用现有各种形式的宣传媒体，进行深莞惠一体化发展的理论和实践的宣传推广。

### 5. 建立法制化的区域合作机制

深莞惠要探讨建立具有法规效力的区域合作协议。根据三市需求争取有关方面支持，明确《推进珠江口东岸地区紧密合作框架协议》的法律地位，或者制定具有法律地位的三市合作规范性文件。

给予三市合作机构及合作项目以相应的法律地位。三市共同设立的合作机构、确定的合作项目等，要以三市政府规章或规范性文件的形式加以明确，以便三市一体化工作得到法制保障。

# 城 区 篇
### Urban Area Chapter

# 2010 年福田区经济发展报告

冯流看 列慧妍 庞 勤 林碧恩*

摘 要：2010 年以来，福田区区委、区政府以科学发展观为统领，围绕打
造"首善之区、幸福福田"的目标，坚定不移地推动发展方式真转真变，持续
提升城区环境和政府服务、有效改善国计民生，促进福田经济社会健康、协调发
展，圆满完成"十一五"规划任务，并为长远可持续发展奠定了重要基础。

关键词：福田区 经济 发展 报告

## 一 2010 年经济发展主要特点

### （一）经济速度、结构和效益协调发展

全年经济保持平稳较快增长，辖区经济总量突破 1800 亿元，达 1832.63 亿

---

\* 冯流看、列慧妍、庞勤、林碧恩，深圳市福田区发展和改革局。

元，同比增长（下同）10.6%，超出计划目标 42 亿元。二、三次产业比值由上年末的 12.27∶87.69 调整为 10.69∶89.27，产业结构进一步调整优化。伴随全球经济回暖，以电子通信业为主导的规模以上工业企业实现增加值 158.58 亿元，同口径增长 16.8%，大中型工业企业实现产值占九成，成为强力支撑；辖区税收完成 515 亿元，同比增长 19.77%，保持全市各区第一；一般预算收入完成 69.3 亿元，同比增长 48.3%，总量和增幅均创历史新高；辖区生产总值地均集约度为 23.3 亿元/平方公里，地均税收 6.55 亿元/平方公里，分别约为全市平均水平的 4.9 倍和 3.8 倍，万元 GDP 建设用地为 3.09 平方米，下降 9.6%，约为全市平均水平的 1/3。

## （二）总部经济和现代服务业"双轮"驱动

区经济发展资金和科技发展资金当年共向 1630 家企业（项目）提供扶持资金 3.5 亿元，其中扶持总部企业 81 家 6662 万元。总部经济龙头地位稳定，预计实现增加值 560 亿元，同比增长 12.5%，高于 GDP 两个百分点，占地区生产总值比重为 31.1%。深圳市首批认定的 180 家总部企业中，福田区有 93 家，占全市总数的 51.67%，数量和产值居全市各区之首；现代服务业实现增加值 1177.54 亿元，占第三产业比重达 72%，较上年同期提高了 4.5 个百分点，其中金融业作为主导产业领头羊，仍保持稳健增长但增速放缓，实现增加值 644.87 亿元，增长 10.5%，辖区纳税百强企业中金融类企业税收贡献已超过 40%；新入驻建行深圳分行、广州银行、东莞银行和华鑫证券等 4 家金融机构总部，辖区注册的各类金融机构达 114 家，占全市总数的 46%，在沪深交易所挂牌交易的上市公司 41 家，占全市的 28%。

## （三）CBD 和环 CBD 高端产业带"双翼"齐飞

CBD 和环 CBD 高端产业带预计实现增加值 1146 亿元，共占地区生产总值的 64%。CBD 建成投入使用的项目超过 80 个，成为国内外现代服务业总部企业抢滩深圳的首选，福田金融中心规划的证交所营运中心、平安国际金融中心等近 10 个项目在紧锣密鼓建设中，续建项目进度显著加快；不断优化软环境，制订 CBD 管理协调服务机制建设方案和管理服务规则，与中国移动深圳分公司签订《战略合作框架协议》，在六大领域全面推进福田城市信息化建设，实现中央商务区和华强北两大片区无线宽带网络全覆盖。

环 CBD 高端产业带步入统筹规划、综合改造、集群发展的良性循环。华强北片区城市设计及二层连廊交通改善规划、地下空间开发规划基本完成，华强北"中国电子第一街"的年销售额、电子市场经营面积、电子产品种类、经营单位及"五星级市场"数量等五项指标均居全国首位，"华强北价格指数"已成为工信部等权威部门的重要数据来源；上沙创新科技园二期改造完成并投入使用；多丽工业区新增 3 栋楼 7700 平方米纳入福田国际电子商务产业园；燃机电厂改造即将动工，赛格日立进入规划用地审批程序，新浩、安吉尔、荣生以及上步 3、7、14 更新单元等专项规划已报审；科技广场的运营规划和选商方案基本完成，主体工程进展顺利；岗厦河园片区年内将依法完成拆除工作。

## （四）对外经济快速回暖、消费和投资持续繁荣

外贸出口势头喜人，扭转上年大幅下滑局面，全年保持两位数的恢复性增长，进出口总额预计完成 685 亿美元，同比增长 11.2%，其中出口 330.16 亿美元，稳居全市第二，同比增长 9.2%，恢复至金融危机前同期水平；实际利用外资平稳增长，超额完成市政府下达的 10.35 亿美元的目标，同比增长 5%；内需市场繁荣稳定、购销畅旺，社会消费品零售总额全年实现 930.93 亿元，增长 16.3%，高于目标 5 个百分点，约占全市的 1/3；全年接待海内外过夜游客预计增长 18.7%，规模旅游企业收入增长 19.7%，客房出租率接近 70%，在全市各区最高，比 2009 年提高 4.5 个百分点；在地铁等市政府投资续建项目和福田金融中心多个超大型项目加快建设的带动下，投资实现平稳增长，全社会固定资产投资完成 174.42 亿元，增长 3.6%，其中区政府投资完成 12 亿元。

## （五）战略新兴产业蓬勃发展、创新环境显著优化

文化创意产业发展福田模式荣获"2010 中国城市管理进步奖"，产业增加值预计达 110 亿元，"田面设计之都"成为全省首个获认定的国家级工业设计产业基地；高新技术产业扭转下滑，预计全年实现产值 852 亿元、增加值 158 亿元，同比均增长 10%，基本恢复至 2008 年水平，软件、互联网和信息服务业增长迅猛，成为高新技术产业的主要增长点；56% 的科技类总部企业获得区科技发展资金资助，国家级高新技术企业达 350 家，增长 41.7%，经市认定的软件企业达800 家，占全市的 38.5%，其中市软件百强 32 家，占全市的 1/3；全年专利授权

数预计达 3600 件，同比增长 8%，辖区企业 5 项专利获第 11 届中国专利优秀奖，占全市的 45%；加快培育新兴产业，创新出台互联网和电子商务扶持政策，每年安排不低于 5000 万元的扶持资金，举办福田网商大会，推动创办"物联网产业联盟"，成立软件工程师协会，完成 Intel 嵌入式体验实验室和嵌入式软件测试实验室建设，建成"华强北在线"、"中国电子供应商网"、国际元器件中心 B2B 系统、华强网上商城等电子商务项目，促成"台湾电子之窗"建设，推动华强集团与淘宝网合作建立电子商务平台，引进国内最大的农产品交易网，深圳 LED 国际采购交易中心项目二期开业，成功举办 LED 技术与市场发展高峰论坛；引进"第一届中国（深圳）创新创业大赛"两个获奖项目"微型投影光机"和"中昆源生物科技"，中国检验集团汽车检测中心落户福田，"国家无线电监测中心深圳实验室"和公安部"安防检测中心深圳工作站"正式揭牌。

### （六）节能减排工作亮点纷呈、低碳城区建设卓有成效

完善长效机制，成立区低碳经济促进委员会、区节能减排工作领导小组，出台《福田区节能减排实施方案》，建立健全统计、监测体系和责任考核制度，印发《低碳生活手册》，推出"福田低碳先锋排行榜"；发挥公共机构的节能示范作用，以区机关办公楼、红岭中学等 5 家公共机构为试点，引进合同能源管理模式实施能耗监测和改造；当年新创建 26 个"排水达标小区"，累计达 476 个，4 家小区被评为"节水型小区"，占全市的 1/4；新增深圳市绿色学校 1 所、绿色幼儿园 1 家、绿色企业 1 家、国际生态学校 2 所，深圳建科大楼被评为全国绿色建筑和低能耗建筑"双百示范工程"，列入深圳十大低碳优秀范例；红树林修复示范工程按进度推进，保护区及凤塘河两岸的生态环境得到初步改善；建设项目环评执行率 100%，杜绝高耗能、高污染项目；出台污染源分类分级管理办法，建立污染源档案信息库，加强对区控以上重点污染源的监察执法，检查企业 5862 家（次），行政处罚 38 家；万元 GDP 水耗、电耗、综合能耗分别下降 12.3%、7.9%、2.5%，均超额完成当年任务，圆满实现"十一五"节能减排目标，在全市节能考核中排名第二。

## 二　2011 年经济形势研判

展望 2011 年，国际经济形势总体趋于复苏，但基础还不稳固，仍面临若干

重大风险，将进入波动式缓慢增长时期；我国将在平稳调控政策下，加快推进产业结构调整，但面临 CPI 上涨压力加大、人民币汇改启动等挑战，形势不容乐观，国内城市间的竞争日益激烈，发展环境也更为复杂；深圳市已确定建设科学发展新特区、全国经济中心城市、民生幸福城市、现代文化城市、生态文明示范市的"十二五"发展目标，深圳大运会举办，综合配套改革全面推进，特区一体化进程加快，深港和深莞惠合作紧密化，都将为福田发展创造新的机遇。

2011 年是"十二五"起点年，也是福田区深入贯彻科学发展观、加快转变发展方式的攻坚阶段和实现创新发展、低碳发展的重要时期。伴随经济大环境有所好转，辖区经济社会发展步入良性轨道，但同时要认识到，福田区土地、空间、人口等主要制约因素难以根本转变，还出现了一些需要关注的新情况：一是各行业虽有不同程度回暖迹象，多项指标增速达两位数，但这是在上年下滑到较低基数的背景下实现的恢复性增长，后续不确定因素较多，工业产值绝对值仍比上年减少，下降趋势未改；二是高端产业发展的内生动力仍不强。辖区产业虽已呈现高端化，但经济增长对市、区政府投资和外贸出口的依存度较高，工业增长主要依赖于境外市场的好转，掌握核心技术不足，自主创新能力和产业核心竞争力较弱；三是产业梯次有待完善。辖区金融业近年来实现跨越式发展，对经济增长发挥了关键作用，但金融业受世界经济、国家政策和全市产业布局调整的影响，区政府在调控上处于被动，且一业独大也不利于辖区经济可持续平稳发展，必须促进各产业均衡，特别是战略性新兴产业和其他生产性服务业的发展，以形成结构合理的产业梯次；四是 CBD、华强北、车公庙、八卦岭等产业集聚区面临的交通难、停车难问题日益严峻，硬环境亟待改造和优化；五是公共产品和服务有待提升，教育和医疗资源相对紧张和布局不够均衡、城市管理不够精细、公共安全隐患仍然存在、解决社会矛盾纠纷渠道单一等社会民生诸多问题还需予以关注和加快解决。

## 三 2011 年的发展思路和主要措施

### （一）总体思路

坚持科学发展，以强化服务经济模式为重点转变发展方式，优先发展总部经济和现代服务业，稳步发展优势产业，积极培育新兴产业；以深化环境立区战略

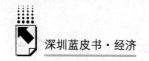

为核心，推进 CBD、环 CBD 高端产业带建设和城市更新；以民生幸福为导向，提高社会管理和公共服务水平，将资源覆盖至民生各领域，提升城市文明，促进社会和谐，全力打造"首善之区、幸福福田"。

## （二）发展目标

按照积极进取、科学发展的原则，提出 2011 年主要预期性指标发展目标：

——本区生产总值 1980 亿元，比上年同期（下同）增长 10%；

——现代服务业增加值 1265 亿元，增长 10.2%；

——社会消费品零售总额 1003 亿元，增长 10%；

——全社会固定资产投资 175 亿元，增长 0.6%；

——出口总额 333 亿美元，增长 4%；

——一般预算收入 82 亿元，增长 18%；

——居民人均可支配收入 4.3 万元，增长 10%；

——城镇居民登记失业率控制在 3% 以内；

——万元 GDP 建设用地下降 6.5%；

——万元 GDP 水耗下降 2%；

——万元 GDP 电耗下降 2%。

## （三）重点工作和主要措施

### 1. 优化"双轮双翼"经济架构，在发展服务经济上有新作为

打造以总部经济和现代服务业为产业主体、以 CBD 和环 CBD 高端产业带为主要平台的现代产业体系，提高总部经济辐射、带动效应，加快现代服务业高端化、品牌化发展，重点发展金融、商务服务、物流、软件业等优势生产性服务业，着力培育互联网、信息服务、电子商务、文化创意等具比较优势的战略性新兴产业，推动品牌型消费性服务业和高端制造业提升、创新发展，实现产业结构纵深调整优化。加大招商引资力度，完善统筹协调和跟踪服务机制，找准工作抓手，形成引资合力；做大做强上沙移动通信终端产业园、福田国际电子商务产业园、田面设计之都、世纪工艺品文化广场等品牌特色园区，着力解决 CBD 和华强北等重点片区交通、就餐、环境等问题；提前筹划产业布局，对福田科技广场等即将完成改造项目，尽快制定产业导向政策，启动招商选商工作，加快条件成

熟的旧工业区改造进度，有序推进环 CBD 园区升级改造、产业置换和城市更新，尽快形成可供总部型企业、现代服务业企业入驻的增量空间，为发展潜力大的内源型企业和有入驻意向的大型项目提供良好环境，更要为新兴产业的引进和未来成长预留充足的发展空间。

**2. 优化投资和创新环境，在增强核心竞争力上有新举措**

加大对基础设施、公共配套设施、产业环境的投入，梳理总部企业和重点企业的共性问题和主要诉求，出台系列优惠政策和服务措施，调整优化资金扶持办法，鼓励多层次投融资服务体系建设，引导各种投资资本进入创新型和成长期的企业；充分利用行业协会、中介机构、研究机构的优势和服务资源，运用信息技术手段，跟踪掌握新兴产业和企业的发展动态，及时调整政策、创新服务；协助"南方手机检测中心开放试验室"、"国家无线电检测中心监测中心深圳实验室"开展运营，推动华强北"中国 IT 市场价格指数运营中心"、"中检集团汽车检测股份有限公司"等项目建设，支持重点企业建立工程中心、技术中心和博士后工作站，聘请国内外专家和高端人才搭建智力支撑平台；优化创新创业环境，强化知识产权服务，健全知识产权工作网络，在各大园区推广设立知识产权工作站，继续开展发明专利"零突破"行动，奖励和资助第二届中国创新创业大赛获奖项目落地福田，支持社会力量兴办新的科技园区，推进区创业中心管理机制改革，引导各园区走专业化发展道路；举办中国（深圳）国际创意设计品牌博览会、中国（深圳）国际室内设计文化节等高端展会，营造"创意福田"氛围。

**3. 加快发展集约、低碳型城区，在转变发展方式上有新突破**

树立绿色、低碳发展理念，大力发展循环经济和低碳产业，完善节能减排扶持政策，建立对实施合同能源管理、推行清洁生产、创建绿色饭店的激励机制，实施节能减排重点工程，加大对节能减排先进技术、典型企业、示范项目和示范园区的推广力度，强力推进公共建筑和商业楼宇实施节能改造；逐步建立能耗监察机制，强化节能减排目标责任考核，严格执行节能减排法规和标准，健全对高耗能企业的考核约束制度；大力创建节水型社会，强化水资源管理和有偿使用，强力推行排水许可制度，针对排水管理、水土保持、河道管理、水务工程管理从严开展水政执法；提高城市垃圾无害化处理与利用水平，加强水环境、声环境、大气环境综合治理，建立健全污染防治机制，按照污染源分类分级管理办法，继续对辖区企业排污实行监控。

# B.24

# 2010 年南山区经济发展报告

田柳青 欧阳仁堂[*]

**摘　要:** 2010 年,南山区委、区政府面对复杂多变的形势,坚决按照 "调结构、稳增长、惠民生、促和谐" 的部署和 "好字优先,快在其中" 的要求,积极抢占产业发展高端,大力培育战略性新兴产业,实施内外需并举战略,实现了经济平稳较快增长。2011 年,南山区将坚决落实中央、省、市部署,积极应对各类挑战,确保经济又好又快发展,开创 "十二五" 发展新局面。

**关键词:** 南山区　经济　发展　报告

## 一　2010 年及 "十一五" 期间南山区经济发展基本情况与主要特点

### (一) "十一五" 期间南山经济发展基本情况及主要特点

"十一五" 期间,是极不平凡的五年,全区克服金融危机等各种困难,围绕构建 "和谐南山"、"效益南山" 和 "创新南山" 三大目标及 "一个中心四个基地" 的五大功能定位,着力推进提升自主创新能力、调整优化产业结构、加强城市建设与管理、强化生态环保与节能减排、夯实基层基础建设、完善公共服务与民生保障等六大任务,在经济发展、结构调整、自主创新、城市建设、生态环保、社会管理、公共服务、民生保障等八大方面取得新成就,创新了一批在全市、全省甚至全国推广的经验做法,获得了多项各级各类荣誉和称号,顺利完成

---

\* 田柳青、欧阳仁堂,南山区发展和改革局。

了"十一五"规划确定的主要目标任务，初步建成最适宜安居创业发展的现代化海滨城区。经济主要特点有以下几个方面。

**1. 经济综合实力迈上新台阶**

坚持发展为第一要务，经济保持平稳较快发展，经济实力不断增强。本地生产总值从 2005 年的 1132 亿元增加到 2010 年的 1996.65 亿元，年均增长 11.5%，完成"十一五"规划目标（下同）的 111%；社会消费品零售总额从 171 亿元增加到 384.0 亿元，年均增长 17.6%，完成 128%；固定资产投资总额从 265 亿元增加到 287.13 亿元，完成 99%；地方财政一般预算收入从 26.23 亿元增加到 46.3 亿元，年均增长 12%，完成 130%；人均 GDP 从 12.57 万元增加到 19.32 万元，年均增长 9.3%，完成 118%。全区境内外上市企业已达 80 家，占全市的 1/3，是全国上市公司数量最多的城区。

**2. 产业转型升级实现新突破**

大力实施"两轮两翼"产业发展战略和"三点一线一中心"商业发展战略，产业结构调整取得明显成效。二三产业比例从 69.2∶30.8 优化为 60∶40，第三产业比例提高近 10 个百分点，初步形成了高新技术产业、现代服务业和战略性新兴产业共同发展的现代新型产业体系，打造了电子通信、计算机、软件、生物医药、新能源、互联网、港口物流等一批具有较强竞争力的产业集群，二三产业的双支撑发展格局基本确立，成为全市产业结构优化城区。

**3. 自主创新能力获得新提升**

实施"大孵化器"战略，全面推动科技创新，完善区域创新环境，自主创新能力得到显著提升。具有自主知识产权的高新技术产品比例从 50% 提高到 80% 以上。2010 年发明专利申请量达到 11700 件。建立了较为完善的产学研创新平台，全区拥有各级企业工程中心和技术中心达 100 多家，占深圳市的 70% 以上，形成了以产业化基地、企业孵化器、院校孵化器等构成的企业孵化网络，创建了生物医药等 12 家产学研联盟，区域创新环境明显改善。

**4. 城区基础环境呈现新面貌**

坚持经济建设与城市建设同步发展，不断推进交通等市政基础设施建设，初步建成现代化宜居城区。开通了地铁轨道一、二号线南山段，建成了西部通道等 26 条交通主干道，打通了学府路等 11 条断头路，初步建成现代化城市交通体系。排水、排污、排洪等管网功能进一步提升，市政基础设施日益完善。完成了

前海路等 32 条道路综合整治，新建了月亮湾等市政公园，8 个街道全部被评为
"深圳市环境优美街道"，市容市貌大幅提升。

**5. 生态文明建设取得新成效**

坚持生态立区原则，把生态环保和节能减排作为落实科学发展观的重要抓
手，生态环境大幅改善。"十一五"期间万元 GDP 能耗和用水分别累计下降
13% 和 21%，顺利完成目标任务，国家生态区建设通过环保部核查验收。建成
月亮湾循环经济产业园、南山污水处理厂、商业文化中心中水利用等重点项目，
南头半岛大气治理和大沙河治理取得较好成效，化学需氧量（COD）、二氧化硫
（$SO_2$）的排放强度逐年下降，空气质量达到国家 2 级标准，西丽水库水质达标
率保持 100%，生态环境质量明显提高。

### （二）2010 年经济发展基本情况

2010 年是"十一五"规划实施的最后一年，面对复杂多变的国内外环境和
诸多挑战，在全区人民的共同努力下，按照"调结构、稳增长、惠民生、促和
谐"的部署和"好字优先，快在其中"的要求，加快转变经济发展方式，推进
产业结构调整优化，大力实施内外需并举战略，经济实现平稳较快发展，完成了
全年主要预期目标任务。全年实现本地生产总值 1996.65 亿元，同比（下同）增
长 12.1%，较上年提高 0.7 个百分点；人均 GDP 达到 19.32 万元，增长 10.0%；
规模以上工业增加值完成 1144.86 亿元，增长 11.5%；农业总产值完成 3.01 亿
元，增长 8.3%；社会消费品零售总额完成 384.0 亿元，增长 19.3%；固定资产
投资总额完成 287.13 亿元，增长 6.1%；外商直接投资实际使用外资 4.4 亿美
元，增长 2.4%；地方财政一般预算收入 46.3 亿元，增长 20.5%；万元 GDP 能
耗 0.5739 吨标准煤，下降 2.1%；万元 GDP 用水 10.93 立方米，下降 5%；失业
率为 2.25%，低于全市平均水平。

### （三）2010 年经济发展主要特点

**1. 经济平稳较快发展**

坚定不移地转变发展方式，落实各项稳增长措施，加大企业服务力度，巩固
和扩大应对国际金融危机成果，全区经济实现平稳较快增长，质量和效益不断提
升。全年经济增长 12.1%，较上年增速快 0.8 个百分点，基本摆脱了金融危机的

影响。财税收入分别达到 46.3 亿元和 333 亿元，分别增长 20.9% 和 25.4%，增速位居全市前列。工业企业全员劳动生产率达到 31 万元/年，增长 24%，处于全国先进水平。

### 2. 产业结构更趋优化

加快产业结构调整，抢占高新技术产业高端，大力发展现代服务业，积极培育战略性新兴产业，二三次产业的比例优化为 60∶40。工业恢复性增长势头强劲，实现规模以上工业总产值 3440.62 亿元，增长 10.7%，其中，高新技术产业实现产值 2700 亿元，增长 11.9%。第三产业快速发展，增速高出全市近 3 个百分点，比重较上年提高 1.3 个百分点，其中，金融业、互联网、文化产业分别增长 10.5%、12.5%、14.7%，成为第三产业增长的重要支撑。

### 3. 内外需求齐头并进

实施内外需并举战略，整合深圳湾商圈，开展购物节、荔枝旅游节等活动，协助企业开拓市场，促消费、扩出口成效明显。社会消费品零售总额、旅游收入分别增长 19.3%、22.4%，天利名城、欢乐颂等重大商业项目相继开业，各大商圈销售业绩大幅上扬，内需拉动作用进一步增强。外贸出口、集装箱吞吐量分别达到 160.33 亿美元、1170.51 万标箱，分别增长 15.1%、23.3%，均创造了历史新高，对新兴市场的出口实现近 30% 的快速增长，出口市场不断扩大。

### 4. 投资保持稳定增长

继续实施区领导包干部门落实责任制，强化政府投资项目全过程监管，优化社会投资服务，加大重大项目协调服务力度，固定资产投资实现 6.1% 的增长。基本建设投资完成 170.93 亿元，增长 19.6%；房地产开发投资完成 72.51 亿元，下降 26.8%；更新改造完成投资 40.55 亿元，增长 49.5%。区政府投资项目计划执行情况良好，累计完成投资 7.94 亿元，完成年度投资计划的 90.2%，市容环境提升、保障性住房、教卫文体等国计民生项目加快推进。市政府下达南山区 37 个投资项目共 14.65 亿元，总体进展情况良好。辖区内 45 项市重大投资项目按计划推进，航天国际中心等 10 个项目超额完成全年投资计划。

### 5. 节能减排显现成效

积极实施节能减排的各项措施，全力推进政府指导、企业主导、科技支撑、公众参与的工作模式，取得了较好成效。2010 年万元 GDP 能耗和水耗分别完成"十一五"目标任务。推进商业文化中心低碳示范区、丽雅苑绿色建筑等重点项目和节能示范项目，取得了较好的经济和社会效益。开展建筑节能，新建建筑节能强制性标准执行率达到100%。高标准创建节水型城区，综合排名等三项指标居全市各区之首。积极推广合同能源管理节能模式，加强宣传教育，市民节能减排意识不断增强。

**6. 市容环境大幅提升**

大力开展市容环境提升行动，立体提升建筑风格、道路景观、绿化效果、花卉造型、灯光夜景等市容环境景观水平。共完成18条街道改造和30条道路的清洗刷新任务；完成10个绿化景观提升项目，改造绿化面积33万多平方米；完成10个建筑立面改造405栋，共97万平方米；南荔社区公园等7个市政公园加快推进；26个城中村消防整治工作进展顺利；完成同乐村等排水管网改造工程及103个排水达标小区创建任务。整治后的市容环境大为改善，景观水平和城区品位显著提升。

**7. 城市更新步伐加快**

南科大和深大新校区项目实现和谐拆迁，安置区和产业园建设全面启动。大冲旧改全力推进，基本完成村民签约和物业移交，过渡安置工作顺利开展。茶光、永新、侨城北、马家龙等4个旧工业区改造项目进入实施阶段。完成大铲村等9个城中村专项规划审批，湾厦村已正式开工建设，桂庙新村等7个专项规划正加紧编制，新围村综合整治完成80%。全力支持蛇口工业区升级改造，长源村旧改、南油第一工业区综合改造等其他城市更新项目也顺利推进。

# 二 2010年南山区经济形势分析和展望

2011年南山区面临的区内外环境总体向好，但也存在诸多不确定不稳定因素，实现平稳较快发展难度加大。从国际看，国际金融危机的深层次影响还没有完全消除，2011年世界经济总体将继续缓慢复苏态势，但受欧美发达国家财政赤字压力加大、主权债务危机影响扩散、贸易保护主义抬头、流动性过剩等因素影响，增速可能放缓，不确定性增加，国际环境不容乐观。从国内看，2011年是我国"十二五"规划开启之年，既面临内生性自主增长能力增强、区域经济全面协调发展、战略性新兴产业加快发展等有利因素，也面临通货膨胀风险加剧、结构性调整任务紧迫、人民币汇率上升压力加大、外贸出口阻力较多等内忧外患，宏观政策取向偏向积极稳健、审慎灵活，保持较快增长难度较大。从周边及区内看，珠三角合作将进一步深化，深港合作将更加紧密，深莞惠一体化和深圳特区一体化不断推进，前海深港现代服务业合作区加紧建设，大运会召开等有利因素将对南山的发展带来积极影响；但同时，也面临周边竞争加剧、发展空间有限、转变方式任务紧迫、固定资产投资增长难度加大、第四轮事权划分增加区财政压力等不利因素。

# 三　2010 年经济发展总体要求和预期目标

## （一）总体要求

2011 年，是南山区历史新起点的开启之年，是"十二五"规划的开局之年，也是大运会的举办之年。全区认真贯彻胡锦涛总书记在深圳经济特区成立 30 周年庆祝大会上的重要讲话精神，按照市委、市政府的总体部署和安排，以加快转变经济发展方式为主线，以科学发展为主题，以"深圳质量"为标杆，着力增强自主创新能力，着力抢占产业高端，着力扩大内需，着力加快城市更新，着力推进节能减排，着力优化城区环境，着力提升公共服务水平，着力加强民生保障，推动南山从速度、效益优势转化为质量优势，为建设国家核心技术自主创新先行区、现代服务业发展样板区、和谐社会示范区、教育科研高地奠定基础，为"十二五"规划开好局、起好步。

## （二）预期目标

2011 年全区主要预期目标拟定如下：

——本地生产总值 2226 亿元，增长 11.5%；

——规模以上工业增加值 1265 亿元，增长 10.5%；

——农业总产值 3.01 亿元，与上年持平；

——社会消费品零售总额 449 亿元，增长 17%；

——固定资产投资总额 293 亿元，增长 2%；

——外商直接投资实际使用外资 4.4 亿美元，与上年持平；

——地方财政一般预算收入 49.5 亿元，同比增长 11.5%；

——地方财政一般预算支出62亿元，与上年持平；

——年末常住人口107万人，增长2%；其中户籍人口55.4万人，增长5%；

——万元GDP能耗0.5624吨标准煤，下降2%；

——万元GDP用水10.71立方米，下降2%；

——人均GDP 20.73万元，增长7.3%。

## （三）主要任务

### 1. 着力加强自主创新，完善区域创新体系

将提升自主创新能力作为加快转变发展方式的核心。落实好《南山区关于打造核心技术自主创新先锋城区的实施意见》。完成"国家级自主创新示范区"申报工作，力争成为全国第一个国家级的自主创新示范城区。推进"大沙河创新走廊"的规划建设，创新投资管理公司治理模式，加快深圳市集成电路设计应用产业园、硅谷人才公寓等已启动项目的建设步伐。推动建立以企业为主体、市场为导向、产学研相结合的技术创新体系，以财政为引导、市场为驱动、金融资本为支撑、多元资本参与的科技投融资体系，以服务型政府、公益性服务平台、社会中介组织构成的多层次科技服务体系。

### 2. 着力调整产业结构，构建新型产业体系

将调整产业结构作为加快转变发展方式的基本手段。加快构建以高新技术产业、高端服务业、战略性新兴产业为支撑的新型现代化产业体系。做大做强一批具有较强影响力的高新技术企业，推动高新技术产业在关键领域核心技术环节谋求突破。全力支持和配合前海深港现代服务业合作区用后海总部经济区的规划建设，在创新金融、文化创意、高科技服务等高端服务领域谋求突破。促进蛇口网谷、新能源产业园、中国电子商务华南总部等基地建设，在互联网、新能源、生物医药等战略性新兴产业领域谋求突破。

### 3. 着力扩大内外需求，促进经济协调发展

落实国家刺激消费的政策，完善各大商圈的配套设施建设，鼓励发展新型商业业态，增强大型购物中心对区内外的辐射能力，打造深圳湾区域性高端消费中心。发挥南山的产业优势和技术优势，深化政企合作拓展贸易市场的模式，建立广泛的区域合作交流机制，鼓励支持企业大力开拓国内市场。加大外贸出口企业

服务、扶持力度，协助企业构建国外营销网络，鼓励自主品牌、高技术含量、高附加值产品拓展境外新兴市场，特别是充分利用中国－东盟自由贸易区多种商品享受零关税的机遇，加大对东盟等新兴市场的拓展力度，并进一步优化外贸增长方式，促进内外需协调发展。

**4. 着力加大投资力度，推动重大项目建设**

继续坚持将固定资产投资作为当前推动经济稳定增长的重要因素。继续实施区领导包干部门落实责任制，主动做好辖区内市重大项目的协调服务工作，重点推动轨道交通、市政道路、产业基地、公共服务设施等重大项目顺利建设，成为稳定投资的中坚力量。加大政府投资，强化政府投资项目的跟踪管理，重点推进市容环境提升行动、教育医疗文体设施、保障性住房等项目建设，发挥政府投资的杠杆效应和示范作用。以组建大沙河创新走廊投资公司为契机推进投资体制改革，积极引导社会投资，简化投资流程，优化投资服务，鼓励民间资本采用BOT、BT 等模式投资公共服务设施建设、更新改造等领域，推动社会投资的比重不断提高，确保固定资产投资稳定增长。

**5. 着力深化企业服务，优化辖区营商环境**

深化服务企业的各项措施，建立重点企业调研服务机制，重点深入工业百强、纳税百强、行业龙头、上市企业等开展调研服务工作，切实帮助企业解决实际困难和问题，为辖区企业营造良好的营商环境。重点建立三大平台：建立银企联系平台，拓宽银企信息沟通渠道，促进银企合作与交流，为企业解决融资难；建立人力资源信息平台，加大与内地劳务输出大省的联系，积极协调解决企业用工难；建立政府服务平台，创新政府服务机制，优化政府服务环境，解决企业办事难。

**6. 着力加快城市更新，拓展城区发展空间**

以城市更新带动资源整合与土地的二次开发，为经济和社会发展拓展新的可利用空间。做好旧改项目的规划编制，加快完成已列入 2010 年深圳市城市更新改造计划的官龙村等 7 个旧村、信诺工业园等 7 个旧工业区、鹤塘小区等 3 个旧住宅改造项目的规划编制。采取推倒重建、综合整治、产业转型等多种模式，推动湾厦村等 16 个旧村改造项目和茶光工业区等 4 个旧工业区改造项目的实施。着力加快大沙河创新走廊等重点片区的 61 个城市更新单位项目的规划和建设，力争更多项目纳入全市城市更新改造计划。大力支持蛇口工业区升级改造，积极

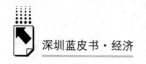

探索选择有社会责任感的企业参与城市更新改造项目建设。

**7. 着力提升市容环境，不断提高城区品位**

以举办大运会为契机，继续开展以"办赛事、办城市、新大运、新深圳"为主题的市容环境提升行动。推进园林绿化等"六大行动"，在全区每个街道办和中心区打造一条各具特色的样板街区，加快桃园路、南新路等道路的综合整治和建筑立面刷新，全面深入开展南头环岛、后海大道等重点道路绿化提升，加快小南山公园、兴海公园建设及 10 个社区公园改造提升，打造后海湾片区灯光景观工程，立体提升景观水平，提高南山国际化城区品位，为大运会成功举办营造良好环境。

**8. 着力推进节能减排，加快建设低碳城区**

将节能减排作为加快转变发展方式的重要手段。推动商业文化中心低碳生态示范区、蛇口工业区"国土低碳试验区"、环保"一园一院"、月亮湾循环经济产业园等重点工程和示范项目建设。严格项目环评和准入等环节的审批，对新建、改建、扩建的投资项目及产业项目实施全过程监管。发挥专项资金的引导作用，鼓励企业参与节能减排项目的技术改造，支持新能源企业加快产业发展。实施建筑节能改造，执行《深圳市绿色建筑设计规范》，新建建筑节能标准执行率达到100%。深入开展节能减排全民行动，增强居民的节能环保意识，加快形成低碳消费模式和生活方式。

# 南山区"十二五"人口发展规划研究

深圳职业技术学院课题组*

**摘　要：** 南山区"十二五"人口发展规划，对南山区人口目标进行了科学预测。针对南山区人口结构、人口从业特征，制定了"十二五"人口规划内容和指导思想，并对影响人口变化的因素——产业结构、城中村改造以及旧工业区改造、房地产开发、高等教育资源等进行了分析。

**关键词：** 南山区　"十二五"　人口发展规划　研究

## 一　人口发展现状

### （一）"十一五"人口规划目标及其述评

根据《深圳市南山区国民经济和社会发展第十一个五年规划纲要》（以下简称《纲要》）设定的目标，南山区在"十一五"期间人口规模和结构的发展目标如下。

#### 1. 人口规模与增速

依照经深圳市政府批准的市规划局提交的《深圳市南山区分区规划（2005～2010）》，到 2010 年，南山区总人口应控制在 110 万以内，其中户籍人口 38 万。2005 年末，全区常住人口 90.06 万人，其中，户籍人口 30.28 万人。因此，"十一五"期间，南山区总人口年均增长率应控制在 4% 以内，其中户籍人口增长率控制在 5% 以内。

2009 年 2 月 3 日南山区第五届人民代表大会常务委员会第十三次会议审议

---

\* 课题主持人：杜放；课题组成员：牟彤华、郑红梅、倪赤丹、周任重、曹克齐、杨从坤。

批准的《纲要》中期评估报告对人口指标进行的评估认为，2006 年和 2007 年常住人口的实际值均略低于预测值，到"十一五"末期能够有效控制在预测指标内。2006 年户籍人口比 2005 年增长了 14.8%，2007 年比 2006 年增长了 13.06%，均比《纲要》预测年均增长 5% 高出近 2 倍，需要对《纲要》户籍人口指标进行调整。

**2. 调整人口结构，开发人力资源，提升人力素质**

南山可供开发利用的土地十分有限，为保证人口规模与土地可承载能力的协调，必须注意控制人口的过快增长，稳定低生育水平，提高人口素质，落实性别平等。同时，为适应产业结构的调整和升级，需要改善人口的结构，积极吸纳知识型人才、高技能人才和创新人才，形成人才高地；建立完善的社会保障体系，全面提高人口的整体素质。

**3. 科学制定人口发展政策，提高人口质量，控制人口总规模**

南山区总用地面积仅为 178.59 平方公里，除去自然生态用地、限制建设用地之外，可用于城市建设的用地不多，并且不能再生，城市建设用地面积已成为刚性不变的约束指标。在此项指标不能增加的基础上，人口的过度膨胀会严重影响城市的居住质量，因此必须深入研究人口容量，人口自然增长与机械增长规律，编制相关规划，制定控制人口的措施政策，严格户籍人口准入制度；通过产业结构调整，优化人口结构，控制人口规模。

## （二）人口现状

截至 2009 年 11 月 25 日南山区户籍人口 49.97 万人，流动人口 118.51 万人，实际管理和服务人口达到 168.48 万人，人口密度达到每平方公里 11173 人。其中流动人口中已经办理居住证的达到 93 万人。总体上，总人口数从 2005 年以来，逐年递增，但是流动人口的增速在逐年下降，且呈现快速下降的趋势。

**1. 人口的结构特征**

（1）户籍与非户籍人口结构比例严重倒挂。

南山自成立区以来经济快速发展，吸引大量外来人员涌入，流动人口数量庞大，对总人口以及社会经济发展有着重要的影响。相对户籍人口，非户籍人口占绝大多数。人口结构比例严重倒挂，不过，非户籍人口占总人口的比重正呈现逐年下降的趋势。

（2）流动人口的年龄以青壮年为主体。

根据区出租屋管理办公室提供的数据，截至2009年底，总流动人口1185149人，其中男性631307人，占人口总数的53.3%；女性553842人，占人口总数的46.6%，男性略高于女性。年龄结构方面：16岁以下47545人，占总人口数的4%；60岁以上43090人，占总人口数的3.6%。青壮年是流动人口的绝对主体，占总流动人口的92.4%。

（3）流动人口文化素质总体偏低。

流动人口以高中文化水平为主流，占总流动人口的比例高达42.52%，而大专及以上水平占总流动人口的比例只有18%。值得注意的是，流动人口的文化素质2007年和2009年两年间有了很大提升：一方面，南山区吸引高级技术人才的各项政策使本科、研究生、博士学历的流动人口数字提高了近2个百分点；另一方面，劳动密集型企业的转移、产业结构的调整使流动人口文化素质结构发生了较大改变，初中文化的人口占比从2007年41.74%下降到26.99%；而高中文化的人口占比从2007年的28.94%上升到2009年的42.52%。

（4）流动人口来源和流入原因。

外来流入人口涉及全国31个省、市、自治区，主要是经济欠发达且人口较多、劳动力相对过剩的地区。分析2007～2009年的数据，流入人口来源和流入原因近三年呈现以下特点：首先外省流入的外来人口比例有下降的趋势；其次，流入人口以湖南、湖北、四川、江西、河南五省为主；最后，外来流动人口流入南山的主要原因是务工和经商。

**2. 人口的从业特点**

（1）人口从业特征表现为梨形结构。

人口从业结构表现为逐步由鼓形结构向现代型的倒金字塔结构过渡的梨形结构特征：即从事第一产业的人口比重小且趋于零，第二产业从业人数最多，但是总体呈现逐渐下降趋势，且从事第二产业人员比重和从事第三产业人员比重表现为此消彼长的发展轨迹。从数据分析，2009年，从事第一产业人口的占比为0.04%，第二产业从业人口占比为70.93%，从事第三产业人口的占比为29.03%。

（2）流动人口的无业和失业状况。

流动人口失业率上升逐渐成为南山的经济和社会问题。根据区出租屋管理办公室提供的数据，2007年，无业流动人口161210人，占流动从业人口的13.87%，2009年达205360人，占总流动人口17%，呈上升趋势。无业状态主要有以下情况：第一类是不愿意工作的，以家庭主妇居多，由于南山区城镇规模的扩大，新增流动人口基数增加，因此此类无业人员的基数也是逐年增加。第二类是临时失业者。由于产业升级和调整，一些劳动密集型企业和一些高新技术企业的低端生产制造链逐步迁出，许多已经在南山安家的流动人口选择继续留在南山，由于未找到适合自己的工作而形成暂时失业现象。第三类是长期失业者。一些暂时失业者由于素质低、学历低、无技术专长等原因始终无法适应新的形势和变化，无法找到新工作，从而处于长期失业状态，这部分人员的存在使社会综合治理的任务加重。

## 二 "十二五"人口规划内容和指导思想

在"十二五"期间，随着深圳市开发开放力度的扩大和程度的加深，作为经济基础雄厚的南山区，面临着产业结构进一步调整、城市功能转型、城市空间重构等多方面的挑战，迫切需要对未来人口发展趋势进行全面研究和科学规划。

### （一）规划内容

南山区"十二五"人口规划以科学发展观和适度人口理论、城市化理论、现代产业与城市空间布局理论为指导，从分析人口、产业及空间布局的现状、结构变动特点及相互关系规律出发；以适度人口调控目标以及构建创新南山、效益南山、和谐南山、幸福南山，打造为"深港创新圈先锋城区"等为主要依据，结合深圳市人口、产业和城市空间形态转型演变规律、现阶段特征和发展趋势要求，课题组横向开展了南山区人口现状摸底调查、人口发展面临的主要问题、人口发展影响因素分析，包括产业结构对人口结构的影响、产业结构与就业行业分布、高科技制造业从业人员分析、服务业从业人员分析、旧工业区改造（改造模式、资金投入模式和效益、产业置换对比、从业人员结构置换对比）、房地产市场对人口结构的影响、高等教育资源对人口结构的影响、产业规划与政策对人口结构的影响等，采用平均增长法、线性回归法等分别对"十二五"人口发展的总规模、就业人口规模和就业人口结构等进行科学预测，并对经济转型期人口发展的规律进行分析，结合东亚前加工贸易发达都市的人口变化规律与对策、日本及"亚洲四小龙"人口管理成功经验、拉美地区经济发展和人口管理的教训，最后提出人口调控目标工作策略。

### （二）指导思想

——紧密围绕"三个中心、一个基地和两区建设"的战略定位。

——体现以人为本、加强城市公共基础建设的配套改革。

——优化人口结构，提高人口的持续竞争力。

## 三 影响"十二五"期间人口规模变化的关键因素分析

要想有效调控区域的人口，首要条件是掌握人口发展变化的规律——什么因素决定人口的总量、结构和布局。从系统论来看，一个区域人口状况是由多个因素共同决定的。并且在这些诸多因素中，必然有某个因素或某几个因素起到主导作用。需要根据区域经济社会发展状况，找出主导性因素。从南山区的发展历史和现状分析，对人口结构具有重要影响的主导性因素包括以下几个方面：产业结构、城中村及其改造、房地产开发与布局、旧工业区改造与升级、高等教育资源集聚、产业规划与政策等。

此外，出租屋管理、治安环境、就业环境等都会对人口构成产生影响。但这些影响是次要的，从属性的，这里不做专门研究。

### （一）产业结构对人口结构的影响

南山区是深圳市高新技术产业基地、现代物流基地、旅游基地和教育基地。其产业结构主要是以高新技术产业为代表的第二产业和现代服务业为代表的第三产业。第二产业一直是第一支柱产业。2005年后，第二产业增长率逐年下降，而第三产业增长率逐年上升，表明第二产业的发展速度在减缓，而第三产业在加速发展。产业结构构成在发生明显变化，这必然会引起人口结构的变化。从数据分析，2009年，从事第一产业人口的占比为0.04%，第二产业从业人口占比为70.93%，从事第三产业人口的占比为29.03%。

**1. 人口从业特征**

从就业人口行业分布来看，89%以上集中在制造业、交通物流、房地产和建筑业等少数行业，与产业结构高度正相关。南山区以制造业等为主，容纳的从业人员最多，其中通信设备、计算机及其他电子设备制造业又占50%以上。2004年以来，就业人口总数在不断增加，年均增长率为10.41%，增长率低于GDP增长，总体上处于下降趋势。这表明主要产业对从业人员的需求在下降，劳动密集型产业规模在缩小。

南山区是深圳市高新技术产业和高端技术人才最多的城区。2009年高新技术产品产值达2400亿元，占全区工业总产值的80.09%。高科技产业主要集中在制造业的四大产业：通信设备、计算机及其他电子设备制造业（简称电子信息设备制造业），医药制造业，专用设备制造业，仪器仪表及文化、办公用机械制造业。其工业总产值、从业人数等指标均在高科技产业中占据主要位置。

在四大高科技制造业中，通信设备计算机及其他电子设备制造业，无论在企业数、从业人数，还是在工业总产值和资产总额方面都高居榜首。2008年其企业数、从业人数、产值和资产额分别占到全部工业合计的26.11%、46.48%、46.64%和48.66%，占高科技制造业合计数的61.49%、73.28%、84.24%和80.83%，为最大的产业。而医药制造、专用设备制造和仪器仪表及文化、办公用机械制造三大产业所占的比重很小，它们合计起来的企业数、职工人数、工业产值及资产总额，只占高科技制造业的38.51%、26.72%、15.76%和19.17%。

据统计，2009年高新技术产业从业人员人数为26.34万人。整体来看2004~2009年，高新技术产业就业弹性系数呈不断上升趋势，除了2006年的异常情况外，从2004年的0.14上升到2009年的0.83。也就是说，高新技术产业增长10%，可以带动相关行业就业人口增长8.3%。考虑到高新技术产业作为支柱产业，其对就业人口吸纳的作用比较明显，是就业的主渠道之一。

数据模拟显示，高新技术产业总产值与其从业人口之间呈现较强的相关性（相关系数达到0.9765），二者之间有拟合度很好的线性关系。随着高新技术产业就业人数增加，高新技术产值呈线性增加态势。

2004年以来高科技制造业从业人员在全部工业从业人员中的比重不断提高，与高新技术产品产值在全部工业产值占的比重不断提高正相关，说明高科技制造业的规模在扩大，产业结构在不断向高科技产业转型。

高新技术产业，特别是高科技制造业在工业中占据主导地位，也是吸纳从业人员最多的产业。

**2. 高新技术产业从业技术人员分析**

研究表明，制造业从业人员中技术人员所占比重略低于全市平均值，且专业技术人员所占比重提升缓慢，而处于高科技制造业支柱地位的电子信息设备制造业中，专业技术人员所占比重也不高。根据 2008 年统计年鉴，高科技制造业 2008 年从业人员为 24.19 万人，资产总额为 1464.39 亿元，人均资产总额为 60.56 万元，低于全部工业行业的平均值（63.81 万元）。为进行各行业从业人口比较，把全部工业行业的人均资产额作为划分资本密集型与劳动密集型行业的标准，那么，在四大高科技制造业的十个行业中，高于该标准从而可被称为资本密集型行业的，按上述标准，只有医药制造、家用视听设备、电子计算机和通信设备四个行业，其他六个均为劳动密集型行业。

南山在高科技制造业的十大行业中，大部分都是劳动密集型行业，低素质的从业人员仍然占据多数。高科技产业有向资本密集型和技术密集型发展的空间，也需要进一步优化产业结构。

**3. 服务业从业人员分析**

第三产业范围十分广泛，既有占主导地位的高端服务业，又有大量的传统服务业态，还有为数众多的从事各类服务的个体户经营户，以及无证、无照，流动性极强的个体业者。

总体上，在高端服务业经济中，现代物流业所占比重最大，为 47.8%；其次是金融业，占 20.8%；第三位是网络信息业，占 18.8%；居第四、五位的分别是创意设计业和旅游业，分别占 4.5% 和 3.6%。

除上述规模以上服务行业外，还有大量的未纳入统计的传统服务业态，主要集中在批发零售、餐饮业、住宿业、娱乐休闲等传统服务行业。特别是批发零售、酒店住宿、休闲娱乐和餐饮等劳动密集型服务业，可以广泛提供各种就业机会，吸纳从第二产业转移出来的大批富余劳动力，在促进经济增长和稳定社会方面有着不可替代的作用，是流动人口和部分非户籍常住人口就业的主渠道。

在第三产业就业人口中，不可忽视还有大量暂住人口处于无业或无明确职业状态，根据区出租屋管理办公室提供的数据：2009 年底暂住人口 119.64 万人，其中男性 63.92 万人，女性 55.72 万人。有高达 55.04% 的暂住人口处于无业或无明确职业状态，即使除去 16 岁以下和 60 岁以上的 7.6% 的人口，仍然有高达 47.44% 即 56.22 万人的暂住人口无业或无明确职业。

根据上述分析，我们对服务业从业人口构成测算如下。

一是纳入统计的规模以上企业，二是未纳入统计的商业和个体经营户，三是无合法手续的地下服务业（如表 1 所示）。

表1　南山区服务业从业人员测算

单位：万人

| 统计类别 | 纳入统计的规模以上企业 | 未纳入统计的服务企业 | 未纳入统计的个体经营户 | 地下服务业（含自愿失业和无明确职业） | 合计 |
|---|---|---|---|---|---|
| 从业人数 | 10.7 | 36 | 8 | 56.2 | 100.9 |
| 数据来源 | 2008 年数据 | 根据调查资料估算 | 根据 2004 年调查估算 | 出租屋管理办数据 | |

## （二）城中村改造对人口结构的影响

目前，南山区共有城中村 46 个，总占地面积约 7.11 平方公里；居住人口约 53.5 万人，其中常住人口约 2.5 万人，暂住人口约 51 万人；各类建筑 16230 栋，总建设面积约 1145.8 万平方米。城中村改造对人口的影响，主要体现在社会治安明显好转、环境质量不断改善、居住人口素质逐步提高、产业结构得到优化：

（1）增加居住面积，可以容纳更多人口居住，将为暂住人口提供更多的住房，改善居住环境。根据《南山区城中村改造专项规划》，在全区的城中村改造总增量中，居住面积增量占 40%～50%，非居住面积增量占 50%～60%。增加居住人口 4 万～5 万人，增加就业人口 5 万～9 万人。

（2）良好的治安与配套齐全的社区环境，吸引了高素质人群入住。改造后的高档商品房和公寓，其租金有大幅增加，根据对改造后城中村的调查，公寓型出租物业租金普遍翻了一番。城中村的入住门槛提高，限制了低收入、无业无收入流动人口的数量，从而改变居住人口的结构构成。用正当从业人口置换非法从业人群，用高端服务业置换"黄赌毒"等地下经济和非正当行业，实现综合环境的优化提高。

（3）城中村改造提升了商业层次。原来沿街商铺形式，商业档次较低，服务半径在 100 米左右，以满足村内居住的中、低收入居民的日常生活需求，如肉菜市场、小日杂店等。在改造后，将由大型商贸中心、其他中高档服务业所取代，缩小了无证、无照、地摊商贩的经营空间。其他商业服务业的增加，也扩大了对服务业就业人口的需求，容纳了大量制造业转移置换出的产业工人。

## （三）旧工业区改造对人口结构的影响

根据"深圳市南山区旧工业区改造规划研究"的不完全统计，南山现有各街道办事处和股份公司所属的工业区46个，总占地408公顷，其中有合法手续的用地81.8公顷；总建筑面积约563万平方米；产业人口约8.8万人，居住在工业区内的约5.1万人。共有436个企业，其中，通信设备、计算机及电子设备制造业108家，占24.77%，纺织服装、鞋、帽制造业67家，占15.7%，金属制品业53家，占12.16%，其他超过5%的还有专用设备制造业、塑料制品业、仪器仪表及办公用机械制造业、电气机械及器材制造业和造纸及纸制品业。这些旧工业区的企业大多以五金、电子、服装等传统加工型产业为主，层次不高，效益较低，与周边环境的矛盾日益突出。

根据产业发展规划，旧工业区改造的核心是完成产业升级和产业置换，建设有特色的产业园区。实现加工制造产业迁出和为高新技术产业的发展腾出空间的目标。

旧工业区改造前后对产业和人口结构的影响，可以通过马家龙工业区改造作为案例（见表2）。

表2　马家龙工业区改造前后对比

| 马家龙工业区概况 | 改造前 | | | 改造后 | |
|---|---|---|---|---|---|
| | 产业构成 | 存在问题 | 从业人口 | 产业定位 | 从业人口 |
| 位于南头街道办马家龙片区内，北环大道以南，中山公园以东，紧邻市高新技术产业园北区。总占地面积约7.84万平方米；包括南头城，南头投资公司，田厦三个工业区 | 拥有企业75家，主要以电子、塑胶、服装加工和机械制造等落后产业为主 | 产业结构落后、土地利用效率低、整体形象差、企业种类较杂，特色不明显，相互之间也没有形成产业链 | 8000余名从业人员，以低层次产业工人为主 | 以软件设计与测评、芯片设计与测评、网络服务等为主的大马家龙现代服务业外包基地；都市产业创意设计中心和高新技术产业研发基地 | 研发人员、创意设计人员和管理人员 |

旧工业区改造，通过产业置换和产业升级，对人口结构的影响，主要是高层次研发、管理和商务等高级人才的比重会大幅增加，技能型产业工人，将替换低层次产业工人。

### （四） 房地产开发对人口结构的影响

南山区优越的地理位置和居住环境，近年来一直是购房置业主要人口迁入区，而且迁入人口层次较高，在年龄、收入、学历方面均不同于原有打工阶层。

住宅物业的购买者大致有以下几类。

（1）二次置业者。二次置业者购房以蛇口和后海作为主要选择片区，考虑工作和人际氛围，在南头－南油带有会有一定比例的本地二次置业消费者购房。

（2）一次置业者。本地一次置业者是市场规模最大的潜在消费者，相信50%左右仍会在南头－南油地区购房，部分高收入者可能会选择后海和蛇口，部分低收入者可能会选择前海和深南大道以北片区。

（3）工商自营小业主。自营工商业的人群，逐商铺而居，会在商铺附近选择居住和办公用物业，房价和位置较为适合小本生意人创业，加之商业在未来几年内会有较大发展，因而商务人群也是较有潜力的消费者之一。

（4）区以外的二次置业人群。吸引区外二次置业者有得天独厚的条件，二次置业者中有较大比例是为寻求更好的居住环境而二次购房，南山自然环境优异，特别是来自于福田区等的二次置业者是一个重要潜在消费群。

（5）区以外的一次置业人群。在特区内，南山区房价仍具有吸引力，滨海大道开通对重视交通条件的一次置业人群而言消除了购房障碍，区外一次置业者也是南山区购房潜在消费群。

（6）香港居民。蛇口和华侨城能够吸引较多的香港居民在南山区购房休闲度假，西部通道也会吸引中下层香港居民在南山置业，香港投资者也有可能逐利进入南山，因而香港居民也将会成为南山区的一个重要消费群。

（7）高科技园区的从业人员。政府发展高科技产业的导向，必然带来大量的高层次从业人员，进而提升对周边物业配套要求，高新技术园区职工，将主要在南山区购房置业。

非南山区人口购买南山区住宅的比例整体上在30%～50%，这对南山区的人口构成会产生较大影响。所以，房地产市场的发展，将主要为南山带来大量高层次人才定居入住，包括本市户籍和非户籍常住人口，这对改善和优化人口结构将起到积极作用。

### （五）高等教育资源对人口结构的影响

深圳目前拥有全日制市属高校3所（深圳大学、深圳职业技术学院和深圳信息职业技术学院）、大学城引进4所、民办高校2所，全日制高校二级学院1所，非全日制高校1所，另有52所市外院校在深圳设点举办非全日制高等教育，12所网络学院在深举办远程网络教育。

目前深圳市的全日制高校中，除深圳信息职业技术学院以外，全部集中在南山区，市外院校在深举办的非全日制高等教育也多数集中在高新区所设立的虚拟大学园。

全日制高校基本情况如表3所示。

表3　南山区全日制高校的基本情况

| 名　　称 | 学制 | 教工结构 | | | 在校生人数 |
|---|---|---|---|---|---|
| | | 教工人数 | 高级职称占比（％） | 博士学历占比（％） | |
| 深圳大学 | 4 | 2259 | 78 | 55 | 30000 |
| 深圳职业技术学院 | 3 | 1308 | 55 | 14 | 32638 |
| 广东新安职业技术学院 | 3 | 约200 | 26 | — | 4683 |
| 大学城 | 3 | 800 | 62 | 87 | 5544 |
| 暨南大学深圳旅游学院 | 4 | 150 | | 60以上 | 900 |
| 南方科技大学 | 正在筹办 | | | | |

注：①深圳大学城包括清华大学深圳研究生院、北京大学深圳研究生院、哈尔滨工业大学深圳研究生院、南开大学深圳金融工程学院，4院分别是4校本部外唯一的全日制研究生教育机构。

②高级职称和博士学历占比是占专职教师的比例。

资料来源：相关院校网站。

高等教育布局使南山区成为全市高等教育发展的核心区域，高校本身集中了大批的高层次人才，提高了所在区域人口总体的受教育程度，所以南山区每十万人口大专以上学历的比例是较高的；其次，高等教育机构提供了大量的在职教育和培训，为所在区域的人力资源进一步的深造和充电提供了良好的机会和便利。此外，高校的聚集会对高层次人才产生更大的吸引力，为引进人才创造了更好的条件，知识型人才、高技能人才和创新人才愿意进入南山。虽然培养的学生毕业后会走向各个地区，但流动的在校学生始终还是区域内高素质的群体。

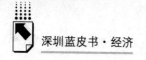

### （六）产业规划与政策对人口结构的影响

在产业发展规划指引下，南山人口结构，特别是就业人口结构将发生重要改变，金融、物流、文化创意、教育科研等领域的高端人才；高科技研发、创新人才将不断在南山集聚。这对南山人口结构的优化，提升高素质人才比重，是重要的推动力。

## 四 "十二五"期间南山人口发展预测

### （一）人口与经济社会相关性分析

分析人口与经济、社会、资源的相互影响，对于准确预测人口趋势，制定合理的人口政策有重要意义。

**1. 人口与经济的相关性**

为了研究人口与经济发展之间的关联关系，我们利用 SPSS 软件 13.0 对 1990～2008 年常住人口、户籍人口和 GDP 数据进行了简单的相关关系分析。结果表明：南山区 GDP 和常住人口呈现指数增长的关联，而和户籍人口呈现强烈的线性相关。GDP 和常住人口、户籍人口的相关系数分别为 0.921 和 0.998。户籍人口与南山区的 GDP 有更显著的相关关系。

**2. 人口与社会事业的相关性**

为了分析的方便，我们以教育与人口关联来分析人口与社会事业的相关性。

随着户籍人口和常住人口的快速增长，学校数和在校学生数也迅速增长。1990 年，学校总数仅 22 所，但到 2006 年，学校总数达到 73 所，是 1990 年的 3.31 倍，低于总人口的增长（4.96 倍）和户籍人口的增长（5.84 倍）；1990 年在校学生数 9669 人，但到 2008 年，在校学生总人数达到 99352 人，是 1990 年的 10.28 倍，远高于总人口的增长和户籍人口的增长。这些充分体现了教育的重要作用。同时，也说明南山区的中学学校数在未来的几年里还有一定的增长空间。

研究表明，在校学生数和户籍人口、常住人口的相关系数已经相当接近，分别为 0.956 和 0.960。这表明外来人口子女在南山区入学问题得到了较妥善的解决。通过计算，得到常住人口每增长 1 万人，在校学生增长 1200 人的结论。

### 3. 人口与环境的关联模型

为了讨论的方便，本文将城市绿化率作为人口与环境关联的重要因子，城市绿化覆盖率是城市各类型绿地（公共绿地、街道绿地、庭院绿地、专用绿地等）合计面积占城市总面积的比率。其高低是衡量城市环境质量及居民生活福利水平的重要指标之一。通过简单相关分析，城市绿化率与常住人口的皮尔逊相关系数达到了 0.862，表现出较强的相关关系，$R^2 = 0.742$，即通过城市绿化率来预测常住人口规模可以消减 74.2% 的误差。

## （二）人口发展预测

根据对人口增长特征的分析，2005 年后，人口增长呈线性，与发展趋势更为吻合，故在数据选取上，以 2005~2009 年的相关数据为基础，并采用平均增长法和线性回归函数两种方式预测。所有数据均来自《深圳市南山区统计年鉴 2008》。

采用平均增长法的预测结果如表 4 所示。

采用线性回归法的预测结果如表 5 所示。

采用线性回归法对就业人口的预测结果如表 6 所示。

**表 4　2011~2015 年南山区人口规模分类预测**

单位：万人

| 年　份 | 2011 | 2012 | 2013 | 2014 | 2015 |
|---|---|---|---|---|---|
| 总人口 | 103.61 | 106.06 | 108.56 | 111.12 | 113.75 |
| 户籍人口 | 63.32 | 71.60 | 80.97 | 91.56 | 103.54 |
| 非户籍人口 | 44.91 | 42.84 | 40.86 | 38.97 | 37.17 |
| 户籍与非户籍人口总和 | 108.23 | 114.44 | 121.83 | 130.53 | 140.71 |

**表 5　基于回归方程的南山区 2011~2015 年人口规模预测**

单位：万人

| 年　份 | 2011 | 2012 | 2013 | 2014 | 2015 |
|---|---|---|---|---|---|
| 总人口 | 102.95 | 104.62 | 106.03 | 107.17 | 108.04 |
| 户籍人口 | 63.38 | 71.54 | 80.62 | 90.70 | 101.87 |
| 非户籍人口 | 42.53 | 38.83 | 35.05 | 31.27 | 27.59 |
| 户籍与非户籍人口之和 | 105.91 | 110.37 | 115.67 | 121.97 | 129.46 |

注：表 4 和表 5 中的"总人口"是以 2005-2009 年总人口数据为预测的基准数据；"户籍人口"和"非户籍人口"两项是分别以 2005-2009 年的户籍人口数据和非户籍人口数据为预测的基准数据。

表6 2011～2015 年南山区就业人口及人均 GDP 预测

| 年　份 | 2010 | 2011 | 2012 | 2013 | 2014 | 2015 |
|---|---|---|---|---|---|---|
| 人均 GDP(万元) | 19.36 | 20.67 | 21.99 | 23.30 | 24.62 | 25.93 |
| 人均 GDP 增长率(%) | | 0.0679 | 0.0636 | 0.0598 | 0.0564 | 0.0534 |
| 就业人口数(万人) | | 49.44 | 52.76 | 56.20 | 59.73 | 63.34 |

　　表4 和表5 的结果表明，以 2005～2009 年间"总人口"为基准，通过平均增长法和线性回归法预测的常住人口总数在 108 万～114 万。但是，如果分别用 2005～2009 年间的户籍人口数据和非户籍人口数据预测 2011～2015 年户籍人口和非户籍人口规模，则其预测数据之和，在 129 万～140 万，远远超过基于总人口的预测数据，表明近几年户籍人口增长率过高，难于持续。实际上，户籍人口和非户籍人口的增减，主要受户籍政策和产业结构的影响，人为因素较大。但基本趋势是户籍人口规模将持续增加，而非户籍人口规模将持续减少，但增速（减速）将不断放缓，如图1、图2 所示。

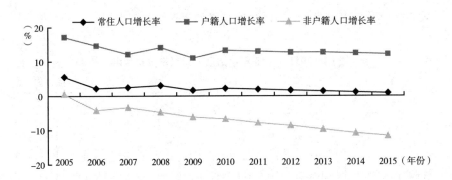

图1 2005～2015 年南山人口增长率变化趋势

注：2009 年后数据为预测值。

　　依照深圳市市政府批准的《深圳市南山区分区规划（2010～2015）》以及 2010 年4 月颁布的区域人口调控计划，到 2015 年，南山区总人口应控制在 101 万以内，但考虑到 2009 年常住人口已达 100 万；未来5 年，虽然随着经济结构转型，常住人口增速会进一步减慢，但突破 101 万的调控目标似乎没有悬念。所以，本研究依据上述对人口规模的预测，取 110 万人作为 2015 年常住人口总数，年均递增率为 2.3%。户籍人口在"十一五"期间，增长率在 10% 以上，难于持

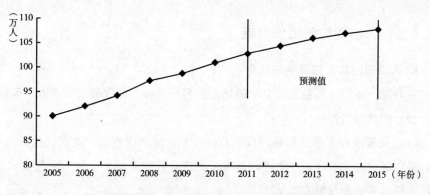

**图2　2005～2015南山常住人口规模变化趋势**

注：2009年后数据为预测值。

续，据此预测的户籍人口数也超出实际可接受的范围。考虑到增长率持续下降的趋势，我们取"十二五"期间，户籍人口增长率为4.5%～5%，则户籍人口数在2015年达到64万～66万人。可以以65万为控制目标，则年递增率在4.7%左右，如表7所示。

**表7　南山区2015年人口规模与结构预测**

单位：万人，%

| 常住人口 | 常住人口年均增长率 | 户籍人口数 | 户籍人口年均增长率 | 从业人口数 | 技术人员数 | 技术人员占从业人员比例 |
|---|---|---|---|---|---|---|
| 110 | 2.4 | 65 | 4.7 | 63 | 19 | 30 |

# 五　"十二五"期间人口发展对策

## （一）人口调控的指导思想

（1）抓住特区应该"继续办得更好"和《前海深港现代服务业合作区总体发展规划》前所未有的机遇。

（2）充分认识人口调控工作的重要性和形势的严峻性。

（3）统筹人口调控与其他经济社会工作，避免人口调控目标被架空。

（4）抓就业和居住两个核心环节。

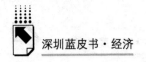

## （二）人口调控的工作原则

### 1. 人口调控与人口发展相结合

一方面，要大力遏制人口总量的增长；另一方面，也要吸引高端人口来南山区生活、消费和工作。

（1）发展高端服务业和高科技产业，需要大量高级管理、研发、设计人员，核心是如何引进、留住这些人才，这需要创造良好的人文、生活、商业环境，和户籍、住房等配套政策。

（2）要避免产业空心化，需要留下制造业，包括劳动密集型高科技产业，以及产业工人，不能一味强调产业升级，人口升级。

（3）要营造多元社会，人口结构多元化，要容纳适量的传统服务业人口，低收入人群，并提供相应的居住环境。

人口调控不走一刀切，而是"一增一减"来达到总量减少、结构改善的目的。

### 2. 人口管理与人口服务、城市综合管理、建设和谐社区相结合

以人为本，寓管理于服务之中，以服务体现管理。以更好的服务措施推动人口管理的效率和效果，创造便民利民的环境。

人口管理工作和城市管理、治安管理、劳动保障管理等密切相关，人口管理工作要做好，离不开其他各项工作的支撑和支持。人口管理工作和城市综合管理结合得好，就能形成人口管理的强大合力，提高城市管理的效能。

## （三）人口调控的保障措施

### 1. 通过产业结构的优化和调整优化人口结构

实现高新技术产业内部的升级改造，在提升核心竞争力上作出更大的努力。在大力推进第三产业发展的进程中，尤其需要注重对第三产业内部结构的取舍和选择。要更加着力发展金融业、现代物流业、文化产业等高附加值、低能耗的资金、技术密集型产业；对于传统服务业中资源消耗大、劳动密集型程度高的餐饮、零售、娱乐业有必要作出适当的舍弃和限制，以一定程度的"短期牺牲"换取产业结构的优化。通过发展"总部经济"，吸引更多的跨国企业和国内大型企业将总部以及销售、财务、研发中心等核心部门落户南山。打造南山的金融文

化中心区。

**2. 继续推进城中村改造，实现居住人口置换**

通过城中村的整体改造，极大改善居住环境和管理条件，将促使相当部分无一技之长、无固定职业、收入较低的人口在生活成本的压力下自动搬迁，同时，也满足了企业白领员工、高技能工人等居住环境的需求，进而达到人口置换的目标。

当然，城中村整体改造是牵涉多方的复杂问题，在没有完全解决之前，可以通过提高服务质量，增加服务设施，适当提高出租屋租金，提高城中村的租住门槛，达到减少无业人口租住的目标。

**3. 加强流动人口出租屋管理**

这是解决深圳市社会治安问题最重要的基础性措施。涉及公安、工商、税务、卫生、环保、消防、计生、国土、房产等职能部门，如目前实行的"一格四员"就涉及多个不同的职能部门。在责权方面公安、城管、收容所和出租屋管理所往往没有明确的界定，常常造成集体不作为。难于形成合力，这样就大大降低了出租屋管理的效率和效果。出租屋管理员没有处罚权，无法直接处理一些违法乱纪行为和事件。所以，在这个问题上，政府各部门要达成共识。

此外，区政府应加大对出租屋管理部门的人员和资金投入，充分发挥其管理职能。

**4. 完善居住证制度，建立人口有序管理和服务机制**

2008年8月1日起施行的《深圳市居住证暂行办法》，是推动人口与经济社会可持续发展史上的又一里程碑。然而，由于居住证信息功能不完整，配套管理措施不完善，工作服务不到位等问题也引发了"换汤不换药"、"新瓶装老酒"的质疑，产生了从暂住证到居住证到底能给流动人口带来多少"红利"的疑惑。建议政府根据具体情况尽快出台具体操作办法，并对个别指标进行细化。

总之，南山区面临巨大的人口管理压力，人口调减任务相当艰巨。50万的无业人口，需要专门的管理队伍。公安分局和区出租屋综合管理办是具体办事机构，需要专门的管理部门。

# B.26
# 宝安区现代服务业发展回顾
# 与"十二五"发展策略

戚晓耀　廖明中*

**摘　要**：对保安区"十一五"期间现代服务业发展进行了回顾与分析研究，从服务业发展的状况出发，分析了宝安区服务业发展的一些基本情况和特点，以大量翔实数据对宝安区服务业发展作出基本判断，并在研究基础上提出对策建议。

**关键词**：宝安区　现代服务业　"十二五"　发展策略

## 一　宝安区服务业发展总体态势分析

### （一）服务业总量不断扩大，但产业比重略显偏低

"十一五"期间①，宝安区的服务业保持了稳步增长的势头，2009 年实现服务业增加值 786.79 亿元，为 2005 年的 1.79 倍。

表1　"十一五"宝安区服务业的发展规模

| 年　份 | 2005 | 2006 | 2007 | 2008 | 2009 |
|---|---|---|---|---|---|
| GDP（亿元） | 1173.52 | 1525.87 | 1824.67 | 2088.36 | 2206.5 |
| 服务业增加值（亿元） | 439.86 | 510.18 | 618.92 | 716.41 | 786.79 |
| 服务业占 GDP 比重（%） | 37.48 | 33.44 | 33.92 | 34.30 | 35.66 |

资料来源：根据宝安区统计局数据计算。

---

\* 戚晓耀，深圳市宝安区贸工局；廖明中，深圳市社会科学院。

① "十一五"期间是指 2006、2007、2008、2009 和 2010 年。鉴于 2010 年数据暂时不可获得，本文所指的"十一五"期间数据系指 2005～2009 年。

宝安服务业在国民经济中的份额变化存在三个明显的阶段：1993～2001年，服务业比重呈上升趋势，并于2001年达到最高点（47.28%）；2002～2006年，服务业比重出现持续快速下滑，并在"十一五"初期的2006年降到最低位（33.44%），这与该时期第二产业的超速增长形成了鲜明的对比；2007～2009年，服务业比重开始以每年1个点左右的增长速度缓慢回升。

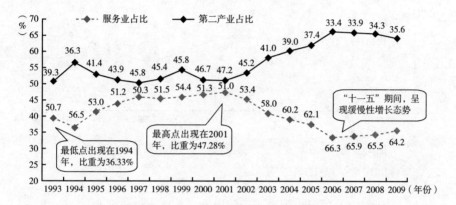

**图1　宝安区服务业增加值比重变化情况（1993～2009年）**

资料来源：宝安区统计局。

2009年，我国服务业对国民经济的贡献率达到42.6%，已经进入需要服务业加快发展的新阶段。相比之下，宝安服务业对整体经济的贡献率与国家平均水平相比尚差近7个百分点，与深圳全市平均水平（53.2%）相距17个百分点。这种情况的出现，固然与深圳市历来的产业空间布局等因素有关联，但是也在一定程度上反映宝安服务业规模不足，比重偏低，发展相对滞后。2009年宝安区按常住人口计算的人均GDP达62087元，折合9089美元，接近中等收入国家和地区水平。根据中等收入国家和地区的一般经验，服务业的比重一般在50%以上，第二产业的比重在40%以下。按此标准来衡量，2009年宝安的第二产业比重为64.2%，偏高；服务业比重为35.6%，略显偏低，具有很大的提升空间。

## （二）服务业发展保持较快增速，但仍相对滞后于第二产业

"十一五"期间，宝安区的服务业年均增长速度为13.66%。同期，宝安区GDP年均增长速度达到16.69%，其中第二产业的年均增长速度为18.65%。到2009年，这一局面有所改变。根据图2可以看出，2009年宝安区服务业增长

15.1%，超过第二产业和GDP的增幅。总体来看，"十一五"期间宝安服务业的发展仍然相对滞后于第二产业。

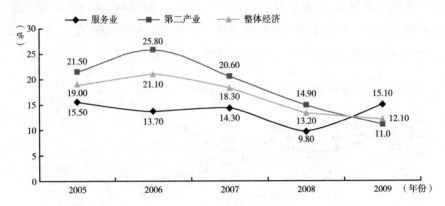

**图2　"十一五"宝安区服务业增长速度相对滞后于第二产业**

资料来源：宝安区统计局。

从表2可见，"十一五"期间宝安区服务业发展速度略低于全市的平均水平（13.94%），在六区之中排列第四位，仅高于龙岗区（12.54%）和罗湖区（11.29%）。

**表2　"十一五"宝安区服务业增速与全市各区的对比**

单位：%

| 年　份 | 2005 | 2006 | 2007 | 2008 | 2009 | 2005～2009 |
|---|---|---|---|---|---|---|
| 宝安区 | 15.50 | 13.70 | 14.30 | 9.80 | 15.10 | 13.66 |
| 龙岗区 | 15.40 | 17.40 | 12.40 | 7.30 | 10.50 | 12.54 |
| 福田区 | 12.20 | 17.80 | 17.00 | 14.80 | 14.20 | 15.18 |
| 罗湖区 | 7.20 | 15.70 | 14.50 | 10.80 | 8.50 | 11.29 |
| 南山区 | 11.30 | 19.80 | 17.60 | 16.90 | 13.50 | 15.78 |
| 盐田区 | 18.00 | 20.30 | 19.60 | 14.90 | 15.20 | 17.58 |
| 全　市 | 12.20 | 17.00 | 15.60 | 12.50 | 12.50 | 13.94 |

资料来源：《深圳市统计年鉴》（2006～2009），以及《深圳市2009年国民经济和社会发展统计公报》。

值得注意的是，宝安的第二产业占国民经济的比重近年一直超过60%的水平，按照联合国工业发展组织和世界银行的判断标准，仍然是一个典型的工业化城区。"十一五"期间，以制造业为主的第二产业在宝安呈现超高速发展态势，其结果使得宝安区的产业结构高度随着二产比重的上升而下降。从经济发展基础来看，宝安区创造的本地生产总值遥遥领先于全市其他各区，这就为宝安区服务业下一个五年争取大发展埋下了伏笔。只要措施得当，到"十二五"期末，服务业增加值与第二产业增加值的差距将逐步缩小，服务业在国民经济增长中的支撑作用将进一步增强。

### （三）全区服务业高度集中变高，整体素质仍需进一步提升

"十一五"以来，宝安区各街道纷纷将发展服务业列入工作重点，服务业发展水平显著上升。但总体上，宝安区服务业整体布局合理程度滞后于城区空间发展，全区服务业主要集中在宝安中心区和宝安机场两大片区，呈现"西强东弱、南密北疏"的不平衡发展格局。对不同街道服务业发展状况进行比较发现，宝安区服务业高度集中在新安、西乡和福永三个街道。

宝安中心区是全区服务业最集中的片区，在"十一五"期间，其服务功能聚集优势进一步强化。2005 年，新安、西乡两个街道实现服务业增加值 174.98亿元，占宝安全区服务业增加值的 39.10%；两个街道实现社会消费品零售额共计 124.18 亿元，占全区的 44%。到 2008 年，新安、西乡两个街道实现服务业增加值 292.72 亿元，占宝安区的比重上升为 45.14%；两个街道实现社会消费品零售额共 205.53 亿元，占宝安区的比重上升为 48.05%。

**表 3　2005 ~ 2007 年宝安区各街道服务业企业收入比较**

单位：亿元

| 街　道 | 2005 | 2006 | 2007 | 街　道 | 2005 | 2006 | 2007 |
|---|---|---|---|---|---|---|---|
| 福　永 | 109.05 | 159.65 | 192.24 | 松　岗 | 12.57 | 12.75 | 17.54 |
| 新　安 | 119.25 | 151.67 | 160.23 | 龙　华 | 13.12 | 16.73 | 17.46 |
| 西　乡 | 48.98 | 70.12 | 93.02 | 石　岩 | 8.45 | 13.78 | 13.42 |
| 沙　井 | 43.52 | 39.37 | 47.60 | 大　浪 | 3.72 | 11.26 | 8.28 |
| 民　治 | 17.58 | 29.02 | 37.46 | 合　计 | 396.81 | 525.86 | 620.72 |
| 观　澜 | 20.57 | 21.51 | 33.47 | | | | |

资料来源：《宝安区企业发展现状调查分析报告》（2008）。

应指出的是，从服务业发展空间布局来看，宝安区各街道区域服务功能分区尚不明确，各街道往往根据自身需要独立发展，各街道服务业发展的定位缺乏整

体的协调。一定程度上，宝安区服务业发展仍然表现出粗放式特征，产业结构优化程度和竞争力提升速度低于产业规模扩张速度，服务业整体技术含量不高，标准化建设意识不够，创新能力不强，缺乏一批大规模、高层次、有品牌以及有较强带动力、辐射力的大集团、大企业和在国内有较强竞争力的龙头企业。另外，宝安机场对促进周边区域服务业的带动发展作用也有待进一步的提升。

表4　2008年宝安区各街道主要服务业发展指标

单位：亿元

| 街　道 | GDP | 服务业增加值 | 社会消费品零售总额 |
|---|---|---|---|
| 新　安 | 256.08 | 173.42 | 112.91 |
| 西　乡 | 221.99 | 119.3 | 92.62 |
| 福　永 | 295.14 | 76.74 | 37.34 |
| 龙　华 | 406.86 | 68.15 | 44.35 |
| 沙　井 | 181.39 | 63.01 | 40.67 |
| 松　岗 | 129.99 | 44.66 | 29.08 |
| 观　澜 | 164.67 | 41.58 | 27.07 |
| 石　岩 | 130.58 | 32.96 | 21.46 |
| 民　治 | 38.22 | 20.88 | 13.6 |
| 大　浪 | 77.38 | 7.74 | 8.62 |
| 合　计 | 1902.3 | 648.43 | 427.72 |

注释：各街道加总数据与宝安区统计局公布数据存在误差。

资料来源：课题组调研材料。

## （四）服务业利用外商投资比例总体偏低，服务业的投入相对不足

改革开放以来，宝安区服务业利用外商投资的项目和金额不断上升，但服务业整体利用外商投资的比例偏低，远远落后于第二产业。

表5　宝安服务业利用外商投资情况（1980~2008年）

| | 项　目 | | 总投资 | |
|---|---|---|---|---|
| | 个数 | 比重（%） | 金额（亿美元） | 比重（%） |
| 第一产业 | 12 | 0.15 | 0.12 | 0.05 |
| 第二产业 | 6273 | 80.74 | 193.50 | 85.54 |
| 服务业 | 1484 | 19.10 | 32.59 | 14.41 |
| 总　计 | 7769 | 100.00 | 226.21 | 100.00 |

资料来源：宝安区批准外商投资企业项目情况汇总表。

随着宝安区总体经济环境和服务业投资环境的不断改善，"十一五"期间，宝安区服务业利用外商投资项目有了较大幅度的提升，服务业利用外商投资的比重也有所提高。2008年，宝安区服务业批准外商直接投资项目达368个，占宝安区全部外商直接投资项目总数的66.55%；批准外商直接投资金额达5.04亿美元，占当年外商直接投资总金额的15.64%。从外商投资的行业来看，位列前四的批发和零售业，科学研究、技术服务和地质勘查业，房地产业及租赁和商务服务业四个领域吸引的投资分别占服务业投资总额的20.35%、17.38%、16.26%和13.10%。

**表6　服务业外商投资的行业结构（1980～2008年）**

单位：%

| 行　　业 | 项目结构 | 投资金额结构 |
|---|---|---|
| 交通运输、仓储和邮政业 | 3.10 | 8.78 |
| 信息传输、计算机服务和软件业 | 6.20 | 5.60 |
| 批发和零售业 | 40.90 | 20.35 |
| 住宿和餐饮业 | 3.37 | 5.60 |
| 房地产业 | 3.03 | 16.26 |
| 租赁和商务服务业 | 8.69 | 13.10 |
| 科学研究、技术服务和地质勘查业 | 32.28 | 17.38 |
| 水利、环境和公共设施管理业 | 0.20 | 2.29 |
| 居民服务和其他服务业 | 0.67 | 0.11 |
| 卫生、社会保障和社会福利业 | 0.07 | 1.30 |
| 文化、体育和娱乐业 | 1.48 | 9.23 |
| 服务业合计 | 100.00 | 100.00 |

　　外商投资比例偏低只是从一个侧面反映了宝安服务业对投资的吸引力不够。市场化、产业化、社会化仍然不足，部分行业市场准入限制多、门槛高、垄断经营以及体制制约等，都可能是抑制海外以及民间资本积极性的重要因素。结果造成宝安服务业的投入不足，具体表现为城区基础设施和服务设施缺口大，缺少带动作用强的大企业和大项目。这种情况，从宝安区全社会固定资产投资的行业分布可窥见一斑。图3显示，在非服务业部门中，2008年制造业固定资产投资约占宝安区总投资的1/3，如果再将房地产住宅业中的建筑业剔除，那么投入到宝安服务业的全社会固定资产投资就显得更为不足。

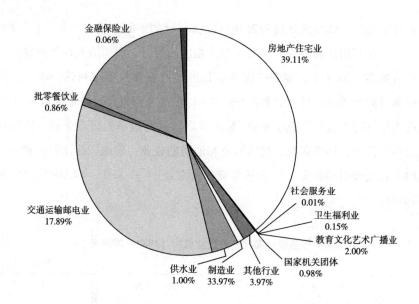

**图 3　宝安区服务业领域的固定资产投资比例较低（2008 年）**

资料来源：《宝安区统计年鉴 2008》。

## 二　宝安区现代服务业发展结构分析

### （一）现代服务产业群不够突出，服务业内部结构有待调整

"十一五"期间，宝安区服务业内部结构整体呈现多元化发展态势。2005 年，房地产业、批发和零售业两大服务行业在宝安独领风骚，分别占宝安区服务业增加值的 28.82% 和 26.09%，二者合计 54.9%，超过宝安服务业的半壁江山。从近五年来看，金融保险业、住宿和餐饮业的比重略呈上升趋势，交通运输、仓储和邮政业，批发和零售业的比重波动较小，而房地产业所占比重则有所下降。到 2009 年，房地产业、批发和零售业占宝安区服务业的比重已经下降到 44.74%，显示宝安服务业出现了多元化发展的良好态势。

从增长速度来看，"十一五"期间，除批发和零售业、住宿和餐饮业、金融业外，其他行业的增长速度均低于宝安服务业总体增长速度。

表7　宝安区服务业内部结构（2005～2009 年）

单位：%

| 年　份 | 2005 | 2006 | 2007 | 2008 | 2009 |
|---|---|---|---|---|---|
| 交通运输、仓储和邮政业 | 7.89 | 7.46 | 6.69 | 6.12 | 7.48 |
| 批发和零售业 | 26.09 | 25.01 | 23.98 | 24.31 | 26.18 |
| 住宿和餐饮业 | 5.13 | 5.30 | 4.77 | 5.23 | 8.94 |
| 金融业 | 3.72 | 4.94 | 7.0 | 8.41 | 8.32 |
| 房地产业 | 28.82 | 29.66 | 31.39 | 28.80 | 18.56 |
| 其他 | 32.46 | 27.63 | 26.17 | 27.13 | 30.53 |
| 服务业合计 | 100 | 100 | 100 | 100 | 100 |

资料来源：《宝安区统计年鉴》（2006～2008）以及《宝安区 2009 年国民经济和社会发展统计公报》。

表8　宝安区服务业及内部各行业增长速度（2006～2009 年）

单位：%

| 年　份 | 2006 | 2007 | 2008 | 2009 | 2006～2009 |
|---|---|---|---|---|---|
| 交通运输、仓储和邮政业 | 11.6 | 4.3 | 4.8 | 3 | 5.87 |
| 批发和零售业 | 12.4 | 11.8 | 10.2 | 17.5 | 12.94 |
| 住宿和餐饮业 | 10.9 | 5.5 | 18.4 | 21.2 | 13.83 |
| 金融业 | 18.9 | 55.9 | 22 | 20 | 28.35 |
| 房地产业 | 8.6 | 17.4 | 1.4 | 21 | 11.84 |
| 其他 | 14.6 | 10.5 | 15.5 | 8.3 | 12.19 |
| 服务业合计 | 12 | 14.3 | 9.8 | 15.1 | 12.78 |

资料来源：《宝安区统计年鉴》（2006～2008）以及《宝安区 2009 年国民经济和社会发展统计公报》。

　　总体上，宝安区服务业的发展仍然是批发和零售业等传统服务业的较快增长推动着服务业总量水平不断提高。宝安区的服务业产业层次还比较低，区域优势尚没有转化为产业优势，体现生活质量的服务业发展缓慢，现代服务业发展相对滞后。旅游休闲、金融保险等行业增长势头虽较好，但没有形成规模，难以达到规模效应；与现代物流密切相关的交通运输、仓储和邮政业甚至出现了一定程度的下滑，显示宝安现代服务产业群还不够突出，服务业内部结构有待进一步优化和调整。

## （二）现代物流业总体规模快速增长，服务水平显著提高

一是物流业规模快速增长，发展成为新的支柱产业。2006 年，宝安区物流业增加值为 121.6 亿元（含光明新区），占同期全区 GDP 的 8%，占深圳市物流业增加值的 22.4%，位居全市第一。2007 年全区物流业增加值 147.3 亿元，占 GDP 比重 8.2%，占全市物流业增加值比重 22.5%，全市排名第一。到 2009 年，宝安区实现物流业增加值 188.31 亿元（不含光明新区），占全区服务业增加值的比重为 23.93%，占当年宝安区 GDP 的 8.53%，成为宝安国民经济的一个新增长点。

二是物流基础设施条件逐步完善。"十一五"期间，宝安区已经形成航空枢纽、铁路客运枢纽、高速公路枢纽和港口枢纽新格局，物流园区建设取得重大进展，仓储、配送设施现代化水平不断提高，一批区域性物流中心正在形成。物流技术设备加快更新换代，物流信息化建设有了突破性进展。

三是物流业龙头企业较快发展。近年来，随着机场航空物流园区、华南国际物流园区、观澜和记黄埔仓储区在宝安区的投入运行，聚集了一些规模较大的龙头企业，极大地带动了宝安区交通运输业的发展。一些制造企业、商贸企业开始采用现代物流管理理念、方法和技术，实施流程再造和服务外包；传统运输、仓储、货代企业实行功能整合和服务延伸，加快向现代物流企业转型；一批新型的物流企业迅速成长，形成了多种所有制、多种服务模式、多层次的物流企业群体。

根据宝安区第二次经济普查数据，2008 年全区交通运输法人企业 656 家，全年营业收入超过一亿元的有 11 家，其中航空运输业 5 家，道路运输业 5 家，城市公共交通业 1 家。全年营业收入最高的为深圳航空有限责任公司，全年营业收入超过 100 亿元，占全区交通运输法人企业全年营业收入的 56.3%。另外还有两家航空运输企业的营业收入超过 10 亿元，分别是翡翠国际货运航空有限责任公司和深圳市机场股份有限公司。

与此同时，宝安物流业发展的政策环境明显好转。国家"十一五"规划纲要明确提出"大力发展现代物流业"，深圳市政府相继建立了推进现代物流业发展的综合协调机制，出台了支持现代物流业发展的规划和政策，宝安的物流业的核算和标准化工作，以及人才培养和技术创新等行业基础性工作取得明显成效。

"十一五"宝安物流业存在的一些突出问题是：一是物流运行效率偏低，社会物流总费用与 GDP 的比率高出发达国家 1 倍左右；二是在金融危机的影响下，社会化物流需求不足和专业化物流供给能力不足的问题同时存在；三是物流园区、物流技术装备等能力有待加强，物流市场还不够规范；四是物流技术、人才培养和物流标准还不能完全满足需要，物流服务的组织化和集约化程度不高。

### （三）消费服务业结构逐步升级，房地产成为持续升温的消费热点

近年来，随着宝安经济发展和结构调整，消费逐步升级换代，扩消费取得明显成效。从消费服务业的规模来看，2005 年批发零售住宿餐饮业增加值 137.29 亿元，占宝安区服务业增加值的 31.21%；到 2009 年进一步提高到 276.27 亿元，占宝安区服务业的比重也上升至 35.11%。宝安区社会消费品零售总额持续快速增长，2005～2009 年均增幅高达 17.82%，涨幅位居全市前列。2009 年，宝安区全社会消费品零售总额达 560.61 亿元，约为 2005 年的两倍。

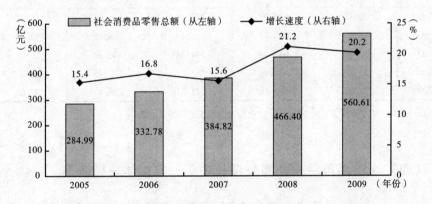

**图 4　宝安区社会消费品零售总额及增长速度（2005～2009 年）**

资料来源：《宝安区 2009 年国民经济和社会发展统计公报》。

"十一五"以来，宝安区居民收入水平不断提高，2009 年，宝安区家庭人均可支配收入和人均消费性支出分别达 27235 元和 19128 元。购买力的提升，也引发了居民消费观念的改变，以住房为首，通信、旅游、教育、文娱及家用轿车等正在成为持续升温的消费热点。

从整体上看，宝安区的消费能力和消费环境还不够高。从居民收入和消费支出水平来看，宝安区明显低于全市水平（分别为 29244 元和 21526 元）；从商贸

服务设施水平来看，宝安几乎没有真正意义上的购物中心。购物中心和大型专业店等现代商业形态发展不足，导致宝安区商业整体辐射能力和竞争力不强，也直接导致了本区高端消费的溢出现象。

旅游消费方面，"十一五"以来，宝安区旅游经济持续稳定增长。2009 年全年接待游客 693.16 万人次，其中接待海外过夜游客 37.23 万人次，2009 年全年旅游总收入 34.61 亿元。从酒店旅行社业来看，高星级酒店规模快速扩大，经济型品牌连锁酒店迅速发展。全区现有星级酒店 27 家，其中五星级 2 家、四星级 7 家、三星级 15 家、二星级 3 家；经济型连锁酒店 15 家。从旅游景点来看，已有景区逐步完善，一批新景点相继崛起，观澜湖高尔夫球会成为世界最大和最知名的高尔夫球会之一。

表9　2005～2009 年宝安区旅游经济主要指标

| 年份 | 旅游收入（亿元） | 接待人次（万人） | 过夜游客（万人） | 国内过夜游客（万人） | 海外过夜游客（万人） |
|---|---|---|---|---|---|
| 2005 | 30.25 | 550.03 | 227.17 | 196.03 | 31.14 |
| 2006 | 31.63 | 602.21 | 238.49 | 203.76 | 34.73 |
| 2007 | 32.72 | 647.14 | 244.28 | 206.98 | 37.3 |
| 2008 | 32.31 | 634.44 | 232.55 | 197.25 | 35.3 |
| 2009 | 34.61 | 693.16 | 242.63 | 205.4 | 37.23 |

资料来源：《宝安区国民经济和社会发展统计公报》（2005～2009 年）。

## （四）金融服务业保持高位增长势头，但总体规模偏小

"十一五"期间，金融业成为宝安区服务业发展的一大亮点。自 2006 年以来，宝安金融业加速发展，成为宝安服务业发展新的增长点。过去四年增长速度连续保持高位增长态势，年均增速高达 28.35%，远高于宝安服务业内其他行业，金融业在宝安区经济中的地位不断提高。2006～2008 年，宝安区金融产业增加值占 GDP 的比重从 1.7% 提升到 2.9%。2009 年，宝安区金融业增加值达到 65.47 亿元，约占全区 GDP 的 3%，金融业已成为宝安区经济发展的重要产业。2009 年，全区金融机构各项人民币存款余额为 2209.9 亿元（含光明新区），为 2005 年的 1.9 倍；全区金融机构各项贷款余额为 1069.98 亿元，为 2005 年的 2.31 倍。全区金融机构存贷款的快速增长，对推动宝安区经济增长，加快宝安

区产业结构升级、促进现代服务业等新兴行业的发展起到了积极的推动作用。随着前海中心区的建设取得突破性进展，大量的外资金融机构和与之相配套的金融服务企业将会迅速聚集，这将促进宝安中心区竞争力以及金融发展环境的进一步提升和优化，推动宝安金融业跃上新的台阶。

**表10　2009年深圳市及各区金融增加值占GDP、服务业增加值比重一览**

| 各　区 | 金融业增加值（亿元） | 占GDP比重（%） | 占服务业增加值比重（%） |
|---|---|---|---|
| 宝安区 | 65.47 | 2.97 | 8.32 |
| 龙岗区 | 48.64 | 3.18 | 9.86 |
| 福田区 | 583.16 | 35.93 | 40.97 |
| 罗湖区 | 349.88 | 40.20 | 44.15 |
| 南山区 | 129.08 | 7.40 | 18.31 |
| 盐田区 | 18.92 | 7.54 | 10.61 |
| 深圳市 | 1148.14 | 14.00 | 26.31 |

资料来源：根据深圳市及各区统计局公布的2009年统计公报数字整理。

近几年来，宝安区金融业尽管发展迅速，但总体规模仍然偏小，银行方面，截至2008年底全区有64家一级支行，共256个银行网点。2009年，渤海银行深圳分行入驻宝安区，成为宝安首家分行级银行，结束了没有一个支行以上金融机构的面貌。证券方面，2008年在宝安区运营的12个机构网点中，营业部和隶属于营业部的服务部各6家，且以证券经纪业务为主。保险方面，无论是财产保险还是人寿保险，其机构都是市分公司的简单延伸，不具备产品开发能力。而金融产业中重要的信托行业，其机构设置目前在宝安区还是空白。此外，金融产业中的中介部门譬如信用担保机构、资产评估机构，有相关金融资质的会计师事务所和律师事务所，宝安区也非常缺乏。

## （五）文化产业规模明显增大，对经济社会发展贡献日益突出

近年来，宝安文化产业增加值不断增长，目前已接近区内支柱产业规模。2004～2008年，宝安文化产业增加值从50.3亿元增加到102亿元，年均增长19.5%。其中，新闻服务、出版发行和版权服务、广播电视电影服务、文化艺术服务等文化产业核心层增加值达14.3亿元，占1.4%；网络文化服务、文化休闲娱乐服务等外围层文化产业增加值为53.8亿元，占5.28%；文化产业相关层

95.19 亿元，占 93.32%。2008 年，宝安文化产业增加值占 GDP 的比重 4.88%，占深圳文化产业增加值的 18.5%，并且保持逐年增长的趋势，正成为宝安的第五大支柱产业。到 2009 年，宝安区实现文化产业增加值 116.8 亿元，同比增长14.5%，增长速度进一步加快。

具体来看，宝安文化产业聚集特色明显，形成了三大主导产业。在综合规模上，家用视听设备制造业、印刷业和玩具制造业居宝安文化产业前三位，三者增加值占 67.47%，实收资本占 56.28%，营业收入占 63%，单位数量占 40.58%，从业人数占 66.65%。从宝安文化产业的核心层看，印刷包装占绝对优势地位，单位数 203 家，文化艺术服务 31 家，其他约 28 家。外围层的主要业态是高尔夫经营，占整个外围层的一大半，单位数 208 家；其他文化服务 183 家，其中贸易经济与代理最多，81 家，其后是广告业 54 家。相关层以家用视听设备制造业占主导，规模较大的还有玩具制造、复印和胶印设备制造、工艺美术品制造、广播电视设备制造。

与此同时，宝安区文化产业的高端项目日益增多，国际化程度不断提升。F518 时尚创意园、深圳 22 艺术区等一批本地优秀文化产业园区迅速成长；高技术、高文化含量的企业项目争相进驻，昌裕乐器、中饰珠宝创意产业园等一批高端项目纷至沓来，落户宝安。宝安文化产业的国际竞争力进一步提升，正成为文化产业投资者的"沃土"、企业家的"乐园"。"十一五"期间，宝安区承担了文博会主展馆参展工作和六个分会场的组织工作，为宝安区文化产业发展增添了新的重要内容。在 2010 年举行的第五届文博会上，宝安区主展馆和分会场总成交额达 164 亿元，比上届文博会增加 1.5 倍；其中超亿元的交易项目 17 个，单项合同交易额最高达 20 亿元人民币。

由于宝安区文化产业起步较晚，仍存在一定的问题和不足，宝安文化产业增加值的规模，主要得益于相关层比重大，这也同时说明了核心层和外围层相对不发达，如果将核心层中的印刷业剥离出去，仅计算真正的内容创意产业的话，则宝安核心层的比重几乎可以忽略不计。此外，宝安全区有中高级职称的文化服务人才不到 30 人，主要分布于区镇等基层文化场馆，属于传统文化事业范畴。文化产业存在人才缺乏，尤其是高端人才少的问题。

## （六）总部经济基地雏形初现，新兴服务业亟待培育提升

改革开放以来，宝安主要引进发展制造业，宝安由此也赢得了全国工业第一

区、出口第一区和电子信息制造业第一区的美名。"十一五"期间，随着宝安的产业结构优化升级和城市环境的改善，宝安的现代服务业发展迅猛，总部经济基地雏形已现。

目前，宝安区已有33家世界500强企业在宝安投资80家公司，是"十五"期间世界500强企业项目的一倍多。2009年，全区17家本土企业通过市总部企业认定初审，9家企业签订总部落户协议。

## 三　宝安服务业"十二五"发展战略

"十一五"期间，宝安服务业发展虽然取得了很大成绩，但与国内发展更快的城市和兄弟城区相比，还存在不小差距，发展的潜力和空间还很大。必须要认识到，宝安服务业的发展不能完全适应宝安产业转型升级的需要，尚不能有力支撑城区的现代制造业活动，不能促进城区中心功能的增强。笔者认为，"十二五"乃至更长时期，宝安区推动现代服务业发展应遵循以下六大战略。

### （一）坚持服务业创新战略

以现代服务业的自主创新为主线，推动发展模式创新、内容创新、体制机制创新、对外开放创新，形成现代服务业自主发展动力。强调技术创新，促进企业服务产品创新，提升企业自主创新能力，发展新业态，探索新型服务方式，建设宝安现代服务业创新体系。创新服务产业发展机制，充分发挥市场在服务产业发展中的拉动作用和对资源配置的基础性作用，强化行业标准和行业规范的引导作用，推动资源优势转化为产业优势，加快培育新兴服务业，促进服务产业获得新的发展突破。

### （二）坚持总部发展战略

加强服务经济在城区发展中的地位和作用，以服务创新促产业发展，增强服务环节和服务功能对产业发展的促进作用，逐步形成以服务经济为主的产业结构。利用发展总部经济的契机，构筑以高端服务业为重点、消费性服务业为基础、生产性服务业为支撑的完善的现代服务业体系，促进服务业成为宝安经济增长的主要动力，全方位提升综合服务功能。实施"三个促进"。以服务创

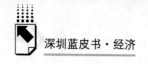

新引领、产业素质提升、流量经济推动，全方位提升城区发展规模和综合服务功能。

### （三）坚持品质发展战略

改造提升传统服务业，大力促进现代服务业快速协调发展，提升消费服务品质，拓展专业化、新兴生产服务领域，培育特色服务产业。以信息化为基础，提升产业能级。促进二三产业融合发展，有效延伸产业价值链。加大对外开放力度，充分利用 CEPA 深入实施的机遇，积极承接国际服务产业转移，提升服务业利用外资水平，同时鼓励有条件的企业走出去，加快服务业国际化，不断提高产业素质和整体竞争力。

### （四）坚持辐射发展战略

立足本地，依托珠三角，以现代物流、现代金融、连锁商业为龙头，促进和带动资金流、商品流、技术流、信息流、人才流在区域内有效聚集和辐射，提高宝安现代服务业的集聚和辐射能力。通过经济要素的流动、重组、融合，创造新价值，形成"交易成本低、流动效率高"的良性发展机制，促进宝安现代服务业在规模上实现新跨越，在能级上向更大区域范围辐射。

### （五）坚持集群发展战略

生产性服务业在空间上的集中和集群发展是当今全球性城市生产性服务业的基本特征，同时，从新兴工业化国家与地区主要城市的经验来看，在其建设中央商务区、物流园区的过程中都广泛使用了税收优惠等导向性政策。宝安以现代工贸城区作为自身定位，并期望在珠三角城市网络中进入更高级的节点，政府必须因势利导，以园区为载体带动现代服务业集聚发展。

推动生产性服务业在空间上的集中和集群发展。为实现这一战略，宝安必须规划建设有利于金融业与专业服务业集群发展的中央商务区以及有利于物流业集群发展的物流中心区，并制定与之相配套的导向性政策。

### （六）坚持信息化发展战略

宝安生产性服务业要利用经济先行一步、IT 产业发达的优势，全面推进信息化，积极运用先进的管理理念，采用现代信息技术整合服务业整个流程，从而全面提高宝安生产性服务业的效率，提升宝安生产性服务业在全球经济中的竞争能力，打造宝安生产性服务业的"数字"特征。这需要从企业和政府两个层面进行努力。

从企业层面来讲，要通过统一的行业标准，推动企业加强信息化投入、进行流程再造和管理创新，实现设计自动化、服务自动化、办公自动化、决策辅助自动化和电子商务等企业运行的全面自动化。

从政府部门层面来看，一要继续加大信息化基础设施建设的力度，降低企业信息化建设的成本，同时鼓励和支持本地软件厂商开发符合本地实际的产品；二要尽快健全和完善电子商务、网上知识产权保护、公共信息资源管理、网络管理和数据保护等方面的法律法规，促进企业信息化健康发展；三要努力实现区域内各商业银行的融通，为企业的网上交易、网上支付、资金划拨等提供优质的服务。

# B.27
# 2010年盐田区经济发展报告

黄 哲　诺敏娜　王艳丽*

**摘　要：** 2010年是"十一五"规划的收官之年。全区上下深入落实科学发展观，脚踏实地，真抓实干，实现了综合经济实力显著提升，结构优化调整步伐加快，自主创新能力不断增强，城区环境功能日趋完善，民生保障水平明显加强，各项社会事业全面推进。2011年作为"十二五"规划的开局之年，报告认真分析了外部发展环境和辖区经济发展所面临的机遇和挑战，对年度工作进行了全面的部署。

**关键词：** 盐田区　经济　发展

## 一　经济发展的总体态势

### （一）2010年国民经济和社会发展计划执行情况

2010年，面对复杂多变的外部发展环境，在区委、区政府的正确领导下，全区上下深入落实科学发展观，认真贯彻胡锦涛总书记在深圳经济特区建立30周年庆祝大会上的重要讲话和市第五次党代会精神，脚踏实地，真抓实干，加快转变经济发展方式，增强创新驱动能力，推动产业结构优化调整，促进社会和谐稳定，较好地实现了经济社会全面协调可持续发展。年初制定的国民经济和社会发展预期目标全面超额完成，"十一五"经济社会发展目标圆满完成。

——实现本区生产总值282亿元，同比增长10.3%，完成年度计划的100.3%；

——工业增加值58亿元，增长1.6%，完成年度计划的109.4%；

---

* 黄哲、诺敏娜、王艳丽，深圳市盐田区发展改革局。

——全社会固定资产投资额 87.3 亿元，略有增长，完成年度计划的 102.7%；

——社会消费品零售总额 35.65 亿元，增长 15.5%，完成年度计划的 103%；

——出口总额 104.49 亿美元，增长 28.1%，完成年度计划的 137.5%；

——财政一般预算收入 16.1 亿元，增长 22.2%，完成年度计划的 116.4%；

——居民人均可支配收入 3.02 万元，增长 11.9%；

——户籍人口登记失业率在 3%以内，完成调控目标；

——户籍人口自然增长率 11.1‰，完成调控目标。

## （二）2010 年经济社会发展的主要特点

全年全区经济社会发展呈现"八个显著"的特点。

### 1. 经济结构显著优化

2010 年，辖区国民生产总值达到 282 亿元，全年保持两位数增长的良好态势。三次产业结构比例调整为 0∶26.8∶73.2，第三产业增加值增长 14%，是带动本区经济增长的主要力量。辖区税收和财政一般预算收入分别实现 26.3% 和 22.2% 的高速增长。总部经济稳步发展，万科、周大福、鹏能、大百汇等总部企业纳税额占全区税收收入的四成多，周大福中国内地总部大楼破土动工建设。民生净福利水平的提高快于辖区经济增长速度，居民人均可支配收入增长 11.9%。

### 2. 港口物流竞争力显著提高

盐田港区集装箱吞吐量再创历史新高，达到 1013.4 万标箱，增长 18.1%，其中重箱比重占 60% 以上。港口配套环境不断完善，盐田港三期扩建工程最后一个泊位建成并投入使用，西禾路、东海路等盐田港后方陆域道路工程加紧推进。港口辐射力进一步扩大，盐田国际码头大力开辟亚太航线和珠江西岸驳运快线，海铁联运贸易量发展迅速。交通运输仓储业持续增长，对辖区 GDP 贡献率超过四成。保税贸易加快发展，全年保税贸易出口额实现 68 亿美元，增长 8.6%。物流业加快向高端化发展，盐田港保税区北片区中建材、中海、正佳和新兴物流园全面建成，全区物流信息化平台建设加快推进。

### 3. 旅游品牌形象显著提升

旅游接待能力和水平不断提高。东部华侨城大峡谷三期项目全面完成，新建两个主题酒店，小梅沙海洋世界极地馆建成。高端旅游业快速发展，大梅沙奥特莱斯购物村全面开业，大梅沙国际游艇交易博览中心成立。旅游消费水平不断增长，海鲜街餐饮业营业额增长 26.6%，第四届中国（深圳）国际游艇及设备展览会成交金额比上年增长一倍。先后成功举办第九届深圳黄金海岸旅游节、第四届中国杯帆船赛开幕式等大型节庆活动，进一步扩大了黄金海岸旅游品牌的知名度。全年大梅沙海滨公园等免费景区接待游客突破千万人次，收费景点接待游客603.16 万人次，增长 16.4%，实现旅游总收入 54.3 亿元，增长 27.2%。

**4. 创新驱动能力显著增强**

生物医药产业自主创新能力实现新突破。华大基因与国际科学家联合组织实施的"千种动植物基因组计划"、"中丹合作糖尿病项目"等多个项目取得实质性进展，"下一世代的基因组学"入选《科学》杂志公布的"2010 年十大科学突破"榜单。安多福公司研发的关于养殖业防病防疫技术成果，填补了国内外空白且处于国际领先水平。文化创意产业发展取得新突破。国家音乐创意产业基地（深圳园区）挂牌成立。黄金珠宝业通过产品设计和工艺创新切实提高了产业竞争力。周大福全年营业收入增长 34%，中国珠宝首饰市场综合占有率排名第一的地位进一步巩固，东丰、金百泰、粤豪等黄金珠宝企业产值分别实现15.8 倍、89.1% 和 10.9% 的增长。成坑华大基因生物科技产业基地、深圳抽水蓄能电站等重大产业项目稳步推进，为新兴产业发展奠定坚实基础。战略性新兴产业成为经济增长新引擎，全年增加值占 GDP 的 17.8%。

**5. 城区建设和城市综合功能显著完善**

沙头角中心区（中轴线）地块成功挂牌出让，深圳东部 CBD 城市综合体项目建设启动在即。盐田三村、四村及西山吓村整体搬迁工程进入实施阶段，盐田现代产业服务中心建设前期工作稳步推进。城区环境不断美化。在全市率先完成以消防安全治理为重点的城中村（三类）综合整治任务，受到市政府嘉奖。深沙路、沙盐路等6条主干道环境提升工程全面完工。大梅沙湖心岛升级改造工程、大梅沙片区灯光夜景工程等项目全面完成。特区建立 30 周年庆典环境综合整治工程等市政设施综合整治项目全面完成。大力开展辖区违法用地和违法建筑日常执法巡查工作，继续保持私房"零抢建"、"零增量"，蝉联"鹏城市容环卫杯"竞赛优胜奖，城市综合管理水平不断提高。

**6. 生态文明建设显著加强**

"正本清源、雨污分流"工程顺利推进，创建达标排水小区 40 个，启动雨洪利用、中水回用系统项目规划和建设工作。梧桐山登山道等绿道网建设进展顺利，海滨栈道工程中英街段、沙头角段及部分大梅沙段均已建成并对市民开放，大梅沙海滨公园木栈道修复工程、梅沙海滨步道小梅沙段景观工程完成竣工验收。严格保护生态控制线，加强水土保持和生态修复，盐田港立交北侧山坡等边坡治理工程全面完成，450 公顷风景林建设抚育、88 公顷林相改造工程稳步推进，生态环境进一步优化。强力推动节能减排和低碳发展。全面完成《盐田区 2010 年节能减排工作实施方案》目标任务，在全市各区节能考核中位居前列。大力实施循环经济资助计划，区工青妇活动中心地下停车场 LED 日光灯节能改造项目、北山工业区宿舍太阳能和热泵辅助中央热水系统工程等节能改造项目全面完成。全区共 14 个社区创建省级环境宜居社区，创建率达 78%，位居全市第一。节能减排和低碳发展工作取得实效，年度环保实绩考核名列全市各区首位，每万元 GDP 建设用地 6.0 平方米，下降 3.2%，万元 GDP 能耗 0.55 吨标准煤，下降 2%，万元 GDP 水耗 9.8 立方米，下降 5%，化学需氧量排放总量比上年下降 6.8%，均超额完成调控目标，城市污水集中处理率继续稳定在 95% 以上。

2010 年是盐田区发展史上极不平凡的一年。面对国内外环境的复杂变化和重大风险挑战，盐田区委、区政府深入贯彻落实科学发展观，在精品战略的基础上大力实施特色提升战略，保持了经济社会平稳较快健康发展，"十一五"规划确定的主要目标全面完成，建设现代化旅游海港城区的目标基本实现。经过五年的努力奋斗，辖区综合经济实力显著增强，本区生产总值由 2005 年的 149.91 亿元增加到 2010 年的 282 亿元，年均增长 12.9%，超出"十一五"规划目标 0.9 个百分点，经济总量突破两百亿级大关，人均 GDP 超过 1.8 万美元；财政一般预算收入由 2005 年的 8.01 亿元增加到 2010 年的 16.1 亿元，年均增长 15%，完成"十一五"规划目标的 124.8%；社会消费品零售总额由 2005 年的 18.75 亿元增加到 2010 年的 35.65 亿元，年均增长 13.7%，完成"十一五"规划目标的 123.8%；全社会固定资产投资额五年累计 379 亿元，完成"十一五"规划目标的 151.6%。产业结构不断优化升级，2010 年，辖区产业结构调整为 0∶26.8∶73.2，第三产业比重比 2005 年提高 13.74 个百分点，基本形成了以服务业为主体的现代产业体系框架。经济发展的质量明显提高，万元 GDP 能耗由 2005 年的 0.625 吨标准煤下降至 2010 年的 0.55 吨标准煤，累计下降 12%；万元 GDP 水耗由 2005 年的 19.04 立方米下降至 9.8 立方米，年均下降 7.9%；万元 GDP 建设用地面积由 2005 年的 10.7 平方米下降至 2010 年的 6 平方米，年均下降 10.3%。初

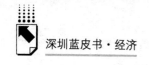

步形成了低能耗、高产出、高质量的经济增长模式。

当然，盐田区经济社会发展取得显著成绩的同时，也面临着一些困难和挑战：一是在产业发展方面，支柱产业配套要素还不够完善，集约化水平不够高，整体实力还需进一步增强；战略性新兴产业和总部经济聚集效应尚未显现；工业经济增长乏力，自主创新能力不强，转变经济发展方式任务十分繁重。二是资源约束方面，盐田区可建设用地匮乏，城中村、旧工业区、旧村改造进展较为缓慢，辖区生态资源比较脆弱，绿色发展、低碳发展和可持续发展对区域开发与保护、土地资源集约利用提出更高要求。三是城区功能环境方面，交通基础设施、公共服务水平以及购物、休闲、娱乐等生活配套设施与辖区群众日益增长的需求差距较大；高端人才和专业技术人才集聚不足，尚不能满足产业快速发展需要。四是国计民生方面，就业、教育、住房、医疗卫生等社会事业与辖区群众的要求尚有一定差距，物价涨幅过快对群众生活造成一定影响，社会建设和管理力度还需进一步加大。这些问题都需要在今后的工作中逐步加以解决。

## 二 2011 年经济发展的指导思想和预期目标

### （一）2011 年经济发展指导思想

根据盐田区"十二五"规划和区委三届十三次全体（扩大）会议精神，2011 年盐田区经济社会发展的指导思想是："高举中国特色社会主义伟大旗帜，以邓小平理论和"三个代表"重要思想为指导，深入落实科学发展观，认真贯彻中央、省、市有关会议精神，以科学发展为主题，以改革创新为动力，以深圳质量为标杆，全面实施城区品质整体提升工程，努力推动经济发展方式取得明显转变，四个走在前列取得实质性进展，现代化国际化先进滨海城区建设取得阶段性成果，全面加强社会建设和社会管理创新，确保经济社会全面协调可持续发展，确保十二五规划起好步、开好局。"

### （二）2011 年经济发展目标

根据盐田区"十二五"经济社会发展指导思想和战略重点，充分考虑创新发展、转型发展、低碳发展、和谐发展的新要求，结合实际，2011 年经济社会发展的主要预期性指标安排如下：

——本区生产总值同比增长 10%；

——全社会固定资产投资额 88 亿元，比上年略有增长；

——社会消费品零售总额增长 14%；

——财政一般预算收入增长 10%；

——居民人均可支配收入增长 11%。

2011 年主要约束性指标安排如下：

——户籍人口登记失业率 3% 以内；

——万元 GDP 水耗下降 4%；

——万元 GDP 综合能耗下降 2%；

——万元 GDP 建设用地下降 6%。

# 三  2011 年经济发展的主要任务

围绕建设现代化国际化先进滨海城区的目标，加快落实"十二五"规划任务，提高经济发展质量，实现经济又好又快发展；提高城市发展质量，加快提升滨海特色城区风貌；提高社会发展质量，不断满足辖区居民对美好生活的新期待，努力在"质量盐田、宜居盐田、幸福盐田、低碳盐田、文化盐田、活力盐田"等方面取得新突破，按照"一年有新变化，三年有大突破，五年上大台阶"的要求落实各项工作任务，为盐田区"十二五"时期发展奠定坚实基础。

## （一）抓结构调整，转变方式上水平，加快打造"质量盐田"

突出产业结构转型升级，提升经济发展质量，立足于加快提升辖区产业核心竞争力和自主创新能力，推进支柱产业高端化、新兴产业规模化、总部经济集聚化，加快形成高产高效的现代产业体系。

### 1. 着力推进港口物流"信息化"

加快推进盐田港西港区码头等基础设施建设，提高港口吞吐能力。加快盐田港现代物流中心、保惠物流园等大型物流项目建设步伐，为高端物流业提供发展空间。大力推进港区疏港道路、盐田港商务配套服务区、盐田集装箱拖车综合服务中心等配套服务设施建设，进一步优化物流产业商务服务环境。争取尽快获批盐田综合保税区，完善港口物流产业链，增加高增值环节，提升物流业的附加值和区域控制力。以打造电子商务、物流控制中心为目标，加快建设盐田物流信息平台，逐步实现港口物流业一体化、智能化、网络化发展。

**2. 着力推进旅游业"国际化"**

按照国际标准发展旅游业，以东部华侨城为龙头，促进旅游要素集聚发展。以大梅沙游艇交易博览中心为平台，推动特色高端旅游业发展。开辟盐田旅游精品线路，积极开拓国内和东南亚旅游市场。加快完善旅游交通环境，推动梅沙地区智能化交通系统建设，加快启动梅沙口岸的恢复工作，开辟联结港、澳地区的海上通道。大力发展旅游消费，做强大梅沙奥特莱斯购物村，提高知名度和影响力。逐步理顺中英街管理体制，加快中英街内商业恢复重整。以深圳市举办"大运会"为契机，深化旅游服务标准化示范区建设工作，推动旅游服务国际化。

**3. 着力推进生物科技"产业化"**

把扶持华大基因做大做强作为提升全区自主创新能力和发展特色战略性新兴产业的重大举措，推进成坑华大基因生物科技产业基地建设，全力支持华大基因承担国家基因库项目，积极推动生物科技产业化进程。以华大基因为龙头，支持中宝生物、汉邦多糖、海滨制药等生物科技企业加快发展，实现产业化、规模化的集聚发展态势。加大对安多福、兴隆源等民营科技企业扶持力度，支持民营企业加快技术革新、管理体制创新以及产品推陈出新，加速民营企业发展步伐。通过太平洋、金斗岭等老工业区改造，积极引进一批具有较大规模、较好效益的自主创新研发型企业和高端制造业。

**4. 着力推进总部经济"集聚化"**

加快推进周大福总部大楼、大百汇二期、中兴通讯研发培训基地、鹏能、中宝等总部项目建设，推进总部经济上规模。根据本区产业特色，着力培育港口物流、旅游、黄金珠宝制造等优势企业做大做强，加快发展成为具有核心竞争力和较大规模的总部企业。积极推进盐田现代产业服务中心项目建设，以沙头角中心区（中轴线）开发为契机，继续有针对性地引进符合辖区产业发展的总部项目，充分发挥总部经济的聚集效益，进一步提高对辖区经济的贡献，并带动高端服务业发展。

## （二）抓城市建设，优化环境强活力，加快打造"宜居盐田"

突出城区功能环境重构提升，提升城区发展质量，强化重大项目的拉动作用，加快推进城市更新，进一步完善城区功能，美化环境，优化管理，逐步积累现代化国际化城区元素和气息，为现代化国际化先进滨海城区建设迈出坚实步伐。

**1. 加大城市更新实施力度**

坚持规划先行，积极开展塑造和提升滨海特色城区风貌项目的用地研究。积极推动沙头角中心区（中轴线）项目年内实施开发和建设。力争盐田三村、四村和西山吓村整体搬迁安置工程启动建设。加快推进旧住宅区更新，推动海涛花园、桥东片区、盐田旧墟镇等城市更新项目顺利实施，推进关前购物中心改造，积极稳妥地启动其他条件成熟的片区整体改造。加快启动太平洋工业区建设步伐，开展金斗岭工业区改造项目前期研究，实现厂房再造，产业置换，全面优化和提升园区要素。强力推进田心工业区工改商项目，实现片区综合商贸环境跃升。加快推进梅沙片区旅游交通综合整治工程、沙头角海山片区交通综合整治工程前期研究，完善交通基础设施建设。

**2. 推进市容环境提升行动**

以举办"大运会"为契机，进一步提升城区环境。开展中英街商业首期项目市容环境提升、暗径新村穿衣戴帽整治、暗径西村（二类）城中村综合整治和北山高新技术产业基地市政配套工程建设。实施海涛路、金融路、梧桐路——海山路等景观改造工程，加强对建筑立面的美化、亮化，规范沿路各类岗亭、候车亭、宣传栏和交通、电力及通信等设施的设置，优化街道小品设计，打造于细节处呈现精雕细琢的环境品质。完善大运会场馆和配套设施，美化周边环境，积极营造迎大运的城区氛围。

**3. 加强城区精细化管理**

提升城区绿化水平，加强绿化建设和管养，拓展绿化覆盖面。加快完成区环卫基地建设，完成梧桐路、园林路、马庙街等 7 座垃圾中转站及公厕改造，实现环卫装备的升级换代和合理配置。创新城市管理方式，实施"数字化、精细化、人性化"管理，建立城市精细化管理的长效机制。加强城管行政执法队伍建设，建立和完善专业化的土地规划执法机构和机制，形成职能部门联动执法格局。深入持久地开展城市管理宣传教育活动，强化居民的城市管理意识。

## （三）抓生态文明，节能减排促发展，加快打造"低碳盐田"

突出可持续发展理念，提升生态环境质量，立足于把低碳生态理念贯穿于经济社会发展的各个领域和环节，着力推动城区建设低碳化、产业低碳化、生活低碳化，努力构建全民参与的低碳发展新格局。

**1. 深入推进节能减排工作**

制定出台《盐田区2011年节能减排工作计划》，加大节能减排专项资金投入，继续实施循环经济示范项目和循环经济资助计划。加强对重点耗能企业的节能监管，实施节能减排目标责任考核，实现万元GDP综合能耗、水耗分别下降2%、4%。开展低碳示范企业创建活动，支持万科总部启动低碳示范项目，实施盐田国际港区绿色照明等节能减排项目。积极推广建筑节能，力争将区游泳馆、区档案馆（图书馆）打造成绿色建筑示范工程。

**2. 继续实施生态环保工程**

严格控制生态红线，抓好生态风景林建设，森林覆盖率保持在65%左右。开展植树种花行动，鼓励屋顶及立面绿化。全面完成盐田海滨栈道工程，加快推进绿道网络项目建设。加强水土保持和危险边坡治理，确保通过国家第一批水土保持监督管理能力建设单位验收。加大对汽车尾气、施工扬尘、生活垃圾的防治力度，加大海、湖、河水环境保护力度，推广无害化及分类处理技术。对盐田港区后方陆域临时停车场、堆场进行不少于60万平方米的硬底化整治，有效解决后方陆域粉尘污染问题。开展新一轮排水管网清源行动，污水处理率保持在95%以上。加快推进雨洪和水利用工程，继续推进省、市节水型单位创建工作，积极争创"节水型城区"。

**3. 积极推进低碳生态示范区创建工作**

以深圳市创建国家低碳试点示范城市为契机，结合辖区自身条件和优势，出台创建低碳生态示范城区工作实施方案。鼓励开发利用天然气、太阳能、风能等清洁能源，支持深圳市抽水蓄能电站项目建设，实施太阳能屋顶计划，在辖区符合条件的教育、医疗卫生系统公共建筑、工厂宿舍、保障性住房及部分居民小区安装不少于10万平方米的太阳能热水系统。开展新能源汽车示范推广活动，加快基础充电设施网络建设，努力创建"新能源汽车示范推广区"。鼓励低碳出行方式，建立辖区自行车慢行系统，首期投放5000辆自行车，引导市民低碳出行。大力宣传低碳经济和生态环保理念，推广绿色低碳消费。

图书在版编目（CIP）数据

深圳经济发展报告. 2011/吴忠主编. —北京：社会科学文献
出版社，2011.4
（深圳蓝皮书）
ISBN 978 - 7 - 5097 - 2253 - 4

Ⅰ.①深… Ⅱ.①吴… Ⅲ.①区域经济发展 - 研究报告 -
深圳市 - 2010 ②区域经济 - 经济预测 - 研究报告 - 深圳市 -
2011 Ⅳ.①F127.653

中国版本图书馆 CIP 数据核字（2011）第 053087 号

深圳蓝皮书

深圳经济发展报告（2011）

主　　编／吴　忠
副 主 编／乌兰察夫

出 版 人／谢寿光
总 编 辑／邹东涛
出 版 者／社会科学文献出版社
地　　址／北京市西城区北三环中路甲 29 号院 3 号楼华龙大厦
邮政编码／100029
网　　址／http：//www.ssap.com.cn
网站支持／(010) 59367077
责任部门／皮书出版中心 (010) 59367127
电子信箱／pishubu@ssap.cn
项目经理／周映希
责任编辑／周映希
责任校对／王翠艳
责任印制／董　然
品牌推广／蔡继辉

总 经 销／社会科学文献出版社发行部
　　　　　(010) 59367081　59367089
经　　销／各地书店
读者服务／读者服务中心 (010) 59367028
排　　版／北京中文天地文化艺术有限公司
印　　刷／北京季蜂印刷有限公司

开　　本／787mm×1092mm　1/16
印　　张／23.75　字数／406 千字
版　　次／2011 年 4 月第 1 版　印次／2011 年 4 月第 1 次印刷

书　　号／ISBN 978 - 7 - 5097 - 2253 - 4
定　　价／59.00 元

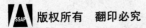

# 盘点年度资讯 预测时代前程

## 从"盘阅读"到全程在线阅读
## 皮书数据库完美升级

· 产品更多样

从纸书到电子书，再到全程在线网络阅读，皮书系列产品更加多样化。2010年开始，皮书系列随书附赠产品将从原先的电子光盘改为更具价值的皮书数据库阅读卡。纸书的购买者凭借附赠的阅读卡将获得皮书数据库高价值的免费阅读服务。

· 内容更丰富

皮书数据库以皮书系列为基础，整合国内外其他相关资讯构建而成，内容包括建社以来的700余部皮书、20000多篇文章，并且每年以120种皮书、4000篇文章的数量增加，可以为读者提供更加广泛的资讯服务。皮书数据库开创便捷的检索系统，可以实现精确查找与模糊匹配，为读者提供更加准确的资讯服务。

· 流程更简便

登录皮书数据库网站www.i-ssdb.cn，注册、登录、充值后，即可实现下载阅读，购买本书赠送您100元充值卡。请按以下方法进行充值。

## 充值卡使用

### 第一步
· 刮开下面密码涂层
· 登录 www.i-ssdb.cn
点击"注册"进行用户注册

### 第二步
登录后点击"会员中心"
进入会员中心。

SSDB
社科文献资源库
SOCIAL SCIENCE
DATABASE

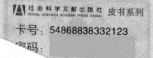

社会科学文献出版社 皮书系列
SOCIAL SCIENCES ACADEMIC PRESS (CHINA)

卡号：54868838332123
密码：

（ 书刮卡，视为盗书）

### 第三步
· 点击"在线充值"的"充值卡充值"，
· 输入正确的"卡号"和"密码"，即可使用。

的"使用帮助"或电话垂询010-59367071。